高等职业教育高速铁路规划教材

高速铁路轨道施工与维护

（第 2 版）

文 妮 编著

西南交通大学出版社
·成 都·

图书在版编目（CIP）数据

高速铁路轨道施工与维护／文妮编著．—2 版．—成都：西南交通大学出版社，2018.11（2022.7 重印）
高等职业教育高速铁路规划教材
ISBN 978-7-5643-6510-3

Ⅰ．①高… Ⅱ．①文… Ⅲ．①高速铁路－轨道（铁路）－工程施工－高等职业教育－教材②高速铁路－轨道（铁路）－维修－高等职业教育－教材 Ⅳ．①U238

中国版本图书馆 CIP 数据核字（2018）第 242249 号

高等职业教育高速铁路规划教材

高速铁路轨道施工与维护（第 2 版）　　文 妮　编著

责任编辑　姜锡伟
封面设计　何东琳设计工作室

印张	22.5　字数　559千	出版发行	西南交通大学出版社
成品尺寸	185 mm × 260 mm	网址	http://www.xnjdcbs.com
版次	2018年11月第2版	地址	四川省成都市二环路北一段111号 西南交通大学创新大厦21楼
印次	2022年7月第7次	邮政编码	610031
印刷	成都蓉军广告印务有限责任公司	发行部电话	028-87600564　028-87600533
书号	ISBN 978-7-5643-6510-3	定价	56.00元

课件咨询电话：028-87600533
图书如有印装质量问题　本社负责退换
版权所有　盗版必究　举报电话：028-87600562

第 2 版前言

随着我国高速铁路建设规模的不断扩大，高速铁路新技术、新工艺、新设备、新材料的广泛应用，高速铁路的科技水平和管理水平发生了很大变化。我国高速铁路广泛采用了无砟轨道、高速道岔等新型轨道结构；高速铁路钢轨采用了新材料和新工艺；高速铁路施工采用了新工艺、新材料；高速铁路养护维修采用了大型养路机械和现代轨道不平顺检测与控制方法。为反映我国高速铁路轨道施工与维护技术的最新水平，本书结合高速铁路相关技术标准、技术文件和最新规范、规章制度，以及施工技术、养护维修的要求，根据生产实际需要，对高速铁路轨道施工和维护内容作了系统的阐述。

本书内容包括轨道知识、轨道施工、轨道维护三大部分，内容上注重先进性、应用性、实践性和操作性，将知识点和能力点有机结合，较全面、系统地介绍了我国高速铁路轨道施工及养护维修的基本知识、基本原理和基本技能。

本书形式新颖、结构简明，具有较强的针对性、实用性，可作为高职高专类院校铁道工程类专业教学使用，也可作为企业职工教育、职工培训辅导参考用书，还可作为日常学习参考用书。由于铁路规章更新较快，如遇书中引用规章与现行规章不一致时，应以现行规章为准。

本书由武汉铁路职业技术学院文妮编著。本书在编写过程中得到中国铁路武汉局、上海局、北京局、太原局等集团有限公司，中铁一局、中铁十一局、中铁二十局等集团有限公司，湖北城际铁路有限责任公司以及业内同人的大力支持，在此一并表示感谢。

因时间仓促，书中难免有不当之处，恳请广大读者提出宝贵意见。

作 者
2018 年 9 月

第1版前言

近年来，中国高速铁路建设进程不断加快。2008年，中国拥有了第一条时速超过300 km的高速铁路——京津城际铁路；2009年，中国又拥有了世界上一次建成里程最长、运营速度最高的高速铁路——武广客运专线。按照新调整的《中长期铁路网规划》，到2020年，中国200 km及以上时速的高速铁路建设里程将超过1.8万千米，将占世界高速铁路总里程的一半以上。

高速铁路能高速、高密度、高效、稳定、经济地运行，正是基于高速铁路线路具有高平顺性、高稳定性、高精度等特点。与普通线路相比，高速铁路线路的每一个部分采用的技术及其条件都有根本性的不同。因此，其对铁路的施工及线路的维护提出了更高的要求。为了满足高速铁路工程专业高等职业教育的需求，特编写本书。

本书比较全面、系统地阐述了高速铁路轨道的相关知识。全书共三篇：第一篇介绍高速铁路轨道的基本知识，第二篇介绍高速铁路轨道的施工工艺，第三篇介绍高速铁路轨道的维护方法。其中：武汉铁路职业技术学院文妮编写了第1章、第5章、第6章，陕西铁路工程职业技术学院杨江鹏编写了第2章，天津铁道职业技术学院丁策编写了第3章、第15章，武汉铁路局曲玉福编写了第4章，山西铁路局范友岗编写了第7章，西安铁路职业技术学院刘兴文编写了第8章、第9章、第10章、第11章，湖南交通工程职业技术学院李建平编写了第12章、第13章，天津铁道职业技术学院梁晨编写了第14章。本书由武汉铁路职业技术学院文妮统稿并担任主编。

在本书编写过程中，德国海特坎普公司的胡云凌博士提供了许多宝贵建议，使教材的内容得到了充实和提高，在此表示衷心的感谢。武汉铁路局、北京铁路局和山西铁路局等单位对教材的编写给予了大力支持，在此一并表示衷心的感谢。

限于编者的水平和时间，书中难免有疏漏和不足之处，恳请专家和读者指正。

编 者
2010年7月

目 录

第一篇 轨道知识

- 第一章 绪 论 ·· 1
  - 第一节 高速铁路的发展 ··· 1
  - 第二节 高速铁路的特征 ··· 5
- 第二章 线路平纵断面 ·· 10
  - 第一节 线路平纵断面概述 ··· 10
  - 第二节 线路平面 ··· 13
  - 第三节 线路纵断面 ··· 24
- 第三章 高速铁路轨道结构 ·· 27
  - 第一节 高速铁路轨道结构类型 ··· 27
  - 第二节 高速铁路有砟轨道结构 ··· 29
  - 第三节 CRTS Ⅰ 型板式无砟轨道结构 ·· 34
  - 第四节 CRTS Ⅱ 型板式无砟轨道结构 ·· 39
  - 第五节 CRTS Ⅲ 型板式无砟轨道结构 ·· 43
  - 第六节 CRTS 双块式无砟轨道结构 ··· 47
- 第四章 高速铁路钢轨 ·· 52
  - 第一节 钢轨构造 ··· 52
  - 第二节 钢轨伤损 ··· 62
- 第五章 高速铁路扣件 ·· 69
  - 第一节 高速铁路有砟轨道扣件 ··· 69
  - 第二节 高速铁路无砟轨道扣件 ··· 87
- 第六章 动车组走行部分和轨道几何尺寸 ··· 118
  - 第一节 动车组走行部分 ·· 118
  - 第二节 轨道几何尺寸 ·· 122
- 第七章 高速铁路道岔 ·· 126
  - 第一节 高速铁路道岔基础知识 ··· 126

第二节　高速铁路道岔结构 133
第三节　高速铁路道岔扣件 157

第八章　无缝线路 175
第一节　无缝线路概述 175
第二节　无缝线路稳定性 179
第三节　无缝线路钢轨焊接 184

第九章　高速铁路精密测量控制网 189
第一节　高速铁路精测网 189
第二节　CPⅢ控制网 190

第二篇　轨道施工

第十章　CRTSⅠ型板式无砟轨道施工 193
第一节　底座板及凸型挡台施工 193
第二节　轨道板铺设 196
第三节　水泥乳化沥青砂浆灌注 200
第四节　凸型挡台树脂灌注 203

第十一章　CRTSⅡ型板式无砟轨道施工 206
第一节　梁面处理及防水层施工 206
第二节　桥上底座板施工 211
第三节　滑动层及挤塑板施工 219
第四节　路基支承层施工 221
第五节　轨道板铺设 224
第六节　水泥乳化沥青砂浆灌注 229
第七节　轨道板纵向连接施工 234
第八节　侧向挡块施工 239

第十二章　CRTSⅢ型板式无砟轨道施工 243
第一节　底座板施工 243
第二节　隔离层及弹性垫层施工 248
第三节　轨道板粗铺 249
第四节　轨道板精调 252
第五节　自密实混凝土灌注与养护 254

第十三章　CRTS双块式无砟轨道施工 260
第一节　混凝土底座施工 260
第二节　无砟道床施工 263

第十四章	高速铁路轨道铺设施工	274
第一节	无砟轨道铺轨施工	274
第二节	有砟轨道铺轨施工	277
第三节	应力放散与锁定	282
第四节	有砟轨道分层上砟整道	286

第三篇　轨道维护

第十五章	安全管理	293
第一节	作业安全管理	293
第二节	人身安全管理	303
第三节	天窗修管理	306
第十六章	生产管理	308
第一节	维修工作内容	308
第二节	轨道几何尺寸检查	309
第三节	无砟道床检查	316
第四节	钢轨检查	325
第五节	线路质量管理	329

参考文献 350

第一篇　轨道知识

第一章　绪　论

第一节　高速铁路的发展

一、高速铁路的产生

20 世纪初至 20 世纪 50 年代，德国、法国、日本等国进行了大量的有关高速列车的理论研究和试验工作。1903 年 10 月 27 日，德国人用电动车首创了试验速度达 210 km/h 的历史纪录；1955 年 3 月 28 日，法国人用两台电力机车牵引三辆客车，使试验速度达到了 331 km/h。但至 20 世纪 60 年代，高速铁路技术才进入实际运用阶段。

日本从 20 世纪 50 年代末开始，为迎接第 18 届奥运会在东京召开，加快了研究和建设高速铁路的步伐。1964 年 10 月 1 日，世界上第一条高速铁路——日本东海道新干线（Shinkansen）在 10 月 10 日奥运会开幕前正式投入运营，列车速度达到 200 km/h，突破了保持多年的铁路运营速度的世界纪录，使东京至大阪的旅行速度比原有铁路提高了一倍。东海道新干线由于票价较飞机便宜，从而吸引了大量旅客，迫使东京至名古屋间的飞机航班停运。它成为世界上铁路在与航空的竞争中取得胜利的一个范例。

二、世界高速铁路的发展

随着世界性的能源危机、环境污染等问题的愈演愈烈，各国政府再次关注到铁路的优点；与此同时，随着有关高速铁路的一系列新技术、新工艺、新设备的研究取得新的突破和发展，以及各国铁路运输管理体制改革的深入和到位，世界铁路开始进入高速铁路的大发展期。

（一）探索初创阶段

高速铁路探索初创阶段为从 20 世纪 60 年代到 70 年代末，以日本 1964 年开通第一条高速铁路东海道新干线为标志，开通时最高运营速度为 210 km/h。从东海道新干线开始，高速铁路在工务工程、高速列车、牵引供电以及通信信号等领域都对传统铁路进行了重大革新。由于高速铁路发展尚处于探索阶段，没有既有的经验可资借鉴，需要反复论证和试验，而且从高速铁路发展成效显现到加快发展高速铁路形成共识需要一定的过程，因此，高速铁路发展缓慢。在高速铁路初创阶段的近 20 年中，全世界只有日本先后于 1964 年和 1972 年建成了东海道新干线和山阳新干线，总里程 1 069 km。

（二）扩大发展阶段

高速铁路扩大发展阶段为从 20 世纪 80 年代初到 20 世纪末，以 1981 年法国第一条高速铁路 TGV 东南线开通运营为标志，开通时最高运营速度 270 km/h，是世界高速铁路进入最高运营速度 250～300 km/h 新时期的转折点。随着高速铁路技术研究开发与应用的不断深入，高速铁路技术体系不断完善。除日本新干线技术体系继续发展外，法国、德国、意大利也先后形成了各具特色的高速铁路技术体系和系列化产品，分别于 1981 年、1991 年、1992 年开通了本国第一条高速铁路，并开始制定和逐步实施庞大的高速铁路发展规划。从 20 世纪 90 年代开始，伴随着已建成高速铁路的成功运营，以及可持续发展理念逐步成为共识，高速铁路对经济社会可持续发展的重要作用日益显现，欧洲其他发达国家也开始通过技术引进发展高速铁路，西班牙、比利时分别在 1992 年、1997 年开通了本国第一条高速铁路，其他国家（如荷兰、瑞典等）也制定了高速铁路发展规划。在该阶段近 20 年中，日本、欧洲共新建高速铁路 3 000 多千米，是 20 世纪 80 年代以前新建高速铁路的 3 倍多。

（三）快速发展阶段

高速铁路快速发展阶段从 21 世纪初开始，以中国高速铁路的快速崛起为标志。我国于 2004 年制定的《中长期铁路网规划》和 2008 年的《中长期铁路网规划（2008 年调整）》，构建了中国高速铁路发展的宏伟蓝图。在短短几年时间内，中国已经成为世界上高速铁路系统技术最全、集成能力最强、运营里程最长、运行速度最高、在建规模最大的国家。中国高速铁路的快速发展，为世界高速铁路发展注入了强大动力，对其他国家产生了强大的示范作用，形成了中国高铁发展的世界效应，美国、波兰、俄罗斯、土耳其等国家纷纷加快实施本国的高速铁路发展规划，南美洲、亚洲的一些发展中国家，如阿根廷、巴西、伊朗、越南等，也纷纷加入高速铁路发展行列。

三、中国高速铁路的发展

（一）发展历史

20 世纪 90 年代以来，中国对高速铁路的设计建造技术、高速列车、运营管理的基础理论和关键技术组织开展了大量的科学研究和技术攻关，并进行了广深铁路提速改造，修建了秦沈客运专线，实施了既有线铁路六次大提速等。2002 年 12 月建成的秦皇岛至沈阳间的客运专线，是中国自己研究、设计、施工，目标速度 200 km/h、基础设施预留 250 km/h 高速列车条件的第一条铁路客运专线。自主研制的"中华之星"电动车组在秦沈客运专线创造了当时"中国铁路第一速"——321.5 km/h。

经过十多年坚持不懈的努力，我国铁路通过技术创新，在高速铁路的工务工程、高速列车、通信信号、牵引供电、运营管理、安全监控、系统集成等技术领域，取得了一系列重大成果，形成了具有中国特色的高铁技术体系，总体技术水平进入世界先进行列。

（二）速度提升

2010 年 12 月，CRH380A 新一代高速动车组在京沪高铁枣庄至蚌埠间的先导段联调联试和综合试验中，最高速度达到 486.1 km/h。

2011年1月，CRH380BL"和谐号"电力动车组——试验编组在京沪客运专线运行最高时速497.3 km/h。

2012年3月，中国铁道科学研究院建成世界速度最快的高速列车制动试验台，最高试验速度达到530 km/h。

2014年1月，中国南车制造的CIT500型高速列车在试验台上的滚动试验速度达到了605 km/h。这列试验车为6辆编组，全部为动力车，车头为剑型，如图1.1所示。

图1.1　CIT500型高速列车

（三）发展规划

长期以来，我国运力十分紧张，伴随国民经济持续快速增长，运输瓶颈制约日趋严重，铁路繁忙干线运输能力与运输需求的矛盾更是突出，京沪、京广、京哈等干线，部分区段运力趋于饱和状态，无法满足客货运输的巨大需求。我国高速铁路的建设是从2004年1月国务院常务会议讨论并原则通过的《中长期铁路网规划》开始的。《中长期铁路网规划》提出铁路网要扩大规模，完善结构，提高质量，快速扩充运输能力，迅速提高装备水平。确定到2020年，全国铁路营业里程达到10万千米，主要繁忙干线实现客货分线，复线率和电化率均达到50%，运输能力满足国民经济和社会发展需要，主要技术装备达到或接近国际先进水平。

2008年10月国家批准《中长期铁路网规划（2008年调整）》，确定到2020年全国铁路营业里程达到12万千米以上，其中客运专线达到1.6万千米以上，复线率和电化率分别达到50%和60%。

2016年6月国家批准《中长期铁路网规划》（以下简称《规划》），规划期为2016—2025年，远期展望到2030年。其中，高速铁路规划如图1.2所示，在原规划"四纵四横"主骨架基础上，形成以"八纵八横"主通道为骨架、区域连接线衔接、城际铁路补充的高速铁路网。这是我国首次在规划中提出建设"高速铁路网"。

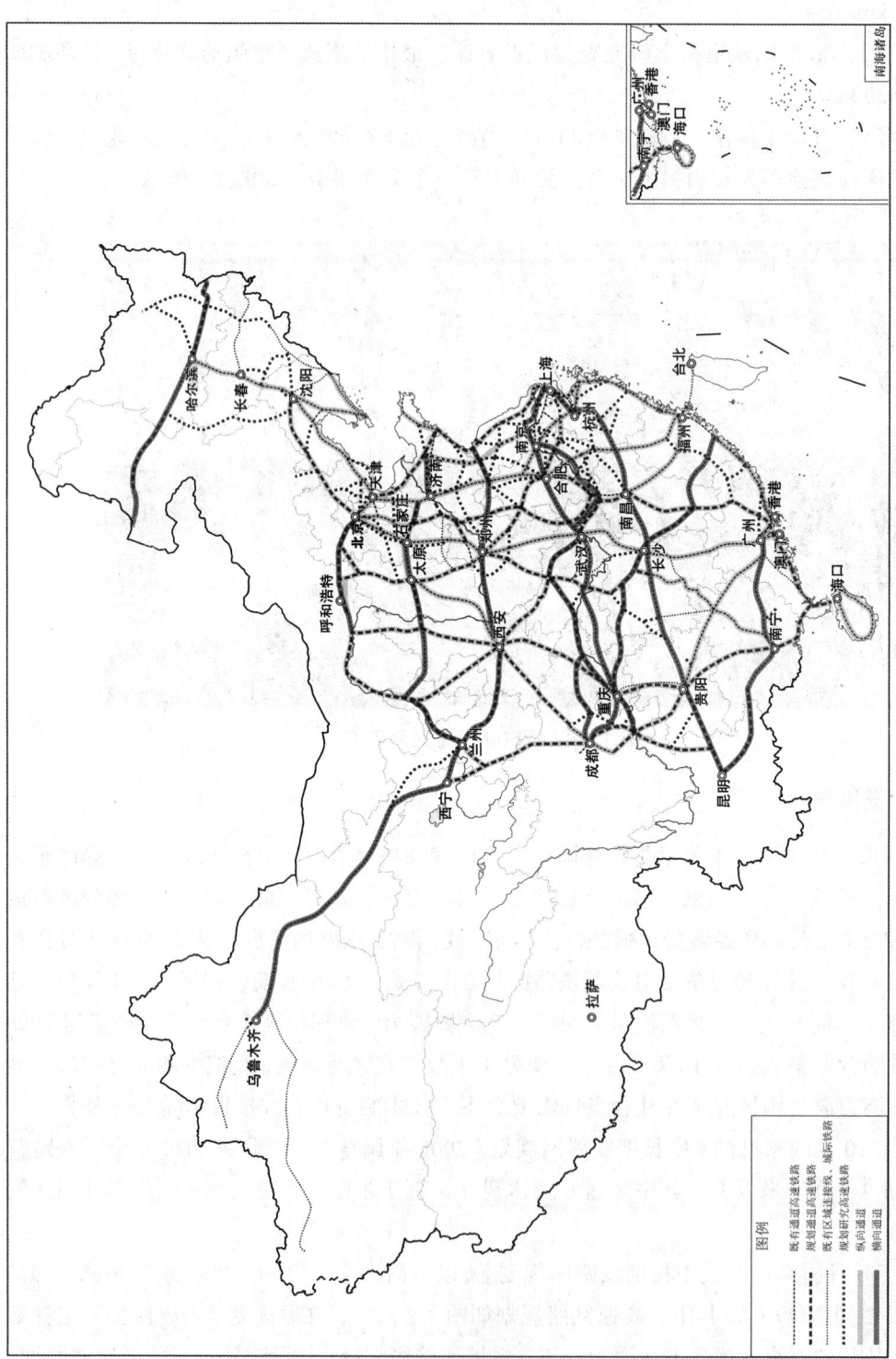

图 1.2 中国高速铁路网中长期（2030 年）规划示意图

《规划》设计了 2020 年、2025 年、2030 年三个阶段的目标。其中：到 2020 年，铁路网规模达到 15 万千米，其中高速铁路 3 万千米，覆盖 80%以上的大城市；到 2025 年，铁路网规模达到 17.5 万千米左右，其中高速铁路 3.8 万千米左右；展望到 2030 年，基本实现内外互联互通、区际多路畅通、省会高铁连通、地市快速通达、县域基本覆盖。

《规划》明确划分了高速铁路网建设标准，提出高速铁路主通道规划新增项目原则采用时速 250 km 及以上标准（地形地质及气候条件复杂困难地区可以适当降低），其中沿线人口城镇稠密、经济比较发达、贯通特大城市的铁路可采用时速 350 km 标准。区域铁路连接线原则采用时速 250 km 及以下标准。城际铁路原则采用时速 200 km 及以下标准。

四、中国高速铁路的成就

（一）高铁技术

目前中国所掌握的高铁技术有：车体设计和空气动力学、高速道岔、板式轨道、列控系统、逆变器、变流器、电动机。中国铁路在高速动车组、高速铁路基础设施建造技术和既有线提速技术等方面都达到了世界先进水平。尤其在动车组技术方面，我国成功搭建了具有自主知识产权的时速 350 km 的动车组技术平台，实现了国产时速 350 km 动车组批量化生产，在高速铁路的固定设施、系统集成、运营管理、环境保护等方面实现了一系列重大技术创新，形成了具有我国特色的高速铁路技术标准体系。

（二）安全运营

中国高速铁路建立了较为完善的运营管理体系，确保了运营持续安全，取得了良好的经营业绩，提供了安全、快捷、舒适、经济的运输服务，有力地促进了经济社会又好又快发展。如今，中国铁路每天开行"和谐号"高速动车组列车 1000 多列，发送旅客近百万人。而且高速铁路开通后，既有铁路通道的货运能力得到了巨大释放，为实现货运增量、丰富货运产品体系、提升货运服务质量奠定了坚实基础。

（三）建设规模

截至 2017 年年底，全国铁路营业里程达到 12.7 万千米，其中高铁 2.5 万千米，占世界高铁总量的 66.3%。中国高铁网还将向"八纵八横"迈进，根据 2016 年 7 月新调整后发布的《中长期铁路网规划》，到 2020 年，中国铁路网规模将达到 15 万千米，其中高铁 3 万千米。届时中国将建成以"八纵八横"主通道为骨架、区域连接线衔接、城际铁路补充的现代高速铁路网。

第二节　高速铁路的特征

一、高速铁路的优势

（一）速度快

速度是高速铁路技术的核心，也是其主要技术经济优势所在。迄今，高速铁路是陆上运行距离最长、运行速度最高的交通运输方式。目前，高速列车的运行时速已达 350 km，超过小汽车近两倍多，达到喷气客机的 1/3 和短途飞机的 1/2，因而使高速铁路在运距 100～1 000 km 范围内均能显示其节约总旅行时间的效果（总旅行时间包括途中旅行、到离车站及机场、托运和领取行李、上下车和飞机的全过程，以及小汽车驶入和驶出高速公路的总时间消费），而在 1 500～2 000 km 运距内也能发挥其利用夜间乘车时间睡眠的有利条件。

（二）安全性高

安全始终是人们出行选择交通运输方式的首要因素。从事交通运输产业的现代企业都把提高安全性能作为重中之重，以提高其在运输市场中的竞争地位。但是，即便如此，交通事故时有发生，仍难杜绝。有资料表明，在各国交通运输中，铁路、公路、民航运输的事故率（每百万人千米的伤亡人数）之比大致为 1∶24∶0.8。高速铁路采用全封闭、自动化运行方式，且有一系列完善的安全保障体系，如：先进的 ACT 列车速度控制系统，能自动控制列车运行速度、调整列车运行间隔，按照列车允许的行车速度，使列车自动减速或停车，故其安全可靠性大大高于其他交通工具；同时，高速铁路中与行车有关的固定设施和移动设备，都装有信息化程度很高的诊断与监测系统，并建立了科学的养护维修制度；对可能危及行车安全的自然灾害，设有预报预警装置。这一系统措施有效地防止了人为过失、设备故障及自然灾害等突发事件引起的各类事故。因此，相比之下，高速铁路可称得上是当今世界上最安全的现代高速交通运输方式。

（三）运能大

高速铁路继承了铁路作为大众运输工具的基本特征。高速铁路旅客列车的最小行车间隔可达 3 min，列车密度可达 20 列/h，若每列车载客人数按 800 人计算，扣除线路维修时间 4 h/d，则每天可开行高速列车 400 列，输送旅客 32 万人，年均单向输送旅客将达到 1.17 亿人。而 4 车道高速公路，单向每小时可通过汽车 1 250 辆，每天也按 20 h 计算，可通过 25 000 辆，如大轿车占 20%，每车平均乘坐 40 人，小轿车占 80%，每车乘坐 2 人，年均单向输送能力为 8 700 万人。航空运输主要受机场容量限制，如一条专用跑道的年起降能力为 12 万架次，采用大型客机的年单向输送能力只能达到 1 500 万～1 800 万人。可见，高速铁路的运能远远大于航空运输，且一般也大于高速公路。

（四）能耗低

能耗高低是评价交通运输方式优劣的重要经济技术指标之一。根据有关方面的统计，各种交通运输工具平均每人千米的能耗：飞机：2998.8 J；小轿车：3309.6 J；高速公路公共汽车：583.8 J；普通铁路：403.2 J；高速铁路：571.2 J。如果以普通铁路每人千米的能耗为 1.0，则高速铁路为 1.42，公共汽车为 1.45，小汽车为 8.2，飞机为 7.44。汽车、飞机均使用的是不可再生的一次能源——汽油或柴油（现代新型节能汽车尚未批量投入运用），而高速铁路使用的是二次能源——电力。随着水电、太阳能、风能和核电等新型能源的发展，高速铁路在能源消耗方面的优势还将更加突出。这也是在当今石油能源紧张的情况下，世界各国选择发展高速铁路的重要原因之一。

（五）污染轻

环境保护是当今关系人类生存的全球性紧迫问题。交通运输与生态环境问题密切相关。当前，交通运输对环境的污染主要是废气和噪声。据统计，在旅客运输中，各种交通运输工具一氧化碳等有害物质的换算排放量，公路每人千米为 0.902 kg，铁路为 0.109 kg，客机为每小时 635 kg（另还有二氧化碳 46.8 kg，三氧化硫 15 kg），这些有害物质在大气中一般要停留 2 年以上，是当今造成大面积酸雨，使植被生态遭到破坏和使建筑物遭受侵蚀的主要原因。高速铁路实现了电气化，使铁路基本消除了粉尘、油烟和其他废气污染。人们愈来愈认识到，为防止地球上臭氧层被破坏而造成的气候异常现象，应大力发展清洁能源的交通工具，减少飞机和汽车的废气排放，加大城市轨道交通和高速铁路发展的力度。

（六）占地少

交通运输尤其是陆上交通运输，由于要修建道路和停车场，需要占用大量的土地，而且大部分是耕地。双线高速铁路路基面宽 3.6~14 m，而 4 车道的高速公路路基面宽达 26 m。双线铁路连同两侧排水沟用地在内，每千米用地约 4.67 hm^2，而采用高架等工程，占用土地将更少。而 4 车道的高速公路每千米用地要 7 hm^2。目前，我国高速铁路多采取高架形式，故可以大大减少对耕地的占用和环境的负面影响。一个大型飞机场，包括跑道、滑行道、停机坪、候机大楼及其设施，面积大，又多为市郊良田。法国 TGV，500 km 的高速铁路仅占用相当于一个大型机场的用地。

（七）造价低

工程造价的高低在一定程度上是某种交通运输方式能否得到迅速发展的重要因素之一。高速铁路的工程造价虽然大大高于普通铁路，但并不比高速公路高。据法国资料，法国高速铁路基础设施造价要比 4 车道的高速公路节约 17%。TGV 高速列车平均每座席的造价仅相当于短途飞机每座席造价的 1/10。

（八）舒适度高

随着人们物质生活水平的不断提高，出行舒适状况已成为人们选择出行交通运输方式的重要条件之一。高速铁路线路平顺、稳定、曲线半径大，列车运行平稳，振动和摆动幅度都很小。旅客在途中占有的活动空间大大高于汽车和飞机。其座位宽敞、设施先进、装备齐全、乘坐舒适、活动自如等都是飞机和汽车无法比拟的。

（九）效益好

交通堵塞和事故给各国国民经济带来的巨大损失已成为一个世界性的难题。欧洲共同体国家每年用于处理高速公路堵塞和公路交通事故的费用分别占国民生产总值的 2.9% 和 2.5%。而修建高速铁路的直接经济效益却非常明显。据统计，日本东海道新干线 1964 年投入运营，1966 年就开始盈利，1971 年就收回了全部投资。法国 TGV 东南线 1983 年全线通车，1984 年开始盈利，运营 10 年投资全部收回。

二、高速铁路线路的特点

列车与线路是相互依存、相互适应的关系，列车是载体，线路是基础。高速运行的列车要求线路具有高平顺性、高稳定性、高精度、小残变、少维修以及良好的环境保护等特点。只有这样的线路才能保证列车高速运行的安全、平稳与舒适。

（一）高平顺性

高平顺性是设计、建设高速铁路的控制性条件，也是高速铁路有别于中低速铁路的最主要之点。

高速铁路的理论研究和实践表明，在平顺的轨道上，车辆处于稳定运行状态，即使车辆速度很高，轮轨动力附加荷载也很小。而平顺性不良时，即使轨道、路基和桥梁等结构在强度方面完全满足要求，由线路引起的车辆振动和轮轨动作用力也将大幅度增加。各种微小的短波不平顺，都是恶化轨道几何状态的根源，严重时可能引发轮、轨、轴断裂。因此，高速铁路要求轨道具备高平顺性。

（二）高稳定性

稳定的路基是高速铁路高平顺性的基础。稳定性好的路基，主要靠控制路基工后沉降和路基顶面的初始不平顺来保证。因为，路基的工后沉降大或沉降不均匀，就必须经常维修线路，而经常维修的线路，其稳定性和平顺性很差；路基顶面初始不平顺大，将导致道床厚度不一致，道床的残余变形积累也不均匀。所以，路基的工后沉降大、沉降不均匀和路基顶面的初始不平顺会恶化线路的平顺性，直接影响行车安全。桥梁的高稳定性表现为桥梁结构有足够大的刚度。高速列车对桥梁的动力作用远大于普速列车对桥梁的作用，桥梁出现较大挠度会直接影响桥上轨道的平顺性，造成结构物承受过大的冲击力，轨道状态不能保持稳定，影响列车的运行安全。

（三）高精度

严格控制轨道铺设精度是实现轨道初始高平顺的保证。轨道铺设的初始不平顺，是运营后不平顺恶化的根源。初始状态好的轨道，维修周期长，可长期保持轨道的良好水平；而初期状态不好的轨道，不仅维修周期短，即使增加维修次数，也难提高轨道的水平。

严格控制轨道的铺设精度：一是提高线路的测量精度；二是严格控制钢轨的平直性和焊接接头的平顺性。严格控制轨道铺设精度，是实现高平顺性轨道的第一步。由于轨道是由多种部件组成的，尤其是有砟轨道，轨排位于碎石道砟散粒体之上，在高速列车荷载的作用下，这些部件会发生变形，当变形的量值超过一定限值时，将使轨道失去高平顺性。因此，高速铁路轨道各部件的设计要保证强度和小残余变形，这样才能既保证高平顺性又保证少维修量。

（四）宽大、独行的线路空间

列车沿地面高速运行时，将带动列车周围的空气随之运动，形成一种特定的非定常流场，称为列车风。列车风威胁沿线工作人员和站台旅客的安全，对沿线建筑物也有破坏作用。此外，高速列车动能和惯性力都很大，一旦与其他物体发生碰撞，其后果是不堪设想的。所以，高速铁路需要有一个宽大、独行的空间，即采用全封闭形式，沿线路两侧设全长护栏。

（五）高标准的环境保护

高速铁路作为重要的现代化交通运输工具，就需要重视现代化的文明，各种设施应与周围环境协调，重视环境保护。防止噪声污染是环境保护的一项重要内容。当列车速度超过 250 km/h 后，噪声量级随列车速度的 6 次方关系增大。建设高速铁路时，应重视降低噪声的措施。沿线通过的居民区、公园附近，均设有隔音墙、明洞或隔音土堆。

（六）开通即以设计速度运行

目前，世界上所建成的高速铁路均在通车后不久即按设计最高速度运营。例如，法国高速铁路在铺轨完成后，经过 5~6 个月的调试后验交，列车即以最高速度运行。

如果因线路初始状态达不到设计标准而限速运行，列车虽以低速通过这些不合格地段，但线路将产生"记忆"性病害或不平顺，其后果将是花数倍的物力去整修才可能达到高速运行的目标。

（七）严格的轨道状态检测

高平顺的轨道在列车荷载的不断作用下，会发生变形和位移。当轨道及其各部件的变形、位移量值或其变形、位移发展的速度超过一定限值时，将恶化轮轨间的相互作用，影响列车运行的舒适性和安全性。因此，对运营中的高速线路要实行严格的轨道状态检测和科学的轨道管理制度，及时掌握铁路运营过程中轨道不平顺的量值及其发展速度，并予以校正，使其恢复到小残变或初始高平顺状态，以保证高速列车运行的安全、平稳和舒适。

（八）严密的防灾安全监控

安全对于任何交通工具都是第一位的技术条件，对于高速铁路更为重要。高速铁路除了保证设备本身安全要求外，对于一些超出设备本身安全限度范围的灾害，如自然灾害、突发性灾害、异物侵入限界以及设备的运用状态等要实时监测，并根据这些监测信息，对列车的运行进行严格的管理，如限速、停车等。

第二章　线路平纵断面

第一节　线路平纵断面概述

铁路线路是由路基、桥隧建筑物和轨道组成的一个整体工程结构，如图 2.1 所示。铁路线路在空间的位置用它的线路中心线表示。线路中心线是指距钢轨半个轨距的铅垂线 AB 与两路肩边缘水平连线 CD 交点 O 的纵向连线，如图 2.2 所示。

图 2.1　铁路线路

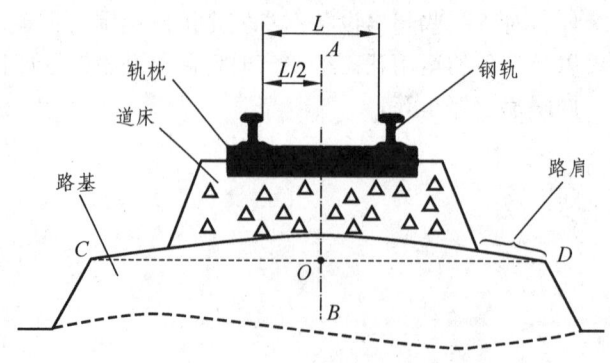

图 2.2　铁路中心线

线路中心线在水平面上的投影，叫作铁路线路平面。线路中心线展直后在垂直面上的投影，叫作线路纵断面。与线路中心线垂直的断面叫作线路横断面。线路的空间位置通过线路平面图、线路纵断面图和线路横断面图表示。

一、线路平面图

用一定的比例尺,把线路中心线以及它两侧的地面情况投影到水平面上,就得到线路平面图,如图 2.3 所示。线路平面图中有直线和曲线,曲线的直缓(缓直)点、缓圆(圆缓)点处应设标识,现场曲线始终点、缓和曲线长度、曲线全长、曲线半径、实设超高均应与设计文件保持一致。

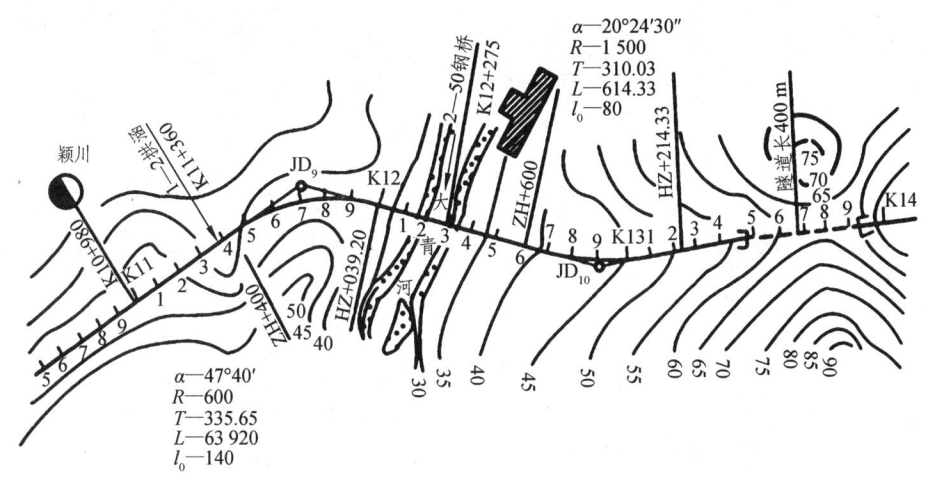

图 2.3 线路平面图

图中表明以下内容:

(一)地形部分

根据图中等高线的形态和标注的高度数字可以看出,该段线路经行地区的地形为:K11+110 以前为山坡,地形较为平坦,适宜修建车站。K11+300 处为山沟,为了防止路堤堵截水道,该处设有一座涵洞以将路堤上侧的雨水排至下侧。K11+500~K12+000 为山,为了避免开挖路堑,设置曲线绕行。从 K12+100 开始,过大青河桥后一路上坡,至 K13+700 处达最高点,为避免深路堑工程,开挖了一座长 400 m 的隧道。

(二)线路部分

(1)线路中心:图中的粗实线为线路中心,该段线路包含两个转向点(JD_9、JD_{10})、两段曲线、三段直线。虚线地段为隧道。

(2)线路里程:自线路起点至终点,在每千米处设置千米标,注明千米数;在千米标之间的每百米处设百米标,注明百米数,如 K12+073.30 表示该处距线路起点的距离为 12 km 73.3 m(K 代表千米,"+"号前为千米数,后为米数)。

(3)曲线要素及起、终点里程:在各曲线的内侧注有曲线要素:曲线半径(R)、转向角(α)、切线长度(T)、曲线长度(L)和缓和曲线长度(l_0)以及直缓点(ZH)、缓圆点(HY)、曲中点(QZ)、圆缓点(YH)、缓直点(HZ)和交点(JD)。

(4)地物和主要建筑物:图中用规定的图例注明铁路沿线的河流、道路、村镇、车站及桥隧建筑物等。

二、线路纵断面图

用一定的比例尺,把线路中心线展直后投影到铅垂面上,并标明线路平面和纵断面的各项有关资料的图纸,叫作线路纵断面图,如图 2.4 所示。

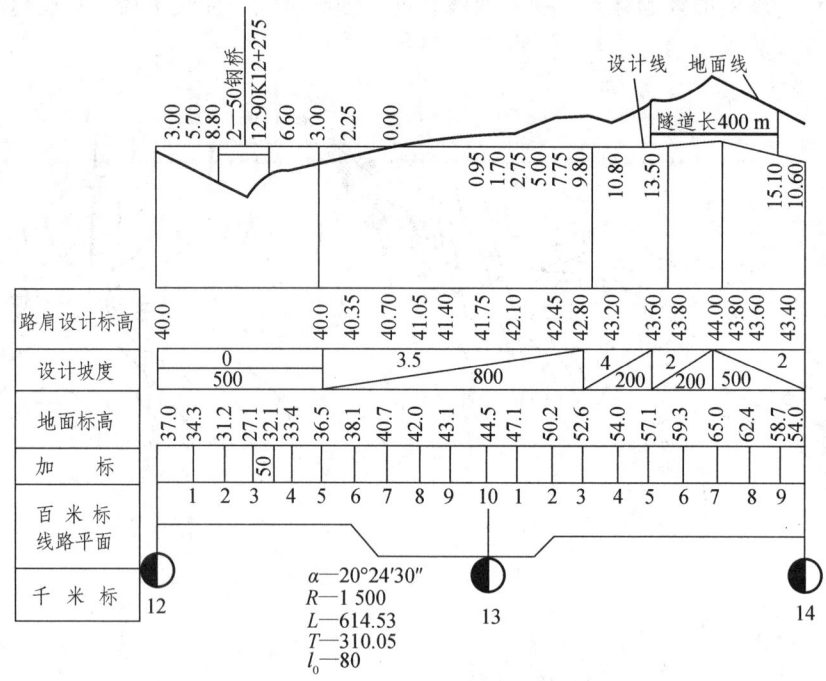

图 2.4 线路纵断面

铁路线路纵断面由各种不同的坡段连接而成,坡段有平坡、上坡和下坡。各个坡段均有各自的坡度。坡度即铁路线路的高程变化率,用千分率表示,即为每千米水平距离高程上升或下降的数值,通常用符号"+、-、0"表示上坡、下坡和平坡。

图 2.4 中横向表示线路长度,竖向表示高度。该图由两部分组成,上半部为线路纵剖面,其中粗实线表示地面线,细实线表示设计线,还用符号和数字注明主要建筑物的位置、类型和大小。设计线上面的为挖方,下面的为填方,单位为米。纵断面图的下半部为资料表,注明有关资料和数据。

(1)线路千米标:一般以线路起点车站的旅客站房中心处为零千米算起。在整千米处注明里程。

(2)线路平面:将线路平面用示意的方法表示出来,上凸、下凹的部分表示曲线,上凸表示该曲线为右转向,下凹表示该曲线为左转向,上凸、下凹的转折处依次为直缓点、缓圆点、圆缓点和缓直点,两相邻曲线间的水平线表示直线段。

在纵断面图上用示意图注明线路的直线和曲线位置,可以表明坡道与曲线的重叠情况。比如,列车行驶于 K12+600~K13+214.33 地段时,将会遇到两种阻力,即坡道阻力和曲线附加阻力。

(3)百米标:在整百米标处注上百米数。在百米标之间地形变化点,应设置加标(如 K12+350),以使绘出的地面线更符合实际情况,加标处的数字为距离百米标的距离。

（4）地面标高：在各百米标和加标处注明地面标高。

（5）设计坡度：坡度栏中竖线为变坡点的位置，两竖线间向上或向下的斜线分别表示上坡或下坡，平线表示平坡。线上所注数字为坡度值，以千分率表示；线下数字为坡段长度，单位为米。

（6）路肩设计标高：在各变坡点、百米标和加标处注明路肩设计标高，单位为米。

（7）路基的填挖高度：在设计线路的上方或下方注明路基的填挖高度。路基填挖高度等于地面标高与路肩设计标高之差，地面标高大于路肩设计标高时为路堑，地面标高小于路肩设计标高时为路堤。K12+700处为不填不挖路基，该点前为路堤，该点后为路堑。

图2.3和图2.4分别为同一段线路的平面图和纵断面图（纵断面仅画出K12+000~K14+000），因而两图中的有关数据都是互相吻合的。

三、线路横断面图

横断面图即为垂直于线路中线的横剖面图，是根据横断面方向上各测点至中桩的距离和测点的高程等资料绘制的，水平方向表示距离，竖直方向表示高程，如图2.5所示。图2.5为K13+000处的路基横断面图。图中用细实线画出与线路中线垂直的地面线，图下的数字表明地形变化点的标高和各点之间的水平距离。由线路纵断面图可知，该点的挖方深度为5.0 m，根据路基顶面宽度、侧沟及边坡等有关规定尺寸，用粗实线绘出路基设计断面的形状。路基横断面图是计算土石方开挖数量和建筑施工的资料。

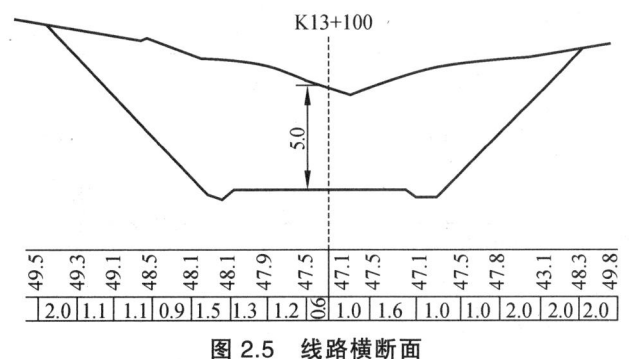

图2.5　线路横断面

第二节　线路平面

线路平面由直线和曲线连接而成。一条理想的铁路线，其区间平面应尽可能取直。一般在平坦地带的铁路线以直线为主，只有在绕避障碍或趋向预定目标时，才采用曲线。

一、平面曲线规定

曲线半径不仅影响行车安全、旅客乘坐舒适等行车质量指标，而且影响行车速度、运行时间等技术指标和工程费、运营费等经济指标。因此，铁路曲线半径应结合铁路运输模式、速度目标值、旅客乘坐舒适度等有关因素，因地制宜，合理选用，以使曲线半径既能适应地形、地质等条件，减少工程量，又能利于养护维修，满足行车速度要求。

（一）曲线半径规定

正线不应设计复曲线。正线平面曲线半径应因地制宜、合理选用，并符合下列规定：
（1）与设计速度匹配的平面曲线半径应符合表 2.1 的规定。

表 2.1　平面曲线半径表（m）

设计速度（km/h）			350	300	250
最小值	有砟轨道	一般	7 000	5 000	3 500
		困难	6 000	4 500	3 000
	无砟轨道	一般	7 000	5 000	3 200
		困难	5 500	4 000	2 800
最大值			12 000		

注：① 困难最小值应进行技术经济比选后采用。
　　② 车站两端减加速地段的最小曲线半径应结合行车速度曲线合理选用。

（2）限速地段曲线半径应符合表 2.2 的规定。

表 2.2　限速地段曲线半径表（m）

设计速度（km/h）	200	160	120	80
一般最小值	2 200	1 600	1 000	600
困难最小值	2 000	1 400	800	400

注：困难最小值应进行技术经济比选后采用。

（二）线间距规定

区间正线宜按线间距不变的并行双线设计，并设计为以线路左线中心线为基准的同心圆。
线间距设计应符合下列规定：
（1）区间及站内正线线间距不应小于表 2.3 的标准，曲线地段可不加宽。

表 2.3　铁路线间距

序号	名　称		线间最小距离（mm）
1	区间双线	$v = 160$ km/h	4 200
		160 km/h $< v \leq$ 200 km/h	4 400
		200 km/h $< v \leq$ 250 km/h	4 600
		250 km/h $< v \leq$ 300 km/h	4 800
		300 km/h $< v \leq$ 350 km/h	5 000

续表

序号	名　称		线间最小距离（mm）
2	三线及四线区间的第二线与第三线		5 300
3	站内正线	$v \leqslant 250$ km/h	4 600
		250 km/h $< v \leqslant 300$ km/h	4 800
		300 km/h $< v \leqslant 350$ km/h	5 000
4	站内正线与相邻到发线		5 000
5	到发线与相邻到发线		5 000
6	安全线与其他线路		5 000

注：线间有建（构）筑物或有影响限界的设施时，最小线间距按建筑限界计算确定。

（2）正线与联络线、动车组走行线并行地段的线间距，应根据相邻线路的行车速度、高程关系、线间各种建（构）筑物以及养护维修条件综合确定，且不应小于 5.0 m。

（3）正线与既有铁路并行地段线间距不应小于 5.3 m。两线不等高或线间设置其他设备时，最小线间距应根据相关技术要求计算确定。

（4）隧道双洞地段两线间距应根据地质条件、隧道结构及防灾与救援要求综合分析研究确定。

二、曲线超高

（一）公式推导

机车车辆在曲线上行驶时，离心力作用将机车车辆推向外股钢轨，一方面加大了对外股钢轨的压力，另一方面使旅客感觉不适，离心力过大还将影响行车安全。为抵消离心力的作用，需要将曲线外轨抬高，即设置超高。超高即曲线外轨顶面与内轨顶面水平高度之差。

超高设置的基本要求是：保证内外两股钢轨受力均匀；保证旅客有一定的舒适度；保证行车平稳和安全。

机车车辆在曲线上行驶时，车体做曲线运动产生惯性离心力，其大小可按下式计算：

$$J = \frac{Pv^2}{gR} \tag{2.1}$$

式中　P——车体重力；

　　　g——重力加速度；

　　　v——行车速度；

　　　R——曲线半径。

当抬高外轨使车体倾斜时，轨道对车辆的反力与车体重力的合力形成向心力，如图 2.6 所示。图中，P 为车体的重力，Q 为轨道反力，F_n 为向心力，S_1 为两轨头中心线距离，h 为所需的外轨超高。由于轨道倾斜角度很小，从工程实际出发，可取 $CB \approx AB = S_1$。

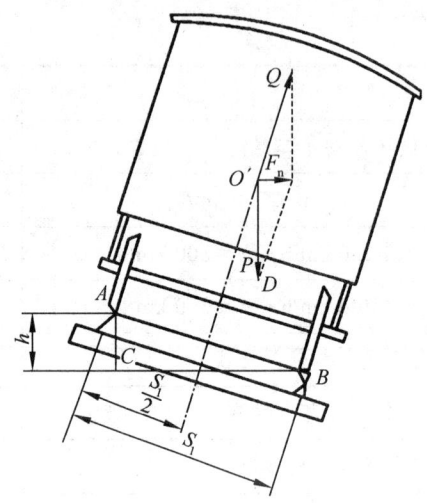

图 2.6　曲线外轨超高计算图

分析图 2.6 可知，$\triangle ABC \backsim \triangle EDO'$，则

$$\frac{F_n}{P} = \frac{h}{S_1} \tag{2.2}$$

为了平衡离心力，使外轨超高度与行车速度相适应，保证内外轨两股钢轨受力相等，需使 $F_n = J$，由式（2.1）、（2.2）得

$$h = \frac{S_1 v^2}{gR} \tag{2.3}$$

取 $S_1 = 1\,500$ mm，$g = 9.8$ m/s²，代入式（2.3）并变换速度的量纲单位得

$$h = \frac{1\,500}{9.8R} \cdot \left(\frac{1}{3.6}\right)^2 = \frac{11.8V^2}{R} \tag{2.4}$$

由式（2.4）可知，曲线半径一定时，超高与列车速度的平方成正比，因此选用何种速度来设置超高至关重要。

列车速度是影响曲线超高设置的关键因素，曲线超高设置要同时兼顾不同速度列车的舒适性要求，还要考虑曲线左右股钢轨偏载造成的钢轨不均匀磨耗。新建高速铁路、城际铁路曲线超高设置应根据通过曲线的最高、最低列车速度，优先考虑本线直通列车的旅客舒适度要求，兼顾低于本线运行速度的跨线列车和中间站进出站列车的旅客舒适度要求；新建客货共线铁路曲线超高设置应根据通过曲线的客、货列车运行速度，综合考虑旅客舒适性和货物列车对钢轨磨耗的影响。

改建铁路可根据每昼夜各类列车次数、列车质量和实测列车速度，计算确定均方根速度，曲线超高应按均方根速度进行计算并设置。均方根速度（km/h）按下式计算：

$$v_j = \sqrt{\frac{\sum N_i Q_i v_i^2}{\sum N_i Q_i}} \tag{2.5}$$

式中 N_i——一昼夜各类列车次数（列/d）；
Q_i——各类列车质量（t）；
v_i——实测各类列车速度（km/h）。

车站两端曲线应根据实际运营车型的特性曲线，模拟计算通过列车和进出站列车的运行速度，确定通过圆曲线的最高、最低列车速度，检算和调整曲线设计超高。

我国设置外轨超高时，主要有两种方法，分别是外轨抬高法和线路中心高度不变法。外轨抬高法是保持内轨的原线路高程，抬高外轨，抬高的高度为超高值。线路中心高度不变法是内、外轨分别降低和抬高超高值的一半，保证线路中心标高不变。外轨抬高法使用较普遍，线路中心高度不变法仅在建筑限界受到限制时才采用。例如矩形隧道、敞开段、地面线、高难度架线的曲线超高采用抬高外轨的方法设置；我国城市轨道交通的圆形地铁隧道内，为了不使超高影响建筑限界，在设置超高时，采用外轨抬高一半超高，内轨降低一半超高的方法，这样线路中心不变。

（二）超高最大值

在曲线上设置的最大超高必须有所限制。如设置的超高过大，当列车以低速运行时，会产生过大的未被平衡向心加速度，列车的重量偏压在里股钢轨上，会加剧里股钢轨的磨耗和压宽。如在曲线上停车，车体向内倾斜量也大，易滚易滑的货物可能产生位移，以致造成偏载，对行车安全不利。

高速铁路各种超高参数标准依据舒适度条件确定，并考虑轨道结构特点合理选用，最大设计超高允许值[h]主要取决于列车在曲线上停车时的安全、稳定和旅客乘坐舒适度要求。根据中国铁道科学研究院 1980 年的试验研究，当列车停在超高为 200 mm 及以上的曲线上时，部分旅客感到站立不稳、行走困难且有头晕不适之感。国外高速铁路的最大超高一般为 170 ~ 200 mm。

我国全面考虑列车安全和舒适等因素条件，《铁路轨道设计规范》（TB 10082—2017）规定了最大设计超高值，如表 2.4 所示：

表 2.4 最大、最小设计超高值（mm）

项 目		最大值	最小值
无砟轨道		175	
有砟轨道	一般情况	150	15
	客货共线铁路单线地段	125	

（三）未被平衡的超高

在曲线轨道上，一旦外轨超高按平均速度计算确定并设置后，便不能随意改变。所有列车是以各种不同的速度通过曲线的，所设置的超高不可能适应每一列列车，使所产生的离心力完全得到平衡，因而对每一列列车而言，普遍存在着过超高或欠超高的现象。

未被平衡欠超高和未被平衡过超高分别按下列公式检算：

$$h_c = 11.8\frac{v_{\max}^2}{R} - h$$

$$h_g = h - 11.8\frac{v_H^2}{R}$$

式中　h——实设超高（mm）；

　　　h_c——未被平衡欠超高（mm）；

　　　h_g——未被平衡过超高（mm）；

　　　$v_{\max}$——线路允许（预留）速度（km/h）；

　　　v_H——兼顾货运的线路为货物列车最高行车速度（km/h），只运行客车的线路为低速客车行车速度（km/h）。

由以上分析可知，只要 v（$v_{\max}$ 或 v_H）不等于 v_p，未被平衡的离心加速度就不可避免，但该值太大会影响列车行驶平稳，尤其在高速行车条件下，可使车辆丧失稳定，危及行车安全。最大允许未被平衡超高由以下各项条件决定：

（1）通过曲线时的旅客舒适度。

（2）通过曲线时，离心力及风力等使车辆向外倾覆的安全性。

（3）养护维修的要求。

曲线超高应满足旅客舒适度要求，按设计允许速度（设计有预留速度时按预留速度）进行计算并设置。《高速铁路有砟轨道线路维修规则》《高速铁路无砟轨道线路维修规则》规定：

（1）欠超高一般不应大于 40 mm，困难条件下不大于 60 mm。

（2）仅运行客车的线路过超高不应大于 70 mm。初期兼顾货运的客运专线，货物列车按 80 km/h 速度检算时，最大过超高不得大于 90 mm。特别对于有砟轨道客货共线线路货物列车按 80 km/h 速度检算时，过超高不应大于 50 mm。

（3）车站两端曲线超高设置应满足以下要求（v 为旅客列车进出站通过曲线时的速度）：

① 当 $v \leq 160$ km/h 时，过超高一般不大于 90 mm，困难条件下不大于 110 mm。

② 当 160 km/h $< v \leq 200$ km/h 时，过超高困难条件下不大于 90 mm。

③ 当 200 km/h $< v \leq 250$ km/h 时，过超高困难条件下不大于 80 mm。

④ 在使用困难条件时，原则上应先用足进出站列车的过超高困难条件，再使用通过列车的欠超高困难条件；若仍不满足要求，应适当降低线路允许速度，直至超高设置符合规定。

三、曲线正矢

圆曲线上两点 B、C 间连一直线得弦 BC，弧 BC 中点 A 到弦 BC 的垂直距离 AD 称正矢，如图 2.7 所示。

圆曲线半径为 R，令 $AD = F$，$BC = L$，根据几何关系得：

因为：$CD^2 = AD \times DE$

　　　$(L/2)^2 = F \cdot (2R - F)$

所以：$F = (L/2)^2 / (2R - F)$

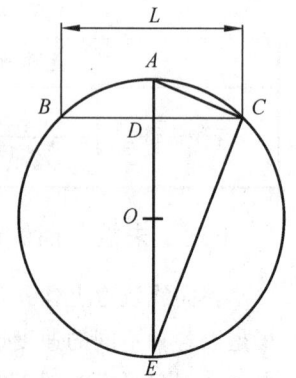

图 2.7　圆曲线正矢计算示意图

铁路曲线的半径 R 一般为几百至几千米，而 F 不足零点几米，由于 F 与 $2R$ 相比甚小，因此上式可近似写成为：

$$F = L^2/8R$$

式中　F——圆曲线正矢（mm）；
　　　R——圆曲线半径（m）。

上式即为圆曲线半径、弦长、正矢之几何关系式。

测量曲线正矢的弦线长 L 常用 20 m 或 10 m。

当 $L = 20$ m 时，计算圆曲线的正矢：

$$F = \frac{L^2}{8R} = \frac{20^2}{8R} \times 1\,000 = \frac{50\,000}{R} \quad (\text{mm})$$

式中　R——圆曲线半径（m）。

当 $L = 10$ m 时，计算圆曲线的正矢：

$$F = \frac{L^2}{8R} = \frac{10^2}{8R} \times 1\,000 = \frac{125\,000}{R} \quad (\text{mm})$$

四、缓和曲线

世界上最早的铁路，直线与圆曲线间直接相连，由于速度低，基本上能满足安全舒适要求。随着行车速度的提高，在直线与圆曲线连接处，由于运动方向的变化，车辆转向架与车钩之间相互位置突然改变，产生的振动加剧。为了减小其不良影响，使曲线的离心力、外轨超高不连续引起的冲击力等不致突变，以保持列车运行的平稳性，在直线轨道和曲线轨道之间插入曲率渐变的连接曲线叫缓和曲线。设置缓和曲线的目的有以下两点：

（1）当车辆由直线进入曲线或从曲线进入直线时，在车辆上产生的惯性离心力不应突然消失，而应在缓和曲线范围内逐渐地增加，以保证行车平稳而不在缓和曲线的始、终点产生振动冲击。

（2）曲线设置的外轨超高在缓和曲线范围内逐渐递增，使因超高而产生的车辆重力的向心力分量与离心力相适应。

因此，缓和曲线是一条曲率和超高均逐渐变化的空间曲线。

（一）缓和曲线的线形条件

图 2.8 为一段缓和曲线，图中坐标系为直角坐标系，其始点和终点用 ZH 与 HY 表示。

缓和曲线的线形应满足以下条件：

1. 坐标和偏角要求

为了保持连续点的几何连续性，缓和曲线在平面上的形状应当是：在始点处，横坐标 $x = 0$，纵坐标 $y = 0$，倾角 $\varphi = 0$；在终点处，横坐标 $x = x_0$，纵坐标 $y = y_0$，倾角 $\varphi = \varphi_0$。

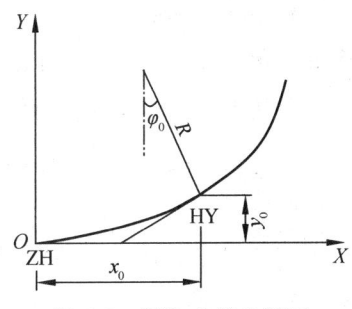

图 2.8　缓和曲线坐标图

2. 曲率要求

列车进入缓和曲线，车体受到离心力 $J = m\dfrac{v^2}{\rho}$ 的作用。为保持列车运行的平稳性，应使离心力不突然产生和消失，即：在缓和曲线始点处，$J = 0$，或 $\rho = \infty$；在缓和曲线终点处，$J = m\dfrac{v^2}{\rho}$，或 $\rho = R$。

3. 超高要求

在缓和曲线上任何一点的曲率应与外轨超高相配合。在纵断面上，外轨超高顺坡的形状有两种形式。一种形式是直线形，如图 2.9（a）所示；另一种是曲线形，如图 2.9（b）所示。

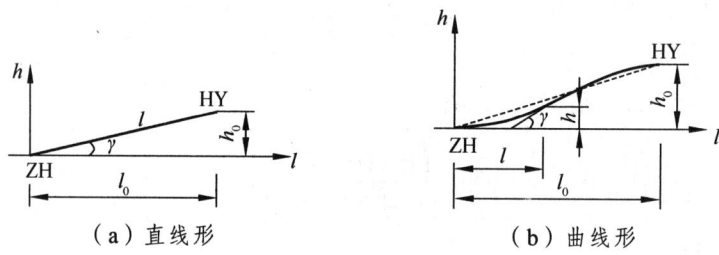

（a）直线形　　　　　　（b）曲线形

图 2.9　超高顺坡

列车经过直线形顺坡的缓和曲线始点和终点时，对外轨都会产生冲击。在行车速度不高、超高顺坡相对平缓时，列车对外轨的冲击不大，可以采用直线形顺坡。

缓和曲线上各点的超高为曲率 K 的线性函数。因此，在缓和曲线始终点处应有：

$$\dfrac{\mathrm{d}h}{\mathrm{d}l} = 0$$

即

$$\dfrac{\mathrm{d}K}{\mathrm{d}l} = 0$$

在始、终点之间，$\dfrac{\mathrm{d}K}{\mathrm{d}l}$ 应连续变化。

4. $\dfrac{\mathrm{d}K}{\mathrm{d}l}$ 变化率的要求

列车在缓和曲线上运动时，其车轴与水平面倾斜角 φ 不断变化，亦即车体发生侧滚，如图 2.10 所示。

要使钢轨对车体倾转的作用力不突然产生和消失，在缓和曲线始、终点应使倾转的角加速度为零，即 $\dfrac{\mathrm{d}^2\varphi}{\mathrm{d}t^2} = 0$。要使 $\dfrac{\mathrm{d}^2\varphi}{\mathrm{d}t^2} = 0$，应有 $\dfrac{\mathrm{d}^2 K}{\mathrm{d}l^2} = 0$，即曲率在缓和曲线范围内连续变化。

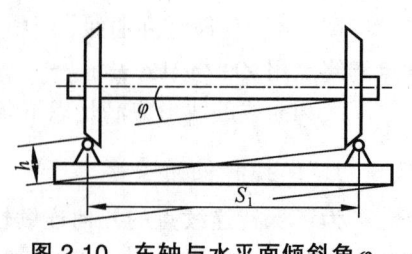

图 2.10　车轴与水平面倾斜角 φ

(二）常用缓和曲线线形

从理论上讲,缓和曲线始终点等于0的导数阶数愈高,其安全、平顺、旅客舒适条件愈好。但缓和曲线始、终点导数等于0的更高阶数的缓和曲线线形更复杂了。国内外学者从理论上和实践上都证明了,在满足相同舒适度的条件下,缓和曲线始、终点导数为0的阶数越高的线形,其超高和支距,在始、终点附近的增量愈小,所需缓和曲线长度愈长,有的可达三次抛物线形缓和曲线长度的两倍以上。这不仅增加了工程量,而且给缓和曲线的测设、施工和养护维修增加了困难,特别是在碎石道床条件下,线形难以保持。

目前铁路上常用的缓和曲线线形为三次抛物线形,超高顺坡为直线形。其数学表达式为:

平面：$Y = X^3 / (6Rl_0)$

立面：$h = h_0 X / l_0$

式中：R——圆曲线半径（m）；

X——弧长（m）；

l_0——缓和曲线长度（m）；

h_0——圆曲线实设超高（mm）；

Y——平面距离（m）；

h——相对于 Y 的超高值（mm）。

(三）缓和曲线的长度

缓和曲线长度是高速铁路线路平面设计的主要参数之一。为保证列车运行的安全和旅客乘坐舒适度的要求,缓和曲线应有足够的长度。但过长的缓和曲线将影响平面选线和纵断面设计的灵活性,引起工程投资的增大。因此,缓和曲线长度的选择应因地制宜、从长到短、合理选用。

缓和曲线长度应保证列车在缓和曲线上行驶时：

（1）不致因外轨超高顺坡坡度过陡而发生车轮出轨的危险。

（2）不致因车辆的外轮升高速度过快而使旅客感到不适。

（3）不致因未被平衡的离心加速度变化过快而使旅客感到不适。

缓和曲线长度的计算,取决于超高顺坡率允许值、未被平衡的横向加速度时变率允许值（欠超高时变率允许值）、车体倾斜角速度允许值（超高时变率允许值）等相关参数的取值。

缓和曲线长度应根据设计速度、曲线半径和地形条件按表2.5、表2.6合理选用。

表 2.5 缓和曲线长度（m）

曲线半径（m）	设计速度（km/h）								
	350			300			250		
	1	2	3	1	2	3	1	2	3
12 000	370	330	300	220	200	180	140	130	120
11 000	410	370	330	240	210	190	160	140	130
10 000	470	420	380	270	240	220	170	150	140

续表

曲线半径 (m)	设计速度（km/h）								
	350			300			250		
	1	2	3	1	2	3	1	2	3
9 000	530	470	430	300	270	250	190	170	150
8 000	590	530	470	340	300	270	210	190	170
7 000	670	590	540	390	350	310	240	220	190
	680*	610*	550*						
6 000	670	590	540	450	410	370	280	250	230
	680*	610*	550*						
5 500	670	590	540	490	440	390	310	280	250
	680*	610*	550*						
5 000	—	—	—	540	480	430	340	300	270
4 500	—	—	—	570	510	460	380	340	310
				585*	520*	470*			
4 000	—	—	—	570	510	460	420	380	340
				585*	520*	470*			
3 500	—	—	—	—	—	—	480	430	380
3 200	—	—	—	—	—	—	480	430	380
3 000	—	—	—	—	—	—	480	430	380
							490*	440*	400*
2 800	—	—	—	—	—	—	480	430	380
							490*	440*	400*

注：① 1、2、3 分别对应超高时变率 $f = 25$ mm/s、$f = 28$ mm/s、$f = 31$ mm/s。
② 带*的数值表示为曲线设计超高 175 mm 时的取值。

表 2.6 限速地段缓和曲线长度（m）

曲线半径 (m)	设计速度（km/h）							
	200		160		120		80	
	1	2	1	2	1	2	1	2
12 000	80	70	50	40	20	20	—	—
11 000	80	70	50	40	20	20	—	—
10 000	90	80	50	40	20	20	—	—
9 000	100	80	60	50	30	30	—	—
8 000	110	90	60	50	30	30	20	20

续表

曲线半径（m）	设计速度（km/h）							
	200		160		120		80	
	1	2	1	2	1	2	1	2
7 000	130	100	70	50	40	30	20	20
6 000	150	120	70	60	40	30	20	20
5 500	170	140	80	70	40	30	20	20
5 000	180	150	90	80	40	40	20	20
4 500	200	160	100	80	50	40	20	20
4 000	230	180	120	100	50	40	20	20
3 500	260	210	130	100	60	50	20	20
3 200	280	230	140	120	60	50	20	20
3 000	300	250	160	130	60	50	30	20
2 800	330	260	160	130	70	60	30	20
2 500	340	270	180	150	80	60	30	30
2 200	360	290	200	160	80	70	30	30
2 000	360	290	230	180	100	80	40	30
1 900			240	190	100	80	40	30
1 800			250	210	100	90	40	30
1 600			270	220	120	100	40	40
1 500			290	230	120	100	50	40
1 400			290	230	140	110	50	40
1 300					140	120	50	40
1 200					160	130	60	50
1 100					170	140	60	50
1 000					190	160	70	60
900					200	170	80	60
800					200	170	80	70
700							100	80
600							110	90
550							110	90
500							120	90
450							130	110
400							140	110

注：1、2 分别对应超高时变率 $f=25$ mm/s，$f=31$ mm/s。

第三节 线路纵断面

根据中线平面位置反映的地面标高，绘制铁路线中线的地形纵断面，然后在上面设计坡度线，即得出线路纵断面图。为保证坡度的可行性，纵断面设计必须和平面设计紧密配合，互相协调，逐段地交替进行。线路纵断面的设计对铁路工程指标或运营指标都有重要影响。

一、线路纵断面规定

（1）区间正线的最大坡度不宜大于 20‰，困难条件下经技术经济比较后不应大于 30‰。动车组走行线的最大坡度不宜大于 30‰，困难条件下不应大于 35‰。动车组走行线的最大坡度大于 30‰时，宜铺设无砟轨道。

（2）最小坡段长度应按下式计算确定且取为 50 m 的整倍数，并符合下列规定：

$$L_p = (\Delta i_1 + \Delta i_2)/2 \times R_{sh} + 0.4v$$

式中　L_p——最小坡段长度（m）；
　　　Δi_1、Δi_2——坡段两端坡段差（‰）；
　　　v——设计速度（km/h）；
　　　R_{sh}——竖曲线半径（m）。

① 正线宜设计为较长的坡段。最小坡段长度一般条件下不应小于 900 m，困难条件下不应小于 600 m，列车全部停站的车站两端不应小于 400 m。

② 最小坡段长度不宜连续采用，困难条件下不得连续采用。

③ 动车组走行线最小坡段长度不宜小于 200 m，且竖曲线不应重叠。

正线最小坡段长度应符合表 2.7 的规定。一般条件的最小坡段长度不宜连续采用，困难条件下的最小坡段长度不得连续采用。

表 2.7　最小坡段长度

设计行车速度（km/h）	350	300	250	200
一般条件（m）	2 000	1 200	1 200	800
困难条件（m）	900	900	900	600

（3）最大设计坡度采用 15‰时，坡段长度不宜大于 10 km；最大设计坡度采用 20‰时，坡段长度不宜大于 6 km；最大设计坡度采用 25‰时，坡段长度不宜大于 4 km；最大设计坡度采用 30‰时，坡段长度不宜大于 3 km；最大设计坡度的坡段长度应进行行车检算。

（4）正线两线并行时，两线轨面高程宜按等高（曲线地段为与内轨面等高）设计。正线与联络线、动车组走行线、既有线并行时，正线轨面设计高程应根据路基横断面设计情况综合研究确定。

（5）连续梁、钢梁及较大跨度梁的桥上纵断面设计应符合桥梁设计的技术要求。

（6）隧道内的坡道可设置为单面坡道或人字坡道，地下水发育的长隧道宜采用人字坡，坡度不应小于 3‰。路堑地段线路坡度不宜小于 2‰。

（7）跨越排洪河道的特大桥和大中桥的桥头路基、水库和滨河地段、行洪及滞洪区的浸水路堤，路肩高程应符合国家防洪标准及通航要求。

（8）站坪范围内的正线坡度设计应符合下列规定：

① 到发线有效长度范围内的正线应设在平道上，当设在坡道上时坡度不应大于 1‰。

② 越行站的正线坡度不宜大于 6‰。

③ 车站咽喉区的正线坡度宜与到发线有效长度范围内坡度一致，困难条件下始发站不宜大于 2.5‰，中间站不宜大于 6‰。

④ 到发线有效长度范围内的正线应采用一个坡段。

二、竖曲线

线路纵断面相邻两坡段的交点叫变坡点，两变坡点之间的水平距离叫坡段长度。相邻坡段的坡度差是两相邻坡段的坡度代数差。当相邻坡段的坡度差超过允许值时，为了保证行车平顺和安全，应在变坡点处用竖曲线连接起来，如图 2.11 所示。

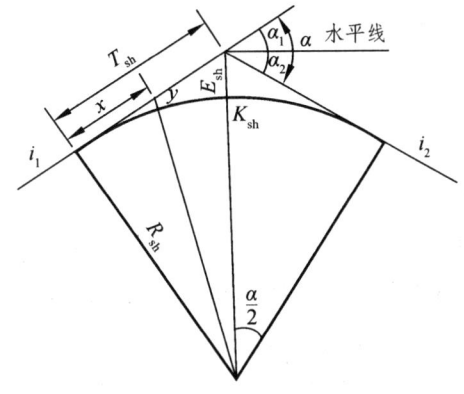

图 2.11 竖曲线

（一）圆曲线形竖曲线计算

1. 竖曲线的切线长

$$T_{\mathrm{sh}} = R_{\mathrm{sh}} \times \tan\frac{\alpha}{2} = \frac{R_{\mathrm{sh}}}{2} \times \tan\alpha = \frac{R_{\mathrm{sh}}}{2} \times \Delta i\text{‰} = \frac{R_{\mathrm{sh}}}{2\,000}\Delta i \text{（m）}$$

式中　T_{sh}——竖曲线的切线长（m）；

　　　R_{sh}——竖曲线半径（m）；

　　　α——竖曲线转角（°）；

　　　Δi——相邻坡度的代数差（‰），$\Delta i = |i_2 - i_1|$。

当 $R = 20\,000$ m 时，$T_{\mathrm{sh}} = 10 \cdot \Delta i$

当 $R = 15\,000$ m 时，$T_{\mathrm{sh}} = 7.5 \cdot \Delta i$

当 $R = 10\,000$ m 时，$T_{\mathrm{sh}} = 5 \cdot \Delta i$

当 $R = 5\,000$ m 时，$T_{\mathrm{sh}} = 2.5 \cdot \Delta i$

2. 竖曲线的曲线长

$$K_{sh} \approx 2T_{sh}$$

3. 竖曲线的纵距

竖曲线的纵距即竖曲线上任意点与切线上相邻点的标高差，用 y 表示。

因为 $(R_{sh}+y)^2 = R_{sh}^2 + x^2$

$2R_{sh}y = x^2 - y^2$（y^2 值很小，略去不计）

所以

$$y = x^2/(2R_{sh})$$

式中　x——切线上计算点至切线切点的距离（m）。

变坡点处的纵距称为竖曲线的外矢距 E_{sh}，计算式为：

$$E_{sh} = T_{sh}^2/(2R_{sh})$$

4. 竖曲线标高

$$H = H_p \pm y$$

式中　H ——竖曲线标高（m）;

　　　H_p——计算点坡度线标高。

式中的 y 值，凹形取"＋"，凸形取"－"。

（二）竖曲线设置要求

（1）正线相邻坡段坡度差大于或等于 1‰时，应设置圆曲线形竖曲线连接，最小竖曲线半径按表 2.8 选用，最大竖曲线半径不应大于 30 000 m，最小竖曲线长度不得小于 25 m。

表 2.8　最小竖曲线半径

设计行车速度（km/h）	350	300	250	200
最小竖曲线半径（m）	25 000	25 000	20 000	15 000

（2）竖曲线与平面圆曲线不宜重叠设置，困难条件下，应符合表 2.9 的规定。

表 2.9　竖曲线与平面圆曲线重叠设置的曲线半径最小值

设计行车速度（km/h）	350	300	250	200
平面最小圆曲线半径（m）	6 000	4 500	3 000	—
最小竖曲线半径（m）	25 000	25 000	20 000	—

（3）竖曲线（或变坡点）与缓和曲线、道岔及调节器均不得重叠设置。

（4）正线两线并行时，两线轨面高程宜按等高（曲线地段为与内轨面等高）设置。

第三章　高速铁路轨道结构

第一节　高速铁路轨道结构类型

　　轨道是铁路运输的主要技术设备之一，轨道结构主要由钢轨、扣件、轨枕（轨道板）及道床等组成，其作用是引导机车车辆运行，直接承受由车轮传来的荷载，并把它传布给路基或桥隧构筑物。铁路轨道结构应具有合理的刚度，足够的强度、稳定性、耐久性和良好的几何形位保持能力，以保证列车按规定的速度安全、平稳运行。

　　有砟轨道和无砟轨道是铁路轨道结构的两种基本形式，如图 3.1、图 3.2 所示。

图 3.1　有砟轨道

图 3.2　无砟轨道

一、无砟轨道与有砟轨道对比

无砟轨道与有砟轨道的优缺点对比见表 3.1：

表 3.1 无砟轨道及有砟轨道的优缺点

性能	无砟轨道		有砟轨道	
	优点	缺点	优点	缺点
可靠度	线路平面几何形状易于保持	不允许地基沉降	容易实现沉降的调整	线路平面几何形状不易保持
	有较高的运输能力			较低的运输能力
	有较高的承载能力			较低的承载能力
使用寿命	60 年	一旦维修，需较长时间中断行车	出现问题容易维修，且维修时间较短	20 年
投资成本	维修费用少	建设费用多	建设费用少	维修费用多
	节约用地	一旦出现损伤，维修费用较高	一旦出现损伤，维修成本较低	用地较多
	列车脱轨后损失较小	必须设置特殊结构的过渡段	不需要设置过渡段	每 15 年需要更换道砟
舒适性	最高运营速度可达 350 km/h			最高运营速度可达 250 km/h
	能适应较高的荷载要求			不能适应较高的荷载要求
环境	选线更自由	需要更高降噪标准	较小降噪处理	选线的自由度较小
安全性	列车在高速运行中无道砟飞溅			列车在高速运行中会出现道砟飞溅

二、我国高速铁路无砟轨道类型

针对我国高速铁路的工程特点和环境条件，我国开展了无砟轨道技术再创新研发，并在武广客运专线武汉综合试验段、京津城际高速铁路上得到试验和工程实践验证，初步形成了适应国情的 CRTS I 型板式、CRTS II 型板式、CRTS III 型板式、CRTS 双块式无砟轨道以及道岔区轨枕埋入式和道岔区板式无砟轨道的设计、制造、施工等成套技术体系。我国无砟轨道结构的分类如图 3.3 所示。两类无砟轨道性能的对比分析见表 3.2。

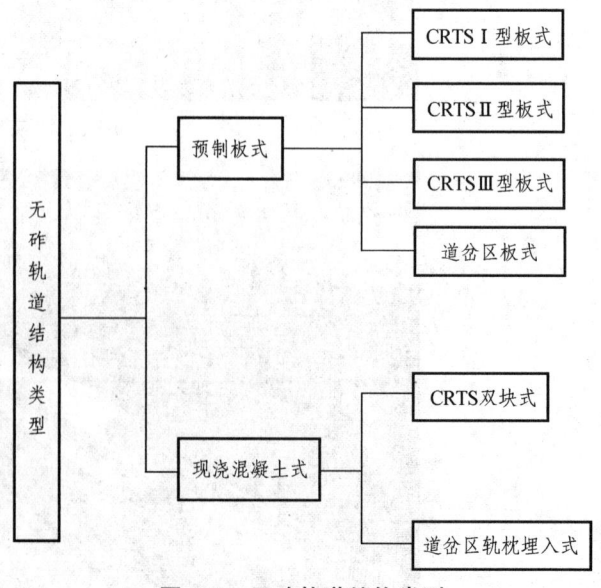

图 3.3 无砟轨道结构类型

表 3.2　两类无砟轨道性能的对比分析

性能		预制板式无砟轨道	现浇混凝土式无砟轨道
施工性		预制轨道板，施工速度快	现浇混凝土量大，施工速度慢
维护性		靠调整层和扣件系统，可修复性好	靠扣件系统，可修复性差
可靠性		安全可靠	安全可靠
耐久性		受板下调整层材料性能的影响	受混凝土裂纹的影响
轨道弹性		取决于扣件弹性垫板刚度	取决于扣件弹性垫板刚度
经济性		工程投资较大	工程投资较小
适应性	土木工程	联结简单	联结复杂
	站后工程	预制板、底座钢筋要绝缘	道床板、底座钢筋要绝缘
	气候条件	较好	较差

第二节　高速铁路有砟轨道结构

有砟轨道作为传统轨道结构形式，在国内外铁路中应用广泛。有砟轨道的道床为碎石道床，这种散粒体结构不仅要承受轨枕传递的各种力的作用，保持轨道结构的稳定性，而且要便于进行养护。它具有建设费用低、噪声传播范围小、建设周期短、破坏时修复时间短、维修效率高、轨道超高及几何状态调整简单等优点，如图 3.4 所示。

图 3.4　有砟轨道

一、横断面

高速铁路有砟轨道在路堤地段的横断面，如图 3.5、图 3.6 所示。

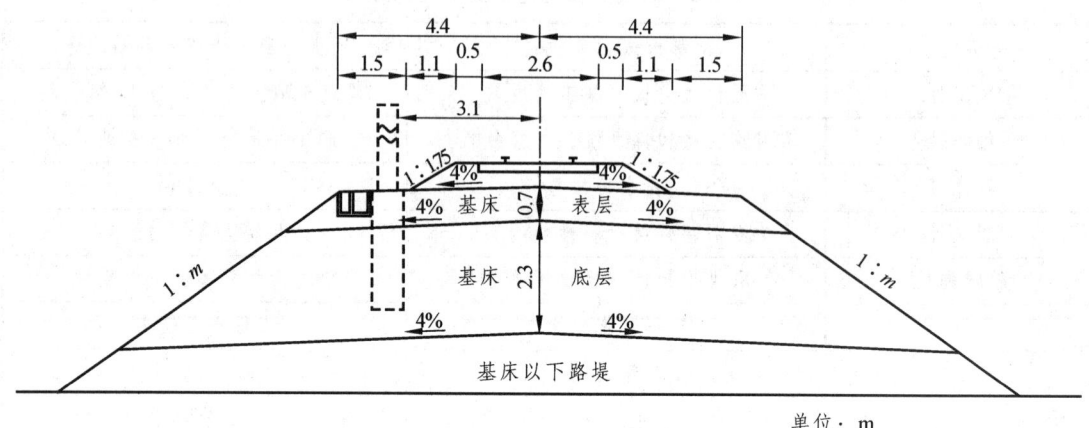

图 3.5 有砟轨道单线路堤标准横断面示意图

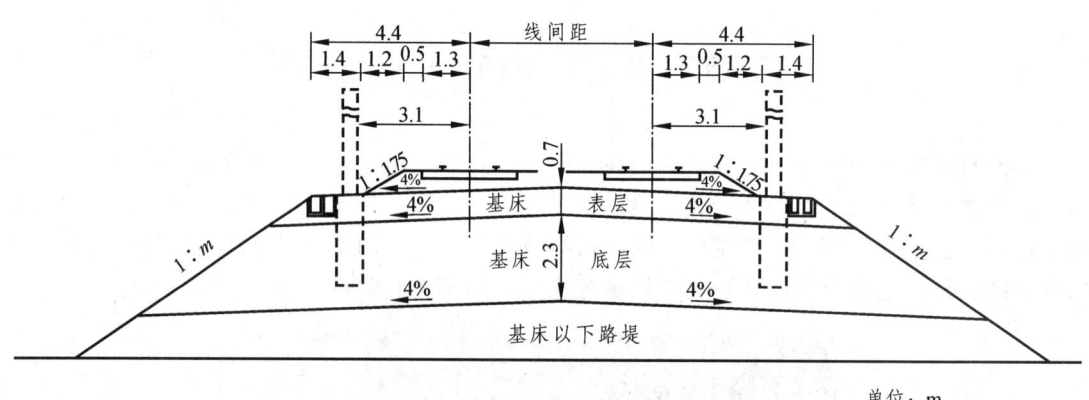

图 3.6 有砟轨道双线路堤标准横断面示意图

道床顶面宽 3 600 mm，道床厚 350 mm，道床边坡坡度为 1∶1.75，道床顶面与Ⅲ型枕枕中部顶面平齐，岔枕、桥枕地段低于承轨面 40 mm，砟肩堆高 150 mm。双线道床顶面宽度应分别按单线设计。石质路堑地段采用弹性轨枕或铺设砟下弹性垫层。

桥上道床标准应与路基地段相同，应采用弹性轨枕或铺设砟下弹性垫层。桥梁上和隧道内由于受结构宽度限制，结构检查和轨道的维修养护都比较困难，为此道床砟肩至桥梁挡砟墙和隧道边墙（或高侧水沟、电缆槽壁）间需以道砟填平，便于维修养护人员工作和行走，以及待避列车时便于进入避车台或避车洞。高速铁路为提高轨道结构几何形位保持能力，减少道床维修，且养护维修时具有充足的道砟储备，在高速铁路桥梁上两线并行地段线间道砟均填平。

二、轨　枕

我国有砟高速铁路目前主要采用的是 2.6 m 长Ⅲ型无挡肩预应力混凝土轨枕（图 3.7）和Ⅲ型有挡肩预应力混凝土轨枕（图 3.8），每千米铺设 1 667 根，轨枕中心间距 600 mm。

 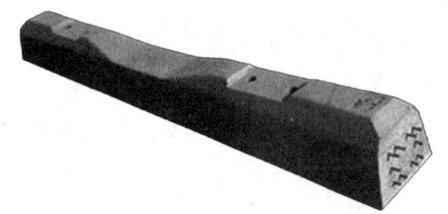

图 3.7　Ⅲ型无挡肩混凝土轨枕　　　　图 3.8　Ⅲ型有挡肩混凝土轨枕

Ⅲ型枕设计参数见表 3.3。混凝土枕的主要优点是：纵横向阻力大，能提供足够的稳定性，可以满足高速铁路的要求；轨枕承载能力可以根据不同的高速运行条件进行设计，使之满足长期使用的耐久性要求；寿命长和维修工作量小；等等。

表 3.3　Ⅲ型轨枕主要设计参数

长度 (mm)	轨底面积 (cm²)	端头面积 (cm²)	轨枕质量 (kg)	高度 (mm)		顶面宽度 (mm)		底面宽度 (mm)		设计承载弯矩 (kN·m)	
				轨下	枕中	轨下	枕中	轨下	枕中	轨下	枕中
2 600	7 720	590	320	230	185	170	200	300	280	19.05	-17.30

三、道　床

道床是轨道的重要组成部分，是轨道框架的基础。道床具有以下作用：承受来自轨枕的压力并均匀地传递到路基面上；提供轨道的纵、横向阻力，保持轨道的稳定；提供轨道弹性，减缓和吸收轮轨的冲击和振动；提供良好的排水性能，以提高路基的承载能力及减少基床病害；便于轨道修理作业，校正线路的平、纵断面。为此，道床材料应能满足上述功能。道砟应具有质地坚韧、有弹性、不易压碎和捣碎、排水性能好、吸水性差、不易风化、不易被风吹动或被水冲走等性能。

（一）道床断面

道床断面包括道床厚度、顶面宽度及边坡坡度三个主要特征参数。道床肩宽、堆高、埋深、边坡和道床顶面宽度，如图 3.9 所示。

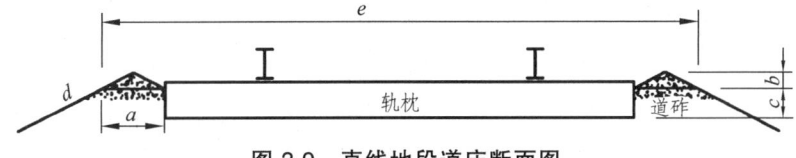

图 3.9　直线地段道床断面图

a—肩宽；*b*—堆高；*c*—埋深；*d*—边坡坡度；*e*—道床顶面宽度

1. 道床厚度

道床厚度是指直线上钢轨或曲线上内轨中轴线下轨枕底面至路基顶面的距离。道床厚度为 350 mm。

2. 道床顶面宽度

道床顶面宽度是指轨枕长度与两侧道床肩宽的总和。结合运营实践检验，道床顶面宽度的取值对确保我国铁路无缝线路运营安全起到了重要作用，因此铺设无缝线路的道床顶宽一般情况不小于 3.4 m，行车速度大于 160 km/h 的线路地段道床宽度为 3.5 m。

3. 道床肩宽

无缝线路钢轨内部存在一定的温度力，其道床肩宽对保持无缝线路起着重要作用。道床肩宽是影响道床横向阻力和无缝线路稳定性的主要因素。道床肩宽部分所提供的道床横向阻力约占总阻力的 1/3。

4. 道床边坡坡度

道床边坡坡度是指道床两侧坡面与水平面之间的坡度。为了保持道床结构在列车循环振动下的稳定性，以减少养护维修工作量，道床及堆高道砟需有适当的边坡坡度。根据铁路长期运营经验和目前养护条件，我国规定道床边坡坡度为 1∶1.75。

5. 砟肩堆高

砟肩堆高是提高轨枕横向阻力、提高线路横向稳定性最经济、最有效的手段。根据砟肩堆高与横向阻力关系的测量结果以及多年的实践经验，砟肩堆高后横向阻力一般能增加 20% 左右。无缝线路道床两侧砟肩堆高 15 cm，实践表明这一堆高值便于保持及养护维修，列车速度在 250 km/h 及以下时不会由于列车风力引起飞砟。

6. 道床顶面高度

为保持轨道结构的稳定性，提高道床纵、横向阻力，轨枕盒内和枕端均应有饱满的道砟。但为了防止道床表面水分锈蚀钢轨和扣件，避免影响轨道电路正常工作和出现道砟飞溅现象，轨底处道床顶面应低于轨枕承轨面。高速铁路为避免列车风力引起飞砟，规定道床顶面应低于轨枕承轨面，且不应高于轨枕中部顶面。轨枕沿长度方向为变截面，轨枕顶面中间部分低、两端承轨部分高，道床顶面与轨枕中部顶面平齐。

《高速铁路有砟轨道线路维修规则》规定正线有砟道床尺寸应符合表 3.4 的要求。

表 3.4 道床断面尺寸

速度等级 （km/h）	砟肩宽度 （m）	厚度 （mm）	边坡	砟肩堆高 （mm）	道床顶面位置（mm）		
					轨枕中部	轨底处	道岔区
200～250 （不含）	不小于 0.5	350	1∶1.75	150	与轨枕顶面平齐	轨枕承轨面以下 30～40	岔枕顶面以下 30～40
250～300				100		轨枕承轨面以下 40～50	岔枕顶面以下 40～50

（二）道床主要参数

道床主要参数指标应符合表 3.5 的规定。

表 3.5 道床主要参数指标（平均值）

铁路等级	轨枕类型	道床横向阻力（kN/枕）	道床纵向阻力（kN/枕）	道床支承刚度（kN/mm）	道床密实度（g/cm³）
高速铁路	Ⅲ型混凝土轨枕	≥12	≥14	≥120	≥1.75

根据有砟轨道实践经验和相关研究结果，铁路线路开通前，道床应满足道床密度、道床支承刚度、道床纵向阻力、道床横向阻力等相关的物理力学指标。

1. 道床支承刚度（kN/mm）

道床支承刚度是用于评价道床弹性和承载力的力学指标，是指轨枕在道床的支承面上产生单位下沉所需的单股钢轨作用到轨枕上的荷载值。用支承刚度仪测量道床支承刚度。测量时将加力架安装在轨枕一端，以钢轨作支撑反力，在轨枕上加载，在加、卸载与位移关系曲线图上取位移量最大值与最终值之差，即为道床恢复变形的能力。

2. 道床纵向阻力（kN/枕）

道床纵向阻力一般以每根轨枕的阻力或每延厘米分布阻力来表示。它是抵抗钢轨伸缩、防止线路爬行的重要参数。道床抵抗轨道框架纵向位移的阻力，由轨枕与道床之间的摩阻力和轨枕盒内的道砟抗推力组成。纵向道床阻力还同道砟材质、粒径尺寸、道床断面形状有关，尤其同道床的密实度有关。它也是无缝线路轨道结构计算的一项重要参数。

3. 道床横向阻力（kN/枕）

道床横向阻力由轨枕两侧及底部与道砟接触面之间的摩阻力和枕端的砟肩阻止横移的抗力组成。道床的横向阻力是防止胀轨跑道、保持轨道稳定的重要因素，主要与轨枕的长度、枕底及枕侧接触面积和枕端截面有关。

（三）道 砟

道砟的技术条件有以下几个方面：

1. 道砟分类

道砟按材质性能和粒径级配分为特级碎石道砟、一级碎石道砟。新建时速 250 km 及以上的高速铁路、年通过总质量大于 250 Mt 且设计轴重大于 250 kN 的重载铁路应采用特级道砟；新建时速 200 km 的城际铁路和客货共线铁路、年通过总质量为 101 M~250 Mt 且设计轴重大于 250 kN 的重载铁路可采用特级道砟或一级道砟；其余铁路应采用一级道砟。

2. 道砟性能

碎石道砟的材质性能参数有抗磨耗、抗冲击性能、抗压碎性能、渗水性能、抗大气腐蚀性能及稳定性能；碎石道砟的加工指标有粒径级配、颗粒形状及清洁度等。

目前，我国高速铁路标准要求使用特级道砟，特级道砟与一级道砟的主要区别是洛杉矶磨耗率（$LAA \leq 18$）和标准集料冲击韧度（$IP \geq 110$）两项指标提高。

3. 道砟级配

碎石道砟属于散粒体，其级配是指道砟颗粒的分布。道砟粒径的级配对道床的物理力学性能、维修工作有重要影响。现行标准按级配要求可保证道砟产品有最佳的颗粒组成。级配道砟由于道砟粒径相互配合以及道砟颗粒之间的填充，使得道砟有更好的强度和稳定性，也利于道床作业。

4. 颗粒形状及清洁度

道砟的形状和表面状态对道床的性能有重要的影响。一般棱角分明、表面粗糙的颗粒，对集料具有较高的强度和稳定性贡献。近于立方体的颗粒比扁平、长条形颗粒有较高的抗破碎、抗变形、抗粉化能力。针状、片状颗粒容易破碎，使道床强度和稳定性下降。

5. 底砟

底砟是铁路碎石道床的重要组成部分，位于碎石道床道砟层和路基基床表层之间，起着传递、分布列车荷载，隔离碎石层和基床表层，防止上层碎石道砟和下层路基土颗粒之间相互掺混的作用，对从碎石到基床表层之间的渗水性能起过渡作用，防止基床表面在暴雨时被冲刷，防止地下水通过毛细管作用向上渗透，对基床表层起保温防冻作用。当然，底砟层本身要有足够的承载能力，底砟层材料要有足够的抗冲击、抗压碎、抗磨耗功能。

第三节 CRTS I 型板式无砟轨道结构

CRTS I 型板式无砟轨道是在现浇的钢筋混凝土底座上铺装预制轨道板，通过水泥乳化沥青砂浆进行调整，通过凸形挡台进行限位，并适应 ZPW-2000 轨道电路要求的无砟轨道结构形式，如图 3.10 所示。

图 3.10 CRTS I 型板式无砟轨道

一、CRTS I 型板式无砟轨道结构

道床结构由轨道板、水泥乳化沥青砂浆充填层、混凝土底座、凸形挡台及其周围填充树脂等部分组成，如图 3.11 所示。

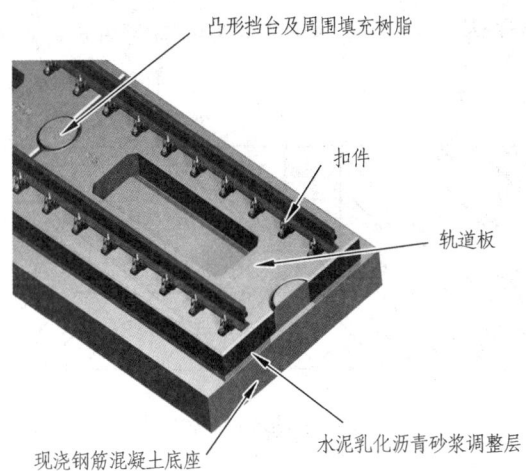

图 3.11　CRTS I 型板式无砟轨道道床结构

（一）轨道板

轨道板结构类型可分为预应力混凝土平板、预应力混凝土框架板和钢筋混凝土框架板。轨道板类型应根据环境条件和下部基础合理选用。配合设在底座上的圆形或半圆形凸形挡台，轨道板两端设置半圆形缺口。

标准轨道板长度宜为 4 962 mm，轨道板宽度宜为 2 400 mm，厚度不宜小于 190 mm。轨道板两端设半圆形缺口，半径宜为 300 mm。

轨道板宽度设计需满足结构设计及制造工艺要求，同时考虑传递列车荷载的有效范围，尽可能减少传递到板下结构的荷载应力及作用在板上的弯矩。轨道板宽度减小，则板上横向正弯矩减小，而纵向弯矩及横向负弯矩将增大。通过理论计算分析，轨道板设计宽度取 2 400 mm。

轨道板厚度主要由结构强度及配筋要求决定。在结构强度允许的范围内，考虑温度荷载的影响，通过对不同厚度情况下的强度进行对比计算分析，轨道板的设计厚度一般取 190 mm。

（二）底　座

混凝土底座是板式轨道的支承基础，其主要功能一方面修是正在无砟轨道施工前下部基础的变形（如桥梁上拱、路基沉降）与施工偏差，另一方面是实现曲线地段板式轨道的超高设置。底座宽度的设计需在保证结构强度的前提下，考虑板式轨道的施工设备和机具的使用，桥梁和隧道地段一般为 2.8 m，路基地段一般为 3.0 m；其厚度和配筋需根据下部基础的支承条件和预测变形（如桥梁的跨中挠度、路基承载力及不均匀沉降等）条件计算确定，桥梁和隧道地段基础相对较为坚实，厚度一般采用 200 mm，而路基地段则加厚至 300 mm。

曲线超高在底座上设置，超高设置需优先满足直通列车旅客舒适度要求，并兼顾低速跨线列车和中间站起停列车的旅客舒适度要求。无仰拱隧道内超高可在隧道底板上设置。缓和曲线地段，由于其超高是逐渐变化的，底座高度需根据超高变化情况合理设置。

（三）凸形挡台

凸形挡台作为板式轨道的一个重要组成部分，其主要功能是限制轨道板的纵、横向位移。

凸形挡台结构是按悬臂受弯构件设计的，其悬臂梁的固定端固定于下部混凝土底座中。其受力图式如图 3.12 所示：

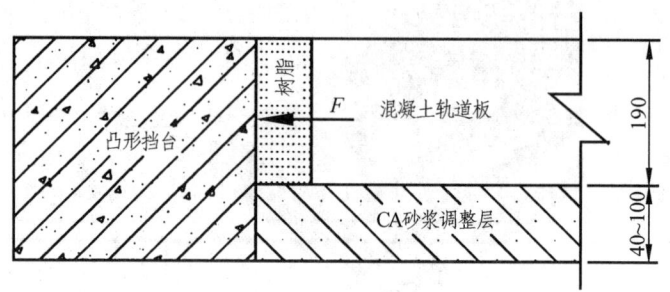

图 3.12　凸形挡台受力图式

凸形挡台分圆形和半圆形，半圆形挡台一般设在桥梁的端部或板式轨道的末端。凸形挡台的半径一般采用 260 mm，高度采用 250 mm。大跨连续梁及温度跨度较大的桥梁地段由于受桥上无缝线路纵向力影响较大，需对其梁端半圆形凸形挡台及其与底座的接口设计进行专项检算。

（四）水泥乳化沥青砂浆

轨道板和底座板之间设置水泥乳化沥青砂浆充填层，它是 CRTS I 型板式无砟轨道的关键组成部分，其性能的好坏直接影响轨道系统的耐久性和运营期间的养护维修工作量。CRTS I 型板式无砟轨道水泥乳化沥青砂浆充填层的主要功能是作施工调整、协调板端翘曲变形、阻断底座反射裂纹、缓和轨道振动冲击等。轨道系统要求充填层砂浆材料需具有良好的力学性能、耐久性能和可施工性，并适于采用袋装灌注法进行施工。

水泥乳化沥青砂浆充填层厚度为 50 mm，不应小于 40 mm。减振型板式轨道水泥乳化沥青砂浆厚度为 40 mm，不应小于 35 mm。水泥乳化沥青砂浆应灌注饱满，与轨道板底部密贴，轨道板边角悬空深度应小于 30 mm。

（五）凸台树脂

凸形挡台与轨道板半圆形缺口相匹配，间隙一般为 40 mm，不应小于 30 mm。其间需充填弹性好、强度高的聚氨酯树脂（CPU）材料，以缓冲轨道对凸形挡台的作用。

二、CRTS I 型板式无砟轨道横断面

（一）路基地段 CRTS I 型板式无砟轨道横断面

路基地段 CRTS I 型板式无砟轨道横断面如图 3.13 所示。

（1）底座在路基基床表层上设置。底座每隔一定长度，对应凸形挡台中心位置，设置横向伸缩缝。

（2）线间排水应结合线路纵坡、桥涵等线路条件和环境条件具体设计。温暖地区可以采取集水井排水方式，集水井设置间隔根据汇水面积和当地气象条件计算确定；寒冷地区线间排水设计应考虑防冻要求，在保证横向排水管道畅通、不会因冻胀影响底座结构安全的前提

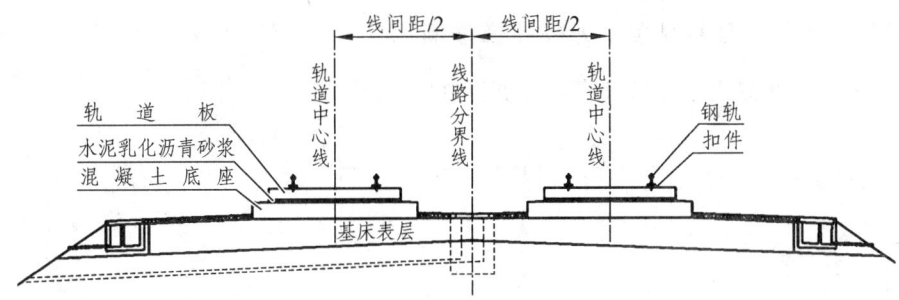

图 3.13 路基地段CRTS I 型板式无砟轨道横断面示意图

下，可以采取在底座内埋设横向排水管等措施，线间填筑级配碎石，表面用混凝土封闭；严寒地区线间排水设计应考虑防冻措施，还需结合气候条件、线下工程设计情况等系统研究，确保各结构物的安全可靠。

（3）线路两侧及线间路基面应进行防水处理。

（二）桥梁地段 CRTS I 型板式无砟轨道横断面

桥梁地段 CRTS I 型板式无砟轨道横断面如图 3.14 所示。

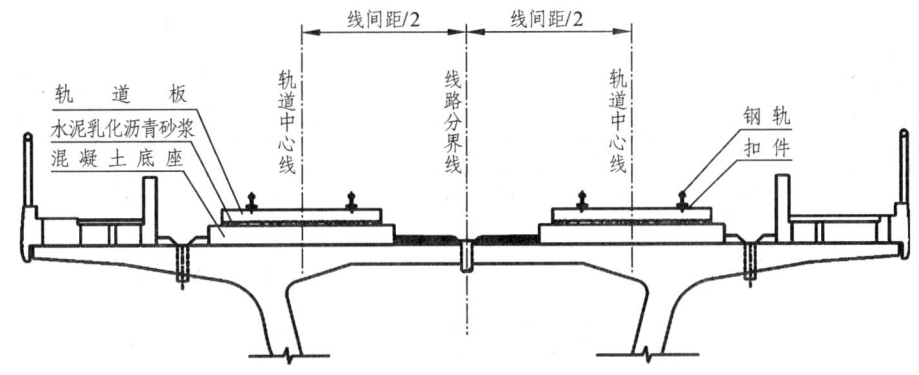

图 3.14 桥梁地段CRTS I 型板式无砟轨道横断面示意图

（1）轨道中心线 2.6 m 范围内，梁面应进行拉毛处理。

（2）底座在梁面上设置，底座对应每段轨道板，在凸形挡台中心位置设置横向伸缩缝。底座范围内，梁面不设防水层和保护层。

（3）为保证无砟轨道结构与梁体的可靠连接，实现梁体与无砟轨道结构的变形协调，在混凝土底座范围内的桥面需预埋一定数量的连接套筒或预埋钢筋，其数量需根据底座承受的纵、横向力的大小计算确定。

（4）桥上扣件纵向阻力及梁端扣件结构形式根据计算确定。

（5）大跨度桥梁及温度跨度较大的桥梁在温度荷载作用下，梁端伸缩量大，梁轨相互作用力剧烈，因此需要对桥梁端部轨道板进行特殊设计，确保扣件间距满足要求，还需对桥梁端部的底座和凸形挡台进行特殊设计检算，确保结构安全、可靠。

（6）桥梁地段由于相邻底座板间伸缩缝过窄（一般为 20 mm）及凸形挡台的阻断作用，无横向排水通道，桥面泄水孔设计需采用三列排水方式，对于严寒地区，排水管等需考虑防冻措施。

（三）隧道地段CRTS I 型板式无砟轨道横断面

隧道地段CRTS I 型板式无砟轨道横断面如图3.15所示。

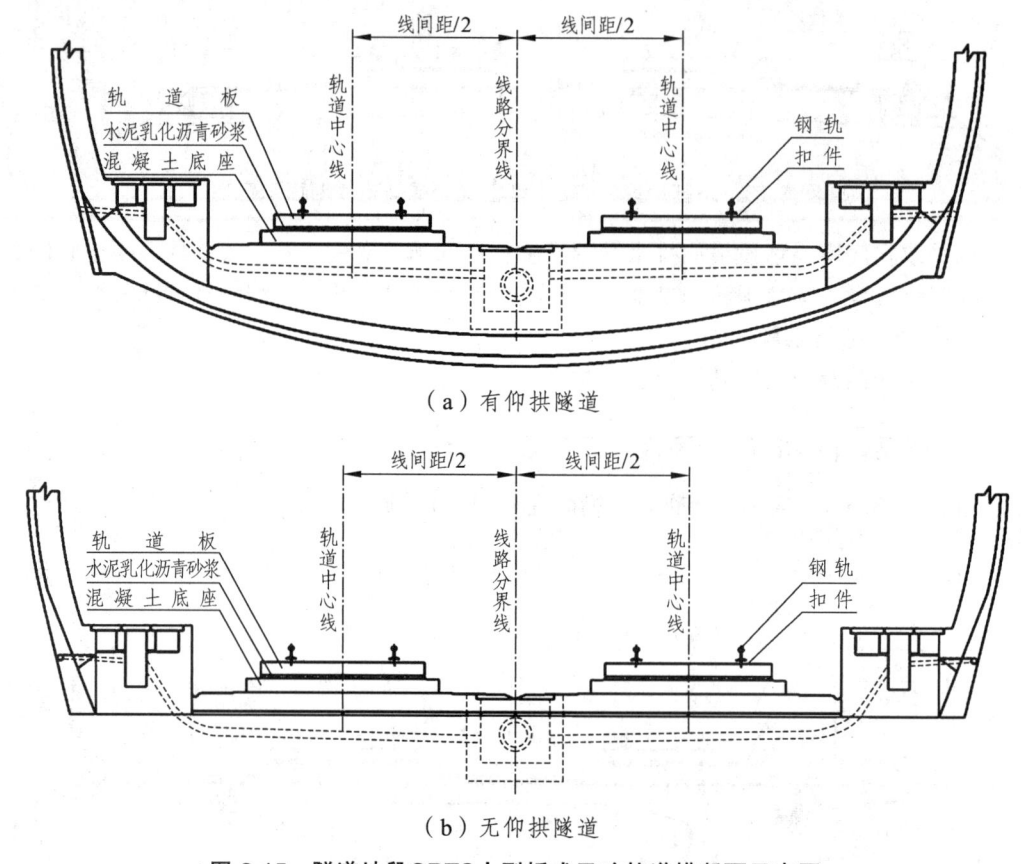

（a）有仰拱隧道

（b）无仰拱隧道

图3.15　隧道地段CRTS I 型板式无砟轨道横断面示意图

（1）在有仰拱隧道内，底座在仰拱回填层上构筑。沿线路纵向，底座每隔一定长度，对应凸形挡台中心位置，设置横向伸缩缝。底座在隧道沉降缝位置，设置伸缩缝。底座宽度范围内，仰拱回填层表面进行拉毛处理。

（2）在无仰拱隧道内，底座与隧道底板合并设置。当位于曲线地段时，超高一般在底座面上设置。

（3）隧道洞口附近温度变化较大，与隧道内部相比，底座结构在温度荷载作用下变形较大，为保证轨道结构的稳定性和耐久性，隧道洞口附近仰拱回填层需设置连接钢筋与底座相连。

（4）对于地质条件较好的 I、II 级围岩隧道，一般采用曲墙衬砌加钢筋混凝土底板的结构形式，衬砌底板设计厚度一般大于30 cm，混凝土强度等级不低于C35。

（5）对于设底板结构的 I、II 级围岩隧道，可以将底座与隧道底板合并设置，这样不仅避免了隧道内混凝土的二次施工，且可以降低工程建设成本。

（6）曲线地段隧道底板的施工需系统考虑，隧道工程施工时根据线路设计要求，在底板上设置超高，如图3.16所示。

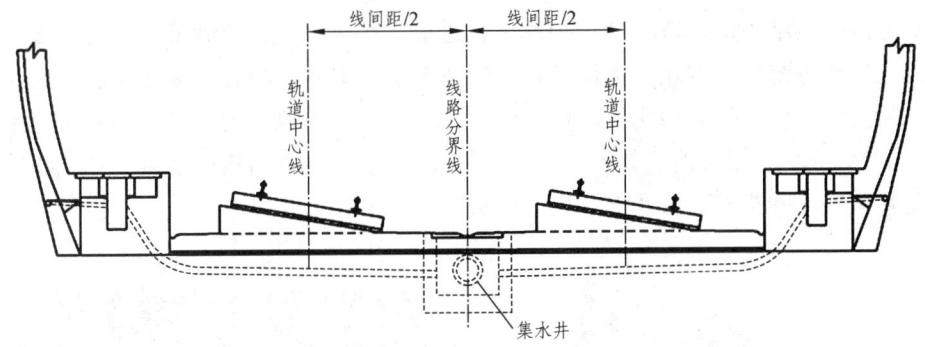

图 3.16　隧道底板与无砟轨道混凝土底座合并设置示意图（无仰拱隧道）

第四节　CRTS Ⅱ型板式无砟轨道结构

CRTS Ⅱ型板式无砟轨道是在现场摊铺的支承层或现场浇筑的钢筋混凝土底座上铺装预制轨道板，通过水泥乳化沥青砂浆进行调整，并适应 ZPW-2000 轨道电路要求的纵连板式无砟轨道结构形式，如图 3.17 所示。

图 3.17　CRTS Ⅱ型板式无砟轨道

一、CRTS Ⅱ型板式无砟轨道结构

CRTS Ⅱ型板式无砟轨道结构由轨道板、水泥乳化沥青砂浆充填层、支承层等部分组成，如图 3.18 所示。

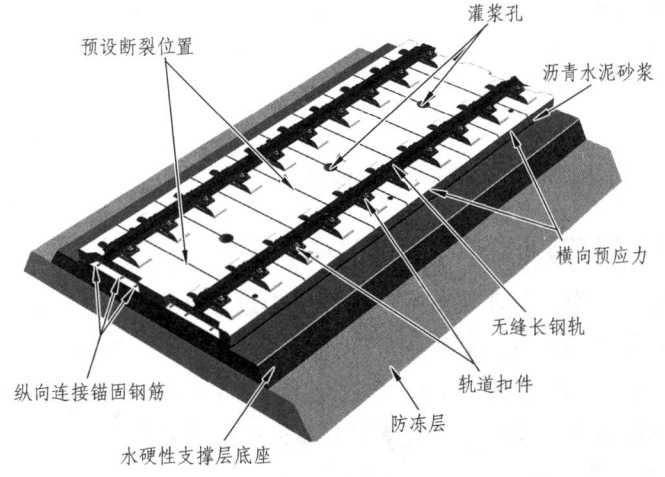

图 3.18　CRTS Ⅱ型板式无砟轨道结构

路基地段轨道结构由钢轨、弹性扣件、轨道板、水泥乳化沥青砂浆充填层、支承层等组成。桥梁地段轨道结构由钢轨、弹性扣件、轨道板、水泥乳化沥青砂浆充填层、底座板、滑动层、高强度挤塑板、侧向挡块及台后锚固结构（包括摩擦板、土工布、端刺）等组成。滑动层如图 3.19 所示。侧向挡块如图 3.20 所示。隧道地段轨道结构由钢轨、弹性扣件、轨道板、水泥乳化沥青砂浆充填层及支承层等组成。

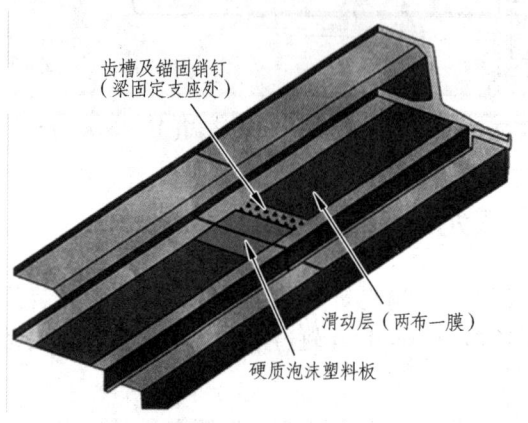

图 3.19 桥面滑动层

图 3.20 侧向挡块

（一）轨道板

轨道板应根据列车荷载、温度荷载以及制造、运输和施工阶段的受力条件，并结合配套扣件、轨道电路、综合接地和耐久性等技术要求进行结构设计。标准轨道板长度为 6 450 mm，宽度为 2 550 mm，厚度为 200 mm，补偿板和特殊板根据具体条件配置。

轨道板为单向预应力混凝土结构，横向设置预应力，采用先张法生产工艺；纵向通过 6 根 $\phi 20$ 的精轧螺纹钢筋连接。每块标准轨道板上设 10 对扣件，扣件节点间距 0.65 m，相邻扣件节点间的板顶面设置深度为 40 mm 的预裂缝，相邻预裂缝距离为 0.65 m。

（二）水泥乳化沥青砂浆

水泥乳化沥青砂浆充填层的主要功能是作施工调整和约束轨道板。轨道系统要求充填层砂浆与轨道板、支承层/底座间良好黏结，砂浆材料需具有良好的力学性能、可施工性和耐久性，采用模筑法进行施工。

二、CRTS Ⅱ 型板式无砟轨道横断面

（一）路基地段 CRTS Ⅱ 型板式无砟轨道横断面

路基地段 CRTS Ⅱ 型板式无砟轨道横断面如图 3.21 所示。

（1）支承层在路基基床表层上设置，其性能应符合相关规定。支承层顶面宽度为 2 950 mm，底面宽度为 3 250 mm，厚度为 300 mm。沿线路纵向，每隔不大于 5 m 切一横向预裂缝，缝深为厚度的 1/3。轨道板宽度范围内的支承层表面进行拉毛处理。

（2）曲线超高在路基基床表层上设置。

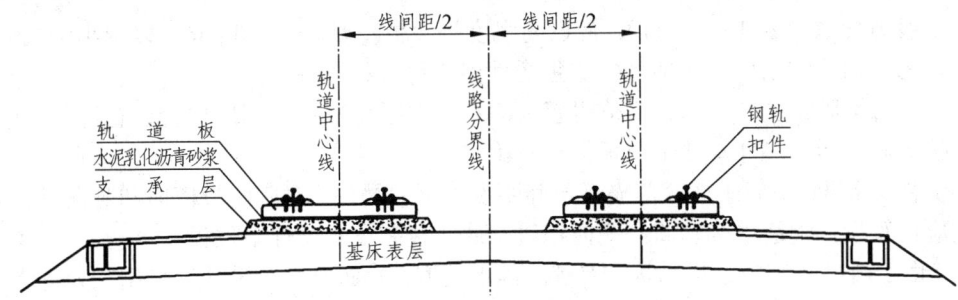

图 3.21　路基地段CRTS Ⅱ型板式无砟轨道标准横断面示意图

（3）线间排水应结合线路纵坡、桥涵等线路条件和环境条件具体设计。当采用集水井方式时，集水井设置间隔根据汇水面积和当地气象条件计算确定。温暖地区直线地段可以采用经轨道板顶面向线路两侧横向排水的技术方案，即线间填充级配碎石和C25混凝土封闭层，利用轨道板表面横向排水坡进行横向排水。为降低造价，线间可以取消级配碎石，采用C25混凝土封闭层和集水井进行横向排水。寒冷地区直线地段线间排水设计建议采用经轨道板顶面向线路两侧横向排水的技术方案。曲线地段受轨道超高设计的影响，线间排水采用设集水井的横向排水技术方案。

（4）线路两侧及线间路基面进行防水处理。

（二）桥梁地段 CRTS Ⅱ 型板式无砟轨道横断面

桥梁地段 CRTS Ⅱ 型板式无砟轨道横断面如图 3.22 所示。

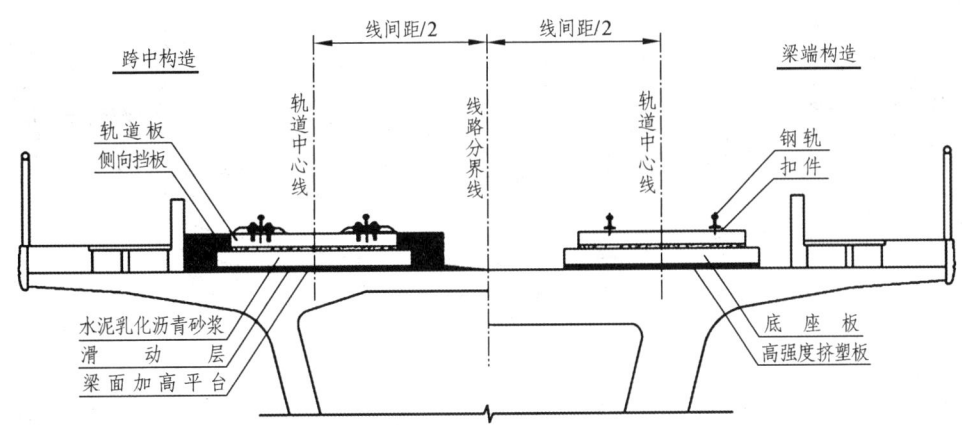

图 3.22　桥梁地段CRTS Ⅱ型板式无砟轨道横断面示意图

（1）轨道板和底座板为跨越梁缝的连续结构。

（2）底座板为纵向连续的钢筋混凝土结构，其结构设计应根据列车荷载、温度荷载、制动荷载及混凝土收缩等的共同作用，并考虑下部基础变形的影响，进行承载能力、裂缝宽度及稳定性等检算。

混凝土强度等级为 C30；底座板宽度为 2 950 mm；直线区段的底座板厚度不宜小于 190 mm，曲线内侧的底座板厚度不应小于 175 mm。

（3）梁面设置滑动层，底座板与梁面通过滑动层保持滑动状态。梁缝处的梁面在一定范围内(一般为梁缝两侧各 1.45 m),铺设高强度挤塑板,厚度为 50 mm,以减小梁端变形对轨道结构的影响。滑动层及高强度挤塑板的性能应符合相关规定。

(4)在桥梁固定支座上方,梁体设置底座板纵向限位机构,相应位置设置抗剪齿槽及锚固筋连接套筒,形式尺寸及数量应根据计算确定。

(5)沿线路纵向,底座板两侧隔一定间距设置侧向挡块,对底座板横向和竖向进行限位。梁体相应位置设置钢筋连接套筒。侧向挡块与底座板间设置弹性限位板。

(6)由于轨道系统为纵连结构,无横向排水通道,桥面泄水孔设计需采用三列排水方式。轨道板外侧的底座板顶面设置横向排水坡。

(7)台后路基应设置锚固结构,其结构设计应根据温度荷载、制动荷载等共同作用,进行承载能力、稳定性等检算。台后锚固结构包括摩擦板及端刺,其结构设计需与接触网支柱基础以及路桥过渡处电缆槽等相关工程统筹考虑。摩擦板及端刺结构与接触网支柱基础发生干扰时,可以适当调整大小端刺的设置位置;当需在摩擦板上开槽处理时,在摩擦板槽口与接触网支柱基础之间需设置一定空隙,并做好防水处理。

(8)曲线超高在底座上设置。

(9)大跨度桥梁地段应进行特殊设计和检算。

(三)隧道地段 CRTS Ⅱ 型板式无砟轨道横断面

隧道地段 CRTS Ⅱ 型板式无砟轨道横断面如图 3.23 所示。

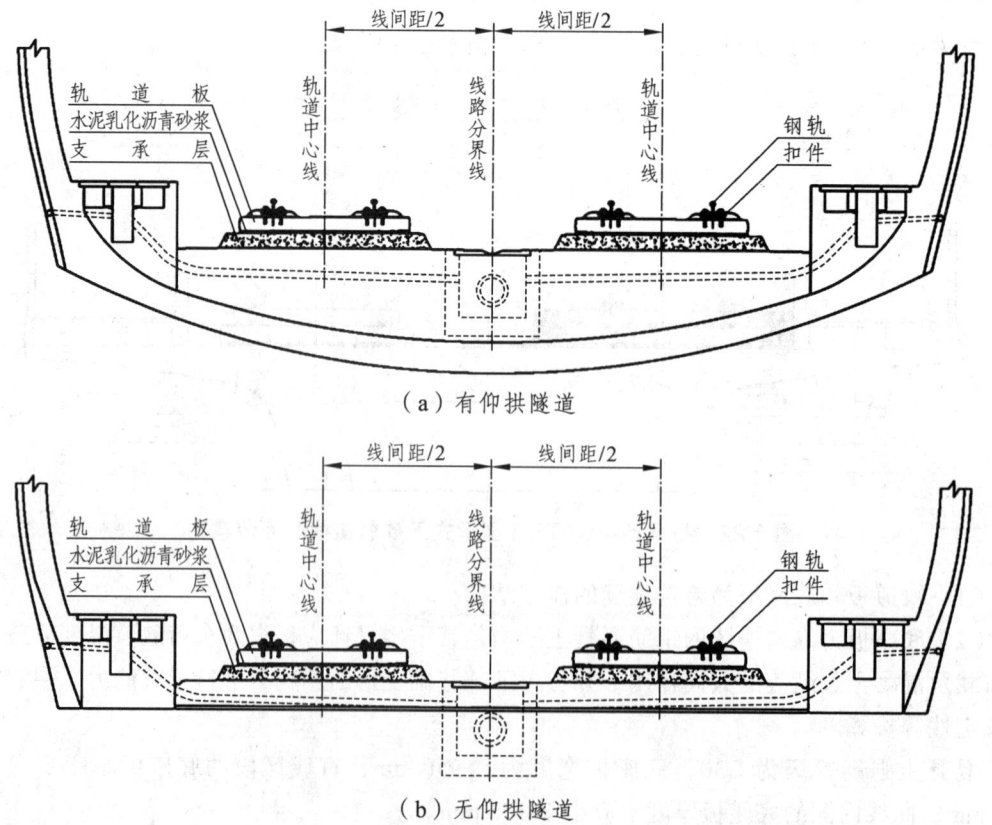

图 3.23 隧道地段 CRTS Ⅱ 型板式无砟轨道横断面示意图

（1）支承层材料分水硬性混合料、低塑性水泥混凝土两种，分别采用滑模摊铺机摊铺模式、立模浇筑模式施工。支承层采用水硬性混合料、滑模摊铺机施工，施工机械化程度高，有利于质量控制、提高工效和经济性，此时曲线超高需在隧道仰拱回填层（有仰拱隧道）或底板（无仰拱隧道）上设置。当无法采用滑模摊铺施工工艺时，支承层可以采用低塑性水泥混凝土，并采用模筑法施工，此时曲线超高可以在支承层设置。

（2）从提高工效和施工质量角度考虑，长大隧道地段的支承层建议采用水硬性混合料、滑模摊铺施工，曲线超高尽量在仰拱回填层（有仰拱隧道）或底板（无仰拱隧道）上设置。

（3）隧道地段采用中间排水方式。

第五节　CRTSⅢ型板式无砟轨道结构

CRTSⅢ型板式无砟轨道是在现场浇筑的钢筋混凝土底座上铺装预制轨道板，通过自密实混凝土进行调整，通过底座和自密实混凝土层设置的凹槽和凸台进行限位，并适应 ZPW-2000 轨道电路要求的无砟轨道结构形式，如图 3.24 所示。

图 3.24　CRTSⅢ型无砟轨道

一、CRTSⅢ型板式无砟轨道结构

CRTSⅢ型板式无砟轨道结构由钢轨、弹性扣件、轨道板、自密实混凝土层、隔离层、底座及凹槽周围弹性垫层等组成，如图 3.25 所示。

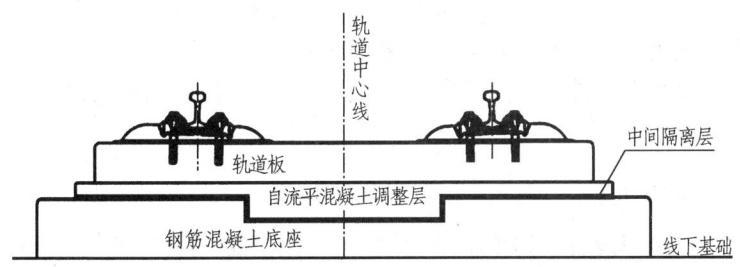

图 3.25　CRTSⅢ型板式无砟轨道结构组成示意图

（一）轨道板

轨道板采用双向后张无黏结预应力体系，板顶面设置承轨台，板底预留连接钢筋。混凝土强度等级为 C60，标准轨道板长度为 5 350 mm。

轨道板类型有 P5350（P 指预应力平板，5350 指轨道板长度）、P5600、P4925 和 P4856 等。轨道板宽度为 2 500 mm，厚度为 190 mm 或 210 mm。扣件采用 WJ-8B 扣件，扣件间距为 687 mm、630 mm、617 mm 等。如图 3.26 所示。

轨道板宽度设计需满足结构设计及制造工艺要求，同时考虑传递列车荷载的有效范围，尽可能减少传递到板下结构的荷载应力及作用在板上的弯矩。轨道板宽度减小，则板上横向正弯矩减小，而纵向弯矩及横向负弯矩将增大。通过理论计算分析，轨道板设计宽度取 2 500 mm。

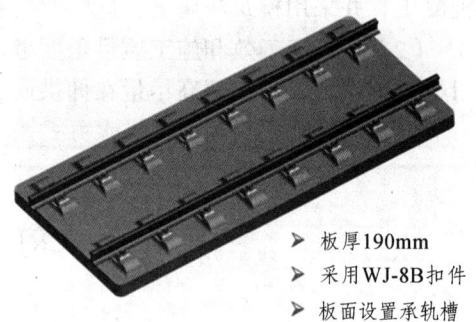

➤ 板厚190mm
➤ 采用WJ-8B扣件
➤ 板面设置承轨槽

图 3.26　轨道板外形图

轨道板厚度主要由结构强度及配筋要求决定。在结构强度允许的范围内，考虑温度荷载的影响，通过对轨道板不同厚度时的强度进行对比计算分析，轨道板的设计厚度取 200 mm。

（二）底　座

混凝土底座是板式轨道的支承基础，其主要功能一方面是修正在无砟轨道施工前下部基础的变形（如桥梁上拱、路基沉降）与施工偏差，另一方面是实现曲线地段板式轨道的超高设置。底座为钢筋混凝土结构，现场浇筑完成。路基地段混凝土强度等级为 C25，桥梁和隧道地段混凝土强度等级为 C40。

底座宽度的设计需在保证结构强度的前提下，考虑板式轨道的施工设备和机具的使用，桥梁和隧道地段一般为 2.9 m，路基地段一般为 3.1 m。

桥梁和隧道地段基础相对较为坚实，底座厚度一般采用 200 mm，而路基地段则加厚至 300 mm。在缓和曲线地段，由于其超高是逐渐变化的，底座高度需根据超高变化情况合理设置。

路基地段底座采用纵连结构，每隔 2~4 块轨道板范围的底座设置一横向伸缩缝；桥梁地段对应每块轨道板设置独立混凝土底座；隧道地段一般 2 块轨道板范围设置一横向伸缩缝，遇隧道沉降缝对应设置伸缩缝。

沿线路纵向每块轨道板对应的底座中部设置两个凹槽，限制轨道板的纵、横向移动，传递水平力。凹槽的形式、尺寸应根据设计荷载计算确定，凹槽侧面设弹性垫层，弹性垫层的力学性能需根据其应力水平计算确定，其材料需保证具有长期耐久性。

曲线超高在底座上设置。超高设置需优先满足直通列车旅客舒适度要求，并兼顾低速跨线列车和中间站起停列车的旅客舒适度要求。同时，超高设置需考虑接触网电分相设置对列车运行速度的影响。

（三）自密实混凝土层

轨道板和底座板之间设置自密实混凝土层，自密实混凝土层为单元结构，长度和宽度同轨道板，厚 100 mm。

自密实混凝土层不仅作为调整层,为预制轨道板提供支承和调整,同时作为结构层。自密实混凝土内设有钢筋网片,通过轨道板中部灌注孔充填自密实混凝土后,与预制轨道板形成复合结构,并与下部底座形成凹凸限位结构,承受竖向和水平荷载。

二、CRTSⅢ型板式无砟轨道横断面

(一)路基地段 CRTSⅢ型板式无砟轨道横断面

路基地段 CRTSⅢ型板式无砟轨道横断面如图 3.27 所示。

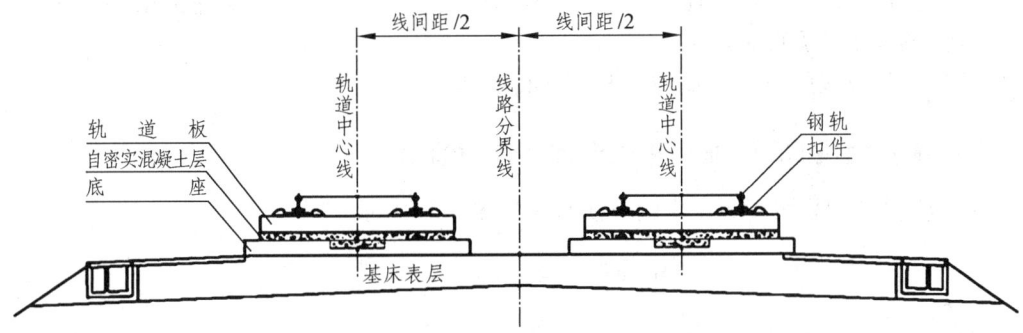

图 3.27　路基地段CRTSⅢ型板式无砟轨道标准横断面示意图

(1)路基地段底座在路基基床表层上设置。

(2)路基地段 CRTSⅢ型板式无砟轨道,温暖地区可以采取集水井排水方式;寒冷地区线间排水设计考虑防冻要求,在保证横向排水管畅通、不会因冻胀影响底座结构安全的前提下,可以采取在底座内埋设横向排水管等措施,线间填筑级配碎石,表面用混凝土封闭;严寒地区路基地段的 CRTSⅢ型板式无砟轨道线间排水设计需结合气候条件、线下工程设计情况等系统研究,确保各结构物的安全可靠。

(3)路基线路两侧及线间应进行防水处理。

(二)桥梁地段 CRTSⅢ型板式无砟轨道横断面

桥梁地段 CRTSⅢ型板式无砟轨道横断面如图 3.28 所示。

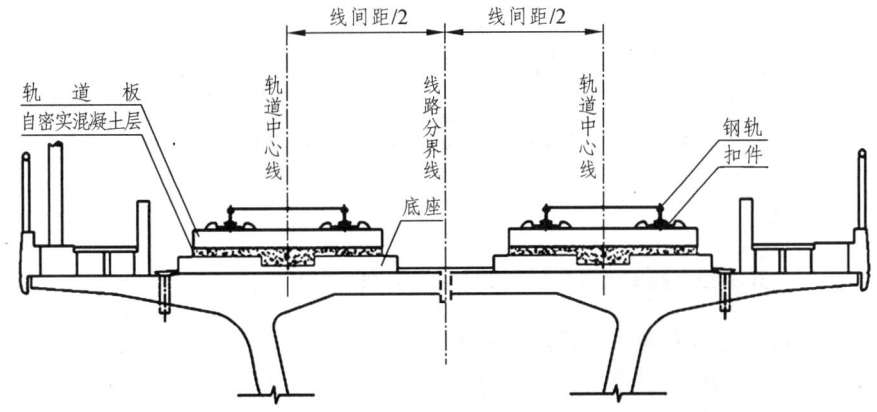

图 3.28　桥梁地段CRTSⅢ型板式无砟轨道标准横断面示意图

（1）桥梁地段底座在梁面上设置，通过梁体预埋套筒植筋或预埋钢筋方式与桥梁连接。

（2）大跨度桥梁端部轨道板应进行特殊布置，底座和凹槽应进行特殊设计和检算。

（3）大跨度桥梁在温度荷载作用下，梁端伸缩量大，梁轨相互作用力剧烈，因此需要对桥梁端部轨道板进行特殊布置，确保扣件间距满足要求，对桥梁端部的底座和凹槽进行特殊设计检算，确保结构安全、可靠。

（4）桥梁地段相邻底座板间伸缩缝较窄，无横向排水通道，桥面泄水孔设计需采用三列排水方式，对于严寒地区，排水管等需考虑防冻措施。

（5）为保证无砟轨道结构与梁体的可靠连接，实现梁体与无砟轨道结构的变形协调，在混凝土底座范围内的桥面需预埋一定数量的连接套筒或预埋钢筋，其数量需根据底座承受的纵、横向力的大小计算确定。

（6）桥梁地段线路两侧及线间应进行防水处理。

（三）隧道地段 CRTSⅢ型板式无砟轨道横断面

隧道地段 CRTSⅢ型板式无砟轨道横断面如图 3.29 所示。

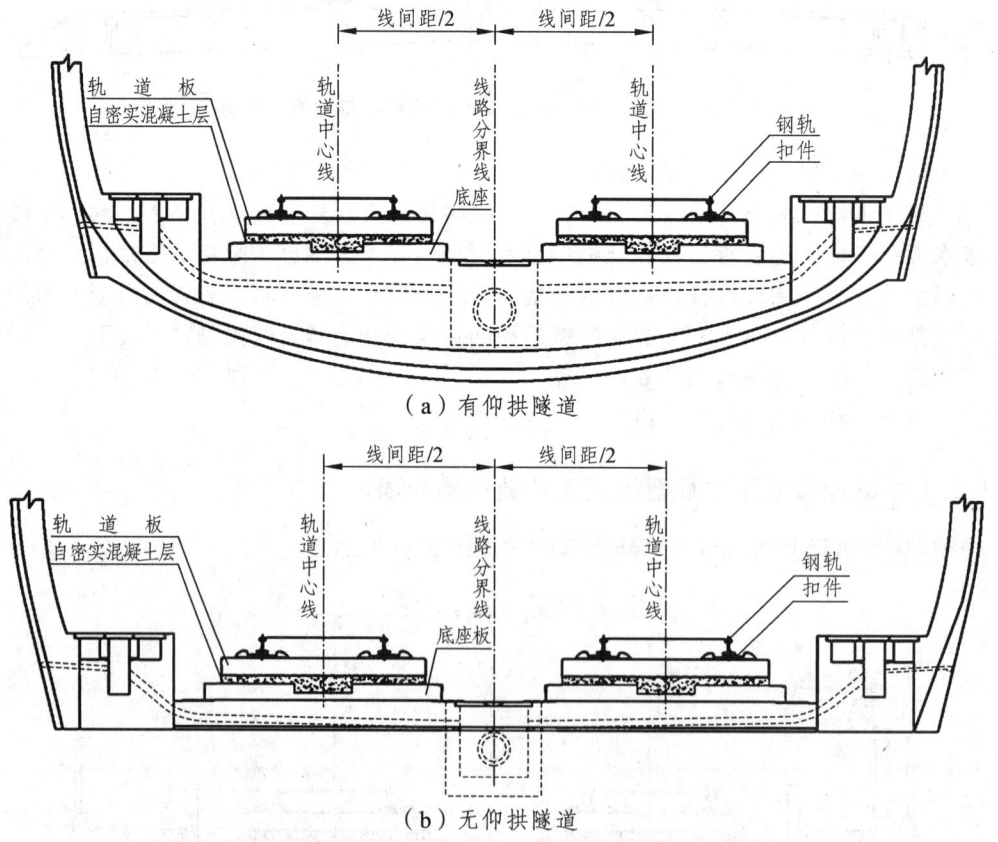

图 3.29 隧道地段CRTSⅢ型板式无砟轨道标准横断面示意图

（1）隧道内底座在隧道仰拱回填层或底板上设置。

（2）隧道洞口附近温度变化较大，与隧道内部相比，底座结构在温度荷载作用下变形较大，为保证结构稳定性和耐久性，隧道仰拱回填层需设置连接钢筋与底座相连。

第六节 CRTS 双块式无砟轨道结构

CRTS 双块式无砟轨道是将预制的双块式轨枕组装成轨排,以现场浇筑混凝土方式埋入钢筋混凝土道床内,并适应 ZPW-2000 轨道电路的无砟轨道结构形式,如图 3.30 所示。

图 3.30 双块式无砟轨道

一、CRTS 双块式无砟轨道结构

CRTS 双块式无砟轨道结构由钢轨、弹性扣件、双块式轨枕、道床板、支承层或底座等组成,如图 3.31 所示。

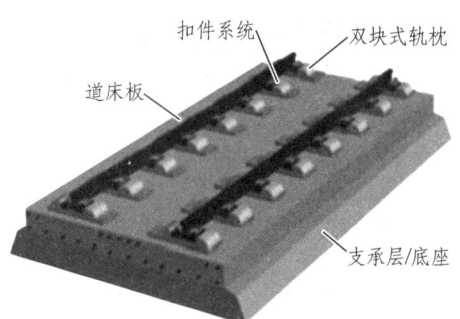

图 3.31 双块式无砟轨道结构组成示意图

路基地段道床结构由双块式轨枕、道床板、支承层等部分组成,道床板一般为纵向连续结构。

桥梁地段道床结构由双块式轨枕、道床板、隔离层、底座(或钢筋混凝土保护层)、凹槽(或凸台)周围弹性垫层等部分组成。道床板或底座沿线路纵向分块设置,间隔缝为 100 mm。道床板与底座(或保护层)间设置隔离层,底座凹槽(凸台)侧立面粘贴弹性垫层。

隧道地段道床结构由双块式轨枕、道床板等部分组成,道床板为纵向连续结构。

(一)轨 枕

双块式轨枕应根据设计荷载以及制造、运输和施工阶段的受力条件,并结合配套扣件、轨道电路和耐久性等技术要求进行结构设计,如图 3.32 所示。双块式轨枕可以为扣件的安装提供良好的接口。双块式轨枕为有挡肩结构。

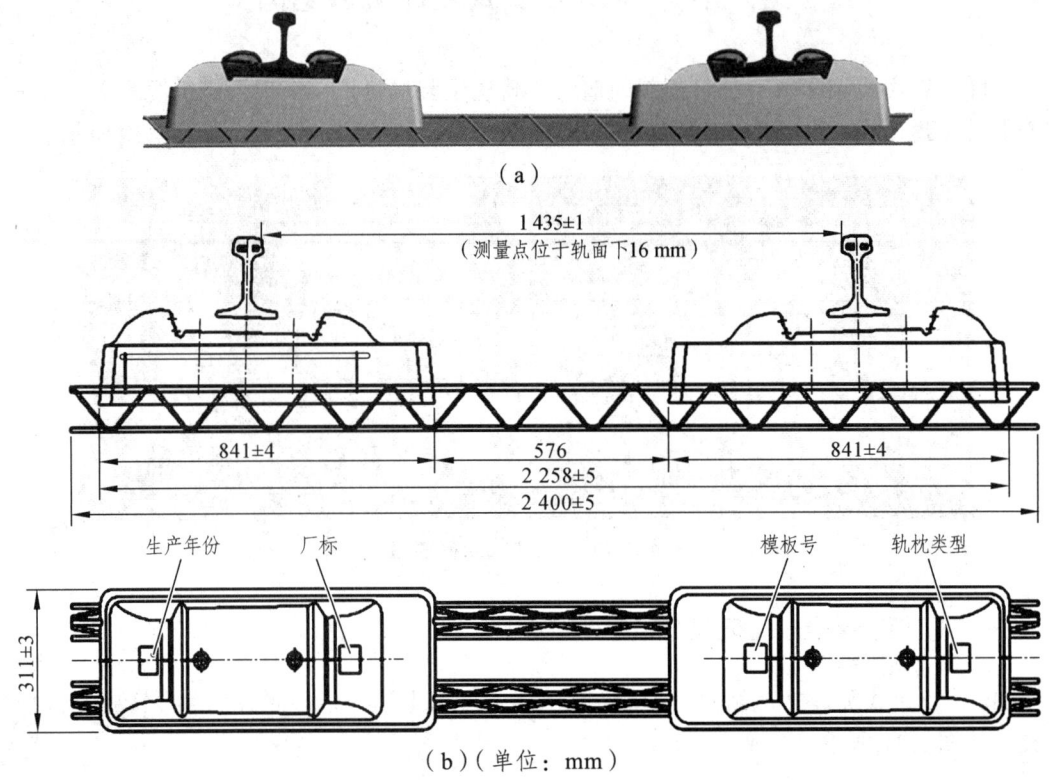

图 3.32 双块式轨枕

(二)道床板

道床板作为主要的承载结构且暴露于空气之中,要严格满足强度和裂纹控制要求。道床板混凝土不得有横向或竖向贯通裂缝。

道床板可为分块式或纵向连续式钢筋混凝土结构,并应根据工程地质、环境条件等具体情况,经技术经济比较后合理确定。纵向连续式道床板在支承层上构筑,分块式道床板在钢筋混凝土底座上构筑。

(三)支承层

支承层(或底座板)铺设于道床板和下部基础之间,为道床板的铺设安装提供良好的接口,并能保证良好的刚度过渡,以使结构设计合理、经久耐用。

支承层不应有竖向贯通裂缝,支承层与道床板、路基基床表层间应密贴,不得有离缝。

二、CRTS 双块式无砟轨道横断面

(一)路基地段 CRTS 双块式无砟轨道横断面

路基地段 CRTS 双块式无砟轨道横断面如图 3.33 所示。

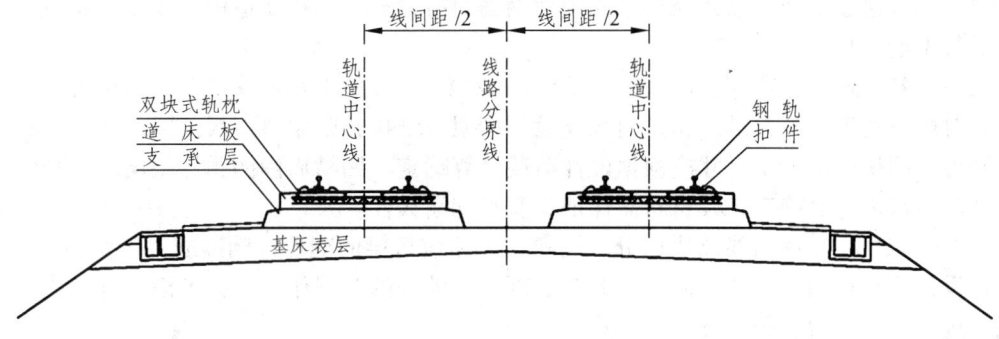

图 3.33　路基地段CRTS双块式无砟轨道标准横断面示意图

（1）支承层在路基基床表层上设置，支承层为连续摊铺的水硬性混合料或低塑性水泥混凝土。支承层顶面宽度为 3 200 mm，底面宽度为 3 400 mm，厚度为 300 mm。为了减少和消除连续结构的横向裂纹，支承层沿线路纵向每隔不大于 5 m 设置横向伸缩假缝，深度宜为支承层厚度的 1/3。

（2）道床板在支承层上构筑，一般采用纵向连续的钢筋混凝土结构，有利于提高施工工效，减少综合接地端子的设置数量。道床板宽度为 2 800 mm，厚度为 260 mm。但对于路基长度较短地段，考虑减少或取消端梁设置，道床板可采用分块式结构。

（3）为有效控制纵向连续道床板混凝土裂纹，道床板设计时应明确混凝土水灰比、入模温度等主要参数。

（4）列车纵、横向荷载需通过道床板与支承层的摩擦力进行传递，为保证双块式无砟轨道结构的整体稳定性，道床板宽度范围内，支承层需进行拉毛处理。

（5）线间排水应结合线路纵坡、桥涵等工程条件和环境条件系统设计。采用集水井方式时，集水井设置间隔应根据汇水面积和当地气象条件计算确定。

（6）线路两侧及线间路基面应进行防排水处理。

（7）曲线超高宜在路基基床表层上设置。

（二）桥梁地段 CRTS 双块式无砟轨道横断面

桥梁地段 CRTS 双块式无砟轨道横断面如图 3.34 所示。

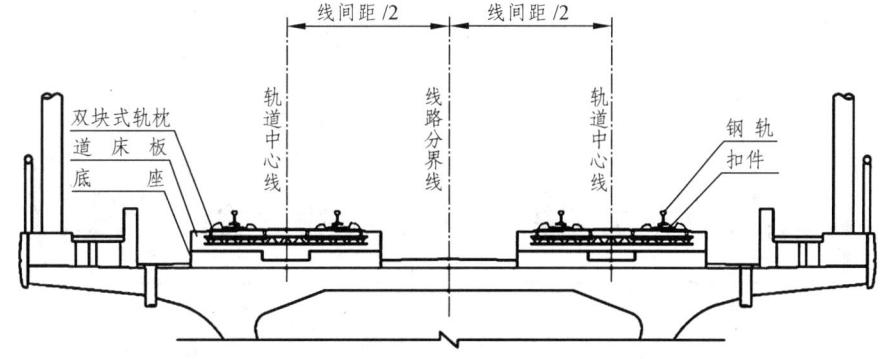

图 3.34　桥梁地段CRTS双块式无砟轨道标准横断面示意图

（1）底座通过梁体预埋套筒植筋或预埋钢筋与桥梁连接，在轨道中心线 2.6 m 范围内，两面进行拉毛处理。

（2）底座表面设置隔离层（一般采用土工布材料），以便于在特殊情况下道床板的更换和维修。对应每块道床板，沿线路纵向底座设凹槽限位结构，限制道床板的纵、横向位移，传递水平力。凹槽的形式、尺寸应根据设计荷载计算确定，凹槽周围的弹性垫层的力学性能需根据其应力水平计算确定，其材料需保证具有长期耐久性。

（3）道床板、底座沿线路纵向分块构筑，以适应桥梁的变形，间隔缝一般为 100 mm。其结构设计应根据列车荷载、温度荷载及混凝土收缩等的共同作用，并考虑下部基础变形的影响，进行承载能力、裂缝宽度等检算。

（4）道床板宽度为 2 800 mm，厚度为 260 mm。底座宽度为 2 800 mm，直线地段底座厚度不宜小于 210 mm，曲线地段底座内侧厚度不应小于 100 mm。

（5）底座范围内，梁面不设防水层和保护层。

（6）桥上扣件纵向阻力及梁端扣件结构形成根据计算确定。

（7）大跨度桥梁端部道床板应进行特殊布置，底座和凹槽应进行特殊设计和检算。

（8）曲线超高宜在底座上设置。

（三）隧道地段 CRTS 双块式无砟轨道横断面

隧道地段 CRTS 双块式无砟轨道横断面如图 3.35 所示。

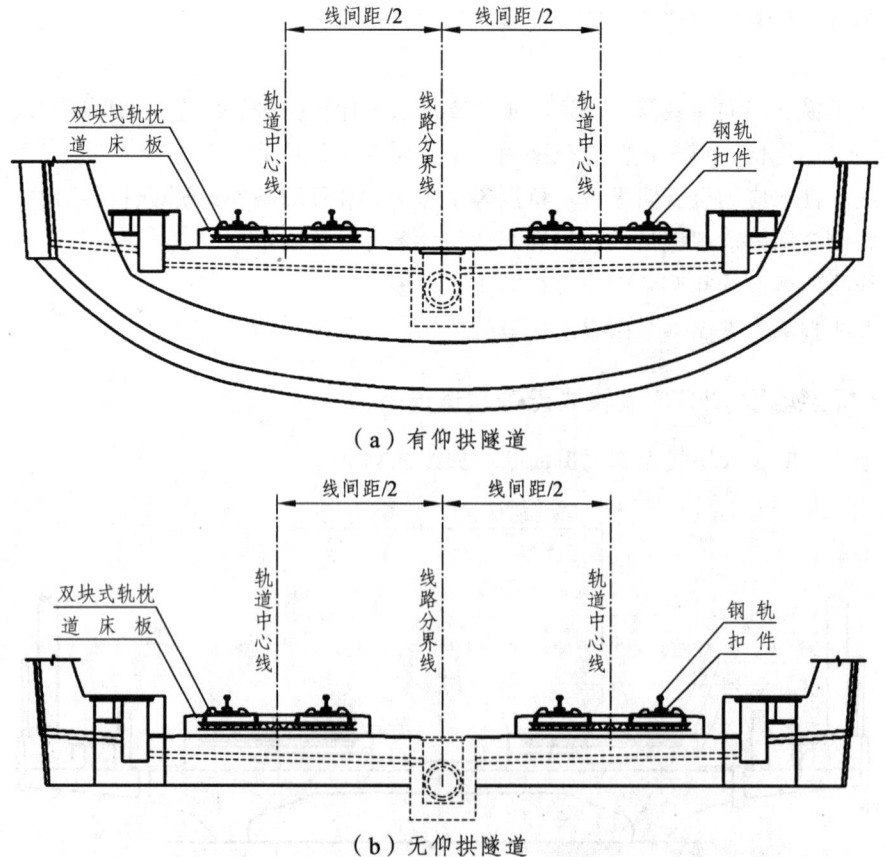

（a）有仰拱隧道

（b）无仰拱隧道

图 3.35　隧道地段CRTS双块式无砟轨道标准横断面示意图

（1）隧道地段道床板直接浇筑在隧道仰拱回填层（有仰拱隧道）或底板（无仰拱隧道）上，道床板宽度为 2 800 mm，厚度为 260 mm。因列车纵、横向荷载需通过道床板与隧道的仰拱回填层或底板的摩擦力进行传递，所以隧道的仰拱回填层或底板表面进行拉毛或凿毛处理。

（2）考虑无砟轨道温度荷载的影响，道床板采用分块式结构可使其受到的温度力相对连续道床板结构显著降低，结构受力更为有利。但分块式道床板结构稳定性相对于连续道床板结构稍差。考虑隧道内道床板的整体温度荷载较小，道床板采用分块式或连续浇筑均可。

（3）曲线超高宜在道床板上设置。

第四章　高速铁路钢轨

钢轨是轨道结构最重要的部件。为保证列车高速运行的平顺性，线路下部基础、轨道上部结构以及各轨道部件，都要为钢轨的正常工作提供良好条件。而钢轨本身，其内在质量、材质性能、断面公差、平直程度等都是十分重要的特性。钢轨在技术上要能保证足够的强度、韧性、耐磨性、稳定性和平顺性，在经济上要能保证合理的大修周期，减少养护维修工作量。

第一节　钢轨构造

一、钢轨的功能

钢轨是铁路轨道的主要部件。钢轨与机车车辆的车轮直接接触，钢轨的质量直接影响到行车的安全性和稳定性。为了使线路能按照设计速度保证列车运行，钢轨必须具备以下几方面的功能：

（1）为车轮提供连续、平顺和阻力最小的滚动面，引导机车车辆前进。车辆要求钢轨表面光滑，减小轮轨阻力；而机车要求轮轨之间有较大的摩擦力，以发挥机车的牵引力。

（2）钢轨要承受来自车轮巨大的垂直压力，并以分散的形式传给轨枕。轨面要承受极大的接触应力。除垂直力外，钢轨还要承受横向力和纵向力。在这些力的作用下，钢轨要产生弯曲、扭转、爬行等变形，轨头的钢材还要产生塑性流动、磨损等，因此要求钢轨有足够的强度、韧性、耐磨性。

（3）兼作轨道电路，为轨道电路提供导体。

二、钢轨的基本要求

1. 足够的强度和耐磨性

钢轨的工作条件十分复杂。首先，车轮施加于钢轨上的作用力具有很强的随机性。其次，气候及其他因素对钢轨受力也有影响。例如，轨温变化使钢轨内部产生极大的温度力，特别是在无缝线路上。

钢轨是作为一根支承在弹性基础上的无限长梁进行工作的。它主要承受轮载作用下的弯曲应力，但是也必须有能力承担轮轨接触应力，以及轨腰与轨头或轨底连接处可能产生的局部应力和温度变化作用下的温度力。在轮载和温度力的作用下，钢轨产生复杂的变形：压缩、伸长、弯曲、扭转、压溃、磨耗等。为使列车能够安全、平稳和不间断地运行，钢轨必须保证在轮载和轨温变化作用下，应力和变形均不超过规定的限值，这就要求钢轨具有足够的强度、韧性和耐磨性能。

2. 较高的抗疲劳强度和韧性

钢轨长期在列车重复荷载作用下工作,随着轴重增加和钢轨重型化,轨头部分的疲劳伤损成为钢轨伤损的主要形式之一。为防止轨头内侧剥离及由此可能引起的钢轨横向折断,钢轨应具有较高的抗疲劳强度和较好的冲击韧性。

3. 良好的弹性

钢轨依靠本身的刚度抵抗轮载作用下的弹性弯曲,这就要求钢轨应具有足够的刚度;但为了减轻车轮对钢轨的动力冲击作用,防止机车车辆走行部分及钢轨的折损,又要求钢轨具有必要的弹性。

4. 足够光滑的顶面

对车辆来说,车轮与钢轨顶面之间的摩阻力太大会使行车阻力增加,这就要求钢轨有一个光滑的滚动表面,而机车依靠其动轮与钢轨顶面之间的摩擦作用牵引列车前进,则要求钢轨顶面具有一定的粗糙度,以使车轮与钢轨之间产生足够的摩擦力。从这一矛盾的主要方面出发,钢轨仍应维持其光滑的表面,必要时,可用向轨面撒砂的方法提高机车动轮与钢轨之间的黏着力。

5. 良好的可焊性

随着无缝线路技术的广泛应用,要求钢轨应具有良好的可焊性。

6. 高平直度

钢轨的平直性要求对轨道平顺性有决定性的重要影响,同时轨端平直性、对称性对钢轨焊接也有很大影响。高速铁路对钢轨平直性的要求比一般线路更高更严,控制指标也更多更全面。

三、钢轨类型

我国钢轨有 43 kg/m、50 kg/m、60 kg/m、75 kg/m 四种类型,可适应不同运营条件的使用要求。钢轨根据单重分为重轨和轻轨。我国铁路将 50 kg/m 及以上的钢轨(如 50 kg/m、60 kg/m、75 kg/m)称之为重型钢轨(简称重轨),50 kg/m 以下的(如 43 kg/m)称之为轻轨。

高速、城际和客货共线Ⅰ级铁路正线应采用 60 kg/m 钢轨,客货共线Ⅱ级铁路正线可采用 60 kg/m 或 50 kg/m 钢轨,重载铁路正线应采用 60 kg/m 及以上钢轨。

正线钢轨及道岔基本轨为 60 kg/m 及以上钢轨时,宜采用 60 N 和 75 N 两种廓形断面钢轨。新廓形断面钢轨与车轮接触时的接触点基本在轨头踏面中心区域,有效改善了轮轨接触关系。铺设 60 N 钢轨的试验结果表明:采用新廓形断面钢轨可以减少甚至避免钢轨在轨距角部位出现飞边、剥离掉块和损伤,无须进行钢轨预打磨廓形设计,大幅度减少了钢轨打磨工作量。

四、钢轨断面

从构件截面的力学特性可知,工字形截面的构件具有较好的抗弯曲性能。可把钢轨看成是连续弹性地基梁，或是连续点支撑地基梁。根据钢轨的功能要求，一般将钢轨截面设计成工字形，如图 4.1 所示。

钢轨截面由轨头、轨腰和轨底三部分组成，相互之间用圆弧连接，以便安装钢轨接头夹板和减少截面突变引起的应力集中。钢轨的主要尺寸有钢轨高度、轨头宽度、轨底宽度、轨腰厚度等。根据钢轨的受力特点，对轨头、轨底、轨腰的要求如下：

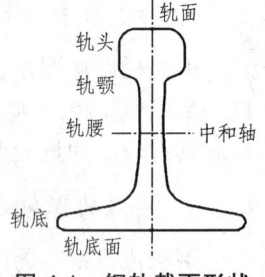

图 4.1 钢轨截面形状

（一）轨　头

轨头宜大而厚，并具有与车轮踏面相适应的外形，以改善轨轮接触条件，提高抵抗压陷的能力，同时具有足够的支撑面积，以备磨耗。钢轨顶面在具有足够宽度的同时，为使车轮传来的压力更集中于钢轨中心轴，顶面形状为隆起的圆弧形。圆弧的半径不能太小，虽可以使压力集中于钢轨中心轴，但又不至于轮轨间的接触面积太小造成过大的接触应力。实践表明，钢轨顶面被车轮长期挤压以后，顶面近似于 200～300 mm 半径的圆弧。因此我国轻型的钢轨顶面常用一个半径为 300 mm 的圆弧组成，而较重型的钢轨顶面，则用三个半径不同的圆弧组成。

轨头断面是构成轮轨相互作用关系的重要方面，是影响高速铁路行车平稳性的主要因素，轨头断面设计也是提高刚度和耐磨性的方法之一。为与车轮良好匹配，轨踏面圆弧尽量符合车轮踏面的尺寸。

（二）轨　腰

轨腰必须有足够的厚度和高度，具有较大的承载能力和抗弯能力。轨腰的两侧或为直线，或为曲线，而以曲线最为常用，以有利于传递车轮对钢轨的冲击力作用，减少钢轨轧制后因冷却而产生的残余应力。

轨腰与轨头和轨底的连接，必须保证夹板能有足够的支承面，并使截面的变化不致过分突然，以免产生过大的应力集中造成裂缝，轨腰与轨头之间过渡区一般采用复曲线，在腰部采用大半径设计。

（三）轨　底

轨底直接支承在轨枕顶面上，为保持钢轨稳定，应有足够的宽度和厚度，并具有必要的刚度和抗锈蚀能力。

轨底顶面可以做成单坡或折线坡的斜坡。如为单坡，则要求与轨头下颚的斜坡相同；如为折线坡，则要求支托夹板部分的斜坡与轨头下颚的斜坡相同，其余部分可采用较平缓的斜坡，两斜面之间用圆弧连接。轨底的上下角也应做成圆角，半径一般为 2～4 mm。钢轨底部全部采用平底，以使其断面有很好的稳定性。

轨腰与轨底过渡区，为实现断面平稳过渡，采用复曲线设计，逐步过渡至与轨底斜度平滑相连。

为承受荷载和抵抗变形，钢轨应具有更大的刚度和更好的耐磨性。为使钢轨具有足够的刚度，可适当增加钢轨高度，以保证钢轨具有较大的水平惯性矩。同时为使钢轨具有足够的稳定性，在设计轨底宽度时应尽可能选择宽一些。

五、常用钢轨横断面

钢轨断面有对称断面和非对称断面,如图 4.2 所示。非对称断面钢轨主要用于制作道岔钢轨如尖轨、叉心轨或翼轨,如我国铁路使用的 50AT、60AT、60D40、60TY 等。此外,还有电车用槽型轨、起重机轨等。

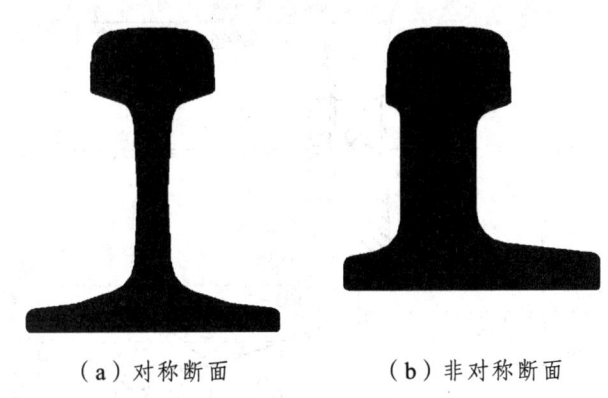

(a)对称断面　　　　(b)非对称断面

图 4.2　钢轨断面形式

我国常用钢轨横断面如图 4.3~图 4.7,钢轨断面尺寸及特性见表 4.1。

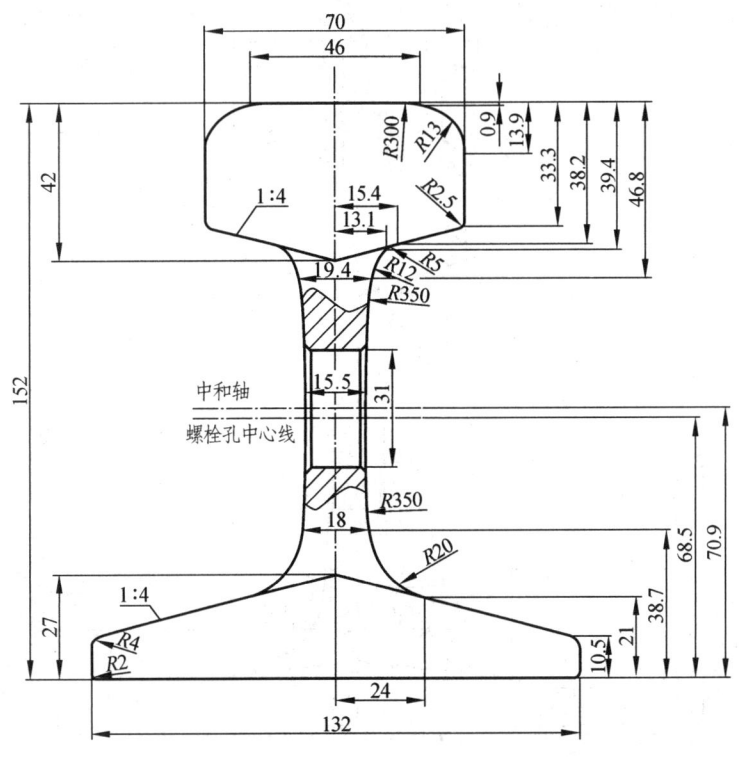

图 4.3　50 kg/m 钢轨标准横断面

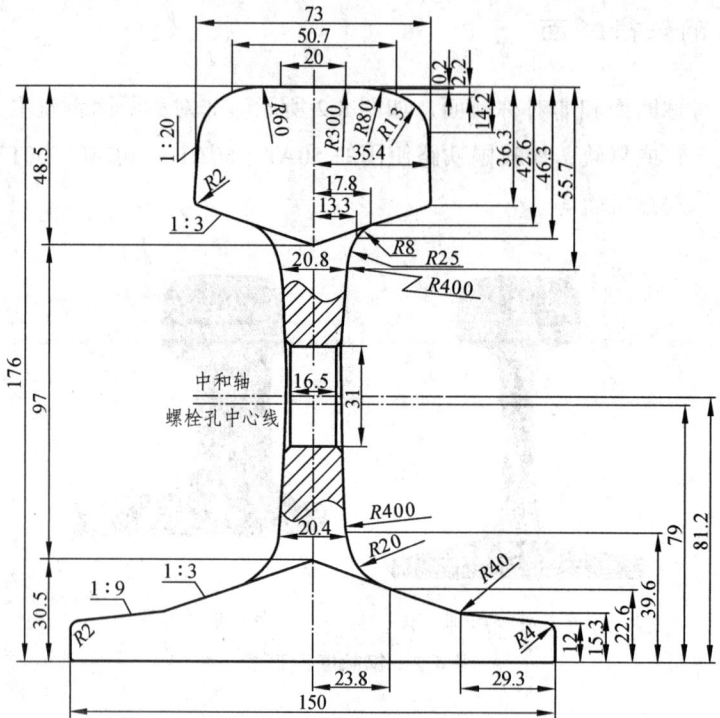

图 4.4　60 kg/m 钢轨标准横断面

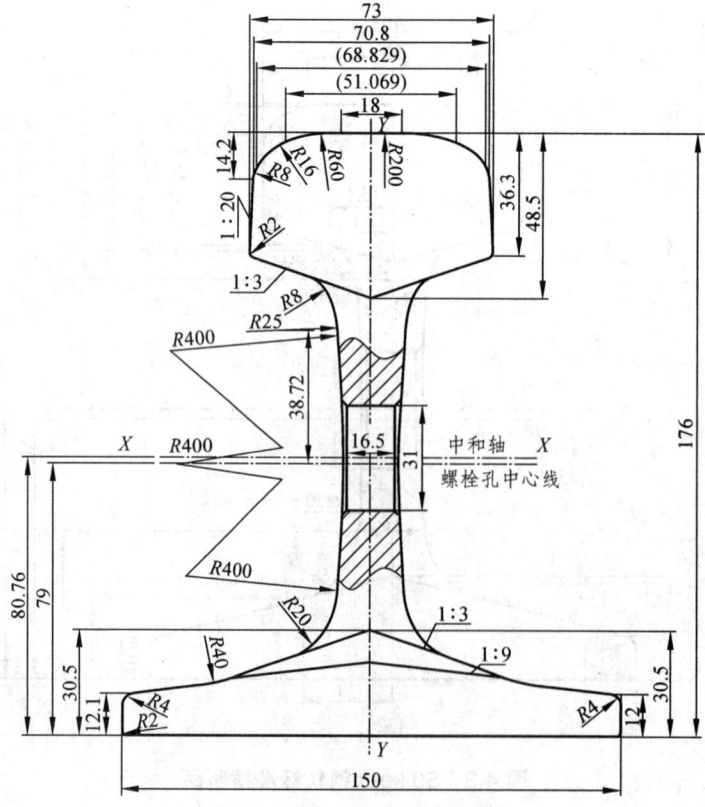

图 4.5　60 N 钢轨标准横断面

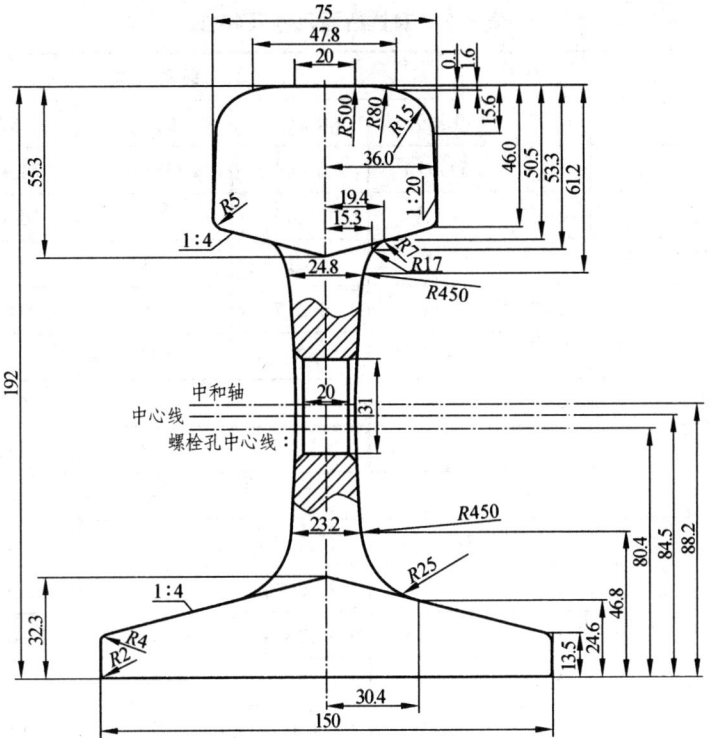

图 4.6　75 kg/m钢轨标准横断面

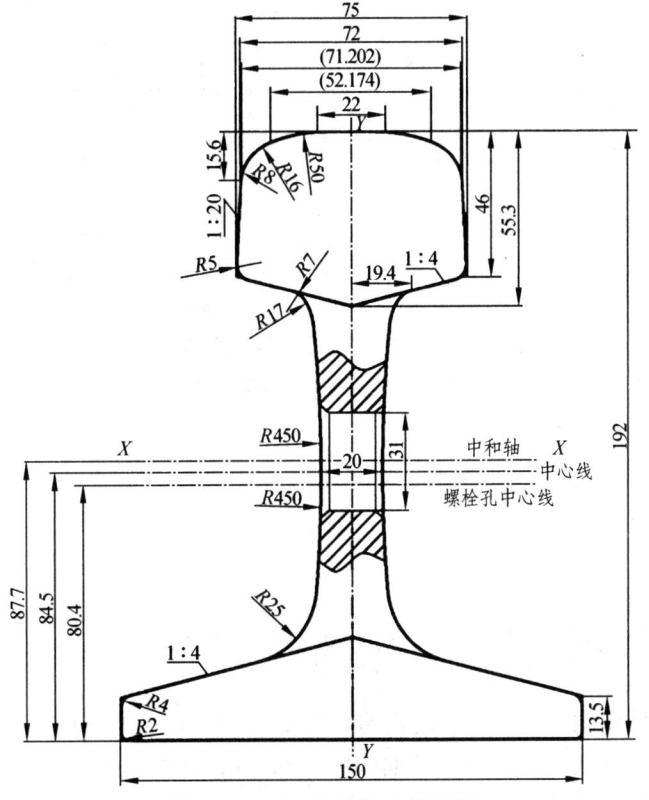

图 4.7　75 N钢轨标准横断面

表 4.1 钢轨断面尺寸及特性

项 目	单位	钢轨类型				
		50 kg/m	60 kg/m	60 N	75 kg/m	75 N
每米质量 m	kg	51.514	60.64	60.49	74.414	74.23
断面面积 F	cm^2	65.8	77.45	77.05	95.04	94.56
重心至轨底面距离 y_1	cm	7.1	8.1	8.1	8.8	8.8
对水平轴惯性矩 I_x	cm^4	2 037	3 217	3 184	4 489	4 449
对竖直轴惯性矩 I_y	cm^3	377	524	521	661	661
下部断面系数 w_1	cm^3	287	396	394	509	507
上部断面系数 w_2	cm^3	251	339	334	432	427
钢轨横向挠曲断面系数 w_y	cm^3	57	70	70	89	88
轨头所占面积 A_h	—	38.68%	37.47%	37.15%	37.42%	37.10%
轨腰所占面积 A_w	—	23.77%	25.29%	25.42%	26.54%	26.68%
轨底所占面积 A_b	—	37.55%	37.24%	37.43%	36.04%	36.22%
钢轨高度 H	mm	152	176	176	192	192
钢轨底宽 B	mm	132	150	150	150	150
轨头高度 b	mm	42	48.5	48.5	55.3	55.3
轨头宽度 t	mm	70	73	70.8	75	72
轨腰厚度	mm	15.5	16.5	16.5	20	20

六、钢轨长度

我国钢轨的标准长度有 12.5 m、25 m、100 m 三种，高速铁路钢轨定尺长度为 100 m。长定尺生产便于对钢轨进行热预弯，减少钢轨矫直前的弯曲度，降低钢轨因矫直引起的残余应力和表面损伤。采用长定尺钢轨具有可降低成本（减少焊头数量带来的效益）、缩短装运时间（总质量相同的长定尺钢轨与短定尺钢轨相比）、焊接进度快（焊头数量少）等优点。高速铁路是无缝线路，其轨道采用的钢轨定尺长越长，焊接接头越少，可以减少焊接接头对线路平顺性的影响。

七、钢轨的材质和性能

（一）化学成分

钢轨的化学成分主要有铁（Fe），其他有碳（C）、锰（Mn）、硅（Si）及磷（P）、硫（S）等元素。

碳对钢轨的性质影响最大，提高钢轨的含碳量，其抗拉强度、耐磨性及硬度都迅速增加。但含碳量过高，会使钢轨的伸长率、断面收缩率和冲击韧性显著下降。因此，一般含碳量不超过 0.82%（质量分数，下同）。

锰可以提高钢轨的强度和韧性,去除有害的氧化铁和硫夹杂物,其含量一般为 0.6% ~ 1.0%。锰含量超过 1.2%者称中锰钢,其抗磨性能较好。

硅易与氧化合,故能去除钢中气泡,增加密度,使钢质密实细致。在碳素钢中,硅含量一般为 0.15% ~ 0.30%。提高钢轨的含硅量,也能提高钢轨的耐磨性能。

磷与硫在钢中均属有害成分。磷过多(超过 0.1%),会使钢轨具有冷脆性,在冬季严寒地区,易突然断裂。硫不溶于铁,不论含量多少均生成硫化铁,在 985 ℃ 时,呈晶态结晶析出,致使金属在 800 ~ 1 200 ℃ 时发脆,在钢轨轧制或热加工过程中容易出现大量废品。所以磷、硫的含量必须严格加以控制。

在普通钢轨(又称碳素钢轨)中适当增加铌(Nb)、钒(V)、钛(Ti)等元素,制成微合金钢轨,可有效提高钢轨的抗拉和疲劳强度,以及耐磨和耐腐蚀的性能。在钢中加入 0.80% ~ 1.20%铬的 EN320Cr,可制成低合金钢轨。

(二)力学性能

钢轨的物理力学性能包括强度极限 σ_b、屈服极限 σ_s、疲劳极限 σ_r、伸长率 δ_5、断面收缩率 ψ、冲击韧性(落锤试验)及硬度等。这些指标对钢轨的承载能力、磨损、压溃、断裂和其他伤损有很大的影响。

钢轨的强度有 780 MPa 级(如中国的 U74)、880 MPa 级(如中国的 U71Mn)、980 MPa 级(如中国 U75V 热轧轨)、1 080 MPa 级、1 180 MPa 级和 1 280 MPa 级热处理钢轨。一般把强度等级为 1 080 MPa 及以上的钢轨称为耐磨轨或高强轨。不论钢轨强度多少,凡是以热轧状态交货的,均称之为热轧钢轨。热处理钢轨依其工艺条件又可分为离线热处理钢轨(钢轨轧制冷却后再重新加热进行热处理)及在线热处理钢轨(利用轧制余热对其进行热处理)。

八、钢轨标志

(一)凸起标志

在每根钢轨一侧的轨腰上,至少每 4 m 间隔内应轧制出下列清晰、凸起的标志,字符高 20 ~ 28 mm,凸起 0.5 ~ 1.5 mm,如图 4.8 所示。各字符代表意义如图 4.9 所示。

图 4.8 凸起标志

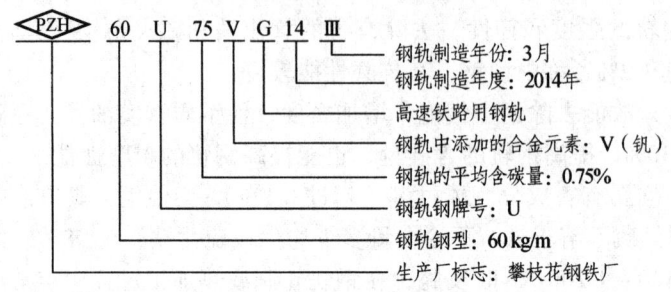

图 4.9 凸起标志

第 1 位：生产厂标志，如图 4.10 所示；
第 2 位：轨型；
第 3 位：钢牌号；
第 4 位：钢轨的平均含碳量；
第 5 位：钢轨中添加的合金元素；
第 6 位：高速铁路用钢轨；
第 7~8 位：制造年（轧制年份末两位数）、月。

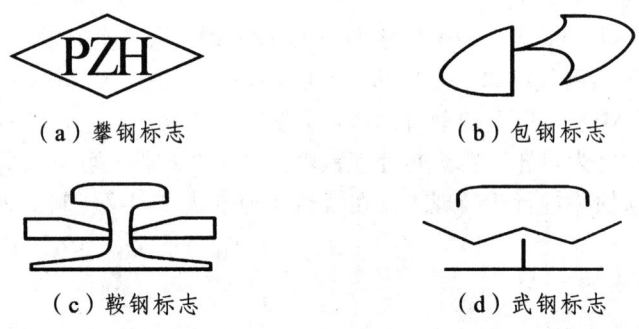

图 4.10 生产厂标志

钢轨牌号中"G"字说明：为便于合理使用相同钢种不同牌号的钢轨产品，我国现行钢轨标准规定：用于高速铁路的钢轨牌号带"G"，如 U75VG、U71MnG；用于普速铁路的钢轨牌号不带"G"，如 U75V、U71Mn。《高速铁路用钢轨》(TB/T 3276—2011)标准中产品牌号增加"G"（"高速"的高字汉语拼音字头）的目的主要是区别高速铁路用钢轨与普速铁路用钢轨在夹杂物等级、外形尺寸精度、表面质量等方面的不同指标要求。

如：U75VG、U75V 是属于 980 MPa 强度等级的同钢种钢轨，牌号为 U75VG 的钢轨完全满足并优于牌号为 U75V 的钢轨；U71MnG、U71Mn 是属于 880 MPa 强度等级的同钢种钢轨，牌号为 U71MnG 的钢轨完全满足并优于牌号为 U71Mn 的钢轨。

（二）热压印标识

在每根钢轨的轨腰上，距轨端不小于 0.6 m、间隔不大于 15 m，采用热压印机（不允许冷压印）按顺序压上下列清晰的标志，压印的字符应具有平直或圆弧形表面，字符高 10~16 mm，深 0.5~1.5 mm，宽 1~1.5 mm，侧面应倾斜，字母和数字应与竖直方向成 10°角且具有圆弧拐角，如图 4.11 所示。各字符代表意义如图 4.12 所示。

图 4.11 压印标识

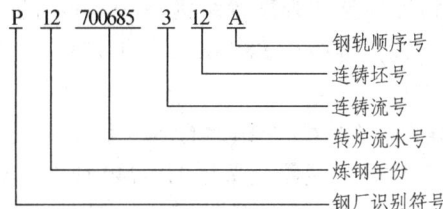

图 4.12 钢轨热压印标识

第 1 位：钢厂识别符号，由 1 位英文大写字母组成，P 攀钢、A 鞍钢、B 包钢、W 武钢；

第 2~3 位：表示炼钢年份，由 2 位阿拉伯数字组成，如 11 代表 2011 年，12 代表 2012 年，依次类推；

第 4~9 位：表示转炉流水号，由 6 位阿拉伯数字组成，由钢厂自编；

第 10 位：表示连铸流号，由 1 位阿拉伯数字组成，5 流连铸机为 1~5，6 流连铸机为 1~6；

第 11~12 位：表示连铸坯号，由 2 位阿拉伯数字组成；

第 13 位：钢轨顺序号，由 1 位英文大写字母组成，分别为 A、B、C、D。

（2）热压印符号必须打印在轧制凸出标记的另一面轨腰中心部位。

（3）热压印符号字符高度、深度、宽度、字形按照有关标准规定执行。

（4）若热打印的标记漏打或有变动，则应在轨腰上重新热打印或喷标。

（三）相关要求

（1）钢轨精整后，在钢轨一个端面头部贴上标签，标签中所填写的内容应包括钢轨标准号、适用速度范围、型号、钢牌号、炉号、长度等。标签条码应包含钢轨热压印标志的完整信息，如图 4.13 所示。

（2）无标志或标志不清无法辨认时，不允许出厂。

图 4.13 标签

（3）不同速度范围的钢轨应在轨端涂色。涂色部位在轨端面轨腰中心处,涂色宽度为轨腰厚度,涂色高度为 30~40 mm。不同速度范围的钢轨涂色标识规定见表4.2。根据双方协商,也可在钢轨端部的轨腰处根据钢牌号、钢质进行涂色。

表 4.2 钢轨涂色标识

速度范围	涂色标识
>250 km/h	蓝色
200~250 km/h	黄色

九、钢轨选用

（1）高速铁路钢轨。

200 km/h 以上高速客运线路应选用强度等级为 880 MPa 的 U71MnG 热轧钢轨,200~250 km/h 客货混运线路应选用强度等级为 980 MPa 的 U75VG 热轧钢轨。标准采用《高速铁路用钢轨》(TB/T 3276—2011)。

曲线半径≤2 800 m 的线路,包括动车组运行入库和出库正线、联络线等均应选用相应的热处理钢轨:采用 U71MnG 钢轨的线路应选用 U71Mn 或 U75V 热处理钢轨,采用 U75VG 钢轨的线路应选用 U75V 热处理钢轨。高速铁路用热处理钢轨,执行《43 kg/m~75 kg/m 钢轨订货技术条件》(TB/T 2344—2012)。

（2）高速铁路道岔用轨。

300~350 km/h 的高速铁路应选用 U71Mn/U71MnG 热轧钢轨或 U71Mn 在线热处理钢轨。200~250 km/h 的客货混运铁路选用 U75V/U75VG 在线热处理钢轨,钢轨断面包括 60 kg/m、60D40 等。

（3）伸缩调节器用钢轨原则上应选用与区间钢轨同材质的热轧钢轨,或在线热处理钢轨。

（4）厂制胶结绝缘接头选用 U75V 热处理钢轨。

第二节 钢轨伤损

钢轨伤损是指钢轨在使用过程中发生钢轨折断、裂纹及其他影响和限制钢轨使用性能的伤损。钢轨在极其复杂的工作条件下,不可避免地会产生各种伤损。其伤损的原因既有钢轨在冶炼过程中出现的缺陷,又有在运输、使用过程中出现的伤损。及时发现钢轨伤损,并积极采取措施保证线路行车安全是极为重要的。

早期伤损主要是由钢轨制造或焊接、热处理等工艺不当造成的缺陷漏检或轮轨磨合不良造成的钢轨轨距角鱼鳞裂纹甚至剥离掉块以及一些其他原因造成的缺陷所致。

一、钢轨伤损形式

钢轨伤损形式主要有轨头磨耗、轨头剥离裂纹及掉块、轨顶面擦伤、波形磨耗、表面裂纹、内部裂纹和锈蚀等。

（一）钢轨头部磨耗

钢轨头部磨耗主要是轮轨之间滚动摩擦和滑动摩擦造成的。钢轨头部磨耗后断面面积减小，强度和抗弯性能有所减弱，如图 4.14 所示。

钢轨头部磨耗检查方法如图 4.15 所示。钢轨头部允许磨耗限度主要由强度和构造条件确定。即当钢轨磨耗达到允许限度时，一是保证钢轨有足够的强度和抗弯刚度，二是保证在最不利情况下车轮轮缘不碰撞接头夹板。

图 4.14 钢轨头部侧面磨耗

图 4.15 钢轨头部磨耗检查

（二）轨头剥离裂纹及掉块

轨头剥离裂纹及掉块是轮轨接触疲劳和冲击荷载作用下的伤损，如图 4.16、图 4.17 所示。

图 4.16 轨头剥离裂纹及掉块

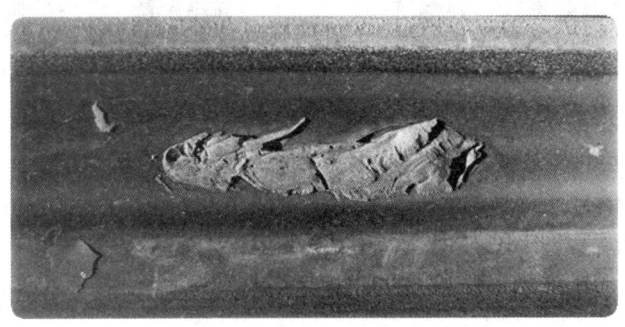

图 4.17 轨头顶面掉块

轨头剥落掉块后造成轨顶面严重不平顺，使钢轨及轨道受力恶化，零部件破损、轨枕失效、道床翻浆冒泥等病害出现并迅速发展，同时也不排除在剥落坑面处的微细裂纹继续向内部发展，形成断轨的可能。因此，当这种伤损发展到一定程度时，应及时进行处理。

（三）钢轨顶面擦伤

钢轨顶面擦伤是由于机车或动车组运行操作不当，机车、动车组车轮在钢轨顶面打滑，轮轨接触面相对摩擦产生局部高温在常温下迅速冷却，导致钢轨顶面金属组织产生相变，由珠光体组织转变成硬而脆的马氏体组织。擦伤面通常为白亮层，简称"白层"，白亮层为马氏体组织，硬度值达 600~700HB。这种金相组织易产生脆裂造成严重剥落掉块，并且裂纹会向下发展形成核伤导致钢轨折断，如图 4.18 所示。

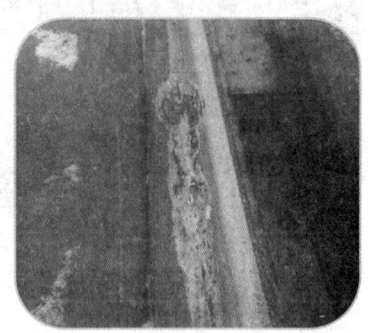 

图 4.18　钢轨顶面擦伤

（四）波型磨耗

波型磨耗是指钢轨顶面在一定范围内出现的周期性的类似波浪形状的不平顺现象，轨头下颚和整个钢轨断面保持平直。根据波长范围分为短波（或称为波纹型磨耗，波长一般为 30~80 mm）和长波（或称为波浪型磨耗，波长一般在 80 mm 以上），如图 4.19 所示。

（a）波纹波磨　　　　　　（b）波浪磨耗

图 4.19　波型磨耗

（五）钢轨表面裂纹

钢轨表面裂纹分为两种：一种表面裂纹是非轮轨接触面裂纹，另一种是钢轨轮轨接触面上的接触疲劳裂纹。

1. 非轮轨接触面裂纹

非轮轨接触面裂纹有：螺孔裂纹、轨头下颚水平裂纹（轨头下颚透锈是轨头下颚水平裂纹因氧化而生锈的结果）、轨腰水平裂纹、轨头纵向裂纹、轨底裂纹等，如图 4.20～图 4.24 所示。

 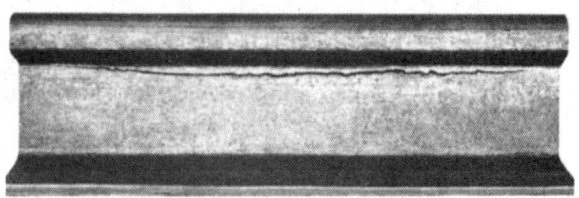

图 4.20　螺孔裂纹图　　　　　　　　图 4.21　轨头下颚水平裂纹

图 4.22　轨腰水平裂纹

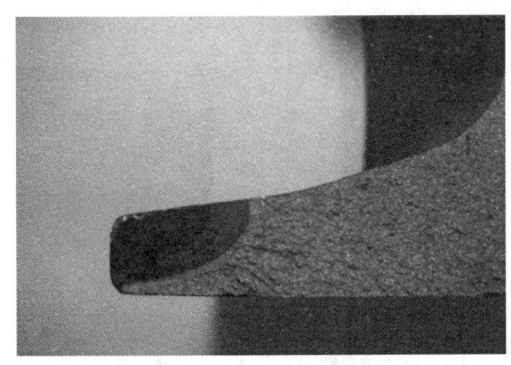 

图 4.23　轨底裂纹　　　　　　　　　图 4.24　轨底纵向裂纹

这些裂纹一般由钢轨在制造过程中的非金属夹杂物或钢轨在加工过程中形成的缺陷（毛刺、尖缺口、碰伤等）在弯曲、冲击荷载的作用下产生。这些钢轨表面裂纹往往会导致钢轨折断、揭盖。钢轨出现这些裂纹应判为重伤，发现后应立即进行处理。

2. 钢轨轮轨接触面上的接触疲劳裂纹

钢轨轮轨接触面上的接触疲劳裂纹有：轨距角处的鱼鳞裂纹和斜裂纹，如图 4.25、图 4.26 所示。

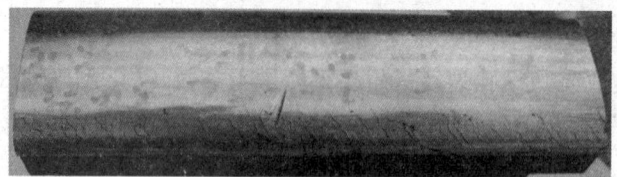

图 4.25 轨距角斜裂纹（轨头龟裂）

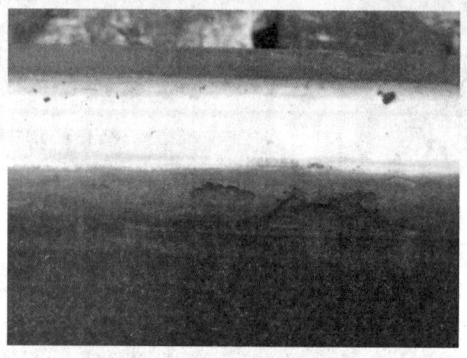

图 4.26 轨距角剥离掉块

由于这种裂纹沿列车运行方向呈 10°～15°夹角延展，深度一般为 2～5 mm，严重的为 8～10 mm，易导致钢轨剥离或掉块，严重的会造成钢轨断裂，但由于缺乏足够的资料和经验，目前还没有相应的轻、重伤标准，但应对这类裂纹加强检查。

（六）钢轨内部裂纹

钢轨内部裂纹是指以非金属夹杂物为疲劳源在钢轨运营受力过程中在钢轨内发生和发展的裂纹（如白核、纵向裂纹）以及以接触疲劳形成的表面裂纹如鱼鳞裂纹、斜裂纹为疲劳源向钢轨内扩展的裂纹（如黑核），如图 4.27 所示。现场经验表明，核伤引起断轨的临界尺寸很难掌握，发现时必须按重伤处理。

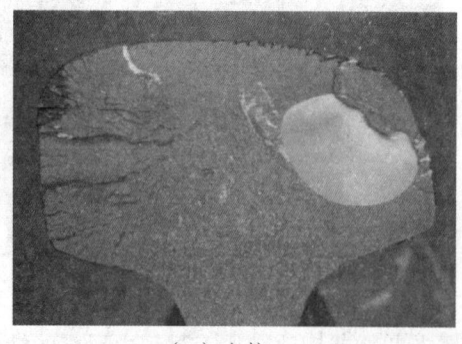
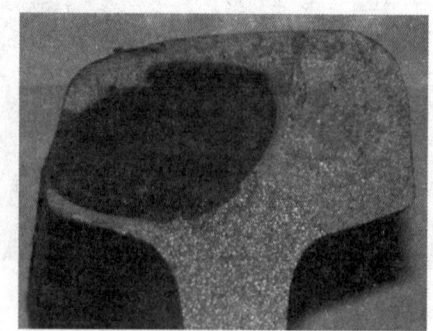

（a）白核　　　　　　　　　　　　（b）黑核

图 4.27 钢轨内部裂纹

（七）钢轨锈蚀

钢轨锈蚀减少了钢轨的金属断面面积，降低了钢轨强度，并且锈蚀坑的细裂纹往往会成为疲劳裂纹的扩展源。钢轨锈蚀主要发生在易受盐碱侵蚀的地段和隧道内，如图 4.28 所示。

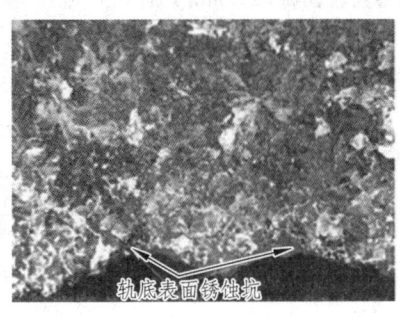 

图 4.28 钢轨锈蚀

二、钢轨伤损评判标准

钢轨伤损按程度分为轻伤、重伤和折断三类。

(一) 钢轨轻伤和重伤

钢轨轻伤和重伤评判标准见表 4.3 ~ 表 4.5。

表 4.3 钢轨轻伤和重伤评判标准

伤损项目		伤损程度		备 注
		轻 伤	重 伤	
轨顶面擦伤		200 ~ 250 km/h：深度大于 0.5 mm	200 ~ 250 km/h：深度大于 1 mm	
		250 (不含) ~ 350 km/h：深度大于 0.35 mm	250 (不含) ~ 350 km/h：深度大于 0.5 mm	
剥离掉块		—	有	
波形磨耗		—	谷深 ≥ 0.2 mm	
焊接接头低塌		0.2 mm < 低塌 < 0.4 mm	低塌 ≥ 0.4 mm	1 m 直尺测量
钢轨表面裂纹		—	出现轨头下颚水平裂纹 (透锈)、轨腰水平裂纹、轨头纵向裂纹、轨底裂纹等	不含轮轨接触疲劳引起轨顶面表面或近表面的鱼鳞裂纹
超声波探伤缺陷	焊接及材质缺陷	焊接缺陷或钢轨内部材质缺陷未达到判废标准，但与判废标准差值小于 6 dB	焊接缺陷或钢轨内部材质缺陷达到判废标准	
	内部裂纹	—	横向、纵向、斜向及其他裂纹和内部裂纹造成的踏面凹陷 (隐伤)	
钢轨锈蚀		—	经除锈后，轨底厚度不足 8 mm 或轨腰厚度不足 12 mm	

注：谷深为相邻波峰与波谷间的垂直距离。

表 4.4 钢轨头部磨耗轻伤标准（mm）

名　　称	总磨耗	垂直磨耗	侧面磨耗
区间钢轨、导轨	9	8	10
基本轨、翼轨	7	6	8
尖轨、心轨、叉跟尖轨	6	4	6

注：① 总磨耗＝垂直磨耗＋1/2 侧面磨耗。
② 对于导轨、翼轨及尖轨、心轨、叉跟尖轨全断面区段，垂直磨耗在钢轨顶面宽 1/3 处（距标准工作边）测量；对于尖轨、心轨、叉跟尖轨机加工区段，垂直磨耗自轨头最高点测量。
③ 侧面磨耗在钢轨踏面（按标准断面）下 16 mm 处测量。
④ 磨耗影响转换设备安装时，按重伤处理。
⑤ 基本轨、翼轨、尖轨、心轨磨耗会影响密贴及轨件高差，磨耗的轻重伤标准应较区间钢轨严格。

表 4.5 钢轨头部磨耗重伤标准（mm）

名　　称	垂直磨耗	侧面磨耗
区间钢轨、导轨	10	12
基本轨、翼轨	8	10
尖轨、心轨、叉跟尖轨	6	8

（二）钢轨折断

钢轨折断是指发生下列情况之一者：
（1）钢轨全截面断裂。
（2）裂纹贯通整个轨头截面。
（3）裂纹贯通整个轨底截面。
（4）钢轨顶面上有长度大于 30 mm 且深度大于 5 mm 的掉块。

第五章 高速铁路扣件

为保证高速列车安全、舒适运行,轨道系统应具有足够的稳定性和高平顺性。扣件系统是保持轨道状态稳定的关键部件,加强高速铁路扣件的安装和维护,确保线路整体框架的稳固和设备状态的良好是工务养护维修的重要工作之一。

第一节 高速铁路有砟轨道扣件

高速铁路有砟轨道采用的扣件主要有弹条Ⅳ型、弹条Ⅴ型和FC型三种类型,见表5.1。

表 5.1 有砟轨道扣件类型

扣件类型	轨 枕	联结方式
弹条Ⅳ型	无挡肩轨枕	无螺栓
弹条Ⅴ型	有挡肩轨枕	有螺栓
FC型	无挡肩轨枕	无螺栓

一、弹条Ⅳ型扣件

弹条Ⅳ型扣件由弹条、预埋铁座、绝缘轨距块和橡胶垫板组成(图5.1)。

弹条Ⅳ型扣件的主要结构特征如下:

(1)在制作混凝土轨枕时预先埋设预埋铁座,弹条通过插入预埋铁座扣压钢轨,无须螺栓紧固。

(2)预埋铁座挡肩与钢轨间设置绝缘轨距块用以调整轨距并起绝缘作用,通过更换不同号码的绝缘轨距块可实现钢轨左右位置调整。

(3)钢轨与混凝土轨枕承轨面间设橡胶垫板起绝缘缓冲和减振作用。

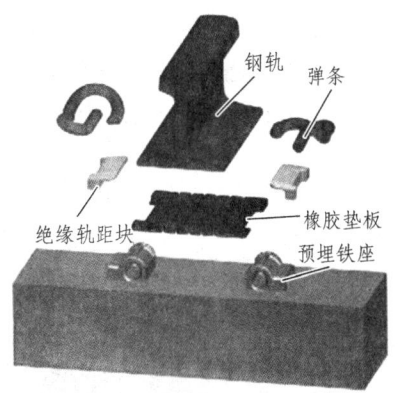

图 5.1 弹条Ⅳ型扣件部件组成

(4)扣件系统与预应力混凝土无挡肩轨枕配套使用。弹条Ⅳ型扣件结构可以安装在原Ⅲ$_b$型预应力混凝土枕上。

(5)本扣件不能进行钢轨高低调整。

(一)部件规格

1. 弹 条

弹条分C4型、JA型和JB型三种(图5.2~图5.4)。一般地段安装C4型弹条,钢轨接头处安装 JA 和 JB 型弹条。C4 型弹条的直径为 20 mm，JA 和 JB 型弹条的直径为 18 mm。JA 型弹条防锈涂料为灰色，与 7 号、8 号和 9 号接头绝缘轨距块配用；JB 型弹条防锈涂料为黑色，与 10 号、11 号、12 号和 13 号接头绝缘轨距块配用。

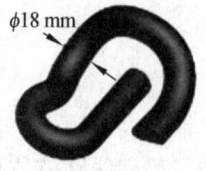 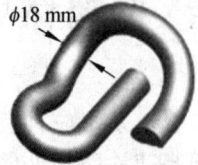 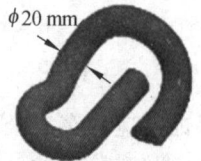

图 5.2　C4 型弹条　　　图 5.3　JA 型弹条　　　图 5.4　JB 型弹条

弹条就位以其小圆弧内侧与预埋铁座相距 8~10 mm 为准，不得顶紧或距离过大，如图 5.5 所示。

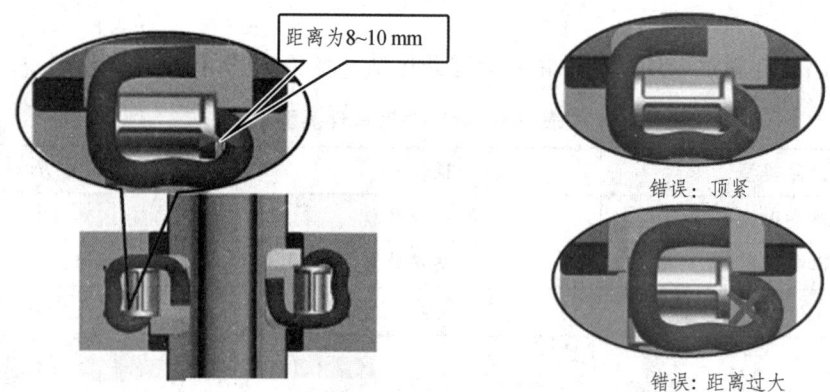

图 5.5　弹条位置示意图

2. 预埋铁座

该部件预先埋设于轨枕中，埋设精度应满足规定的要求（图 5.6）。

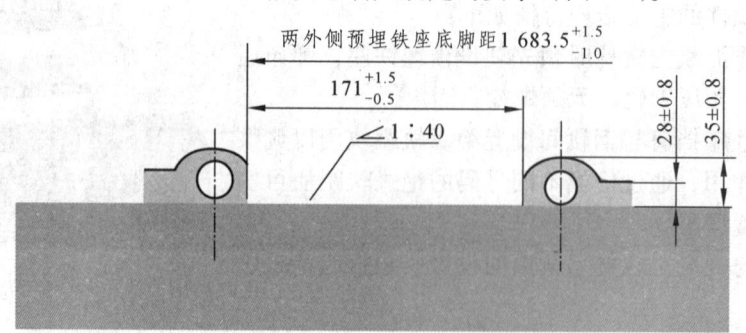

图 5.6　弹条Ⅳ型扣件与轨枕接口尺寸

3. 绝缘轨距块

绝缘轨距块（以下简称轨距块）分两种，即一般地段使用的轨距块 G4 和钢轨接头处使用的轨距块 G4J，每种轨距块又各有 7 个规格，即 7 号、8 号、9 号、10 号、11 号、12 号和 13 号。标准轨距时采用 9 号和 11 号。除 7 号、8 号和 9 号接头轨距块为非黑色外，其他轨距块均为黑色，如图 5.7~图 5.9。

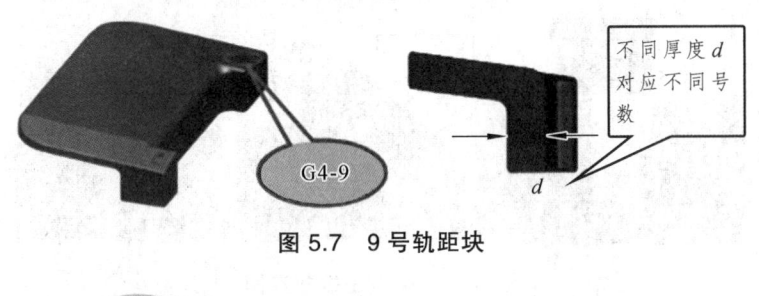

图 5.7　9 号轨距块

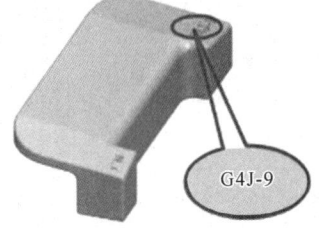

图 5.8　10 号接头轨距块

图 5.9　11 号接头轨距块

（二）安装程序

1. 作业前的准备工作

（1）准备 9 号和 11 号轨距块，适当准备 8 号、10 号和 12 号轨距块，以备轨距不合适时调整轨距之用；同时，还要适当准备相应号码的接头轨距块，以备用于钢轨接头。

（2）准备 C4 型弹条，适当准备 JA 和 JB 型弹条，以备用于钢轨接头。

（3）上道轨枕中预埋铁座的埋设位置必须准确。凡预埋铁座埋设位置歪斜，埋设高度、同一侧两预埋件的间距或两外侧预埋铁座的底角距不符合规定的轨枕不得上道，如图 5.10 左所示。

（4）检查轨枕承轨面，不应有裂纹。清除轨枕两侧预埋铁座间承轨面和预埋铁座孔内的泥渣，如图 5.10 所示。

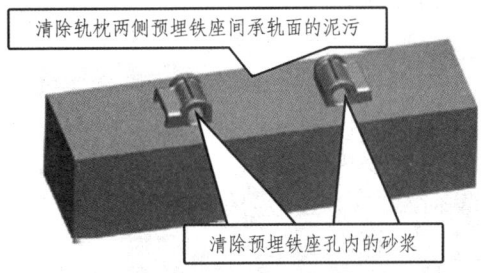

图 5.10　预埋铁座示意图

（5）清除轨底的泥污，如图 5.11 所示。

2. 安装顺序及要求

（1）铺设橡胶垫板。将橡胶垫板放在两预埋铁座之间，橡胶垫板两侧的槽口中心线与预埋铁座中心线应对齐，如图 5.12 所示。

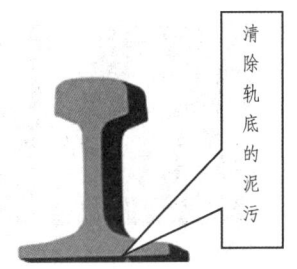

图 5.11　清除轨底泥污

图 5.12 橡胶垫板放置图

（2）铺设钢轨，如图 5.13 所示。

图 5.13 铺设钢轨

（3）安装轨距块。

安设 9 号和 11 号轨距块；钢轨外侧安设 9 号，内侧安设 11 号，且轨距块的边耳应扣住预埋铁座。若因钢轨、轨枕和轨距块的制造偏差，安设规定号码的轨距块不能满足轨距要求或轨距块不能安装入位时，可根据实际情况予以调换，不得用锤或其他工具猛烈敲击使其入位。如图 5.14 所示。

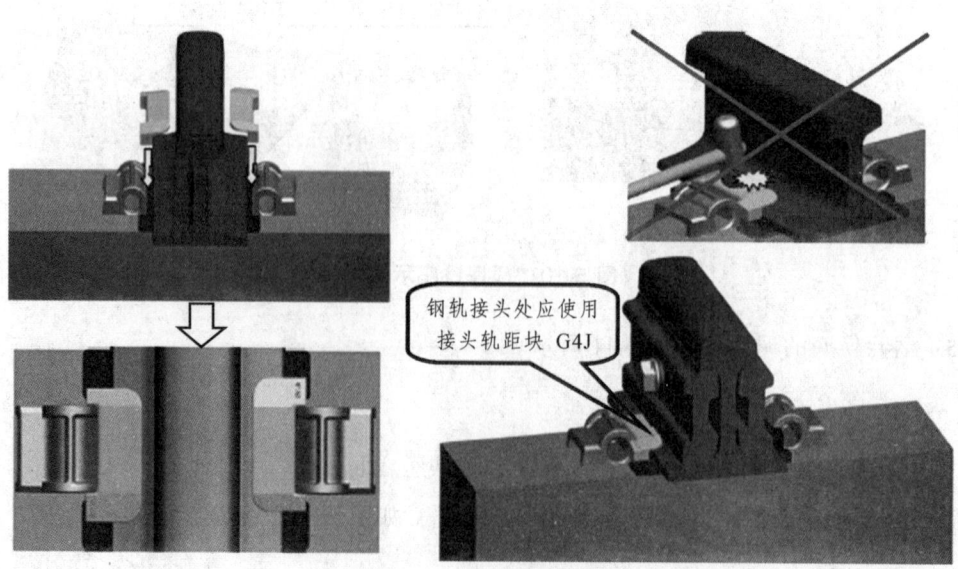

图 5.14 轨距块安装

（4）安装弹条前，钢轨、橡胶垫板、轨枕承轨面之间以及轨距块扣压钢轨面与钢轨轨底上表面均应密贴，如图 5.15 所示。

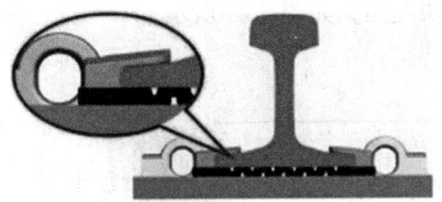

图 5.15　安装弹条各部件应密贴

① 安装弹条时应采用专用工具。弹条中肢入孔位置要放平、放正，不得歪斜，如图 5.16 所示。

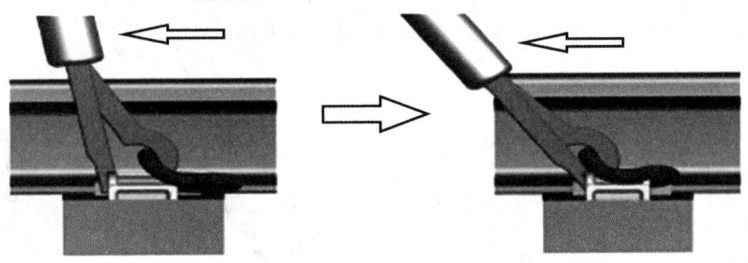

图 5.16　安装弹条专用工具

② 安装时切忌生拉硬扳，用力要适中，支点与加力点要正确，如图 5.17 所示。

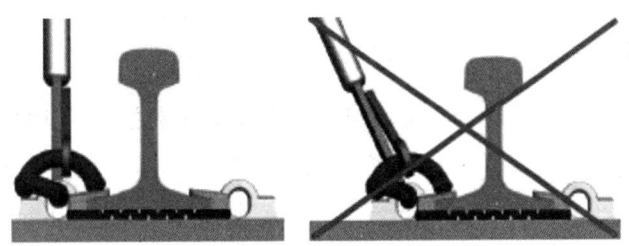

图 5.17　安装弹条

③ 如遇到个别弹条就位困难时，在使用安装工具的同时可用小锤轻敲弹条尾部，使其就位，如图 5.18 所示。

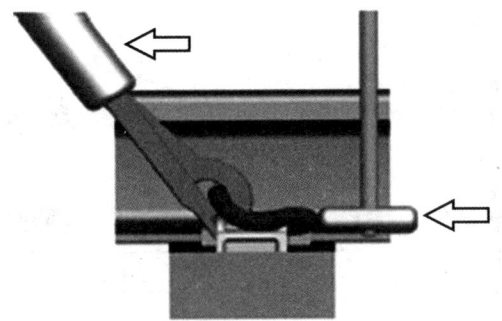

图 5.18　小锤轻敲弹条尾部

④ 在钢轨接头处应安装 JA 和 JB 型弹条，如图 5.19 所示；灰色的 JA 型弹条与非黑色的 7 号、8 号和 9 号接头轨距块配用，如图 5.20 所示；黑色的 JB 型弹条与黑色的 10 号、11 号、12 号和 13 号接头轨距块配用，如图 5.21 所示。

图 5.19　钢轨接头处弹条

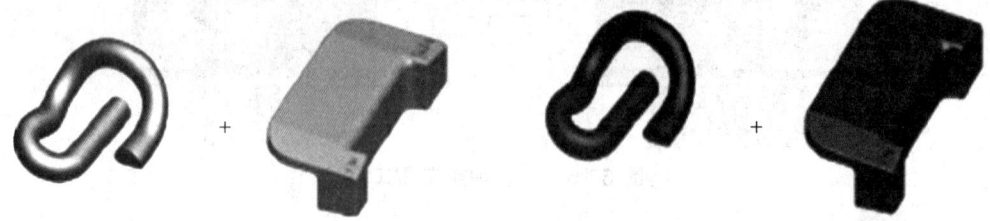

图 5.20　灰色与非黑色接头轨距块配用　　　图 5.21　黑色与黑色接头轨距块配用

（三）技术要求

（1）钢轨与绝缘轨距块、绝缘轨距块与预埋铁座间缝隙之和不应大于 1 mm。

（2）扣压力不应小于 9 kN（夹板位置弹条除外）。

（3）单股钢轨左右调整量：−4 mm ～ +2 mm；轨距调整量：−8 mm ～ +4 mm；通过更换不同号码的绝缘轨距块实现轨距和轨向的调整，如图 5.22 所示；绝缘轨距块号码配置见表 5.2。

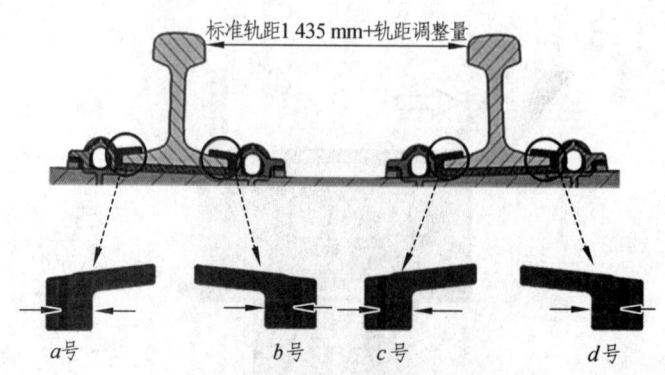

图 5.22　轨距调整量计算方法

表 5.2　绝缘轨距块号码配置表

轨距调整量	左股钢轨		右股钢轨	
（mm）	外侧 a	内侧 b	内侧 c	外侧 d
-8	13	7	7	13
-7	12	8	7	13
-6	12	8	8	12
-5	11	9	8	12
-4	11	9	9	11
-3	10	10	9	11
-2	10	10	10	10
-1	9	11	10	10
0	9	11	11	9
+1	8	12	11	9
+2	8	12	12	8
+3	7	13	12	8
+4	7	13	13	7

（4）高低调整：扣件不能进行高低调整，不得垫入调高垫板，如图 5.23 所示。

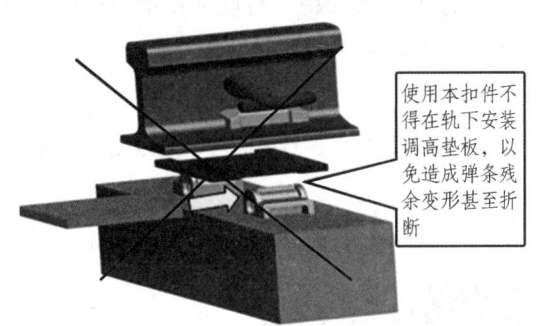

图 5.23　不得垫入调高垫板

二、弹条 V 型扣件

弹条 V 型扣件系统由螺旋道钉、平垫圈、弹条、轨距挡板、轨下垫板和预埋套管等组成，此外，为高低调整需要，还包括调高垫板，如图 5.24。

弹条 V 型扣件主要结构特征如下：

（1）采用螺旋道钉与套管配合紧固弹条，提高了扣件系统的绝缘性能。

（2）可安装多种弹条，既可安装大扣压力弹条也可安装小扣压力弹条。配合不同摩擦系数的轨下垫板（橡胶垫板或复合垫板），满足不同线路阻力的需求。

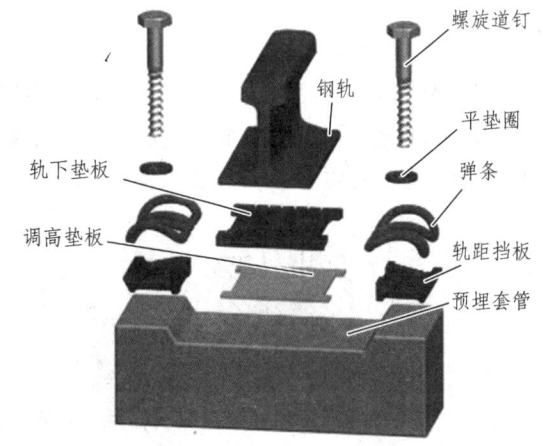

图 5.24　弹条 V 型扣件部件组成

（3）利用工程塑料制造的轨距挡板调整轨距并起绝缘作用，减少扣件部件数量，避免调整轨距时影响螺旋道钉的受力状态。

（4）通过在轨下垫板与混凝土轨枕承轨面间垫入调高垫板实现钢轨高低调整。

（一）部件规格

1. 弹条

弹条分为两种，即：一般地段使用的 W2 型弹条（直径为 14 mm）和桥上可能使用的 X3 型弹条（直径为 13 mm）两种（如图 5.25、图 5.26）；此外，作为备件的弹条 Ⅰ 型扣件 A 型弹条可能用于钢轨接头处。

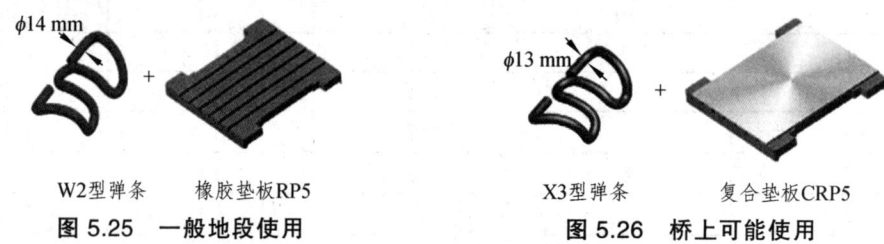

图 5.25　一般地段使用　　　　　图 5.26　桥上可能使用

2. 轨下垫板

轨下垫板分为两种，即：橡胶垫板和桥上可能使用的复合垫板。桥上需要降低线路阻力时，采用 X3 型弹条并配用复合垫板（如图 5.25、图 5.26）。

3. 轨距挡板

轨距挡板分 2 号、3 号、4 号、5 号、6 号、7 号、8 号七种规格，标准轨距时采用 4 号和 6 号（图 5.27）。

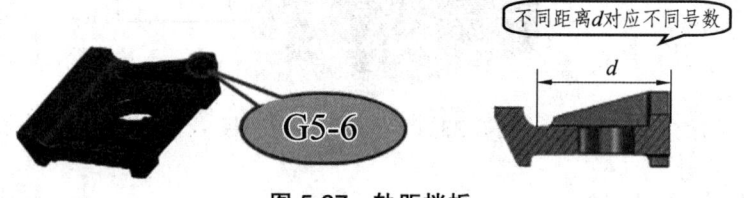

图 5.27　轨距挡板

4. 预埋套管

该部件预先埋设于轨枕中，埋设精度应满足要求，且预埋套管 D1 顶面应与轨枕承轨面齐平。预埋套管埋设后应加盖塑料（或其他材料）盖以防雨水和泥污进入。加盖塑料（或其他材料）盖以防雨水和泥污进入（图 5.28）。

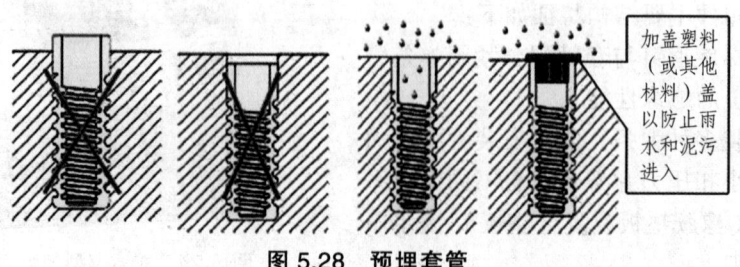

图 5.28　预埋套管

5. 调高垫板

调高垫板按厚度分为 1 mm、2 mm、5 mm 和 8 mm 四种规格，放置于轨下垫板与轨枕承轨面之间（图 5.29）。

6. 其　他

在夹板处，当在小号码轨距挡板上安装 W2 型弹条和 X3 型弹条有困难时，应安装弹条 I 型扣件 A 型弹条。

图 5.29　轨下调高垫板

（二）安装程序

1. 作业前的准备工作

（1）按照弹条规格选择并准备合适类型的弹条（W2 型或 X3 型）和合适类型的轨下垫板（橡胶垫板 RP5 或复合垫板 CRP5）。

（2）适当准备弹条 I 型扣件 A 型弹条，以备用于钢轨接头。

（3）选择并准备 4 号和 6 号轨距挡板，适当准备 3 号、5 号和 7 号轨距挡板，以备轨距不合适时调整轨距之用。

（4）适当准备 1 mm、2 mm 厚调高垫板，以备调整钢轨高低之用。

（5）检查轨枕承轨槽，不应有裂纹。清除轨枕承轨槽的泥渣，如图 5.30 所示。

（6）摘除预埋套管上的塑料（或其他材料），如图 5.31 所示。

图 5.30　清除轨承面及轨底泥渣

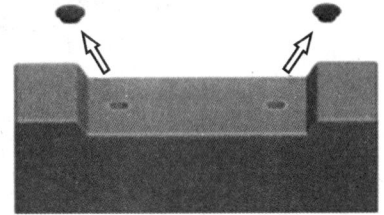

图 5.31　摘除预埋套管上塑料盖

（7）摘除预埋套管上的塑料（或其他材料）盖。

2. 安装顺序及要求

（1）铺设轨下垫板。将轨下垫板放在承轨面的中间位置。注意：垫板的凸缘应扣住承轨面，如图 5.32 所示。

（2）铺设钢轨，如图 5.33 所示。

图 5.32　铺设轨下垫板

图 5.33　铺设钢轨

（3）安设 4 号和 6 号轨距挡板，钢轨外侧安设 4 号、内侧安设 6 号，且其应放置在轨下垫板两边耳之间。若因钢轨、轨枕和轨距挡板的制造偏差，安设规定号码的轨距挡板不能满足轨距要求或轨距挡板不能安装入位时，可根据实际情况予以调整，如图 5.34 所示。

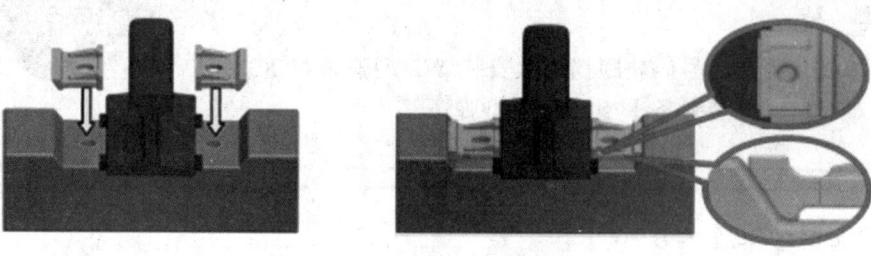

图 5.34　正确安装轨距挡板

注意：轨距挡板不应压住轨下垫板；安装轨距挡板时，不得用锤或其他工具猛烈敲击轨距挡板使其入位，如图 5.35 所示。

图 5.35　错误安装轨距挡板

（4）安装弹条。将弹条摆放到位，将螺旋道钉套上平垫圈且在螺纹部分涂满铁路专用防护油脂，然后拧入套管，紧固弹条，如图 5.36 所示。

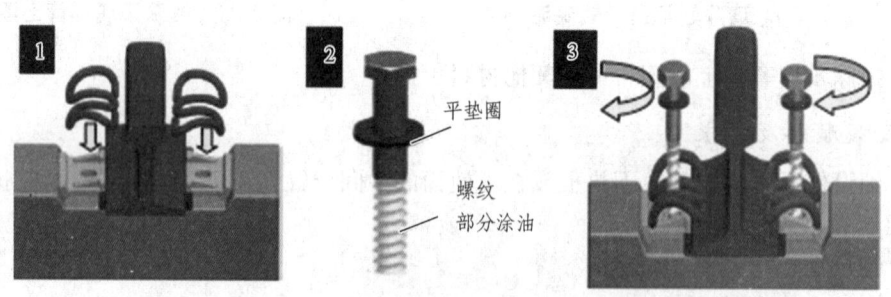

图 5.36　安装弹条　螺旋道钉螺纹部分涂防护油脂　紧固弹条

① 判断弹条是否安装到位的标准：以弹条中部前端下颚刚好与钢轨接触为准，两者的间隙不大于 0.5 mm。通常情况下，W2 型弹条的理论安装扭矩在 160 N·m 左右，X3 型弹条的理论安装扭矩在 95 N·m 左右。在现场大规模安装前，建议先取 5～10 个节点进行安装，以测出使弹条能按照以上"安装到位标准"达到正确安装位置的实际安装扭矩，如图 5.37 所示。

② 在钢轨接头处，当在小号码轨距挡板上安装 W2 型弹条和 X3 型弹条有困难时，应安装弹条 I 型扣件 A 型弹条，如图 5.38 所示。

图 5.37　弹条就位正确位置

图 5.38　钢轨接头处弹条安装

（三）技术要求

（1）弹条安装标准：弹条紧固不宜过紧或弹条中部前端下颚与钢轨间隙不得大于 0.5 mm，或使用扭矩扳手检测螺旋道钉扭矩时，W2 型弹条为 130～170 N·m，X3 型弹条为 80～110 N·m（现场润滑状态差异可能使紧固扭矩存在偏差）。

（2）弹条养护标准：弹条紧固不宜过紧或弹条中部前端下颚与钢轨间隙不得大于 1 mm，或使用扭矩扳手检测螺旋道钉扭矩时，W2 型弹条为 130～170 N·m，X3 型弹条为 80～110 N·m（现场润滑状态差异可能使紧固扭矩存在偏差）。

（3）钢轨与轨距挡板间隙不得大于 1 mm。轨距挡板应与承轨槽挡肩密贴，间隙不得大于 1 mm。

（4）单股钢轨左右调整量：－4 mm～＋2 mm。轨距调整量：－8 mm～＋4 mm。通过更换不同号码的轨距挡板实现轨距和轨向调整，如图 5.39 所示，轨距挡板号码配置见表 5.3。

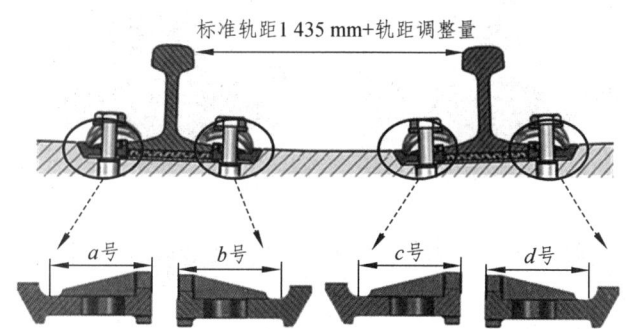
图 5.39　轨距调整量计算方法

表 5.3　轨距挡板号码配置表

轨距调整量（mm）	左股钢轨		右股钢轨	
	外侧 a	内侧 b	内侧 c	外侧 d
－8	8	2	2	8
－7	7	3	2	8
－6	7	3	3	7
－5	6	4	3	7
－4	6	4	4	6
－3	5	5	4	6

续表

轨距调整量 (mm)	左股钢轨		右股钢轨	
	外侧 a	内侧 b	内侧 c	外侧 d
−2	5	5	5	5
−1	4	6	5	5
0	4	6	6	4
+1	3	7	6	4
+2	3	7	7	3
+3	2	8	7	3
+4	2	8	8	2

（5）钢轨高低调整量为10 mm，通过在轨下垫板和轨枕之间放入调高垫板进行调整，调高垫板不得放在轨下垫板上，放入调高垫板的总厚度不得大于10 mm，数量不得超过2块，如图5.40所示。

图5.40 调高垫板

（6）预埋套管中应保证有一定的防护油脂，油脂性能应符合相关规定。

三、弹条FC型扣件

FC型扣件由快速弹条、绝缘帽、预埋底座、绝缘轨距挡块和橡胶垫板组成（图5.41）。

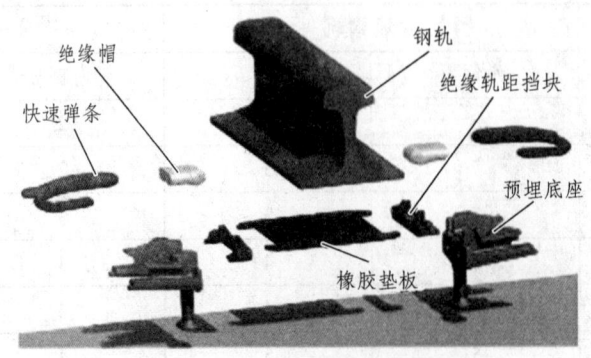

图5.41 弹条FC型扣件部件组成

FC型扣件主要结构特征如下：

(1) 扣件系统为无挡肩无螺栓扣件，零部件少，结构紧凑，保持轨距能力强。

(2) 在制作轨枕时预先埋设底座，弹条通过插入预埋底座扣压钢轨。

(3) 预埋底座与钢轨间设有绝缘轨距块，通过更换绝缘轨距块实现钢轨左右位置的调整。

(4) 本扣件不能进行钢轨高低的调整。

（一）部件规格

1. 弹条（带绝缘帽）

FC型扣件弹条分FC1504型、FC1502型和FC1306型三种。其中：FC1504型和FC1306型弹条分别配用 8494 型和 12133 型绝缘帽，且出厂时已将绝缘帽装配在相应的弹条上，FC1502型弹条不安装绝缘帽。

一般地段安装FC1504型弹条，钢轨绝缘接头处安装FC1502型弹条，小纵向阻力地段安装FC1306型弹条。FC1504型和FC1502型弹条的直径为15 mm（图5.42、图5.43），FC1306型弹条的直径为 13 mm（图 5.44）。FC1504型弹条防锈涂料为红色，配用的 8494 型绝缘帽为白色；FC1306型弹条防锈涂料为红色，配用的 12133 型绝缘帽为蓝色；FC1502型弹条为黄色，且绝缘帽不安装在弹条上。

图 5.42 FC1504

图 5.43 FC1502

图 5.44 FC1306

2. 预埋底座

该部件预先埋设于轨枕中，埋设精度应满足相关要求，如图 5.45 所示。

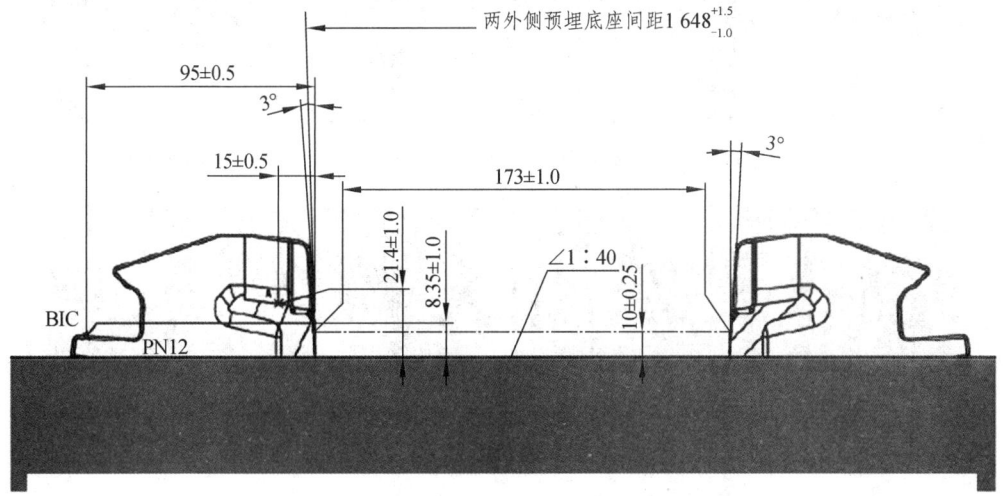

图 5.45 FC型扣件预埋件埋设精度（单位：mm）

3. 绝缘轨距挡块

绝缘轨距挡块（以下简称轨距挡块）共有10个规格，即6 mm厚度的8691型、7 mm厚度的9816型、8 mm厚度的7551型、9 mm厚度的8272型、10 mm厚度的8690型、11 mm厚度的8274型、12 mm厚度的8102型、13 mm厚度的8277型、14 mm厚度的9556型和15 mm厚度的8999型。标准轨距时同一轨底内外两侧分别采用10 mm厚的8690型和11 mm厚的8274型，安装时两两配对安装，如图5.46~图5.55）。

图 5.46　6 mm厚度的8691型

图 5.47　7 mm厚度的9816型

图 5.48　8 mm厚度的7551型

图 5.49　9 mm厚度的8272型

图 5.50　12 mm厚度的8102型

图 5.51　13 mm厚度的8277型

图 5.52　14 mm厚度的9556型

图 5.53　15 mm厚度的8999型

图 5.54　10 mm厚度的8690型

图 5.55　11 mm厚度的8274型

4. 钢轨绝缘接头处使用的覆盖板和绝缘套

在钢轨绝缘接头处，需使用覆盖板和绝缘套，如图5.56所示。

5. FC 型扣件的扣入位置

FC 型扣件共有三个扣入位置：扣紧工作位、预扣位和轨距挡块更换位。扣件安装到位后，弹条所处的位置为扣紧工作位，此时，弹条通过自身变形，提供扣压力。扣件在预组装状态下，弹条所处的位置即为预扣位，此时，扣件各部件被弹条牢固地扣紧在轨枕上。当需要进行应力放散及安装和更换钢轨时，可将弹条退至预扣位。当需要更换轨距挡块时，弹条将被退回至预埋底座后部挡位，即轨距挡块更换位，此时，弹条及绝缘帽仍旧扣紧在预埋底座中，但位于轨底侧边的轨距挡块可被取出和更换。

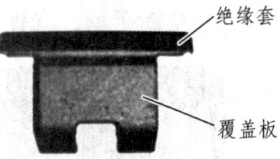

图 5.56　覆盖板和绝缘套

（二）安装程序

1. 预组装前的准备工作

（1）准备 10 mm 与 11 mm 厚度的轨距挡块。

（2）准备 FC1504 型弹条。若轨枕所用地段有小纵向阻力要求，应适当准备 FC1306 型弹条。

（3）上道轨枕中预埋底座的埋设位置必须准确。凡预埋底座埋设位置歪斜，埋设高度、同一侧两预埋底座的间距或两外侧预埋底座间距不符合规定的轨枕不得上道。

（4）检查轨枕承轨面，不应有裂纹。清除轨枕两侧预埋底座间承轨面和预埋底座前表面的泥渣和砂浆残余。

2. 预组装顺序

（1）安装轨距挡块。在清洁的承轨面和预埋底座上，安设 10 mm 和 11 mm 厚度的轨距挡块。其中，钢轨外侧安设 10 mm、内侧安设 11 mm 厚度的轨距挡块，如图 5.57 所示。放置轨距挡块后，用一个软面锤子把它们敲到位，到位后的轨距挡块应扣住预埋底座。安设时，严禁使用硬面锤子或其他硬物猛烈敲击，使轨距挡块入位。若因钢轨、轨枕和轨距挡块的制造偏差，安设规定号码的轨距挡块不能满足轨距要求或轨距挡块不能安装入位时，可根据实际情况予以调换。

（2）铺设橡胶垫板。将橡胶垫板置放在承轨槽内，确保橡胶垫板每个角的伸出部位适合轨距挡块形成的凹空位置，如图 5.58 所示。

图 5.57　安装轨距挡块

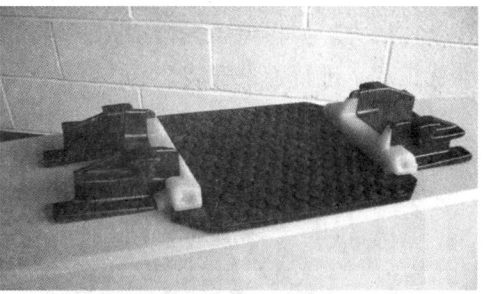

图 5.58　铺设橡胶垫板

（3）安装弹条。安装弹条前，再次检查轨距挡块的位置，确保已经安装到位。将弹条放置到预埋底座上，使之可随时扣入到"预扣位"，如图 5.59 所示。然后，使用专用工具进行弹条预组装，把工具放在弹条和预埋底座上，并使工具爪头抓住预埋底座相应位置，如图 5.60 所示。拉动手柄，确保弹条绝缘帽接触到"止位"，此时，弹条被安装至"预扣位"。

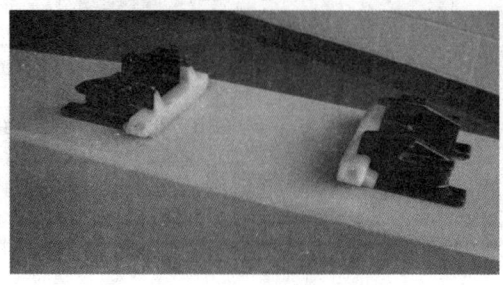

图 5.59 放置弹条

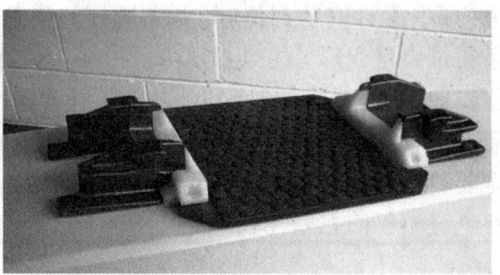

图 5.60 安装弹条

（三）作业程序与要领

1. 安装前的准备工作

（1）检查轨枕上已预组装的扣件，确保扣件系统没有出现零部件丢失或破损等现象。

（2）检查轨枕铺设情况。轨枕应对平对正，以方便进行扣件的安装。

（3）钢轨轨底应该清理干净，不带有任何泥污等杂物。

2. 安装顺序及要求

（1）铺设钢轨。将钢轨放置在预组装后的承轨槽中。需要注意的是：

① 由于承轨槽上有橡胶垫板的存在，钢轨只有在被滑动滚轮支撑起时，才能在承轨槽内拖动。

② 若钢轨无法坐入槽中，可能是由于两边的轨距挡块"弓起"或被向前挪动引起的，应将钢轨顶起，然后将轨距挡块正确放置到位。

（2）检查扣件系统部件与钢轨轨底之间的相对位置。

钢轨放置在承轨槽内后，钢轨、橡胶垫板、轨枕承轨面之间，以及轨距挡块与预埋底座间均应密贴。此外，需检查扣件系统各部件与钢轨轨底之间的相对位置。

钢轨轨底上表面应与承轨槽两侧轨距挡块的上表面基本持平，如图 5.61 所示，确保下一步安装时弹条能够顺利进入扣紧工作位。若钢轨轨底上表面与承轨槽两侧轨距挡块的上表面之间存在较大的高度偏差，如图 5.62 所示，将会导致弹条非常难以进入扣紧工作位，并严重影响弹条扣压力。如将弹条强行挤入，甚至会导致绝缘帽严重破损。此时，应使用轨枕提升器将轨枕提起，进行弹条安装。

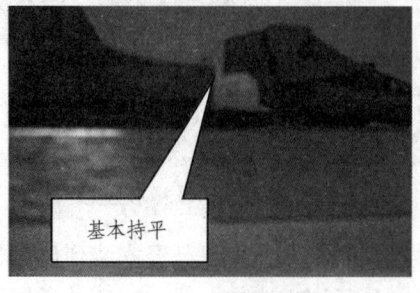

图 5.61 正确安装

图 5.62 不正确安装

将轨枕提升器夹钳打开,使夹钳锁紧在预埋底座上,同时,将工具的另一"钩"置于轨顶上,向前推动手柄,轨枕便会被提起,如图 5.63 所示。实际施工时,需由两人在轨枕两外侧同时使用轨枕提升器,将位置偏低的轨枕提起。此时,将轨枕两内侧的弹条从预扣位推入扣紧工作位,然后松开轨枕提升器,再将该轨枕两外侧的弹条安装到位。

图 5.63 提起轨枕

(3)安装弹条。

FC 型扣件弹条安装可选用手工工具安装、半自动化设备安装和全自动化设备安装等方式。以下以手工工具安装为例阐述 FC 扣件弹条安装的方法。使用专用的弹条安装工具进行安装,将弹条从预扣位置挤入扣紧的工作位置。安装时,将安装工具前爪钩抓住预埋底座的上前部,用力拉动手柄,直到将弹条彻底顶进。完全安装到位的弹条,两侧的底脚应可顶住轨底侧面的轨距挡块,如图 5.64 所示。

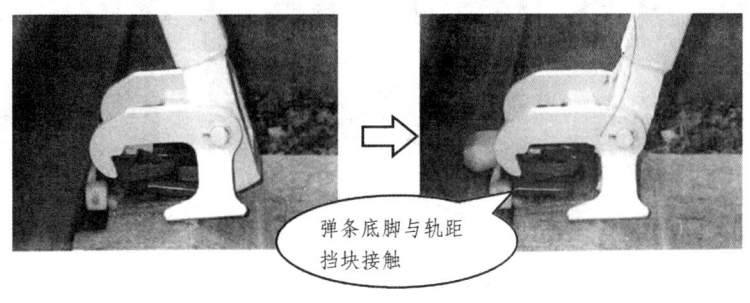

图 5.64 安装弹条

3. 小纵向阻力地段和绝缘接头处扣件安装

对小纵向阻力地段,若预组装时已将弹条换成 FC1306 型弹条,则可直接进行安装,方法与普通地段一致;若预组装时使用的是 FC1504 型弹条,则可将其卸下,并安装上 FC1306 型弹条即可(其余部件不用更换)。对钢轨绝缘接头处,需将已经预组装的 FC1504 型弹条卸下,并换上 FC1502 型弹条以及配套使用的覆盖板和绝缘套。具体安装方法和步骤如下:

第一步,将绝缘套装配到覆盖板前端。

第二步,将覆盖板扣在预埋底座上,并注意有字面朝下。装有绝缘套的一端压在绝缘接头处钢轨轨底上表面,另一端刚好可卡入预埋底座。

第三步,将 FC1502 型弹条摆放在预埋底座上,并用工具将弹条推入扣紧工作位。此时,覆盖板在弹条扣压力作用下扣紧绝缘接头处钢轨轨底,如图 5.65 所示。

图 5.65　绝缘接头处扣件安装

4. 线路应力放散和 FC 型扣件的拆卸

当线路需要应力放散或需要对 FC 型扣件进行拆卸时,可按照如下步骤进行操作:将专用的拆卸工具放在预埋底座上,工具的"顶出头"处在弹条绝缘帽的前方,并使手柄位置与安装时相反。向前推动手柄,直至弹条推出至"止位环"的极限位置(即弹条的预扣位)。这是应力放散需要的位置。此时,钢轨可自由移动,但所有的组件均保持在位。

继续推动手柄,并将"止位环"抬起,可将弹条继续推出。首先推到可进行"轨距挡块更换"的位置,再推,便可将弹条完全推出,脱离预埋底座,如图 5.66 所示。

图 5.66　扣件拆卸

(四)技术要求

(1)钢轨与绝缘轨距块、绝缘轨距块与预埋铁座间缝隙之和不应大于 1 mm。

(2)扣压力不应小于 9 kN(小阻力弹条不应小于 3 kN)。

(3)轨距调整量:-8~+8 mm。通过更换不同号码的绝缘轨距块进行轨距和轨向调整,如图 5.67 所示,绝缘轨距块号码配置见表 5.4。

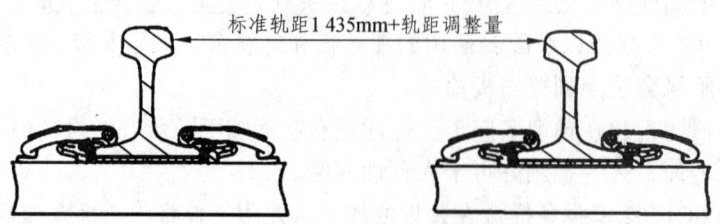

图 5.67　轨距调整量计算方法

表 5.4 绝缘轨距块号码配置表

轨距调整量（mm）	左股钢轨（mm）		右股钢轨（mm）	
	外侧	内侧	内侧	外侧
-8	14	7	7	14
-7	13	8	7	14
-6	13	8	8	13
-5	12	9	8	13
-4	12	9	9	12
-3	11	10	9	12
-2	11	10	10	11
-1	10	11	10	11
0	10	11	11	10
+1	9	12	11	10
+2	9	12	12	9
+3	8	13	12	9
+4	8	13	13	8
+5	7	14	13	8
+6	7	14	14	7
+7	6	15	14	7
+8	6	15	15	6

（4）高低调整：扣件不能进行高低调整，不得垫入调高垫板。

第二节　高速铁路无砟轨道扣件

无砟轨道应采用与设计速度、轴重匹配的扣件，扣件应与无砟轨道结构接口协调。扣件技术性能应符合相关规定。无砟轨道扣件类型主要有 WJ-7 型、WJ-8 型、W300-1 型和 SFC 型扣件，见表 5.5。

表 5.5　无砟轨道扣件类型

铁路等级	无砟轨道结构类型	采用扣件类型
高速铁路	CRTS 双块式	WJ-8、W300-1
	CRTS Ⅰ 型板式	WJ-7
	CRTS Ⅱ 型板式	WJ-8、W300-1
	CRTS Ⅲ 型板式	WJ-8

一、WJ-7型扣件

WJ-7型扣件由T形螺栓、螺母、平垫圈、弹条、绝缘块、铁垫板、轨下垫板、绝缘缓冲垫板、重型弹簧垫圈、平垫块、锚固螺栓和预埋套管组成,此外为了钢轨高低位置调整的需要,还包括轨下调高垫板和铁垫板下调高垫板,如图5.68所示。

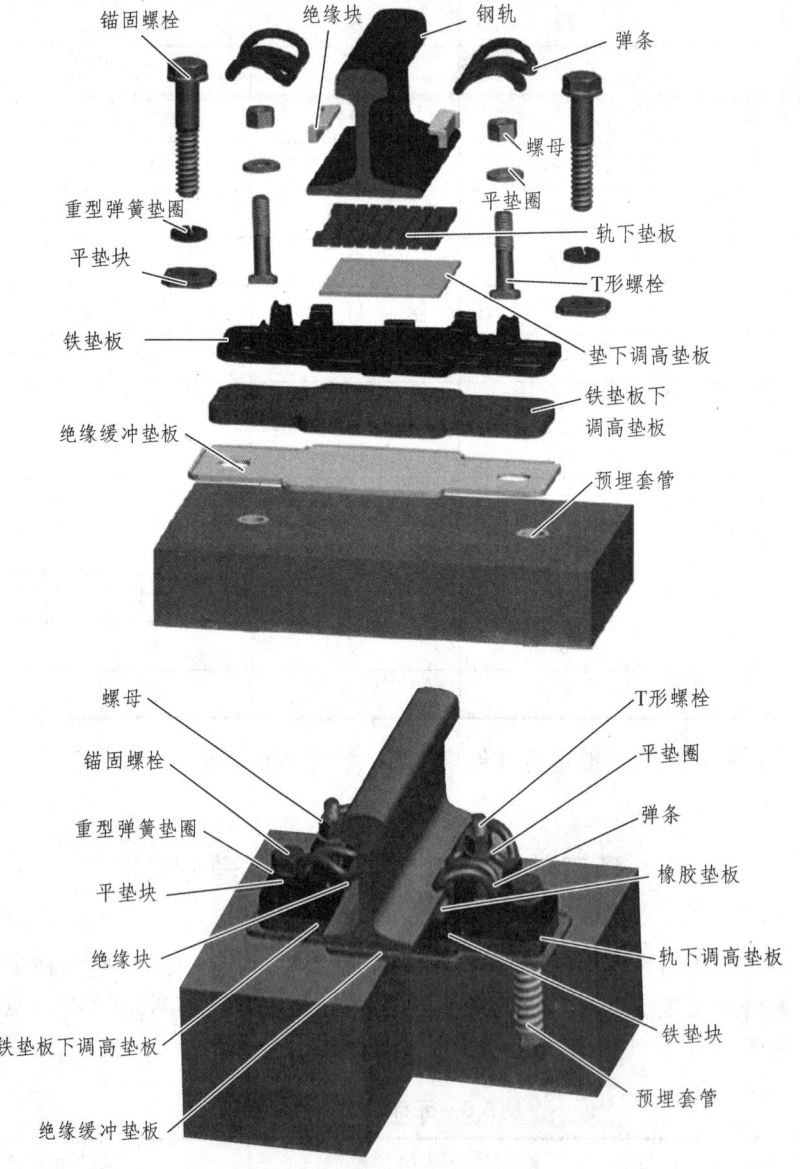

图5.68 WJ-7型扣件部件组成

WJ-7型扣件主要结构特征如下:
(1)铁垫板上设置轨底坡,轨枕/轨道板承轨面为平坡。
(2)铁垫板上设有T形螺栓插入座和挡肩,通过拧紧T形螺栓的螺母紧固弹条。

（3）铁垫板上挡肩与钢轨间设有绝缘块，起绝缘作用。通过锚固螺栓与轨枕/轨道板中预埋的绝缘套管配合紧固铁垫板。轨向和轨距的调整通过移动铁垫板来实现，为连续无级调整。

（4）可垫入调高垫板实现钢轨高低调整。

（一）部件规格

1. 弹 条

弹条分两种，即一般地段使用的 W1 型和桥上可能使用的 X2 型，W1 型弹条的直径为 14 mm，X2 型弹条的直径为 13 mm，如图 5.69、图 5.70 所示。

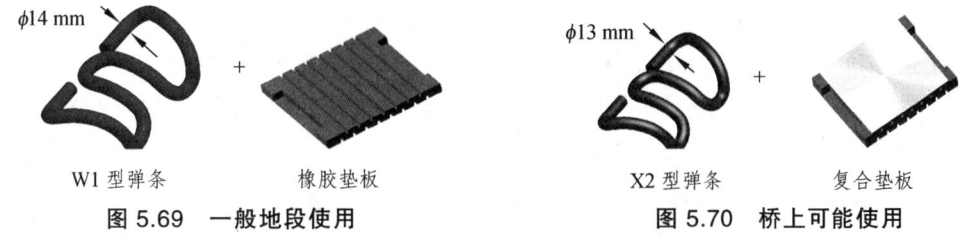

图 5.69 一般地段使用　　　图 5.70 桥上可能使用

2. 轨下垫板

轨下垫板分 A、B 两类，A 类用于兼顾货运的客运专线，B 类用于客运专线，每一类又分一般地段使用的橡胶垫板（图 5.69）和桥上可能使用的复合垫板（图 5.70）两种。桥上需要降低线路阻力时，可采用 X2 型弹条并配用复合垫板。此时单组扣件的钢轨纵向阻力为 4 kN。

3. 预埋套管

该部件预先埋设于轨枕/轨道板中，埋设精度应满足要求，且预埋套管顶面应与轨枕/轨道板承轨面齐平。预埋套管埋设后，应加盖塑料（或其他材料）盖以防雨水和泥污（图 5.71）。

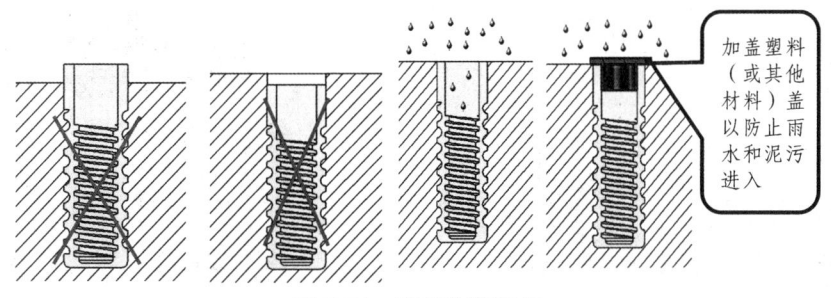

图 5.71 预埋套管埋设

4. 调高垫板

调高垫板分轨下调高垫板和铁垫板下调高垫板两种。轨下调高垫板根据厚度 d 不同，分为 0.5 mm、1 mm、2 mm、5 mm、8 mm 五种规格（图 5.72）。铁垫板下调高垫板根据厚度 d 不同，分为 5 mm、10 mm 两种规格（图 5.73）。

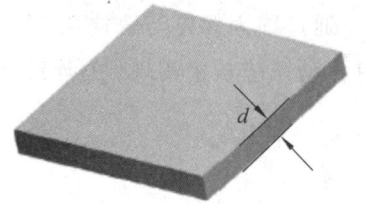
图 5.72　轨下调高垫板

图 5.73　铁垫板下调高垫板

（二）安装程序

1. 安装前准备工作

（1）按照条件选择并准备合适类型的弹条（W1 型或 X2 型）和合适类型的轨下垫板（A 类 B 类橡胶垫板或复合垫板）。

（2）适当准备 1 mm、2 mm 轨下调高垫板，以备微量调整钢轨高低之用。

（3）检查轨枕/轨道板承轨面，不应有裂纹。清除轨枕/轨道板承轨面的泥渣（图 5.74）。

（4）摘除预埋套管上的塑料（或其他材料）盖（图 5.75）。

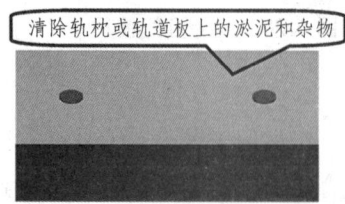  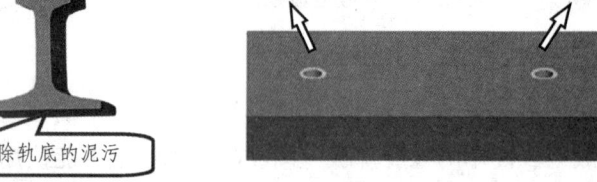

图 5.74　清除轨枕和轨道板承轨面的泥渣　　　　图 5.75　摘除预埋套管上的塑料套管

2. 安装顺序及要求

（1）安放绝缘缓冲垫板。铺设绝缘缓冲垫板，使垫板孔与预埋套管孔对中（图 5.76）。

（2）安放铁垫板。安放铁垫板，使轨底坡朝向轨道内侧（按铁垫板上的箭头方向）。铁垫板的螺栓孔中心应与预埋套管中心对正（图 5.77）。单根轨枕上安装两块铁垫板后的效果如图 5.78。

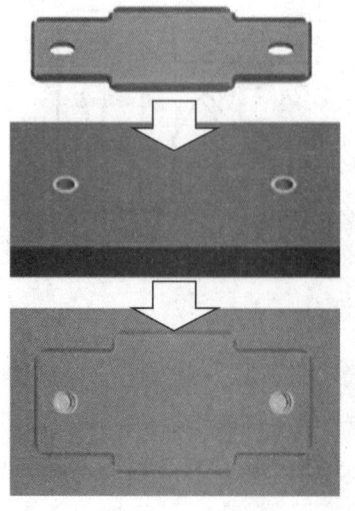 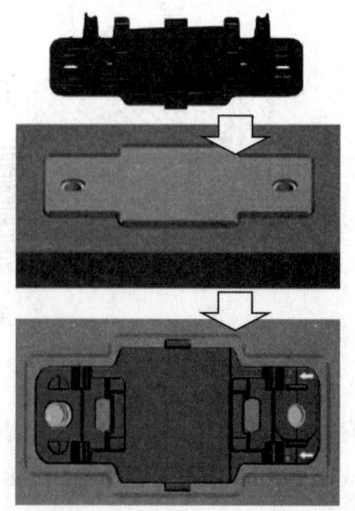

图 5.76　垫板孔与预埋套管孔对中　　　　图 5.77　螺栓孔中心应与预埋套管中心对正

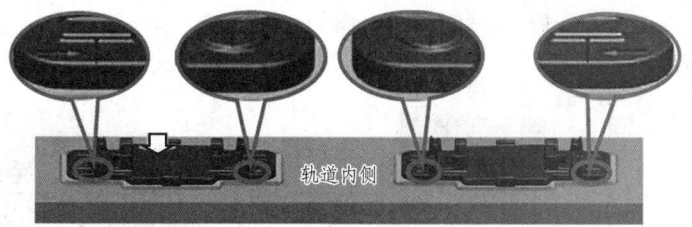

图 5.78　单根轨枕上安装两块铁垫板后的效果

（3）安放平垫块。安放平垫块，使平垫块在铁垫板上两凸台之间，底面与铁垫板密贴，并使平垫块距圆孔中心较长一侧朝内（图 5.79）。

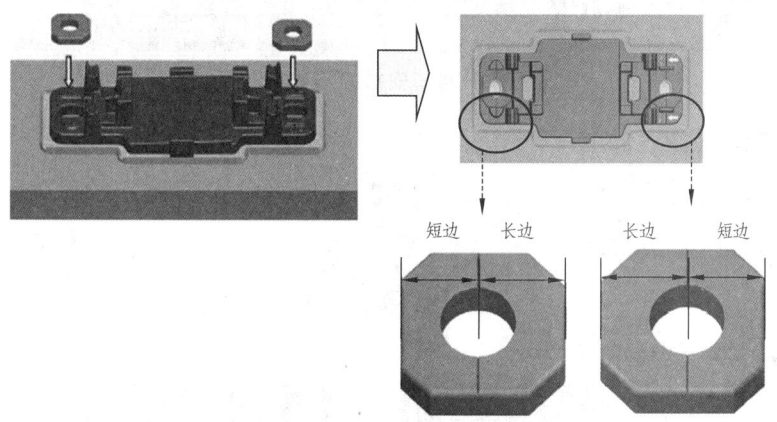

图 5.79　平垫块与铁垫板

（4）安放重型弹簧垫圈和锚固螺栓。安放重型弹簧垫圈和锚固螺栓前，应将锚固螺栓螺纹部分涂满铁路专用防护油脂。在锚固螺栓拧紧前，应挪动铁垫板，使铁垫板与平垫块的标记线对齐（图 5.80）。

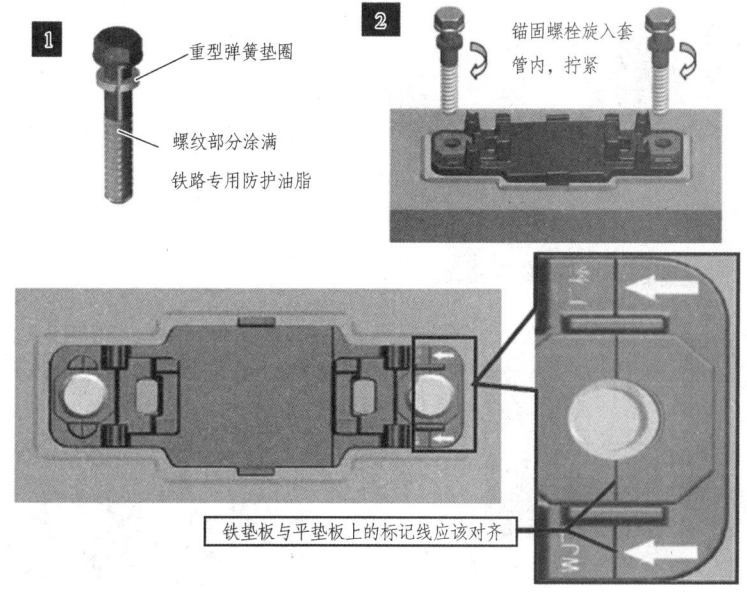

图 5.80　拧紧锚固螺栓

（5）安放轨下垫板。将轨下垫板安放在铁垫板上，使轨下垫板沟槽方向垂直于铁垫板的长度方向（图5.81）。

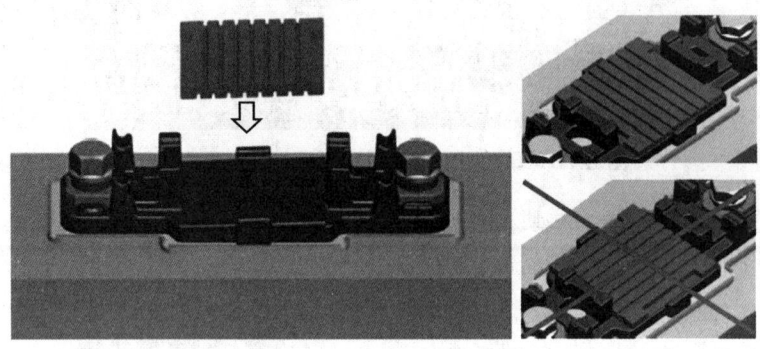

图 5.81 安放轨下垫板

（6）安放钢轨（图5.82）。

图 5.82 安放钢轨

（7）安放绝缘块。安放绝缘块，且绝缘块的边耳应扣住铁垫板挡肩（图5.83）。安装绝缘块时，不得用锤或其他工具猛烈敲击使其入位（图5.84）。

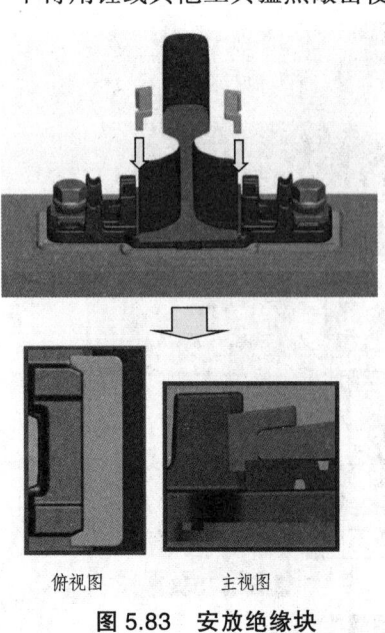

图 5.83 安放绝缘块

图 5.84 不得用锤猛烈敲击使其入位

(8)安放T形螺栓(图5.85)。具体安装过程如下:

① T形螺栓头部按照所示角度,插入铁垫板。

② T形螺栓头部插入铁垫板后,按顺时针方向旋转90°,使螺栓头部到预定位置,然后上提使T形头完全嵌入槽中。

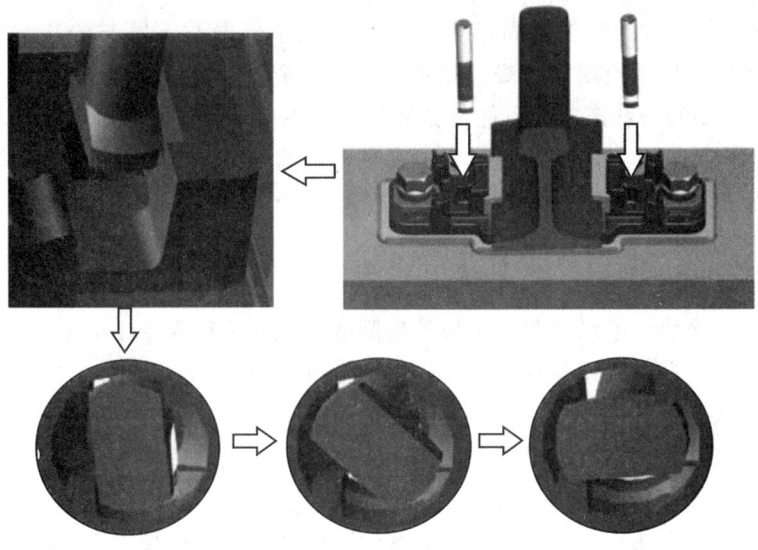

图5.85 安装T型螺栓

(9)安放弹条(图5.86)。

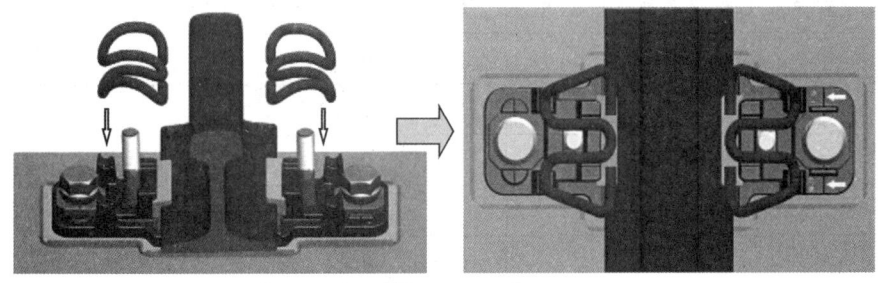

图5.86 安装弹条

(10)安放平垫圈和拧紧螺母(图5.87、图5.88)。将T形螺栓螺纹部分涂油,然后套入平垫圈,拧入螺母。

图5.87 安装平垫圈和螺母

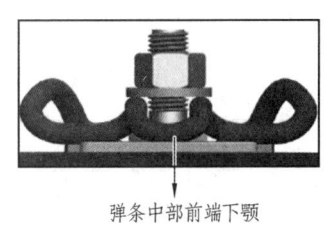

图5.88 紧固弹条

(三)技术要求

(1)对T形螺栓应进行定期涂油,防止螺栓锈蚀,油脂性能应符合相关规定。

(2)预埋套管中应保证有一定的防护油脂,油脂性能应符合相关规定。

(3)安装铁垫板时,轨底坡方向应朝向轨道内侧。

(4)弹条安装标准:弹条紧固不宜过紧或弹条中部前端下颚与绝缘块间隙不得大于0.5 mm;或使用扭矩扳手检测T形螺栓扭矩时,W1型弹条为100~140 N·m,X2型弹条为70~90 N·m(现场润滑状态差异可能使紧固扭矩存在偏差),如图5.88所示。

(5)弹条养护标准:弹条紧固不宜过紧或弹条中部前端下颚与绝缘块间隙不得大于1 mm;或使用扭矩扳手检测T形螺栓扭矩时,W1型弹条为100~140 N·m,X2型弹条为70~90 N·m(现场润滑状态差异可能使紧固扭矩存在偏差)。

(6)锚固螺栓扭矩为300~350 N·m。

(7)钢轨与绝缘块、绝缘块与铁垫板挡肩间缝隙之和不得大于1 mm。

(8)单股钢轨左右位置调整量:-6 mm~+6 mm。轨距调整量:-12 mm~+12 mm。

(9)钢轨高低位置调整量:-4 mm~+26 mm。

如遇有钢轨高低和水平有少量不平顺时,可考虑放入调高垫板。此时应提升钢轨,垫入调高垫板。当调高量小于10 mm时,在轨下放入调高垫板,当调高量超过10 mm时,可同时在铁垫板下放入调高垫板。绝缘缓冲垫板、轨下微调垫板、铁垫板下调高垫板配置见表5.6。

表5.6 绝缘缓冲垫板、轨下微调垫板、铁垫板下调高垫板配置(mm)

单股高低调整量	绝缘缓冲垫板厚度	轨下微调垫板总厚度	铁垫板下调高垫板总厚度
-4	2	0	0
-3	2	1	0
-2	2	2	0
-1	2	2+1	0
0	6	0	0
1	6	1	0
2	6	2	0
3	6	2+1	0
4	6	2+2	0
5	6	5	0
6	6	5+1	0
7	6	5+2	0
8	6	0 或 8	8 或 0
9	6	1 或 8+1	8 或 0
10	6	2 或 8+2	8 或 0

续表

单股高低调整量	绝缘缓冲垫板厚度	轨下微调垫板总厚度	铁垫板下调高垫板总厚度
11	6	2+1	8
12	6	2+2	8
13	6	5	8
14	6	5+1	8
15	6	5+2	8
16	6	0 或 8	2×8 或 8
17	6	1	2×8
18	6	2	2×8
19	6	2+1	2×8
20	6	2+2	2×8
21	6	5	2×8
22	6	5+1	2×8
23	6	5+2	2×8
24	6	8	2×8
25	6	8+1	2×8
26	6	8+2	2×8

钢轨下调高：轨下调高垫板不得放在轨下垫板上，放入的轨下调高垫板总厚度不得大于 10 mm，轨下调高垫板的数量不得超过两块（使用 0.5 mm 厚的轨下调高垫板可为 3 块），并应把最薄的轨下调高垫板放在下面，以防轨下调高垫板窜出，如图 5.89 所示。

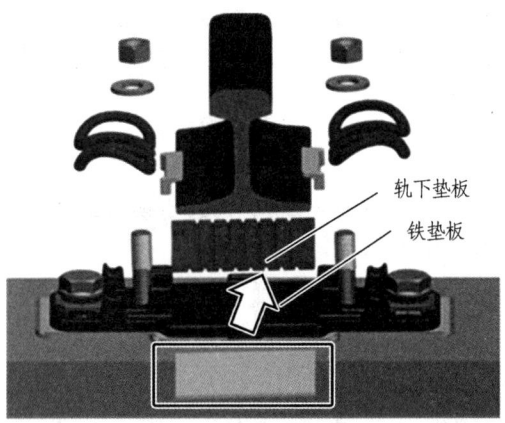

图 5.89 钢轨下调高

铁垫板下调高：在铁垫板与绝缘缓冲垫板间垫入铁垫板下调高垫板，垫入的垫板总数不得超过两块，总厚度不得超过 20 mm，如图 5.90 所示。

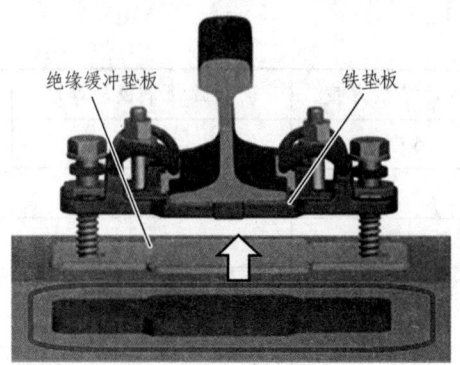

图 5.90 铁垫板下调高

二、WJ-8 型扣件

WJ-8 型扣件由螺旋道钉、平垫圈、弹条、绝缘块、轨距挡板、轨下垫板、铁垫板、铁垫板下弹性垫板和预埋套管组成。此外，为了钢轨高低位置调整的需要，还包括轨下微调垫板和铁垫板下调高垫板，如图 5.91。

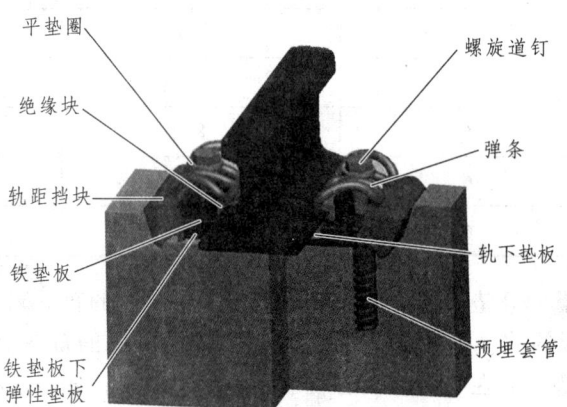

图 5.91 WJ-8 型扣件组装图

WJ-8 型扣件主要结构特征如下：

（1）铁垫板上设挡肩，挡肩与钢轨之间设有绝缘块。

（2）通过螺旋道钉与轨枕/轨道板中预埋的套管配合紧固弹条。

（3）铁垫板与混凝土挡肩间设置轨距挡板，通过更换轨距挡板实现钢轨左右位置的调整。可垫入调高垫板实现钢轨高低调整。

（一）部件规格

1. 弹条和轨下垫板

弹条分两种，即一般地段使用的 W1 型和桥上可能使用的 X2 型，W1 型弹条的直径为 14 mm，X2 型弹条的直径为 13 mm。轨下垫板分一般地段使用的橡胶垫板和桥上可能使用的复合垫板两种。桥上需要降低线路阻力时，可采用 X2 型弹条并配用复合垫板，此时单组扣件的钢轨纵向阻力为 4 kN（如图 5.92、图 5.93）。

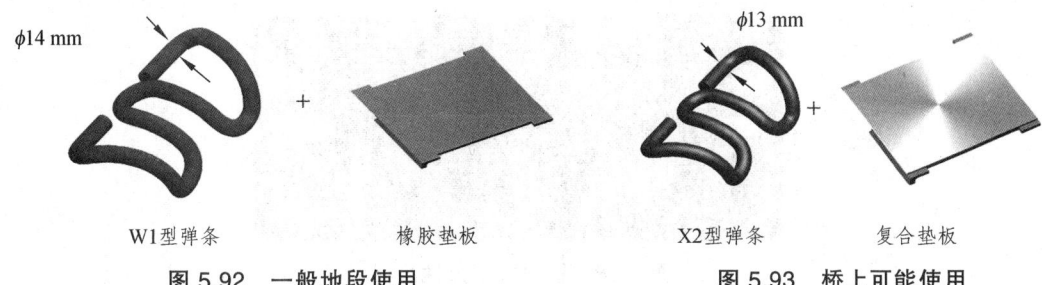

图 5.92　一般地段使用　　　　　图 5.93　桥上可能使用

2. 轨距挡板

轨距挡板分一般地段用 WJ8 轨距挡板和钢轨接头处用 WJ8 接头轨距挡板两种。

一般地段用 WJ8 轨距挡板又分为 2 号、3 号、4 号、5 号、6 号、7 号、8 号、9 号、10 号、11 号和 12 号 11 种规格，标准轨距时使用 7 号轨距挡板，其中 10 号、11 号、12 号三种规格可用于钢轨接头处（图 5.94、图 5.95）。WJ8 接头轨距挡板分 2 号、3 号、4 号、5 号、6 号、7 号、8 号、9 号 8 种。

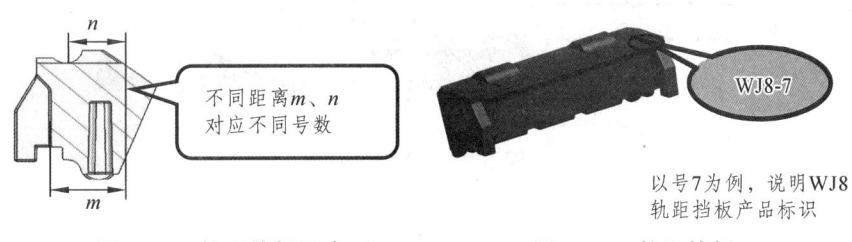

图 5.94　轨距挡板示意　　　　　图 5.95　轨距挡板

3. 绝缘块

绝缘块分Ⅰ型和Ⅱ型两种，一般地段采用Ⅰ型，钢轨接头处采用Ⅱ型绝缘块（图 5.96、图 5.97）。

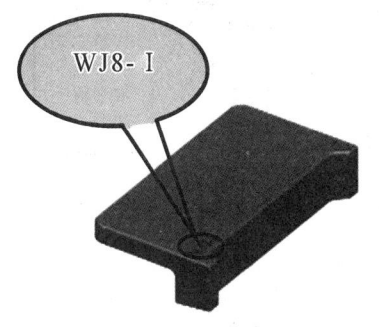 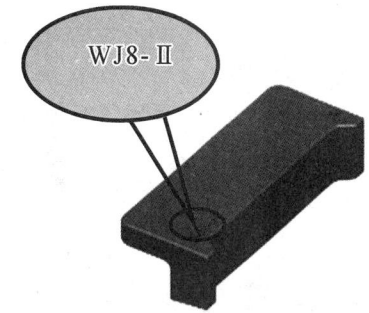

图 5.96　Ⅰ型绝缘块　　　　　图 5.97　Ⅱ型绝缘块

4. 铁垫板下弹性垫板

铁垫板下弹性垫板分 A、B 两类。A 类弹性垫板用于兼顾货运的客运专线；B 类弹性垫板用于客运专线（图 5.98）。

图 5.98　铁垫板下弹性垫板

5. 螺旋道钉

螺旋道钉分 S2 型和 S3 型两种，在扣件正常状态安装或钢轨调高量不大于 15 mm 时用 S2 型，大于 15 mm 时用 S3 型（图 5.99）。

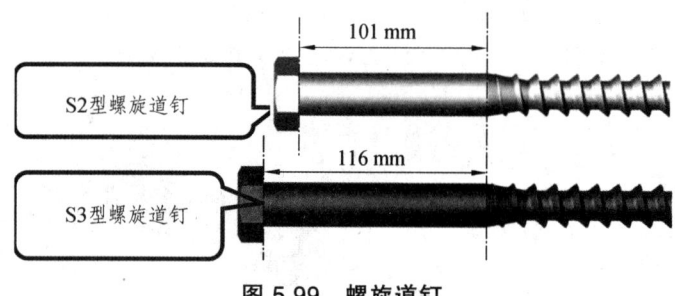

图 5.99　螺旋道钉

6. 预埋套管

该部件预先埋设于轨枕/轨道板中，埋设精度应满足上述规定的要求，且预埋套管顶面应与轨枕/轨道板承轨面齐平。预埋套管埋设后，应加盖塑料（或其他材料）盖以防雨水和泥污进入（图 5.100）。

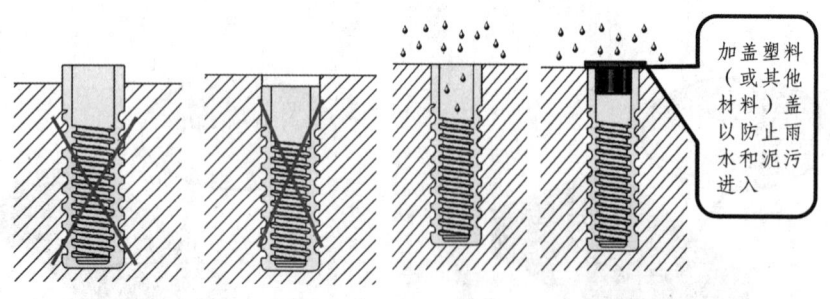

图 5.100　预埋套管埋设

7. 调高垫板

调高垫板分轨下微调垫板和铁垫板下调高垫板两种（图 5.101），分别放置于轨下垫板与铁垫板之间和铁垫板下弹性垫板与轨枕/轨道板承轨面之间。轨下微调垫板按厚度分为 1 mm、2 mm、5 mm 和 8 mm 四种规格。铁垫板下调高垫板按厚度分为 10 mm 和 20 mm 两种规格，铁垫板下调高垫板由两片组成，应成副使用。

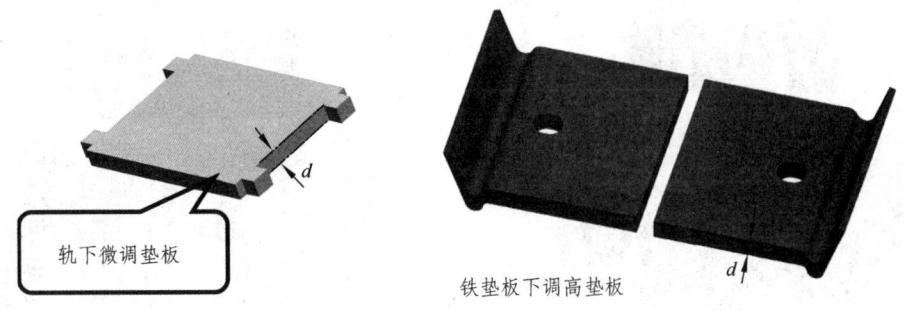

图 5.101　调高垫板图

（二）安装程序

1. 安装前准备工作

（1）选择并准备合适类型的弹条（W1 型或 X2 型）和合适类型的轨下垫板（橡胶垫板或复合垫板）。同时适当准备厚度 1 mm、2 mm 的轨下微调垫板。

（2）准备 I 型绝缘块，并适当准备 II 型绝缘块以备用于钢轨接头处。

（3）选择并准备 7 号轨距挡板，并适当准备 6 号、8 号轨距挡板和相同型号的接头轨距挡板。

（4）选择并准备铁垫板下弹性垫板（A 类或 B 类）。

（5）选择并准备 S2 型螺旋道钉。

（6）检查轨枕/轨道板承轨槽，不应有裂纹。清除轨枕/轨道板承轨槽的泥渣（图 5.102）。

（7）摘除预埋套管上的塑料（或其他材料）盖（图 5.103）。

图 5.102　清除轨枕和轨道板承轨面的泥渣　　图 5.103　摘除预埋套管上的塑料盖

2. 安装顺序及要求

（1）安放铁垫板下弹性垫板。在承轨台中间位置铺设铁垫板下弹性垫板，使垫板孔与预埋套管孔对中（图 5.104）。

（2）安放铁垫板。铁垫板的螺栓孔中心应与预埋套管中心对正（图 5.105）。

（3）安放轨下垫板。在铁垫板中间位置安放轨下垫板，轨下垫板的凸缘应扣住铁垫板（如图 5.106）。

（4）安放轨距挡板。安设 7 号轨距挡板，轨距挡板的圆弧凸台应安放在轨枕/轨道板承轨槽底脚的凹槽内，其斜面和前端两支点应分别与轨枕/轨道板的挡肩和承轨面密贴（图 5.107）。

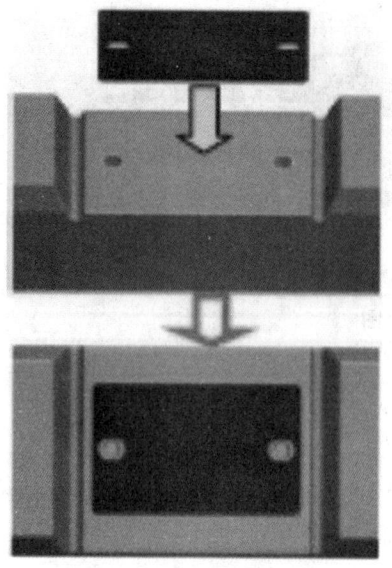
图 5.104 安放弹性垫板

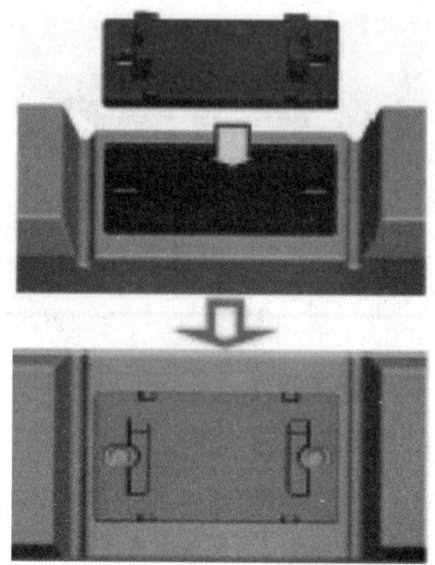
图 5.105 安放铁垫板

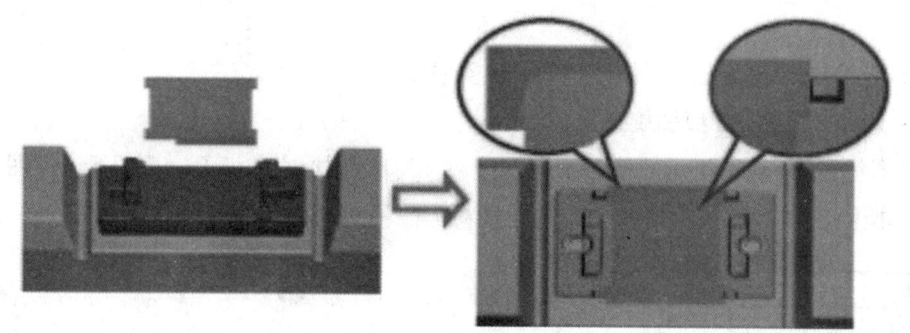
图 5.106 安放轨下垫板

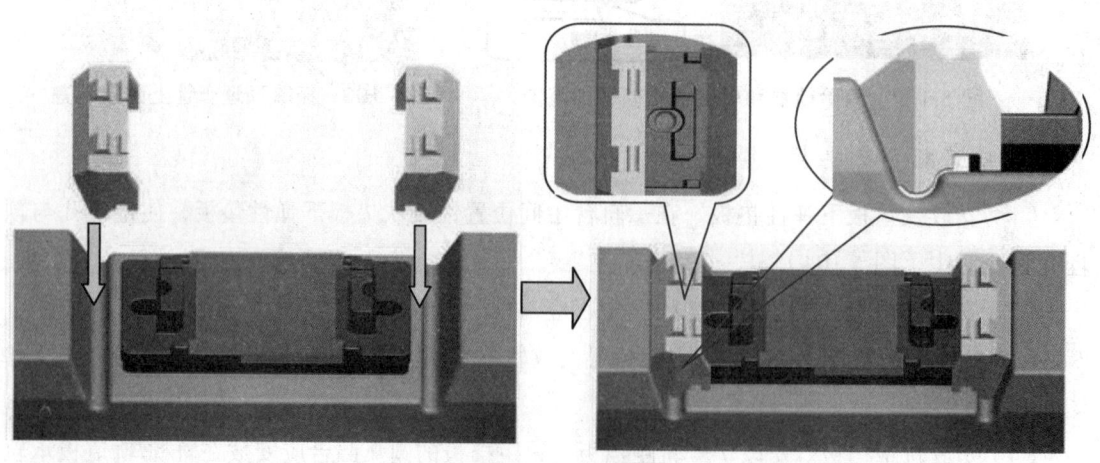
图 5.107 安放轨距挡板

（5）铺设钢轨（图5.108）。

图5.108　铺设钢轨

（6）安放绝缘块（图5.109），安装绝缘块时，不得用锤或其他工具猛烈敲击使其入位（图5.110）。钢轨接头处要用WJ8接头轨距挡板和Ⅱ型绝缘块（图5.111）。

图5.110　不得用锤猛烈敲击使其入位

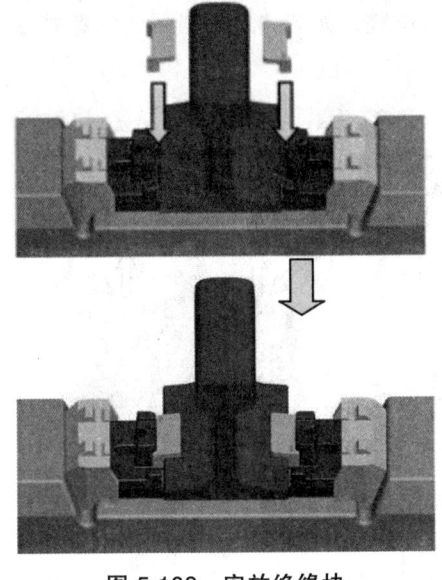

图5.109　安放绝缘块

图5.111　接头轨距挡板和Ⅱ型绝缘块

（7）安装弹条。将弹条摆放到位，螺旋道钉套上平垫圈且在螺纹部分涂满铁路专用防护油脂，然后拧入套管，紧固弹条（图5.112）。

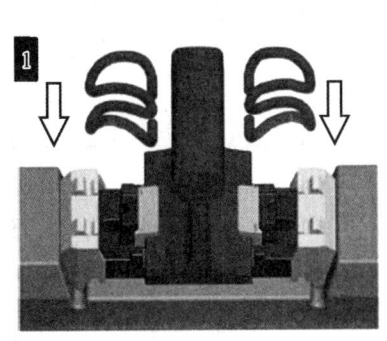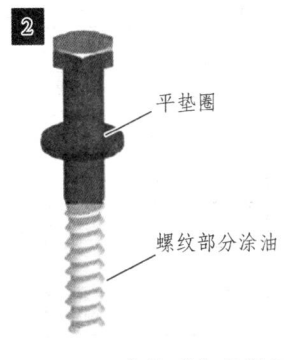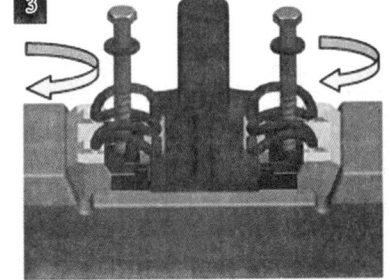

图5.112　安装弹条并紧固

（三）技术要求

（1）预埋套管中应保证有一定的防护油脂，油脂性能应符合相关规定。

（2）夹板处应采用接头轨距挡板和绝缘轨距块。

（3）弹条安装标准：弹条紧固不宜过紧或弹条中部前端下颚与绝缘轨距块间隙不得大于0.5 mm；或使用扭矩扳手检测螺旋道钉扭矩时，W1型弹条为140～180 N·m，X2型弹条为90～120 N·m（现场润滑状态差异可能使紧固扭矩存在偏差）。

（4）弹条养护标准：弹条紧固不宜过紧或弹条中部前端下颚与绝缘轨距块间隙不得大于1 mm；或使用扭矩扳手检测螺旋道钉扭矩时，W1型弹条为140～180 N·m，X2型弹条为90～120 N·m（现场润滑状态差异可能使紧固扭矩存在偏差）。

（5）轨距挡板应与承轨槽挡肩密贴，间隙不得大于1 mm；钢轨与绝缘轨距块、绝缘轨距块与铁垫板挡肩间缝隙之和不得大于1 mm。

（6）单股钢轨左右位置调整量：-5 mm～+5 mm。轨距调整量：-10 mm～+10 mm。更换不同号码绝缘轨距块或轨距挡板，调整钢轨左右位置，如图5.113所示，轨距挡板号码配置见表5.7。

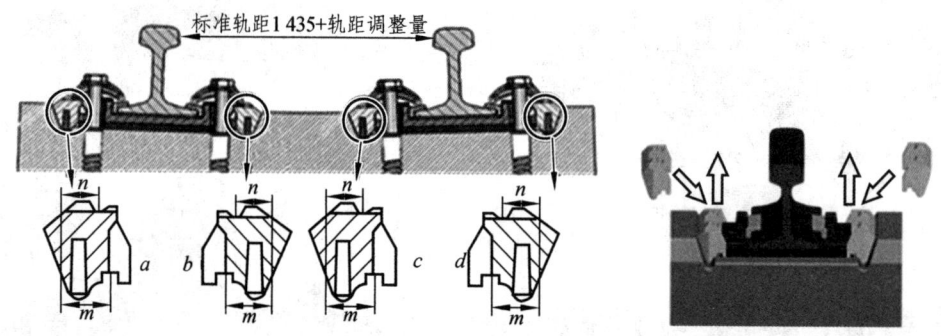

图 5.113　轨距调整量计算方法

表 5.7　轨距挡板号码配置表

单股钢轨左右位置调整量（mm）	钢轨外侧		钢轨内侧	
	轨距挡板号码	绝缘轨距块号码	内绝缘轨距块号码	轨距挡板号码
-5	10	11	7	4
-4	10	10	8	4
-3	10	9	9	4
-2	7	11	7	7
-1	7	10	8	7
0	7	9	9	7
+1	7	8	10	7
+2	7	7	11	7
+3	4	9	9	10
+4	4	8	10	10
+5	4	7	11	10

（7）钢轨高低位置调整量：-4 mm ~ +26 mm。

如遇有钢轨高低和水平有少量不平顺时，可考虑放入调高垫板。此时应提升钢轨，垫入调高垫板。当调高量小于 10 mm 时，在轨下放入调高垫板，当调高量超过 10 mm 时，可同时在铁垫板下放入调高垫板，轨下垫板、轨下微调垫板、铁垫板下调高垫板应按表 5.8 进行配置。

表 5.8 轨下垫板、轨下微调垫板、铁垫板下调高垫板配置（mm）

高低调整量	轨下垫板厚度	轨下微调垫板总厚度	铁垫板下调高垫板厚度
-4	2	0	0
-3	3	0	0
-2	4	0	0
-1	5	0	0
0	6	0	0
1	6	1	0
2	6	2	0
3	6	2+1	0
4	6	2+2	0
5	6	5	0
6	6	5+1	0
7	3	0	10
8	4	0	10
9	5	0	10
10	6	0	10
11	6	1	10
12	6	2	10
13	6	2+1	10
14	6	2+2	10
15	6	5	10
16	6	5+1	10
17	3	0	20
18	4	0	20
19	5	0	20
20	6	0	20
21	6	1	20
22	6	2	20
23	6	2+1	20
24	6	2+2	20
25	6	5	20
26	6	5+1	20

钢轨下调高：轨下微调垫板必须放在轨下垫板与铁垫板之间，且放入的总厚度不得大于10 mm，总数不得超过两块，并把最薄的轨下微调垫板放在下面，以防轨下微调垫板窜出，如图5.114所示。

铁垫板下调高：垫入的铁垫板下调高垫板放在铁垫板下弹性垫板与轨枕之间，且放入的总数不得超过两块，总厚度不得超过20 mm，如图5.115所示。

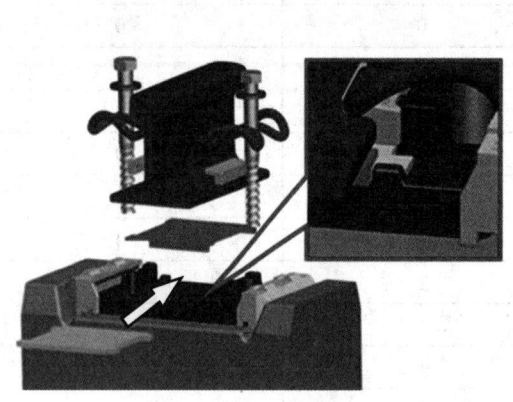

图5.114 钢轨下调高

图5.115 铁垫板下调高

铁垫板下调高垫板每副由两片组成，分别从侧面插入。铁垫板下调高垫板只能单副使用，不能摞叠使用。钢轨相对正常状态的调高量大于15 mm时，应采用S3型螺旋道钉。

三、W300-1型扣件

（一）结构特征

W300-1型扣件为无砟轨道扣件，属轨枕或轨道板带混凝土挡肩的不分开式扣件，主要结构特征如下：

（1）通过轨枕螺栓与轨枕或轨道板中预埋的套管配合紧固弹条。

（2）钢轨与混凝土挡肩间设置轨距挡板，通过更换轨距挡板实现钢轨左右位置的调整。

（3）可垫入调高垫板实现钢轨高低调整。

（二）扣件组成

（1）W300-1型扣件由螺旋道钉、平垫圈、弹条、绝缘垫片、轨距挡板、轨下垫板、铁垫板、铁垫板下弹性垫板（以下简称"弹性垫板"）和预埋套管组成，为满足高低调整需要，还包括铁垫板下调高垫板（以下简称"调高垫板"），如图5.116、图5.117所示。

（2）弹条分为SKL15型、SKLB15型、SKL15LT型、SKL15IF型四种，一般地段采用SKL15型，小阻力地段采用SKLB15型或SKL15LT型，根据具体线路条件及无缝线路设计对钢轨纵向阻力的要求选用其中一种；钢轨接头处采用SKL15IF型弹条。SKL15型、SKLB15型如图5.118、图5.119所示。

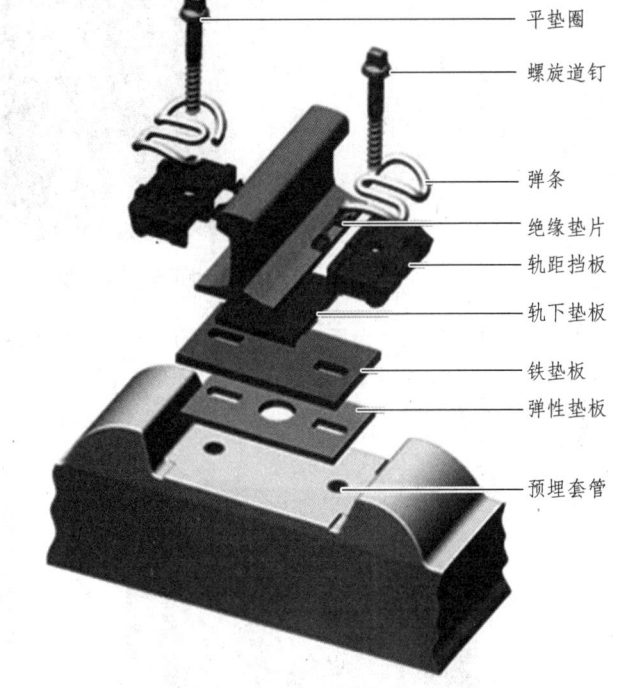

图 5.116　W300-1 型扣件组成图　　　　图 5.117　W300-1 型扣件分解图

图 5.118　SKL15 型弹条　　　　　　图 5.119　SKLB15 型弹条

（3）正常状态安装时采用 Ss36-230 标准规格螺旋道钉，根据钢轨调高状态更换 Ss36-240、Ss36-250、Ss36-260、Ss36-270、Ss36-280 规格的螺旋道钉，如图 5.120 所示。

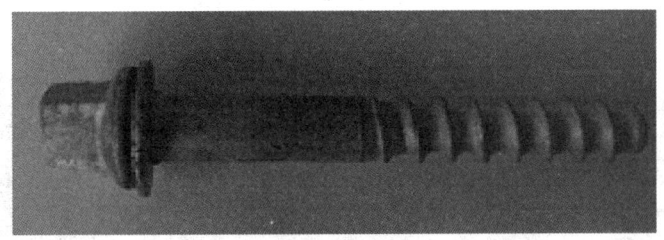

图 5.120　螺旋道钉

（4）轨下垫板按厚度分 Zw692-2、Zw692-3、Zw692-4、Zw692-5、Zw692-6、Zw692-7、Zw692-8 七种规格，正常状态安装 6 mm 厚 Zw692-6 垫板，根据钢轨高低位置情况更换不同厚度轨下垫板，如图 5.121 所示。

图 5.121 轨下垫板

（5）轨距挡板为 Wfp15a 型，分为 Wfp15a、Wfp15a±1、Wfp15a±2、Wfp15a±3、Wfp15a±4、Wfp15a±5、Wfp15a±6、Wfp15a±7、Wfp15a±8 共计 17 种规格，用于钢轨左右位置调整，如图 5.122 所示。

图 5.122 Wfp15a 型轨距挡板

（6）绝缘垫片分为 IS15 型绝缘垫片和 IS15IF 型接头绝缘垫片两种，钢轨接头处采用 IS15IF 型接头绝缘垫片，如图 5.123 所示。

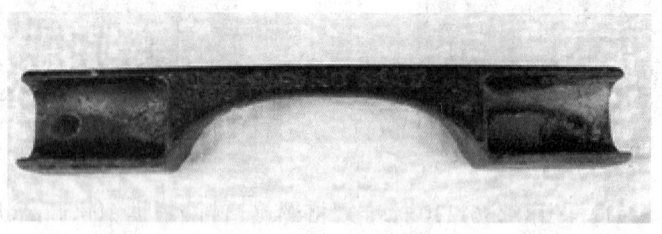

图 5.123 绝缘垫片

（7）弹性垫板放置于铁垫板下。两种不同颜色的弹性垫板，性能相同，如图 5.124 所示。

 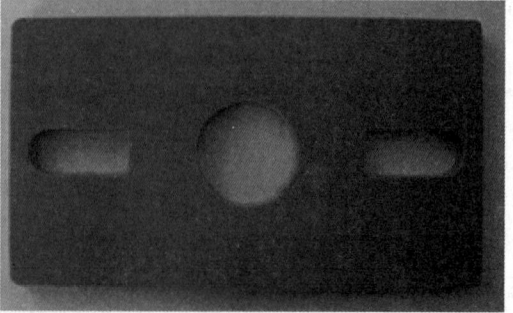

图 5.124 弹性垫板

（8）调高垫板分塑料调高垫板和钢制调高垫板。其中塑料调高垫板按厚度分为 Ap20-6（6 mm）和 Ap20-10（10 mm）两种，每种又包括 R 型和 L 型两种，成副使用，插槽开口方向指向列车行驶方向。钢制调高垫板 Ap20S 厚度为 20 mm，成副使用，如图 5.125、图 5.126 所示。

图 5.125　塑料调高垫板Ap20-10

图 5.126　钢制调高垫板Ap20S

（三）主要技术要求

（1）预埋套管中应保证有一定的防护油脂，油脂性能应符合相关规定。

（2）弹条安装标准：弹条紧固不宜过紧且弹条中肢下颚与轨距挡板前端突起处间隙不宜超过 0.5 mm，SKL15 型弹条紧固扭矩约为 250 N·m，SKLB15 型弹条紧固扭矩约为 180 N·m，SKL15LT 型弹条紧固扭矩约为 150 N·m，SKL15IF 型弹条紧固扭矩约为 180 N·m（现场润滑状态差异可能使紧固扭矩存在偏差）。

（3）弹条养护标准：弹条紧固不宜过紧且弹条中肢下颚与轨距挡板前端突起处间隙不宜超过 1 mm，SKL15 型弹条紧固扭矩约为 250 N·m，SKLB15 型弹条紧固扭矩约为 180 N·m，SKL15LT 型弹条紧固扭矩约为 150 N·m，SKL15IF 型弹条紧固扭矩约为 180 N·m（现场螺栓润滑状态差异可能使紧固扭矩存在偏差）。

（4）轨距挡板应与承轨槽挡肩密贴，钢轨与轨距挡板间隙不得大于 1 mm。

（5）单股钢轨左右位置调整量：− 8 mm ~ + 8 mm。轨距调整量：− 16 mm ~ + 16 mm。

通过更换不同规格的轨距挡板，实现单股钢轨左右位置 − 8 mm ~ + 8 mm 范围内的调整，调整级别为 1 mm，调整时轨距挡板配置如表 5.9。

表 5.9 钢轨左右位置调整配置表

单股钢轨左右位置调整量（mm）	钢轨外侧轨距挡板	钢轨内侧轨距挡板
-8	Wfp15a+8	Wfp15a-8
-7	Wfp15a+7	Wfp15a-7
-6	Wfp15a+6	Wfp15a-6
-5	Wfp15a+5	Wfp15a-5
-4	Wfp15a+4	Wfp15a-4
-3	Wfp15a+3	Wfp15a-3
-2	Wfp15a+2	Wfp15a-2
-1	Wfp15a+1	Wfp15a-1
0	Wfp15a	Wfp15a
+1	Wfp15a-1	Wfp15a+1
+2	Wfp15a-2	Wfp15a+2
+3	Wfp15a-3	Wfp15a+3
+4	Wfp15a-4	Wfp15a+4
+5	Wfp15a-5	Wfp15a+5
+6	Wfp15a-6	Wfp15a+6
+7	Wfp15a-7	Wfp15a+7
+8	Wfp15a-8	Wfp15a+8

（6）钢轨高低位置调整量：-4 mm ~ +26 mm。养护维修时经专题论证后可采用 +27 mm ~ +56 mm。钢轨高低调整采用轨下垫板、调高垫板配置如表5.10。

表 5.10 钢轨高低位置调整配置表

高低调整量（mm）	轨下垫板厚度（Zw692-×）	塑料调高垫板厚度（AP20-×）	钢制调高垫板厚度（AP20S）	螺旋道钉长度（Ss36）
-4	1×2			230
-3	1×3			230
-2	1×4			230
-1	1×5			230
0	1×6			230
+1	1×7			230
+2	1×8			230
+3	1×3	1×6		230
+4	1×4	1×6		230
+5	1×5	1×6		230

续表

高低调整量（mm）	轨下垫板厚度（Zw692-×）	塑料调高垫板厚度（AP20-×）	钢制调高垫板厚度（AP20S）	螺旋道钉长度（Ss36）
+6	1×6	1×6		230
+7	1×7	1×6		230
+8	1×8	1×6		230
+9	1×5	1×10		240
+10	1×6	1×10		240
+11	1×7	1×10		240
+12	1×8	1×10		240
+13	1×7	2×6		240
+14	1×8	2×6		240
+15	1×5	1×10+1×6		240
+16	1×6	1×10+1×6		240
+17	1×7	1×10+1×6		240
+18	1×8	1×10+1×6		240
+19	1×5	2×10		250
+20	1×6	2×10		250
+21	1×7	2×10		250
+22	1×8	2×10		250
+23	1×3	1×6	1×20	250
+24	1×4	1×6	1×20	250
+25	1×5	1×6	1×20	250
+26	1×6	1×6	1×20	250
+27	1×7	1×6	1×20	250
+28	1×8	1×6	1×20	250
+29	1×5	1×10	1×20	260
+30	1×6	1×10	1×20	260
+31	1×7	1×10	1×20	260
+32	1×8	1×10	1×20	260
+33	1×3	1×10+1×6	1×20	260
+34	1×4	1×10+1×6	1×20	260
+35	1×5	1×10+1×6	1×20	260
+36	1×6	1×10+1×6	1×20	260
+37	1×7	1×10+1×6	1×20	260

续表

高低调整量 （mm）	轨下垫板厚度 （Zw692-×）	塑料调高垫板厚度 （AP20-×）	钢制调高垫板厚度 （AP20S）	螺旋道钉长度 （Ss36）
+38	1×8	1×10+1×6	1×20	260
+39	1×5	2×10	1×20	270
+40	1×6	2×10	1×20	270
+41	1×7	2×10	1×20	270
+42	1×8	2×10	1×20	270
+43	1×3	2×10+1×6	1×20	270
+44	1×4	2×10+1×6	1×20	270
+45	1×5	2×10+1×6	1×20	270
+46	1×6	2×10+1×6	1×20	270
+47	1×7	2×10+1×6	1×20	270
+48	1×8	2×10+1×6	1×20	270
+49	1×5	3×10	1×20	280
+50	1×6	3×10	1×20	280
+51	1×7	3×10	1×20	280
+52	1×8	3×10	1×20	280
+53	1×7	2×6	2×20	280
+54	1×8	2×6	2×20	280
+55	1×5	1×10+1×6	2×20	280
+56	1×6	1×10+1×6	2×20	280

四、SFC型扣件

（一）结构特征

SFC型扣件为无砟轨道扣件，属轨枕或轨道板不带混凝土挡肩的分开式扣件，主要结构特征如下：

（1）弹条通过插入铸铁底板的挡肩紧固钢轨。

（2）铸铁底板挡肩与钢轨间设有绝缘块，起绝缘作用。

（3）通过锚固螺栓与轨枕或轨道板中的预埋套管配合紧固铸铁底板。

（4）轨向和轨距的调整通过移动铸铁底板来实现。

（5）在铸铁底板下垫入调高垫板实现钢轨高低调整。

（二）扣件组成

（1）SFC型扣件分为直列式和错列式两种。扣件由弹条、绝缘帽、铸铁底板、绝缘轨距挡块、橡胶垫板、锚固螺栓、贝式弹簧垫圈、锯齿垫片、耦合垫板和预埋套管等组成，为满足高低调整需要，还包括位于铸铁底板和耦合垫板之间的调高垫板，如图5.127、图5.128所示。

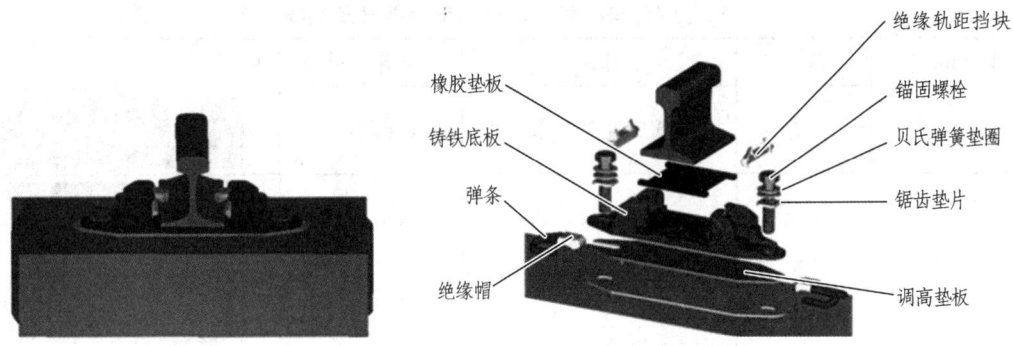

图 5.127　直列式SFC型扣件部件组成图

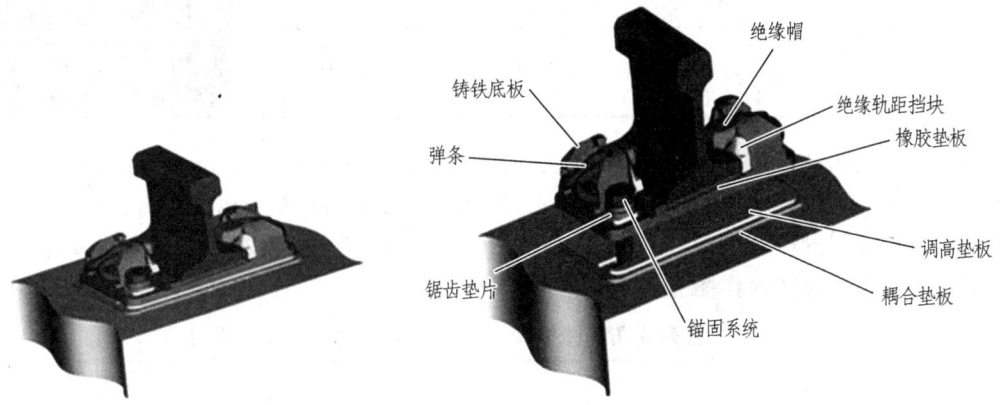

图 5.128　错列式SFC型扣件部件组成图

（2）弹条分为 FC1504 型、FC1502 型和 FC1306 型三种。其中：FC1504 型和 FC1306 型弹条分别配用 8494 型和 12133 型绝缘帽，且出厂时已将绝缘帽装配在相应的弹条上；FC1502 型弹条不安装绝缘帽，如图 5.129 所示。

  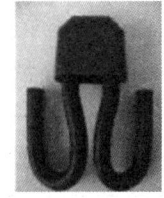

（a）FC1504　　　　　　（b）FC1502　　　　　　（c）FC1306

图 5.129　弹条

一般地段安装 FC1504 型弹条，钢轨绝缘接头处安装 FC1502 型弹条，小纵向阻力地段安装 FC1306 型弹条。FC1504 型和 FC1502 型弹条的直径为 15 mm，FC1306 型弹条的直径为 13 mm。FC1504 型弹条防锈涂料为红色，配用的 8494 型绝缘帽为白色；FC1306 型弹条防锈涂料为红色，配用的 12133 型绝缘帽为蓝色；FC1502 型弹条为黄色，且绝缘帽不安装在弹条上。

（3）耦合垫板由低密度聚乙烯制成，分为 2 mm、2.5 mm、3 mm、3.5 mm 和 4 mm 五个规格，其中 4 mm 厚度为标准设计厚度，颜色、材质部件编号及实物样图见表 5.11。

表 5.11 耦合垫板颜色、材质部件编号及实物样图

厚度（mm）	颜色	材质	部件编号	实物
2.0	红色	低密度聚乙烯	12615-20	
2.5	黄色	低密度聚乙烯	12615-25	
3.0	浅绿色	低密度聚乙烯	12615-30	
3.5	深绿色	高密度聚乙烯	12649-3	
4.0	黑色	低密度聚乙烯	12615-35	

（4）直列式调高垫板根据其厚度和材质的不同，可分为 4 mm、5 mm、10 mm、15 mm、20 mm、25 mm 和 30 mm 厚度的高密度聚乙烯（HDPE）调高垫板，以及 1 mm 和 2 mm 镀锌钢板。其中，常用的调高垫板分别为 1 mm、2 mm 钢板，5 mm 高密度聚乙烯调高垫板，颜色、材质部件编号及实物样图见表 5.12。

表 5.12 直列式调高垫板颜色、材质部件编号及实物样图

厚度（mm）	颜色	材质	部件编号	实物
1	本色	镀锌钢板	12650	
2	本色	镀锌钢板	12651	
4	黑色	高密度聚乙烯	12652-04	
5	深蓝色	高密度聚乙烯	12652-05	
10	黑色	高密度聚乙烯	12652-10	
15	黑色	高密度聚乙烯	12652-15	
20	黑色	高密度聚乙烯	12652-20	
25	黑色	高密度聚乙烯	12652-25	
30	黑色	高密度聚乙烯	12652-30	

错列式调高垫板根据厚度和材质不同,分为 3 mm、5 mm、10 mm、15 mm、20 mm、25 mm 和 30 mm 厚度的高密度聚乙烯以及 1 mm 和 2 mm 厚度的镀锌钢板 9 种规格,颜色、材质部件编号及实物样图见表 5.13。

表 5.13　错列式调高垫板颜色、材质部件编号及实物样图

厚度（mm）	颜色	材质	部件编号	实物
1.0	本色	镀锌钢板	12634	
2.0	本色	镀锌钢板	12635	
3	黑色	高密度聚乙烯	12649-04	
5	黑色	高密度聚乙烯	12649-05	
10	黑色	高密度聚乙烯	126495-10	
15	黑色	高密度聚乙烯	12649-15	
20	黑色	高密度聚乙烯	12649-20	
25	黑色	高密度聚乙烯	12649-25	
30	黑色	高密度聚乙烯	12649-30	

（5）SFC 扣件系统配用的锚固系统由 M22 锚固螺栓、M22 平垫片、M22 贝氏垫片和尼龙套管组成,如图 5.130 所示。

（三）主要技术要求

（1）预埋套管中应保证有一定的防护油脂,油脂性能应符合相关规定。

（2）安装铁垫板时,轨底坡方向应朝向轨道内侧。

（3）弹条初装扣压力不得小于 9 kN;养护过程中弹条扣压力不得小于 8 kN。

图 5.130　锚固系统

（4）锚固螺栓扭矩为 150～200 N·m。

（5）钢轨与绝缘轨距块、绝缘轨距块与铁垫板挡肩间缝隙之和不得大于 1 mm。

（6）钢轨左右位置调整量：±6 mm。

（7）钢轨高低位置调整量：30 mm。

① 直列式 SFC 型扣件系统：

直列式 SFC 扣件具有 0~30 mm 范围内的高度调节能力。每个调整级数所对应的典型调高垫板搭配形式详见表 5.14。

表 5.14 标准调高垫板搭配形式（mm）

调高幅度	HDPE 调高垫板	镀锌钢板	备 注
1	—	1	
2	—	2	
3	—	1 + 2	
4	4	—	
5	5	—	
6	5	1	
7	5	2	
8	4 + 4	—	
9	4 + 5	—	
10	10	—	
11	10	1	
12	4 + 4 + 4	—	可采用其他的搭配方式，但必须遵循以下原则：
13	4 + 4 + 5	—	（1）调高垫板始终安放在铸铁底板和低密度聚乙烯材料的耦合垫板之间。
14	4 + 10	—	
15	15	—	
16	15	1	（2）任何一个铸铁底板下面最多允许安装 3 块调高垫板（不含耦合垫板）。
17	15	2	
18	4 + 4 + 10	—	
19	4 + 15	—	（3）耦合垫板应安放在最下层
20	20	—	
21	20	1	
22	20	2	
23	4 + 4 + 15	—	
24	4 + 20	—	
25	25	—	
26	25	1	
27	25	2	
28	4 + 4 + 20	—	
29	4 + 25	—	
30	30	—	

② 错列式 SFC 型扣件系统：

当遇有钢轨高低和水平不平顺时，可在铸铁底板和耦合垫板之间放入不同厚度搭配的调高垫板，实现钢轨高低的调整。错列式 SFC 型扣件系统最大调高 30 mm，最低调高 –2 mm。

在新线建设和初期维护调整中，使用的高度调节范围幅度一般不会很大。因此，表 5.15 所示为常用的调高幅度范围内，所对应的标准调高垫板搭配形式和可替代的搭配形式。

表 5.15　标准调高垫板搭配形式和可替代的搭配形式（mm）

调高/降低	标准搭配形式		可替代的搭配形式		
	耦合垫板	HDPE 调高垫板	耦合垫板	HDPE 调高垫板	镀锌钢板
–2.0	红色 2.0	无			
–1.5	黄色 2.5	无			
–1.0	浅绿色 3.0	无			
–0.5	黑色 3.5	无			
0	白色 4.0	无			
0.5	红色 2.0 黄色 2.5	无			
1.0	红色 2.0	深绿色 3.0	白色 4.0		1
1.5	黄色 2.5	深绿色 3.0	黑色 3.5		2
2.0	浅绿色 3.0	深绿色 3.0	白色 4.0		2
2.5	黑色 3.5	深绿色 3.0	黑色 3.5		1＋2
3.0	白色 4.0	深绿色 3.0	白色 4.0		1＋2
3.5			黑色 3.5	深绿色 3.0	1
4.0			白色 4.0	深绿色 3.0	1
4.5			黑色 3.5	深绿色 3.0	2
5.0			白色 4.0	深绿色 3.0	2
5.5			黑色 3.5	2×深绿色 3.0	
6.0			白色 4.0	2×深绿色 3.0	

在维护期间，有时调高需求会超过 6 mm。此时，需要更大厚度的调高垫板配合使用，以达到所需的调高量，见表 5.16。

表5.16 超过6 mm以上调高垫板搭配形式（mm）

调高幅度	典型搭配方式		钢板	备注
	LDPE 耦合垫板	HDPE 调高垫板		
6.5	2.5	3 + 5		
7	3	3 + 5		
7.5	3.5	3 + 5		
8	4	3 + 5		
8.5	2.5	10		
9	3	10		
9.5	3.5	10		
10	4	5 + 5		
10.5	3.5	10	1	
11	2	3 + 10		
11.5	2.5	3 + 10		
12	3	3 + 10		在安装和维护过程中，可以根据实际情况进行搭配，但应遵循以下原则：
12.5	3.5	3 + 10		（1）钢板和HDPE调高垫板都应该安放在LDPE耦合垫板之上。
13	4	3 + 10		（2）铸铁底板下的所有垫板总数量不得超过3块。
13.5	2.5	10 + 5		（3）LDPE耦合垫板只能垫一块（只有在调高0.5 mm时，才能使用两块LDPE耦合垫板）
14	3	10 + 5		
14.5	3.5	10 + 5		
15	4	10 + 5		
15.5	3.5	15	1	
16	2	3 + 15		
16.5	2.5	3 + 15		
17	3	3 + 15		
17.5	3.5	3 + 15		
18	4	3 + 15		
18.5	2.5	20		
19	3	20		
19.5	3.5	20		
20	4	20		
20.5	3.5	20	1	
21	2	3 + 20		
21.5	2.5	3 + 20		

续表

调高幅度	典型搭配方式		钢板	备 注
	LDPE 耦合垫板	HDPE 调高垫板		
22	3	3+20		
22.5	3.5	3+20		
23	4	3+20		
23.5	2.5	25		在安装和维护过程中，可以根据实际情况进行搭配，但应遵循以下原则： （1）钢板和 HDPE 调高垫板都应该安放在 LDPE 耦合垫板之上。 （2）铸铁底板下的所有垫板总数量不得超过 3 块。 （3）LDPE 耦合垫板只能垫一块（只有在调高 0.5 mm 时，才能使用两块 LDPE 耦合垫板）
24	3	25		
24.5	3.5	25		
25	4	25		
25.5	3.5	25	1	
26	2	3+25		
26.5	2.5	3+25		
27	3	3+25		
27.5	3.5	3+25		
28	4	3+25		
28.5	2.5	30		
29	3	30		
29.5	3.5	30		
30	4	30		

第六章 动车组走行部分和轨道几何尺寸

第一节 动车组走行部分

一、动车组基本组成

高速列车采用动车组形式。我国高速铁路动车组分为两个速度等级，200～250 km/h 速度等级的有 CRH_1、CRH_2、CRH_5 型，300～350 km/h 速度等级的有 CRH_2-300、CRH_3、CRH380 系列等。

动车组是由动车与拖车组成、固定编组使用的车组。动车组往返不需掉转车头或摘挂机车，非常适合高速铁路高密度公交化穿梭运行。高速铁路旅客列车普遍采用动车组形式。国产动车组有 8 辆短编组、16 辆长编组两种编组方式。

高速动车组是具有高度智能化的机电一体化运载装备，主要由车体、牵引装置、转向架、制动装置、列车网络控制部分等组成。高速动车组的基本构成如图 6.1 所示。

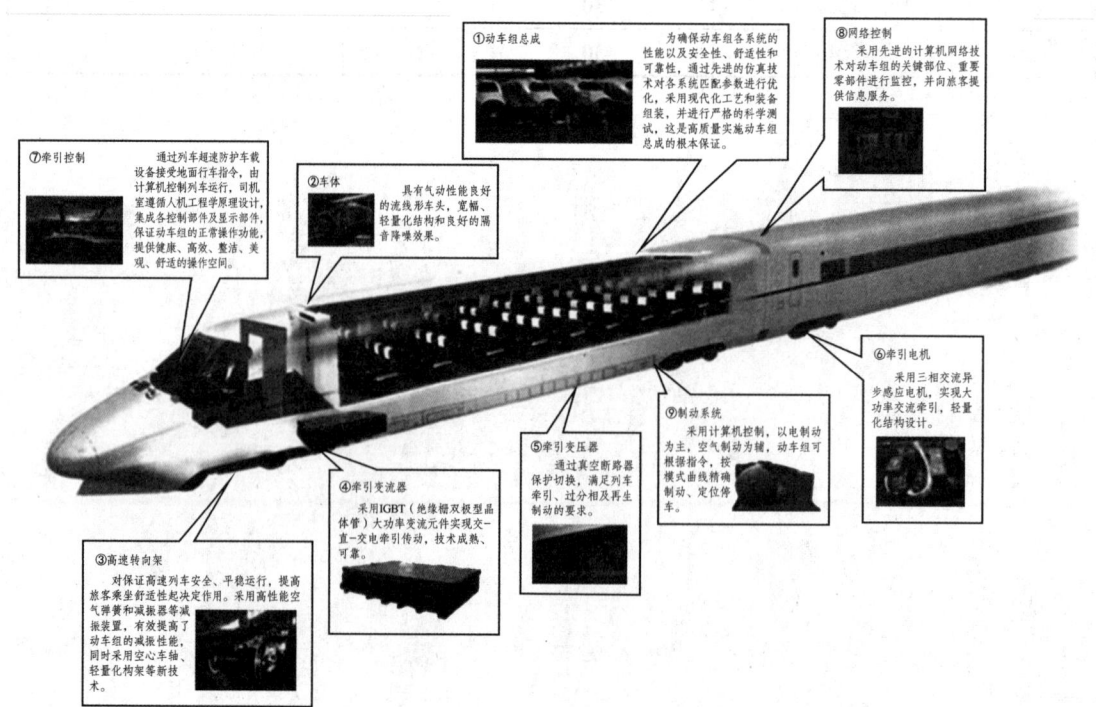

图 6.1 高速动车组的基本构成

二、转向架

高速动车组的走行装置是转向架,该装置不仅负责整个车辆的走行任务,而且具有支承车厢、传递列车牵引和制动力到车轮上的功能,它具有导向、承载、减振、牵引、制动等作用,如图6.2所示。

图6.2 转向架示意图

转向架分为动车转向架和拖车转向架。转向架主要由轮对、构架、一系弹簧悬挂装置、二系弹簧装置悬挂和驱动装置、基础制动装置、安全监测系统等七部分组成,如图6.3、图6.4所示。

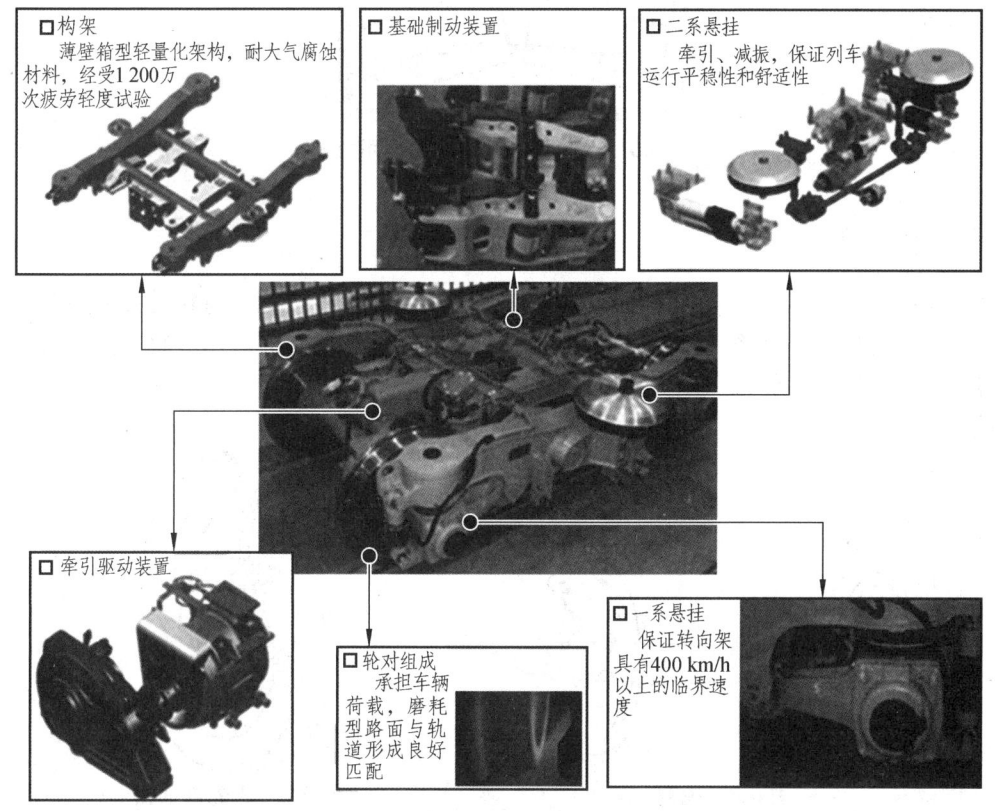

图6.3 动车转向架

图 6.4 拖车转向架

转向架的重要功能之一是用于铁路车辆转向，即拐弯。当车辆以一定速度进入曲线时，前轮对的外轮轮缘与外轨的内侧面接触，互相挤压产生导向力，并由导向力引起导向力矩，使转向架相对线路产生转动，如图 6.5 所示。

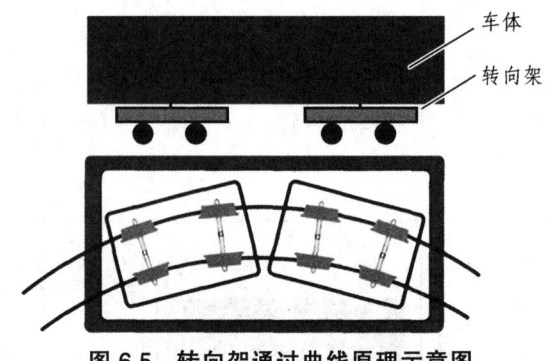

图 6.5 转向架通过曲线原理示意图

三、车 轮

转向架的轮对是动车走行部分的基本部件，它与轨道直接接触，与轨道关系最密切。轮对由一根车轴和两个车轮组成，如图 6.6 所示。车轮结构如图 6.7 所示。轨道的几何尺寸必须与轮对相匹配，才能保证动车顺利通过直、曲线轨道。

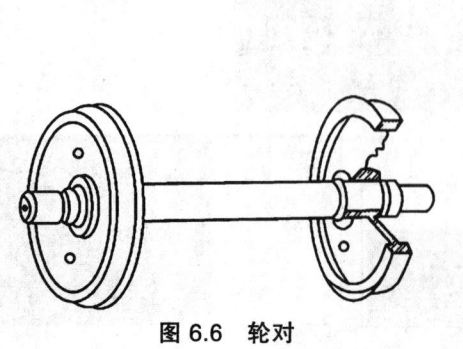

图 6.6 轮对　　　　图 6.7 车轮剖面图

1—踏面；2—轮缘；3—轮辋；4—辐板；5—轮毂

车轮与钢轨接触的部分称为踏面,轮缘是在车轮踏面内侧制成的凸缘,为防止车轮脱轨。轮缘内侧的竖直面称为车轮内侧面,与之相对的称为车轮外侧面。

取踏面上距车轮内侧面一定距离的一点为基点,连接基点画一水平线,称踏面的测量线。由测量线至轮缘顶点的距离称轮缘高度。由测量线向下 10 mm 处量得的轮缘厚度,称车轮的轮缘厚度(d)。轮对上左右两车轮内侧面之间的距离,称轮对的轮背内侧距离(T)。这个距离加上两个轮缘厚度称轮对宽度(q)。如图 6.8 所示。

轮对宽度可按下式计算:

$$q = T + 2d$$

式中　T——轮对的轮背内侧距离(mm);
　　　d——轮缘厚度(mm);
　　　q——轮对宽度(mm)。

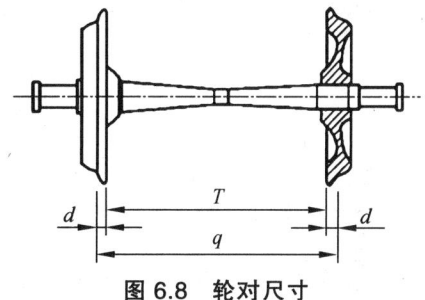

图 6.8　轮对尺寸

四、轨底坡

车轮踏面设计为锥形,利于轮对通过曲线。当轮对通过曲线时,由于踏面有锥度,轮对向外移动后,外轨与车轮接触点的直径大,走行距离长,内轨与车轮接触点的直径小,走行距离短,这样便可以顺利通过曲线。车辆运行轨迹是蛇行运动,由于车轮左右摆动,接触直径不断变化,采用有锥度踏面起到了自动对中的作用,如图 6.9 所示。

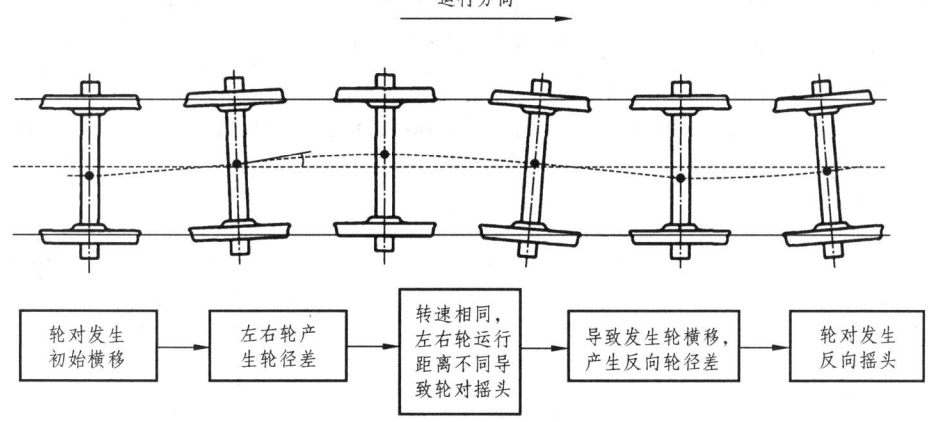

图 6.9　车辆蛇行运动原理示意图

车轮踏面与钢轨顶面接触的部位主要是 1∶20 的斜坡部位,如图 6.10 所示。如果钢轨竖直设置,车轮的压力将离开钢轨的中心线而略向外偏斜,其结果是将使钢轨头部磨耗不均,轨腰弯曲,在轨头与轨腰连接处发生纵裂,甚至折损。为了使车轮压力集中于钢轨的中轴线,减少荷载的偏心距,降低轨腰侧弯应力,避免轨头与轨腰连接处发生纵裂,钢轨要适当地向内倾斜,此时钢轨底面相对轨枕顶面存在倾斜坡度,该坡度称为轨底坡。

轨底坡应与车轮踏面主要部分的斜度相同,即 1∶20,但在机

图 6.10　轮轨接触

车车辆的动力作用下,轨道被弹性挤开,轨枕产生挠曲和弹性压缩,实际的轨底坡与原设的轨底坡有较大的出入。此外,车轮踏面经过一段时间的磨耗后,原来1∶20部分也接近1∶40的坡度,因此将轨底坡设置为1∶40。

轨底坡设置得正确与否,可根据钢轨顶面由车轮踏面碾磨形成的光带位置来判断,通常光带宽度一致并居中。如光带偏向钢轨内侧,则说明轨底坡不足;如偏向外侧,说明轨底坡过大。所以在线路维修养护工作中,可根据钢轨顶面的光带位置判断轨底坡设置得正确与否。

第二节 轨道几何尺寸

一、轨 距

轨距(rail gauge)是钢轨顶面16 mm范围内两股钢轨工作边之间的最小距离,如图6.11所示。

由于钢轨轨顶呈圆弧状,轮缘也有一定的曲线,轮缘与钢轨的接触点一般都在轨顶下10～16 mm处,所以直线轨距是在钢轨头部踏面下16 mm范围内两股钢轨工作边之间的最小距离。

国际铁路协会在1937年制定1 435 mm为标准轨距,世界上60%的轨距是标准轨距。比标准轨距大的轨距称为宽轨距,比标准轨距窄的称为窄轨距。宽轨距有

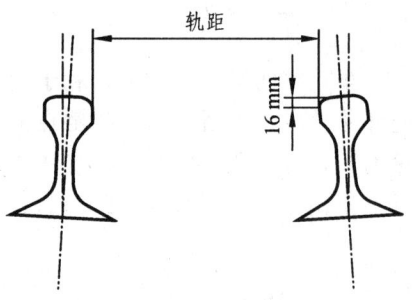

图6.11 轨距测量示意图

1 676 mm、1 524 mm、1 520 mm等;窄轨距有1 067 mm、1 000 mm、762 mm、600 mm等。

为了使轮对沿两钢轨滚动时不被楔住,轨道的轨距须稍大于轮对宽度,轮缘与钢轨之间有一定的间隙,这个空隙称为游间δ,如图6.12所示。

游间的计算式为:

$$\delta = S - q$$

式中 S——轨距;

q——轮对宽度;

δ——游间。

二、水 平

水平是指轨道上两股钢轨顶面相对水平。两股钢轨的顶面,在直线地段应保持同一水平,在曲线地段应满足外轨超高均匀和平顺的要求。保持水平的目的是使两股钢轨负担均匀,保证车辆平稳行驶。水平必须满足均匀承受车辆传来的力和车辆运行平稳的要求。

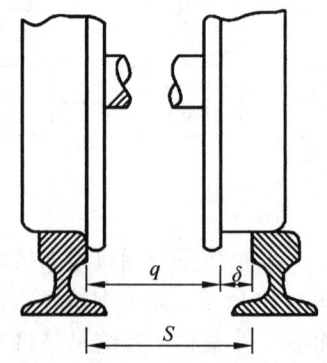

图6.12 游间示意图

轨道同一横截面上左右两股钢轨顶面存在高差,在相当长的一段距离内,一股钢轨的轨顶面始终较另一股高,即水平不平顺,如图6.13所示。

为了使两股钢轨均匀承受荷载，保证车辆平稳运行，线路两股钢轨顶面，直线地段应保持在同一水平，曲线地段应按规定设置超高。

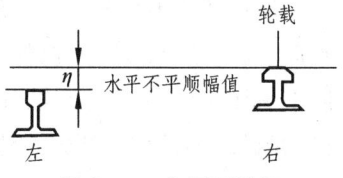

图 6.13　水平不平顺

三、三角坑（扭曲）

扭曲是平面扭曲不平顺，即左右两股轨钢轨顶面相对于轨道平面的扭曲。轨道在一段不太长的距离内，先是左股钢轨高，后是右股钢轨高，钢轨顶面连续出现两个正负不同的水平差，如图 6.14 所示。扭曲用相隔一定距离的两个横截面水平幅值的代数差度量。

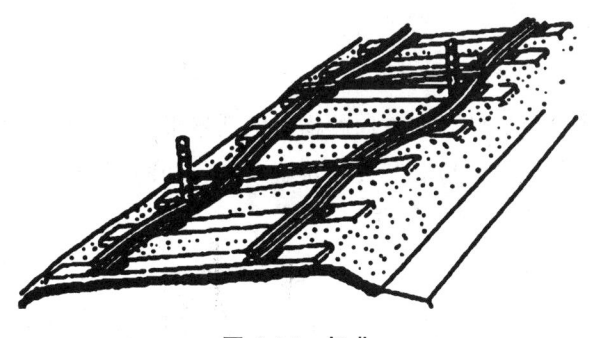

图 6.14　扭曲

通常水平差即使超过允许误差标准，也只是引起车辆的摇晃和两股钢轨的不均匀受力及磨耗。但如果有超过允许的三角坑管理值（尽管水平都不超限），就有可能使车辆的四个车轮只有三个正常压紧钢轨，另一个悬空。如此时再有一个巨大的横向力作用，悬空的车轮就有可能爬上钢轨顶面，造成脱轨事故。因此，线路如发现超限扭曲，须及时消除。

四、高　低

高低是指钢轨顶面沿钢轨长度方向在竖向的凹凸不平，在钢轨顶面中间以 10 m 弦量取最大矢度，如图 6.15 所示。

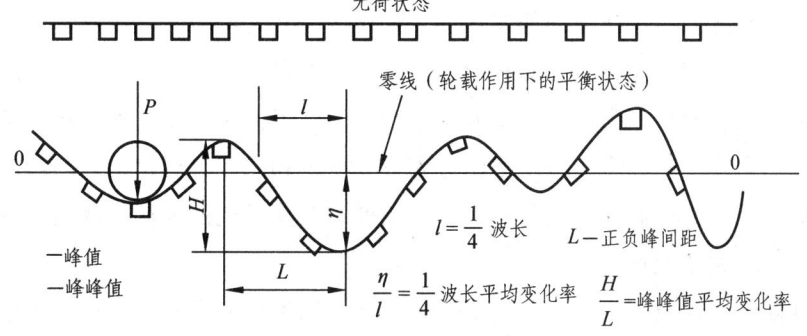

图 6.15　轨道的高低不平顺

轨道高低不平顺，主要是路基沉陷、捣固不良、扣件松动、钢轨磨耗、桥梁挠曲变形、道床和路基残余变形、沉降不均匀等因素造成的。有些地段，表面上看轨面是平顺的，但实际上轨底与铁垫板或轨枕之间存在间隙或轨枕与道砟之间存在空隙，当动车通过时，这些地段的轨道下沉较大，也会产生不平顺。

轨道高低不平顺，危害甚大。动车通过这些地方时，冲击力增加，使道床变形加速，从而又进一步扩大不平顺，使机车车辆对轨道的破坏力增大。所以，对轨道来说，这是一个恶性循环过程。

一般情况下，左、右轨高低的变化趋势基本一致，但在短距离内各自的变化往往不同，所以还必须区分左轨高低和右轨高低。

五、轨　向

轨向是指轨头内侧面沿钢轨长度方向的横向凹凸不平顺，即直线上轨道是否直，曲线上轨道是否圆顺，轨道的中线位置应和其设计位置一致，如图 6.16 所示。直线上以 10 m 弦在轨头内侧顶面下 16 mm 处量取最大矢度。

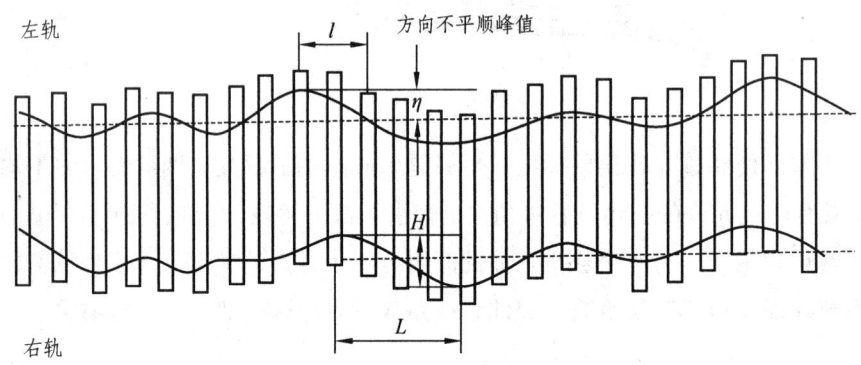

图 6.16　轨道方向不平顺

轨向不平顺由铺轨施工、整道作业的轨道中心线定位偏差，轨排横向残余变形积累和轨头侧面磨耗不均匀、扣件失效、轨道横向弹性不一致等原因造成。左、右轨方向变化往往不同，尤其在扣件薄弱的区段差异更大，因此需要区分左轨方向和右轨方向，并将左、右轨方向的平均值作为轨道的中心线方向偏差。

曲线轨道的不平顺主要表现在缓和曲线和圆曲线上的曲率发生变化，成为由许多不同曲率半径圆弧组成的复曲线，形成严重的方向不平顺。由于行车速度不适应实设超高，车轮转向时对钢轨作用有横向附加力，以及车轮进入或驶离缓和曲线时对钢轨有冲击作用，轨道变形进一步发展。反过来，曲线轨道的变形，导致列车在曲线上的摇摆，增加了作用于轨道上的横向力，使曲线轨道变形加剧。

在高速铁路上，轨道方向对行车的平稳性具有特别重要的意义。相对轨距来说，轨向是控制性的，轨向偏差不超过允许范围，轨距变化对车辆的影响就不会很大。

六、轨距变化率

轨距变化率是一定基长轨距测量值的差值与基长的比值。轨检车采用 2.5 m，现场改正轨距变化率时为 1 m。

该项目评价的实际几何不平顺是轨向，重点评价较短范围内的轨向不平顺。轨距变化率直接影响轮轨接触，对车体的横向振动影响较弱，对行车安全性和舒适性有影响。轨检小车测得相连两个轨枕实测值之差除以轨枕之间的距离 0.65 m 不大于 1/1 500。

轨距变化率计算示例：A 点轨距 1 mm，B 点轨距 -1 mm，$AB = 1$ m，A，B 轨距差值 = $1 - (-1) = 2$ mm，则 A 点到 B 点的轨距变化率 = 2 mm/1 m = 2 mm/1 000 mm = 2‰。

第七章　高速铁路道岔

第一节　高速铁路道岔基础知识

道岔是机车车辆由一条线路分支进入或越过另一条线路的连接或交叉设备。铁路运输业务中的列车到发、会让、越行、机车摘挂、车辆调车、编解、机车车辆整备修理、货物装卸作业以及铁路路网与矿山港口工厂铁路专用线的连接等等，均需通过道岔实现。道岔在铁路线路上起到重要作用。

一、我国道岔种类

我国铁路运量大、密度大，因此铁路道岔数量、品种繁多，其分类见图 7.1。其中几种常见的道岔，如图 7.2～图 7.6 所示。

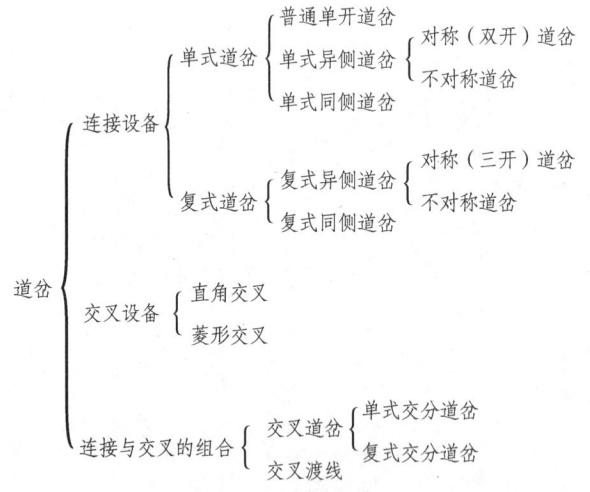

图 7.1　道岔种类

图 7.2　普通单开道岔

图 7.3 对称双开道岔

图 7.4 对称三开道岔

图 7.5 复式交分道岔

图 7.6 菱形交叉道岔

二、普通单开道岔

普通单开道岔由一股道分为两股道，主线为直线，侧线位于主线的左侧或右侧。普通单开道岔是结构形式最简单的道岔，因而设计、制造、使用和养护都比较方便。普通单开道岔是铁路线路上最普遍采用的连接设备，占道岔的90%以上。

（一）普通单开道岔结构

单开道岔由转辙器、辙叉及护轨和连接部分组成，如图7.7所示。

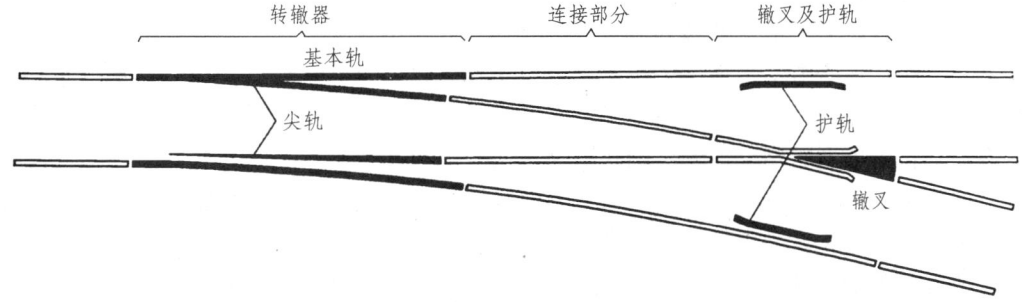

图 7.7 普通单开道岔结构示意图

单开道岔的特征如下:

(1)单开道岔分为左开道岔和右开道岔,其区分方法为:站在道岔的前端,面向尖轨,侧线向左侧分支的称为左开道岔,侧线向右侧分支的称为右开道岔。

(2)单开道岔根据尖轨、辙叉及连接部分的平面形式可组合成多种平面形式的单开道岔。比较常见的有直线尖轨、直线辙叉的单开道岔,曲线尖轨、直线辙叉的单开道岔,曲线尖轨、曲线辙叉的单开道岔。

(二)普通单开道岔主要尺寸

普通单开道岔的主要尺寸包括:道岔全长 L_Q、导曲线半径 R_ω、道岔前端长 a、道岔后端长 b、基本轨前端长 q、转辙始角 β_0、辙叉趾距 n、辙叉跟距 m、辙叉角 α 等,如图 7.8 所示。

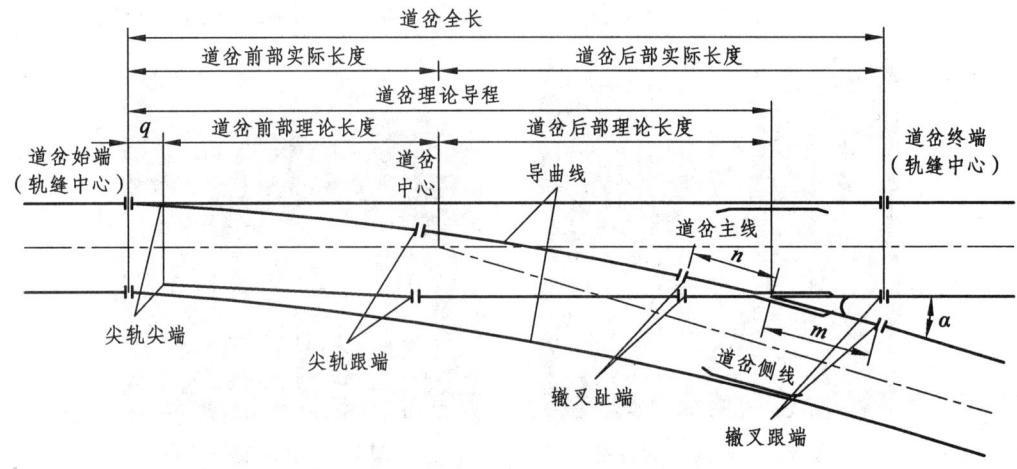

图 7.8 普通单开道岔尺寸示意图

道岔主线:单开道岔和三开道岔中的直线轨道,其他道岔中主要方向的轨道。

道岔侧线:道岔中从主线分出来的轨道。

道岔中心:辙叉跟端轨道中心线(中心线为曲线时,为切线)与道岔始端轨道中心线的交点。

道岔始端:尖轨尖端前的基本轨端轨缝中心。

道岔终端:离道岔始端最远的辙叉跟端轨缝中心。

辙叉心轨理论尖端:辙叉心轨两工作边延长线的交点。心轨的实际尖端为辙叉心轨尖端。

辙叉趾端:辙叉(不包括钝角辙叉)与导轨相连接的一端。

辙叉跟端:辙叉(不包括钝角辙叉)心轨伸出的一端。

道岔基线:单开道岔指道岔主线中心线,对称道岔指对称轴线,其他道岔中指作为基准的直线。

道岔全长:道岔始端至道岔终端在道岔基线上的投影线。

道岔理论导程:尖轨理论尖端至辙叉心轨理论尖端在道岔基线的投影长度。

道岔前部理论长度:尖轨理论尖端至道岔中心在道岔基线上的投影长度。

道岔后部理论长度:道岔中心至辙叉心轨理论尖端在道岔基线上的投影长度。

道岔前长:道岔始端至道岔中心在道岔基线上的投影长度。

道岔后长：道岔中心至道岔终端在道岔基线上的投影长度。

基本轨前长：尖轨尖端前的基本轨在道岔基线上的投影长度。

辙叉趾距：辙叉心轨理论尖端至辙叉趾端的工作边长度。

辙叉跟距：辙叉心轨理论尖端至辙叉跟端的工作边长度。

辙叉趾宽：辙叉趾端两翼轨工作边的距离。

辙叉跟宽：辙叉跟端两心轨工作边的距离。

（三）道岔号数

辙叉角是辙叉跟端心轨两工作边（曲线时，为切线）的夹角，如图 7.8 所示。道岔号数用 N 表示，辙叉号数为辙叉角（α）的余切数值，即 $N = \cot\alpha$。

三、道岔各零部件的功能

（一）转辙器

转辙器由两根基本轨、两根尖轨及各种联结零件组成，其功能主要是引导车轮从一条线进入另一条线，如图 7.9 所示。

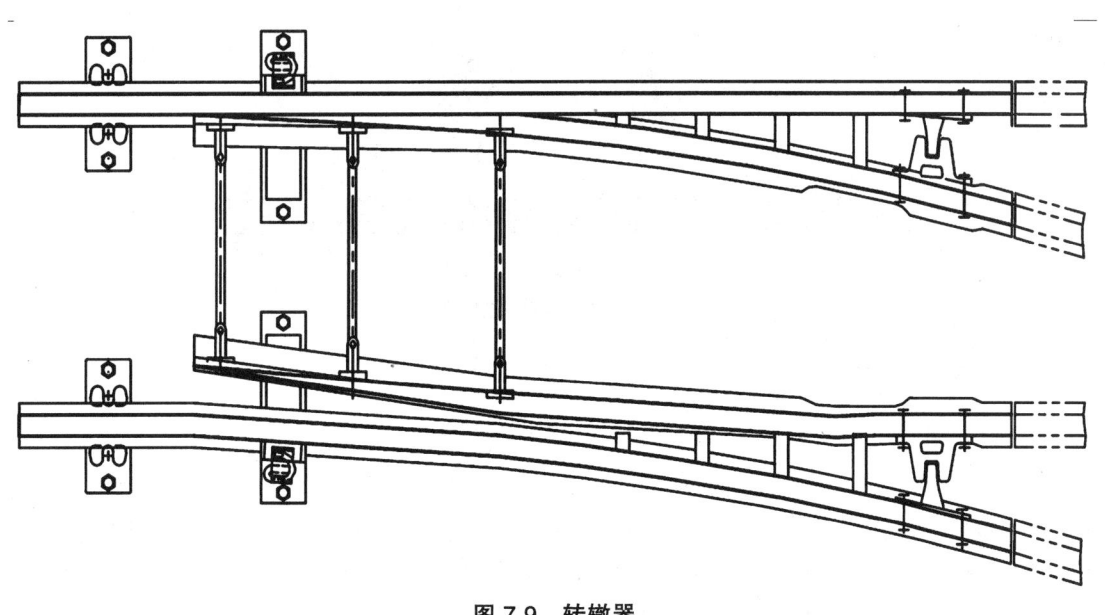

图 7.9 转辙器

1. 基本轨和尖轨

基本轨除承受车轮的垂直压力外，还与尖轨一起共同承受车轮的横向水平推力，并保持尖轨位置的稳定。每组道岔基本轨有直、曲之分。根据断面形式结构，基本轨有藏尖式和贴尖式之分。

尖轨主要通过转换实现不同的开通方向，从而使列车进入道岔的直股或侧股线路。尖轨有直、曲之分。

2. 尖轨与基本轨的接触形式

（1）贴尖式尖轨：尖轨与不加工轨颚的基本轨相贴形式。采用这种形式尖轨的道岔加工简单，备品方便，如图 7.10 所示。

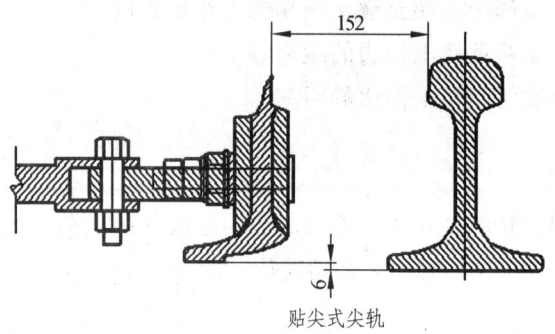

图 7.10　贴尖式尖轨（单位：mm）

（2）藏尖式尖轨：通过切削基本轨轨颚，使尖轨尖端藏在基本轨工作边内，以保护尖端不被车轮轧伤，并使尖轨在动荷载作用下保持良好的竖向稳定性，如图 7.11 所示。这种形式要求基本轨和尖轨接触面良好，加工要求严格。

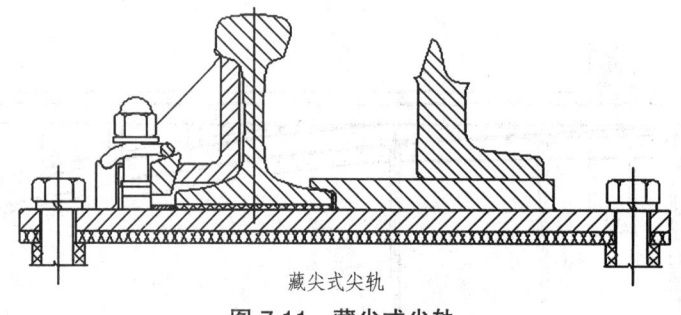

图 7.11　藏尖式尖轨

（二）辙叉及护轨

1. 辙叉

辙叉是使车轮由一股钢轨通过另一股钢轨的轨线平面交叉设备。单开道岔的辙叉有固定型和可动心轨型两种。固定型辙叉常用的有高锰钢整铸式和钢轨组合式两种。可动心轨辙叉常用的有钢轨拼装式和高锰钢拼装式两种。

（1）高锰钢整铸辙叉。

高锰钢整铸辙叉把翼轨和心轨铸成一个整体，具有较高的强度和良好的冲击韧性，并具有坚强的耐磨性、稳定性，维修工作量少、使用寿命较长等优点，如图 7.12 所示。

（2）钢轨组合式辙叉。

用普通钢轨经过弯折、切削加工而组成的辙叉称为钢轨组合式辙叉，由长心轨、短心轨、翼轨（锐角辙叉）或护轨（钝角辙叉）、间隔铁、垫板及其他零件组成。这种结构的辙叉取材容易，无特殊工艺要求，加工制造方便。其缺点是零件多，整体性差，养护工作量大。

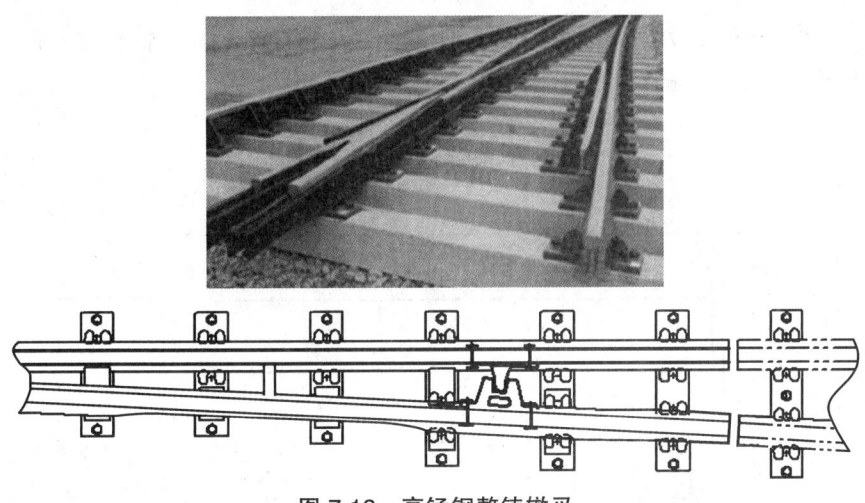

图 7.12　高锰钢整铸辙叉

（3）可动心轨辙叉。

可动心轨辙叉的心轨在翼轨框架范围内转换，以保持两方向轨线连续，消除了固定辙叉结构的有害空间，且一般不需设置护轨，提高了列车运行的平顺性及过岔容许速度，可延长辙叉使用寿命，显著减少养护维修工作量，如图 7.13 所示。但由于可动心轨辙叉结构较复杂，其长度一般又长于固定型辙叉，而且活动心轨的定反位转换需另设转换装置，因此这种辙叉主要用于有高速旅客列车运行线路上的正线、渡线道岔以及速度较高、货运量较大的道岔。

图 7.13　可动心轨辙叉

2. 护　轨

护轨是控制车轮运行方向，防止车轮在辙叉有害空间冲击或爬上辙叉心轨尖端，保证行车安全的重要设备。可动心轨辙叉中，一般仅在侧股设置护轨，用于防止心轨的侧面磨耗。通常护轨由平直段、缓冲段和开口段组成。平直段是护轨实际起作用的部分，缓冲段起着将车轮平稳引入平直段的作用。开口段是考虑线路上允许的最大轨距、最小的轮背距等最不利组合时能将车轮正确导入护轨轮缘槽内，以保证行车安全。

3. 查照间隔、护背距离

（1）查照间隔。

心轨与护轨的查照间隔是指心轨工作边至护轨工作边的距离，它应保证车轮轮对在最不利的条件下,借助护轨制约一侧车轮,而不使另一侧车轮冲击辙叉心轨或爬上心轨。我国规定此距离不得小于 1 391 mm,如图 7.14 所示。

$$D_x \geq (T_{max} + \varepsilon_1) + d_{max} = 1\ 356 + 2 + 33 = 1\ 391$$

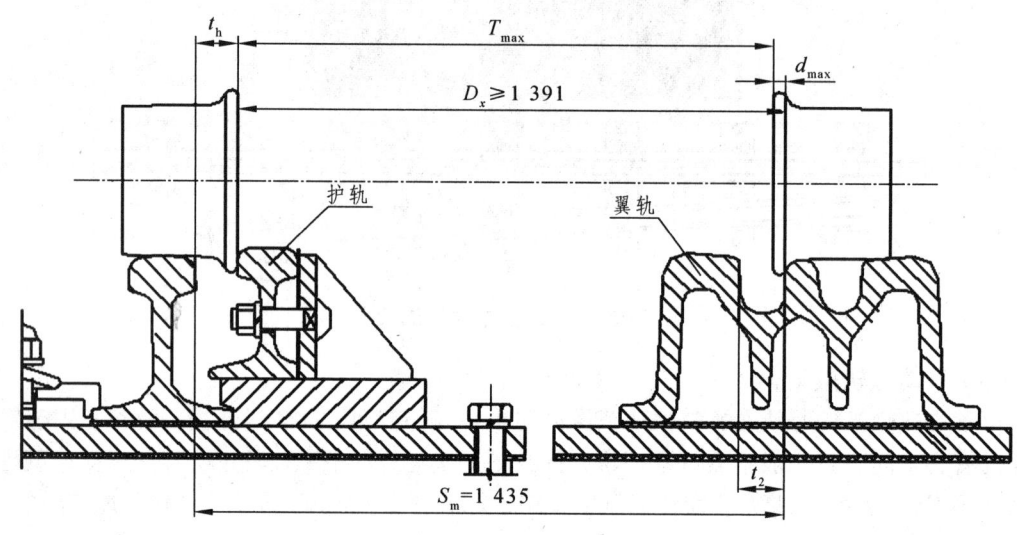

图 7.14 查照间隔

(2)护背距离。

护背距离指辙叉翼轨工作边到护轨工作边的距离,它应保证车轮轮对在最不利的条件下,不被卡在翼轨和护轨之间。我国规定此距离不得大于 1 348 mm,如图 7.15 所示。

$$D_y \leq T_{min} - \varepsilon_2 = 1\ 350 - 2 = 1\ 348$$

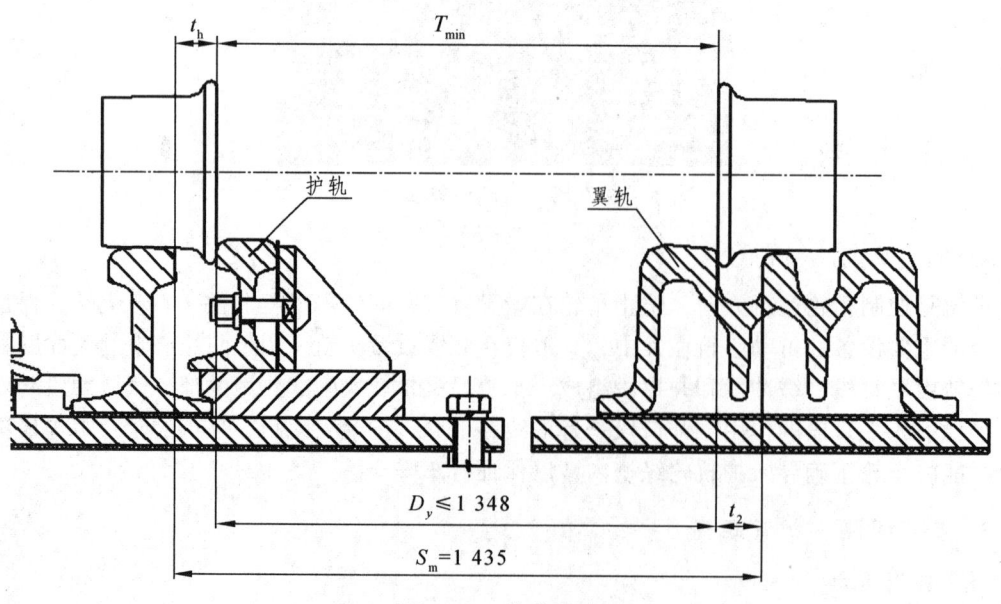

图 7.15 护背距离

四、道岔的转换原理

道岔的转换依靠道岔转换设备来完成。道岔转换设备必须具备转换、锁闭或解锁、表示等三种功能。道岔转换设备必须转换正确、锁闭或解锁彻底、表示清楚。

（1）转换：为了引导机车车辆由一条线路进入另一条线路，需要借助转换设备扳动尖轨或心轨，以改变道岔的开向。

（2）锁闭或解锁：道岔转换后，转换设备必须锁闭道岔，以保证机车车辆安全正确地行驶；下一次转换时，转换设备必须解锁。

（3）表示：为确保机车车辆安全行驶，道岔转换后，必须显示道岔的定位方向。

道岔电务转换设备的安装在道岔铺设或更换或整修后进行。安装完成后，由工务和电务部门对转辙部分和转换设备进行反复调试和检查，其内容包括尖轨（心轨）的密贴、电动转辙机锁闭口、测试扳动力、轨道电路绝缘性能、连接轨道的接续线和电源引入线、室内信号和道岔表示信号等。开通道岔，列车通过后，应再次检查和调试，检查道岔反位、定位时尖轨（心轨）密贴程度和扳动落锁情况，如图7.16、图7.17所示。

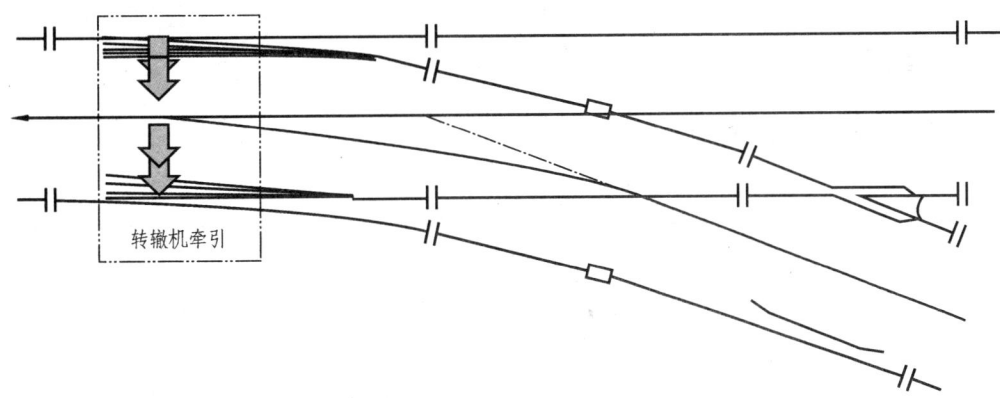

图 7.16　固定型辙叉单开道岔的牵引转换示意图

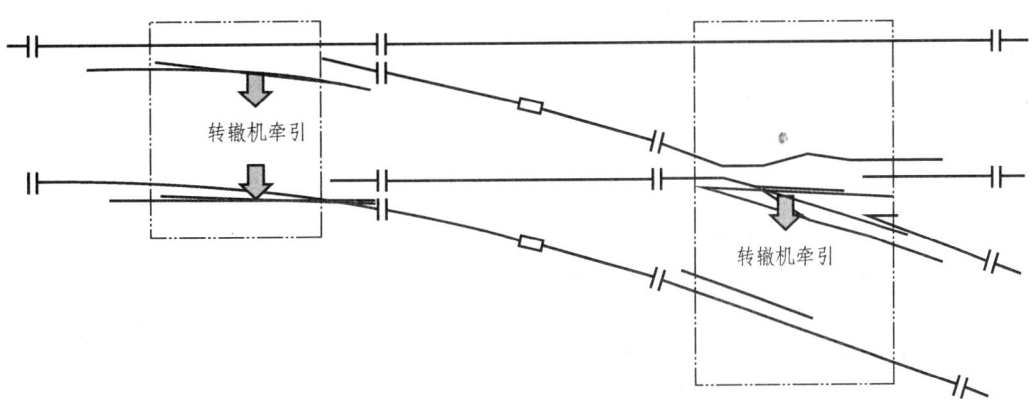

图 7.17　可动心轨辙叉单开道岔的牵引转换示意图

第二节　高速铁路道岔结构

我国高速铁路道岔具有高平顺性、高稳定性，可以保证列车平稳、舒适运行，如图7.18

所示。高速铁路道岔适用于跨区间无缝线路,电务转换采用外锁闭装置,轨下基础采用混凝土长岔枕或道岔板与道床相匹配,道岔具有监测系统,寒冷地区的道岔安装了融雪装置。

图 7.18 高速铁路道岔

一、高速道岔的特点

高速道岔的特点,见表 7.1。

表 7.1 高速道岔的特点

序号	特 点
1	道岔种类较为单一,以单开道岔为主
2	道岔号码较大,一般在 18 号以上,最大可达 65 号
3	道岔具有高平顺性、高稳定性,保证了列车平稳、舒适运行
4	辙叉普遍采用可动心轨辙叉
5	道岔适用于跨区间无缝线路
6	电务转换采用外锁闭装置
7	寒冷地区的道岔需安装融雪装置
8	轨下基础采用混凝土长岔枕或道岔板,并与道床相匹配
9	道岔要具有监测系统
10	道岔要具有较高的制造、组装、铺设精度
11	道岔的铺设需要专用设备

二、高速道岔的分类

高速道岔分类方式很多种,见表 7.2。

表7.2 高速道岔分类

序号	分类方式	内 容	
1	按技术系列分	客专线系列、CN系列、CZ系列	
2	按直向容许通过速度分	时速 250 km、350 km	
3	按侧向容许通过速度分	时速 80 km、160 km、220 km	
4	按道岔功能分	正线道岔、渡线道岔、联络线道岔	
5	按轨下基础分	有砟轨道	
		无砟轨道	混凝土岔枕
			道岔板

客专线系列、CN系列和CZ系列三种类型道岔号数，见表7.3~表7.5。三种技术高速道岔主要特征见表7.6。

表7.3 客专线系列道岔

道岔号数	18	42	62
时速250 km客运专线（无砟道床）	客专线（07）001		
时速250 km客运专线（有砟道床）	客专线（07）004		
时速350 km客运专线（无砟道床）	客专线（07）009	客专线（07）006	客专线（08）013
时速350 km客运专线（有砟道床）	客专线（08）016	客专线（07）011	
道岔侧向容许通过速度（km/h）	80	160	220

表7.4 CN系列道岔

道岔号数	18	39.113	42	50
有砟道岔	CN-6118AB	—	—	
无砟道岔	CN-6118AS	—	CN-6142AS	—
道岔侧向容许通过速度（km/h）	80	160	160	220

表7.5 CZ系列道岔

道岔号数	18	41	65
有砟道岔	CZ6001/CZ6007	CZ6011	—
无砟道岔	CZ6002	CZ6006	—
道岔侧向容许通过速度（km/h）	80	160	220

表7.6 三种技术高速道岔主要特征

序号	客专线系列	CN系列	CZ系列
1	尖轨采用60D40钢轨制造	尖轨采用Zul-60钢轨制造	尖轨采用60D40钢轨制造
2	尖轨跟端采用间隔铁、限位器、无传力结构	尖轨跟端采用限位器结构	尖轨跟端不设传力结构

续表

序号	客专线系列	CN 系列	CZ 系列
3	翼轨采用轧制特种断面翼轨	翼轨采用普通钢轨制造	翼轨采用高锰钢铸造与 A74 钢轨焊接的方式
4	翼轨与长心轨或岔跟尖轨胶结	心轨前端采用整体锻制	心轨采用 60D40 钢轨拼接
5	岔跟尖轨采用 60 kg/m 钢轨制造	岔跟尖轨采用厚腰钢轨制造	岔跟尖轨采用 60D40 钢轨制造
6	所有铁垫板采用硫化处理	铁垫板采用硫化处理（大号码道岔可动心轨辙叉部分不采用硫化处理）	铁垫板不采用硫化处理
7	部分滑床板间隔设置施维格辊轮，辊轮高度可方便进行调整	转辙器部分间隔设置辊轮滑床板，辊轮设置在滑床板中间	转辙器部分间隔设置辊轮滑床板
8	扣件采用弹条Ⅱ型扣件	扣件采用窄形弹条，滑床板部分采用两根分体弹条扣压	扣件采用窄形弹条，滑床板部分采用弹性夹扣压
9	混凝土岔枕采用长岔枕，垂直于道岔直股布置	混凝土长岔枕采用铰接，按扇形布置	混凝土岔枕采用长岔枕
10	牵引点设置在两岔枕之间，尖轨采用多机多点、分动转换	尖轨采用多机多点、分动转换，有砟道岔牵引点设钢岔枕	牵引点设置在混凝土岔枕上，尖轨采用一机多点、联动转换
11		基本轨设有轨距加宽	

三、高速道岔平面线形

各种技术系列道岔主要尺寸见表 7.7。

表 7.7 道岔主要尺寸

序号	道岔名称	道岔号数	道岔总长（m）	前长（m）	后长（m）	辙叉角度	岔区道岔结构高度（mm）		备注
							有砟	无砟	
1	客专线系列	18	69.0	31.729	37.271	3°10′47.39″	448	415	无砟岔枕按枕顶至钢筋底部的高度计
2		42	157.2	60.573	96.627	1°21′50.13″	448	415	
3		62	201.0	70.784	130.216	0°55′26.56″		415	
4	CN 系列	18	69.0	31.729	37.271	3°10′47.39″	443	423	
5		42	157.2	60.573	96.627	1°21′50.13″		423	
6		50	181.363	90.502	90.861	1°08′44.75″		423	
7	CZ 系列	18	69.0	31.729	37.271	3°10′47.39″	431	408	
8		41	140.599	56.319	84.280	1°23′50″	431	408	

（一）高速铁路 18 号道岔

中德法三国设计的时速 350 km 道岔均与其设计的时速 250 km 道岔号码及平面线形相同。三种技术系列 18 号道岔的平面设计线型如图 7.19～图 7.21 所示。

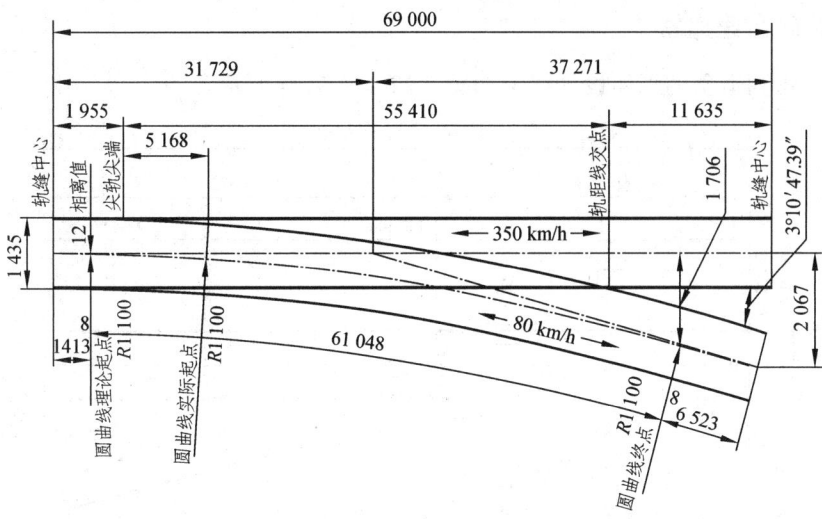

图 7.19 客专线 18 号道岔线形及主要尺寸（图中单位除标注外为毫米）

注：相离值 12 mm 指道岔侧股中心圆曲线理论起点至道岔直股中心线的距离。

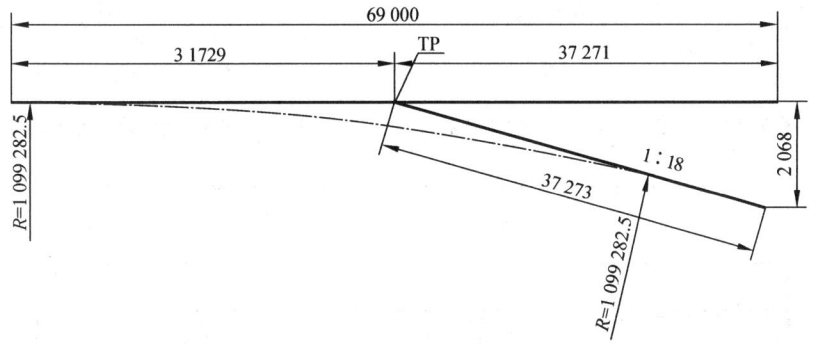

图 7.20 CN18 号道岔线形及主要尺寸（图中单位除标注外为毫米）

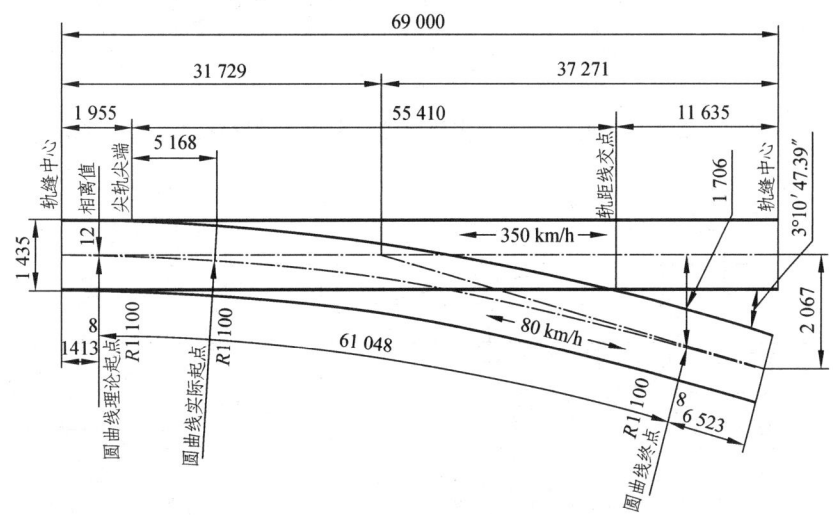

图 7.21 CZ18 号道岔线形及主要尺寸（图中单位除标注外为毫米）

注：相离值 12 mm 指道岔侧股中心圆曲线理论起点至道岔直股中心线的距离。

(二)侧向高速道岔

三种技术系列道岔的平面设计线形如图 7.22 ~ 图 7.24 所示。

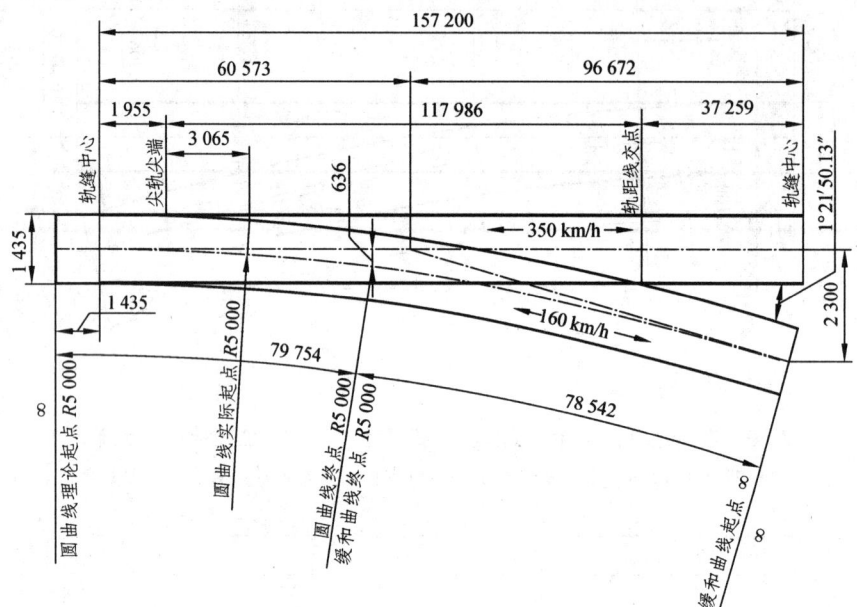

图 7.22 客专线 42 号道岔线形及主要尺寸（图中单位除标注外为毫米）

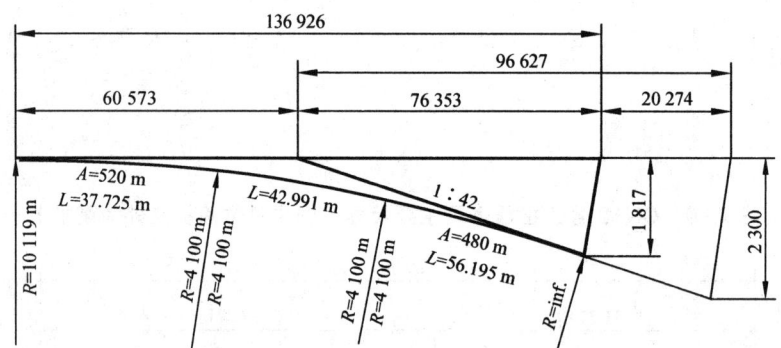

图 7.23 CN42 号道岔线形及主要尺寸（图中单位除标注外为毫米）

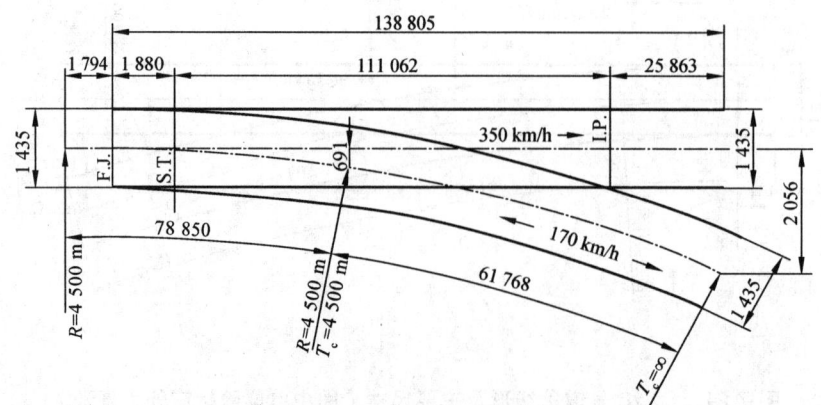

图 7.24 CZ41 号道岔线形及主要尺寸（图中单位除标注外为毫米）

四、高速铁路道岔结构

(一)转辙器结构

1. 尖轨

三种技术道岔尖轨特点见表 7.8。客专线系列与 CZ 系列道岔尖轨采用 60D40 钢轨制造,断面尺寸如图 7.25 所示。尖轨跟端,如图 7.26 所示。CN 系列道岔尖轨采用 60E1A1(即 Zu1-60)钢轨,如图 7.27 所示。

表 7.8 尖轨特点

项目	客专线系列	CZ 系列	CN 系列
钢轨	60D40 钢轨制造(质量 70 kg/m,轨高 142 mm)		60E1A1(即 Zu1-60)钢轨,钢轨材质为 R350hT 硬头轨,抗拉强度为 1 175 MPa
优点	高度较小,便于滑床板的结构设计,横向刚度较小,有利于减小扳动力		
尖轨顶面	尖轨顶面加工 1:40 轨顶坡		尖轨顶面通长加工 1:40 轨顶坡
尖轨尖端	尖轨尖端采用藏尖结构,其深度为 3 mm		尖轨尖端采用藏尖结构,其深度为 4.5 mm
尖轨跟端	尖轨跟端锻压成 60 kg/m 钢轨断面,成型段长度为 450 mm,过渡段长度为 150 mm		尖轨跟端成型段长度一般为 600 mm,但不设轨底坡,直接与导曲线钢轨焊接

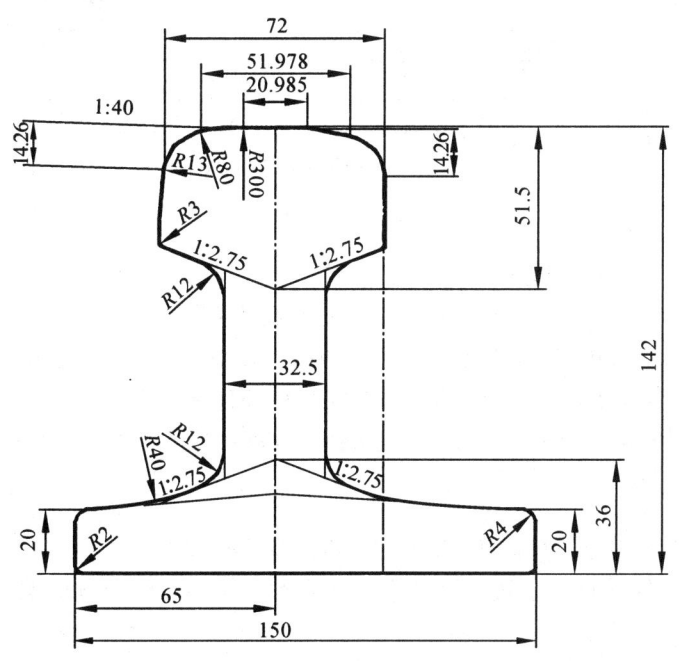

图 7.25 60D40 钢轨断面尺寸图

图 7.26 尖轨跟端成型段

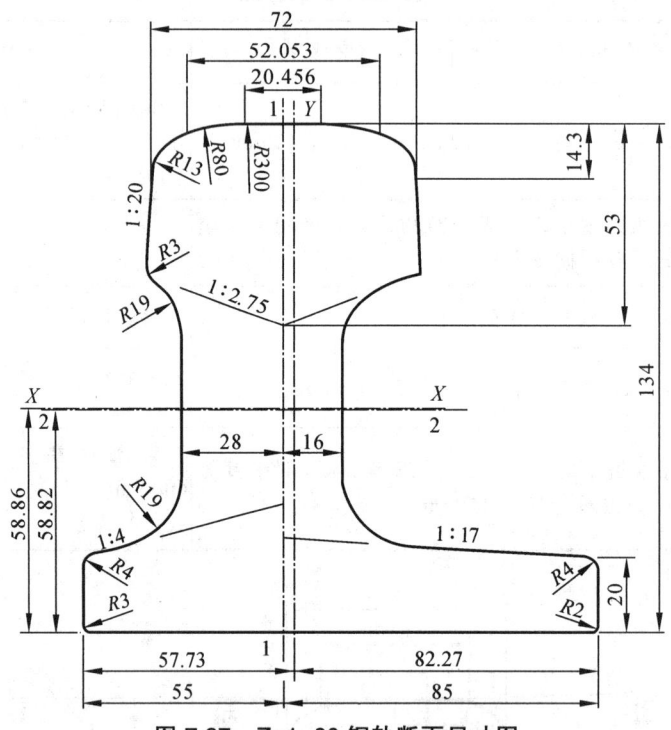

图 7.27 Zu1-60 钢轨断面尺寸图

2. 基本轨、钢轨

客专线系列与 CZ18 号道岔，基本轨、导轨等采用与速度相匹配的 60 kg/m 钢轨，其中客专线系列的 18 号道岔在时速为 300～350 km 的高速铁路中应选用抗拉强度为 880 MPa 的 U71Mn/U71MnG 热轧钢轨或 U71Mn 在线热处理钢轨；时速为 200～250 km 的客货混运铁路应选用抗拉强度为 980 MPa 的 U75V/U75VG 在线热处理钢轨。

CN 系列道岔基本轨、翼轨采用进口的 60 kg/m 硬头轨，配轨等采用国内的淬火轨。

3. 轨底坡

根据技术条件的规定，高速道岔设置 1∶40 的轨底坡。

三种技术道岔的尖轨、心轨、翼轨设置轨顶坡，基本轨、导轨、辙叉基本轨等设置轨底坡。

客专线系列和 CZ 系列道岔设置轨顶坡的钢轨与其他钢轨连接时，趾端或跟端扭转 1∶40。

4. 尖轨刨切

各国技术道岔尖轨、心轨降低值不完全相同,客专线系列的 350 km 高速道岔,减小了直尖轨的降低值。

尖轨、心轨的降低值对列车运行平稳的影响较大,道岔制造时应严格控制该项偏差。

5. 轮轨关系

客专线系列道岔采用道岔动力学仿真分析理论,以提高行车舒适性和确保尖轨强度作为尖轨顶降值设计依据,时速 350 km 道岔直尖轨降低值采用了缩短轮载过渡范围和轮轨转移点来提高行车舒适性;曲尖轨与时速 250 km 道岔一样,以确保尖轨强度和适当提高行车舒适性为设计前提。

CN 系列道岔转辙器部分采用了特有的动态轨距优化(FAKOP)技术(图 7.28),在尖轨顶宽 30 mm 处基本轨发生弯折,致使该处存在 15 mm 的轨距加宽量,其轨距加宽区段的长度、起始位置、加宽的量值是和曲基本轨与直尖轨的配合相关联的。该设计可使列车过岔时左右轨上存在对称的横向不平顺,使轮对左右两车轮的滚动半径趋于相同,避免激扰蛇形运动,可有效减缓列车过岔时的蛇行运动,同时还可增大尖轨的粗壮度,提高尖轨的耐磨性。尖轨顶降低值以保证钢轨强度及轮载平稳过渡为设计依据,时速 350 km 道岔与时速 250 km 道岔相同。

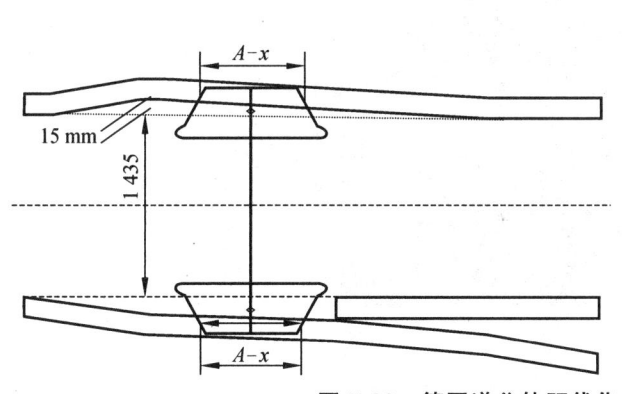

图 7.28　德国道岔轨距优化

CZ 系列道岔采用轮对通过转辙器时倾角不超过 4 rad/1 000 作为尖轨顶面降低值设计标准,其直曲尖轨采用相同的顶面降低值,时速 350 km 道岔采用与时速 250 km 相同的尖轨顶面降低值。

三种设计的不同侧向速度道岔的尖轨顶面降低值均随其尖轨顶宽变化而采用了近似相同的降低值。

应用道岔动力学仿真理论对三种时速 350 km 道岔直向过岔舒适性进行分析,在车体横向加速度的仿真结果比较中,CN 系列道岔在转辙器部分的轮轨关系设计最为先进,客专线系列道岔次之,CZ 系列略差。

6. 尖轨跟端的传力结构

尖轨跟端传力机构的作用是将导曲线钢轨的温度力传递给基本轨,以保证尖轨尖端的伸缩位移在规定的限度内。

尖轨跟端的传力机构主要有限位器和间隔铁两种形式,如图7.29、图7.30所示。当能够保证尖轨尖端的伸缩位移在允许范围以内时,也可以不设传力机构,如图7.31所示。

尖轨跟端各种传力结构的特点,如表7.9所示。

图7.29 限位器

图7.30 间隔铁

图7.31 不设任何传力结构

表7.9 尖轨跟端各种传力结构的特点

尖轨跟端传力方式	特 点		技 术
限位器	优点	传力较为明确,基本轨所受的附加力较小,但尖轨的位移较大	德国、中国(允许温升49 ℃,允许温降57 ℃时)
	缺点	设限位器的效果较差,限位器受力时,容易造成尖轨的方向不好,且多个限位器也很难同时受力	
间隔铁	优点	尖轨的固定比较牢固,尖轨的位移较小,也有利于保持尖轨的线形	中国(允许温升43 ℃,允许温降51 ℃时)
	缺点	基本轨承受的附加力较大,间隔铁本身的受力也较大	
不设任何传力结构	优点	结构较为简单,对保证行车平稳较为有利	法国、中国(允许温升45 ℃,允许温降45 ℃时)
	缺点	当尖轨的位移较大时容易造成尖轨的转换故障	

7. 尖轨防跳

客专线系列道岔密贴尖轨与基本轨轨头下颚配合防跳；在轨头切削断面以后采用防跳顶铁，非贴合状态设置适合于辊轮滑床垫板的防跳限位装置，如图 7.32～图 7.34 所示。

图 7.32 密贴尖轨与基本轨轨头下颚配合防跳

图 7.33 防跳限位装置

图 7.34 防跳顶铁

8. 滑床板范围基本轨内侧的弹性扣压

（1）客专线系列道岔采用弹性夹扣压，其优点是扣压力大，安装和拆卸均较为方便，如图 7.35 所示。

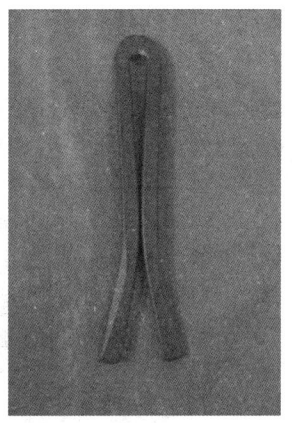

图 7.35 客专线系列的滑床板与弹性夹

（2）CN 系列道岔采用滑床台与滑床板分离的方案，在滑床台两侧采用两个单体弹条扣压基本轨，如图 7.36 所示。

图 7.36　CN系列的滑床板扣压

（3）CZ 系列道岔采用整体滑床板，在滑床台内采用弹性夹扣压基本轨内侧，稳定、可靠，如图 7.37 所示。

图 7.37　CZ系列的滑床板与弹性夹

9. 滑床台板的减摩

为减小尖轨扳动和转换不足位移，尖轨和心轨的滑床台板必须采取减摩措施。

（1）客专线系列道岔滑床台的减摩技术采取了两种方式：

① 设置辊轮滑床垫板。辊轮滑床垫板的设置根据尖轨转辙位移和自重综合考虑；每隔 3 m 左右设置一对辊轮滑床板。采用辊轮结构的特点是可以无级调高，最大调高量达 6 mm，可以方便地保证辊轮与滑床台板的接触，辊轮结构如图 7.38 所示。

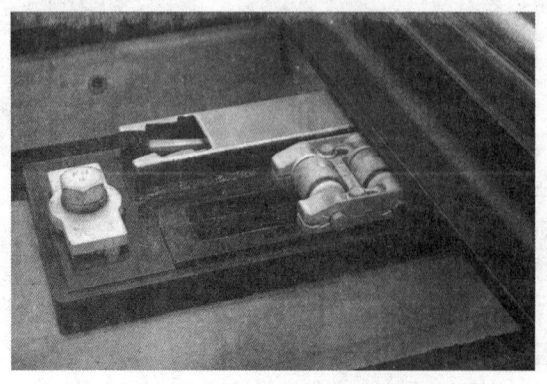

图 7.38　施维格辊轮滑床板

② 采用在滑床台板表面增设镍基合金-MoS2自润滑复合镀层。

（2）CN系列道岔滑床台的减摩技术采取了两种方式：

① 滑床台面上涂有一层灰黑色的减摩材料。

② 转辙器部分岔枕上安装了辊轮滑床板，辊轮位于滑床板中间，滑床台板在辊轮两侧。德国辊轮组件下部粘有一层厚 25~30 mm 的弹性物质（比普通橡胶软，比硬海绵硬），且长度方向弹性呈梯度变化，最外侧辊轮高出台板 3 mm，以降低斥离尖轨在滑床板上的振动，采用加垫片的方式调整辊轮高度，但辊轮的位置和高度调整方便性较差，如图 7.39 所示。

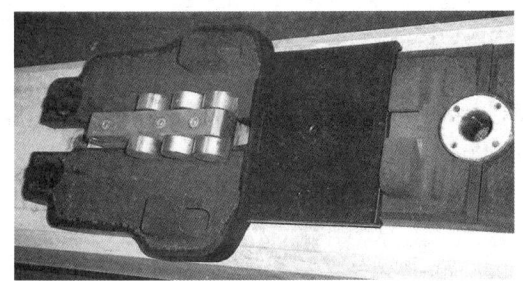 

图 7.39　CN系列减摩滑床板

（3）CZ系列道岔滑床台减摩技术采取了两种方式：

① 普通减摩滑床板，滑床台面有一层 0.3 mm 厚的镍铬镀层，摩擦系数为 0.25，如图 7.40 所示。

② 在尖轨部分间隔设置带辊轮的滑床板，在开口值较大部位采用双滚轮，开口值较小部位采用单滚轮，如图 7.41 所示，两种配合使用。

图 7.40　普通减摩滑床板　　　　图 7.41　带辊轮滑床板

10. 无缝道岔应满足以下技术要求

（1）道岔应铺设在无缝线路固定区，正线道岔除胶接绝缘接头外，其余接头应全部焊接。

（2）无缝道岔的设计锁定轨温应与两端区间无缝线路设计锁定轨温一致，且应满足跨区间无缝线路允许温降和允许温升要求，道岔各联结件应牢固可靠。

（3）无缝道岔尖轨尖端伸缩位移、可动心轨尖端伸缩位移应满足表 7.10 的要求，超过允许值应分析原因，并及时调整。

表 7.10 相对于基本轨、可动心轨相对于翼轨允许伸缩位移（mm）

道岔类型	尖轨允许伸缩位移	心轨允许伸缩位移	备注	
			锁闭机构	尖轨跟端结构
客专线系列	±40	±20	多机多点钩型外锁	限位器、间隔铁或无传力部件
CZ 系列	+45	±30	第一牵引点拐肘外锁	无传力部件
CN 系列	±40	±20	多机多点自调式外锁	限位器

（4）应加强桥上及隧道口附近无缝道岔检查和锁定，防止碎弯和爬行。

（5）应按规定利用钢轨位移观测桩进行位移观测，及时分析锁定轨温变化及钢轨位移情况。应加强尖轨和心轨位移观测，防止转换卡阻。

（二）可动心轨辙叉

1. 翼 轨

（1）客专线 18 号道岔的翼轨通长采用特种断面钢轨制造，42 号道岔的翼轨采用特种断面翼轨与普通 60 kg/m 钢轨厂内焊接的方式。对轨头进行机加工，并对特殊部位的内侧轨底作适量刨切以满足电务设备安装要求，翼轨跟端用间隔铁分别与长心轨和叉跟轨胶接，胶接层厚度不大于 1 mm，如图 7.42 所示；心轨一动处工电接口示意如图 7.43 所示。

图 7.42 特种断面翼轨

图 7.43 心轨一动工电接口示意图

客专线系列道岔翼轨结构解决了长期存在的工电接口难题，不仅提高了翼轨的强度，也保证了翼轨尺寸的精确，有利于保证列车的平稳运行，具有较好的经济性。

（2）CN 系列道岔翼轨用普通钢轨制造。大号码道岔心轨的牵引杆件穿过翼轨轨腰的长圆孔，翼轨轨底不作切削。18 号道岔从翼轨轨底牵引的方式，翼轨削弱较大，与国内类似，如图 7.44 所示。

图 7.44　CN 系列可动心轨道岔的牵引方式

CN 系列道岔翼轨具有如下的特点：

① 原材料为普通钢轨，通过机加工制造，经济性较好。

② 轨底加工量大，或轨腰要加工两个长圆孔，降低了翼轨的强度。

③ 18 号道岔的翼轨内侧没有扣压。

④ 对加工精度要求较高。

（3）CZ 系列道岔可动心轨辙叉的翼轨采用高锰钢整铸摇篮式翼轨，由前端焊接的 60 kg/m 钢轨、中间部位的铸造翼轨（摇篮）和后端的 A74 钢轨闪光焊接而成，如图 7.45、图 7.46 所示。心轨第一牵引点电务装置从底部伸出，牵引心轨。

 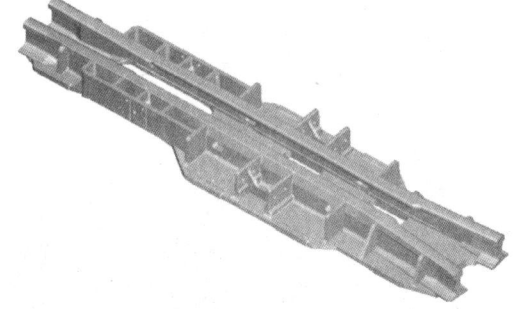

图 7.45　CZ 系列高锰钢整铸摇篮式翼轨　　图 7.46　CZ 系列高锰钢整铸摇篮式翼轨结构示意图

CZ 系列道岔高锰钢翼轨具有如下特点：

① 具有较好的稳定性。

② 工电接合的空间较大，不受限制，有利于工电接口的设计和转换设备的安装。

③ 对高锰钢铸造质量的要求较高。

④ 翼轨后端需焊接 A74 或其他类似钢轨。

⑤ 翼轨的制造较为复杂。

2. 心　轨

（1）客专线系列道岔心轨采用 60D40 钢轨组合的结构，短心轨后端仍为斜接头，具有制造简单、实现容易的特点，缺点是工电结合部的设计较为困难，整体性较差。但国内有多年的使用经验，技术相对成熟。采用 60D40 钢轨拼接，可有效降低心轨的转换阻力。心轨前端不再轧制转换凸缘，在牵引点处将轨底刨切成 32 mm，为方便电务钩锁设置，轨底也刨切 10 mm，结构示意如图 7.47 所示。

客专线系列道岔取消了心轨前端的转换凸缘，采用机加工的方式进行制造。心轨前端的结构示意如图 7.48 所示。

图 7.47　60D40 钢轨拼装式心轨

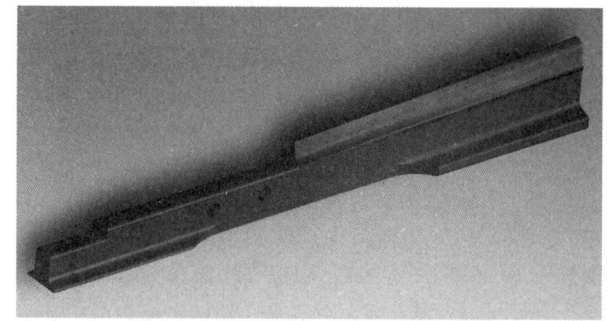

图 7.48　心轨前端结构示意图

客专线系列的时速 350 km 道岔心轨前端采用水平藏尖结构，如图 7.49 所示。时速 250 km 道岔心轨采用垂直藏尖结构，如图 7.50 所示。心轨尖端水平藏入翼轨内，为保证行车安全，心轨实际尖端宽度不小于 9 mm，同时翼轨工作边要作相应的刨切。

图 7.49　水平藏尖结构

图 7.50　垂直藏尖结构

客专线 18 号道岔尖轨跟端采用斜接与岔跟尖轨拼接，如图 7.51（a）所示。42 号道岔采用双肢弹性可弯结构，如图 7.51（b）所示。

（a）心轨跟端的斜接头　　　　　　（b）双肢弹性可弯心轨

图 7.51　心轨跟端斜接头和双肢弹性可弯心轨

（2）CN 系列道岔心轨为整铸式，前部采用与钢轨同一材质的锻制尖端，后端焊接普通钢轨，如图 7.52 所示。

图 7.52　CN系列整铸式心轨

（3）CZ 系列道岔长、短心轨及叉跟尖轨采用 60D40 制造，短心轨后端为滑动端，短心轨尖端嵌入长心轨，心轨跟端和尖轨跟端一样锻压加工为 60 kg/m 钢轨标准断面。长短心轨采用哈克螺栓联结，保证长短心轨的整体稳定性，如图 7.53 所示。

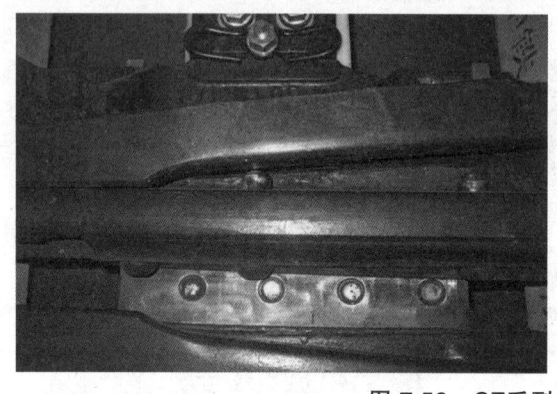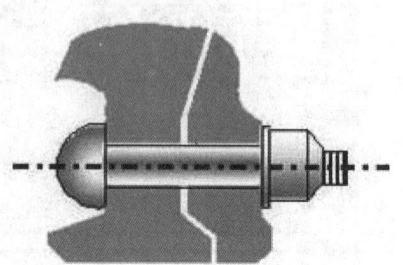

图 7.53　CZ系列心轨

3. 心轨防跳

心轨的跳动，除影响列车运行的平稳外，对道岔的影响也较大，因此应严格控制心轨的跳动。

（1）客专线系列道岔心轨采用以下三种防跳措施：42号道岔利用轧制特种断面翼轨的特点，在长心轨前端加工出台阶，与相对的翼轨下颚配合防跳，18号道岔将心轨前端伸入防跳间隔铁；在心轨与翼轨密贴段增设了防跳卡铁；后端设有防跳顶铁来防止心轨的跳动，如图7.54~图7.57所示。

图 7.54　心轨前端防跳　　　　　图 7.55　心轨前端防跳间隔铁

图 7.56　密贴段翼轨防跳卡铁　　　图 7.57　后端防跳顶铁

（2）CN 系列道岔除了在心轨尖端和顶铁上都采取措施以外，还在垂直力由翼轨到心轨的过渡位置设置心轨液压下拉装置，防止心轨的跳动，如图 7.58、图 7.59 所示。

图 7.58　心轨前端防跳间隔铁

图 7.59　心轨下拉装置

（3）CZ 系列道岔心轨前部设置了防跳卡铁，中部防跳由电务机构实现，如图 7.60 所示。

图 7.60　CZ系列道岔心轨防跳卡铁

4．心轨、翼轨跟端结构

翼轨跟端结构是指翼轨与心轨或岔跟尖轨的连接方式，主要用来固定心轨并将心轨的温度力传递给翼轨。

（1）客专线系列道岔采用在翼轨与心轨或岔跟轨之间设置两个大间隔铁，并在厂内胶接的方式，如图 7.61 所示。

对于 42 号道岔，在岔后两心轨间，增设了两个间隔铁，并与大垫板相连，其结构示意如图 7.62 所示。

（2）CN 系列道岔跟端采用间隔铁与翼轨连接，间隔铁与岔跟尖轨焊接在一起，如图 7.63 所示。

图 7.61　翼轨跟端结构　　　　图 7.62　42 号道岔后端心轨与大垫板的连接实物图

图 7.63　CN 系列翼轨跟端结构

采用双肢弹性可弯心轨结构的心轨后端采用大垫板结构,并将跟端结构与大垫板连接,以提高跟端结构的稳定性,如图 7.64、图 7.65 所示。

图 7.64　可动心轨辙叉大垫板

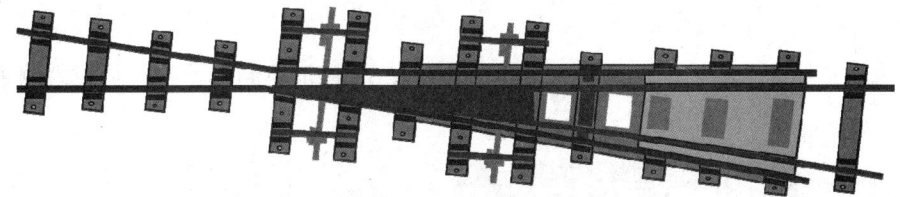

图 7.65　可动心轨辙叉大垫板连接示意图

（3）CZ系列道岔辙叉跟端采用以安装空心销的弹性间隔铁将翼轨与心轨联结起来的结构，辙叉后端两心轨间也采用长大间隔铁进行联结。该结构在抵御岔后区间无缝线路的温度力时间隔铁各螺栓受力较均匀，还能较好地保持辙叉的横向稳定性和防止心轨卡阻，从而避免心轨与翼轨的相对位移，如图 7.66 所示。

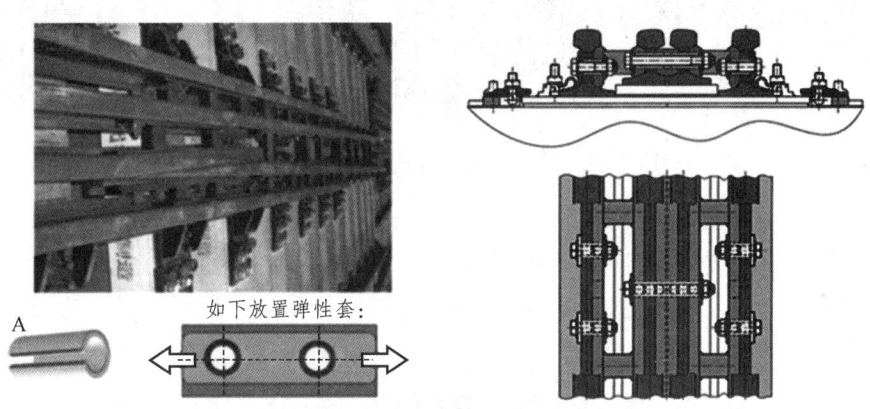

图 7.66　CZ系列翼轨跟端结构

5．叉跟尖轨

三种技术的 18 号道岔可动心轨辙叉短心轨后端均采用斜接头，因此都有叉跟尖轨，如图 7.67 所示。

图 7.67　叉跟尖轨

客专线系列道岔叉跟尖轨用 60 kg/m 钢轨制造。CN 系列道岔叉跟尖轨用厚腰钢轨制造。CZ 系列道岔叉跟尖轨用 60D40 钢轨制造。

6. 护轨

客专线 18 号道岔侧线设置护轨，护轨采用 UIC33 槽形轨制造，护轨垫板内侧采用弹性夹扣压基本轨，如图 7.68 所示。

图 7.68　客专线系列道岔护轨及护轨垫板

CN18 号道岔不设置护轨。

CZ 系列可动心轨辙叉侧股设置护轨，护轨为分开式，采用 UIC33 槽型钢制造，护轨高出基本轨顶面 12 mm，采用整铸护轨垫板，基本轨内侧采用弹性夹扣压，轮缘槽尺寸按照 44 mm 设计，如图 7.69 所示。

图 7.69　CZ系列护轨和整铸护轨垫板

（三）混凝土岔枕

1. 客专线系列岔枕

（1）基本要求。

① 轨下基础预应力混凝土岔枕（无砟轨道为长岔枕埋入式，岔枕底部为桁架式结构）垂直于道岔直股，辙叉跟端分开后按垂直于线路中心设计，设 2 根扭转过渡枕。

② 长岔枕长度与既有道岔基本相同。

③ 减小岔枕长度间隔，利于提高无砟道岔的整体美观性。

④ 岔枕按 1 667 根/km 布置（岔枕间距 600 mm），牵引点及两侧岔枕间距可适当调整，但最大间距不超过 650 mm。

（2）有砟道岔岔枕的断面及配筋。

① 岔枕的断面与提速道岔用岔枕相同，如图 7.70 所示。

② 岔枕的间距绝大部分为 600 mm，在转辙机附近的几根岔枕之间，由于需要安装转辙机拉杆，枕间距离为 650 mm，而在其旁边的枕间距相应变为 575 mm。大部岔枕长度进级为 100 mm，转辙机牵引点处的岔枕长度由安装转辙机托板的钉孔位置决定。

（3）无砟岔枕。

无砟道岔的岔枕采用带钢筋桁架的结构形式，以加强岔枕与道床的连接，如图 7.71 所示。

图 7.70　有砟道岔岔枕

图 7.71　无砟岔枕

2. CN 系列岔枕

无砟道岔采用带钢筋桁架的岔枕，高度为 110 mm，如图 7.72 所示。

图 7.72　无砟道岔岔枕

3. CZ 系列岔枕

CZ 系列道岔的有砟岔枕为国内设计，但钉孔位置、承载能力等由道岔提供，无砟岔枕由原弗莱德尔设计，与德国的无砟岔枕基本相同。

需要说明的是，CZ 系列有砟道岔的每块铁垫板设 4 个螺栓与岔枕连接，且垫板偏斜不同钉孔位置也不同，左右开道岔的岔枕需对称制造，另外，在电务牵引点附近的岔枕，断面也不相同。这使得岔枕的制造较为复杂，如图 7.73 ~ 图 7.75 所示。

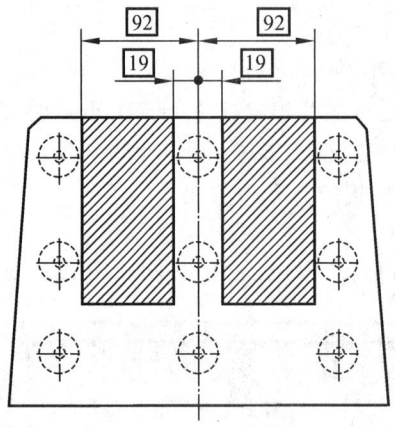

图 7.73 标准岔枕断面（单位：mm）

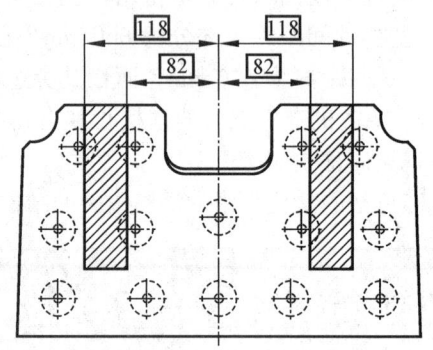

图 7.74 心轨一动岔枕断面（单位：mm）

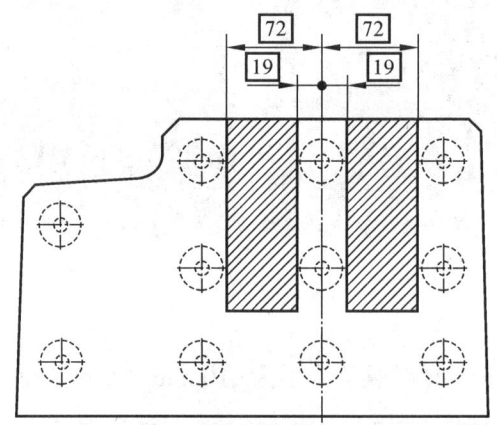

图 7.75 转辙器牵引点处岔枕断面（单位：mm）

（四）道岔板

1. 客专线系列道岔板

道岔板采用普通钢筋混凝土结构，厚度为 230 mm，最大长度不超过 6 m，宽度随道岔外形变化。道岔板设门形钢筋与填充层连接，如图 7.76 所示。

道岔板内预埋塑料套管与道岔垫板连接。

图 7.76 客专线系列道岔板

2. CN 系列道岔

道岔板为普通钢筋混凝土结构，厚度为 240 mm，平面尺寸随道岔平面变化，在牵引点处，留有缺口。

道岔纵向不连接，与底座板之间填充 180 mm 厚的自流平混凝土。

第三节　高速铁路道岔扣件

一、客专线系列道岔扣件

我国有砟道岔与无砟道岔均采用相同的 Ⅱ 型弹条分开式扣件系统，即钢轨和弹性铁垫板的联结采用 Ⅱ 型弹条结构，铁垫板与岔枕的联结采用 $\phi30$ 岔枕螺栓及带缓冲套、缓冲调距块的结构。

（一）扣件结构

1. 扣件结构

我国高速道岔扣件结构如图 7.77～图 7.79 所示。

图 7.77　道岔区扣件结构组装

图 7.78　道岔区扣件结构散件图

螺母　　平垫圈　　重型弹簧垫圈　　缓冲调距块

弹条　　　　　　轨距块

图 7.79　道岔区扣件系统主要部件图

2. 铁垫板

我国高速道岔铁垫板分为通用型铁垫板和转辙器与辙叉用特殊类型铁垫板，如图 7.80～图 7.82 所示。通用型铁垫板采用球墨铸铁铸造，机械性能应符合《球墨铸铁件》（GB/T 1348—2009）的规定，铸造垫板的球化级别不应低于 3 级。特殊类型铁垫板采用 Q235 钢焊接制造。

图 7.80　通用型铁垫板

图 7.81　转辙器用特殊类型铁垫板

图 7.82　护轨用特殊类型铁垫板

铁垫板在钢轨中心线处的厚度为 27 mm，平垫板等承轨槽设有 1∶40 的轨底坡。

铁垫板下设有 20 mm 厚的弹性垫层。为保证垫板的使用性能，铁垫板与其下的弹性垫层均采用硫化处理，如图 7.83 所示。

图 7.83　铁垫板硫化处理

由于道岔铁垫板的规格较多，设计中尽量减少了铁垫板的长度规格，同时根据铁垫板所处道岔中不同位置，每种规格均进行了专门的弹性设计，确保了整个岔区刚度的均匀化。

3. 螺栓防松

我国高速道岔螺栓防松采用机械防松结构，由于充分考虑了防松件的强度和拆装，形成了绝对防松，如图 7.84、图 7.85 所示。

图 7.84　螺母防松帽

图 7.85　防转垫圈

4. 支距扣板

在辙后、叉前等安装支距扣板的位置，及可动心轨辙叉安装轨撑、扣铁等的位置，T 形螺栓需从上向下安装，到底后旋转90°上提，再拧紧螺母。平时需保持螺栓的紧固状态，防止螺栓脱落，如图7.86、图7.87所示。

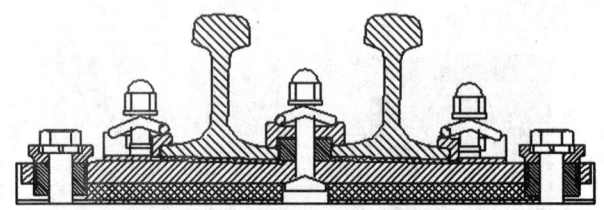

图7.86 支距扣板安装图

图7.87 辙叉扣板安装示意图

（二）结构特征

（1）结构为带铁垫板的弹性分开式结构。

（2）弹性铁垫板上部结构考虑无螺栓扣件系统和有螺栓扣件系统两种方案。

（3）挡肩与钢轨轨底间设轨距块可用于调整和保持轨距。

（4）钢轨与弹性铁垫板间设轨下橡胶垫板，主要起缓冲作用。

（5）弹性铁垫板下部的弹性垫层起弹性作用。

（6）弹性铁垫板与混凝土岔枕采用螺栓与预埋套管配合紧固方式联结。

（7）弹性铁垫板与螺栓间设置缓冲调距块，既缓冲铁垫板对螺栓的横向冲击又可调整铁垫板的位置进而调整轨距。

（8）垫板螺栓通过盖板扣压弹性铁垫板，盖板上附有弹性较好的橡胶垫圈，既不对弹性铁垫板产生较大压力也可防止垫板倾翻。

（9）一般地段轨距调整无须备件，调整级别为1 mm，可实现精细调整。

（三）轨距调整

铁座与轨底间设置轨距块，与缓冲调距块相结合，可实现 -8~+4 mm 的调距量，调距精度为1 mm。

（1）通过调整轨距块可实现 -2~+4 mm 的轨距调整，附以缓冲调距块的掉边可实现 -8~+4 mm 的轨距调整，调整无须备件，表7.11为轨距块和缓冲调距块的具体配置。

表 7.11 轨距块和缓冲调距块配置表

单股钢轨位置（mm）	钢轨内侧			钢轨外侧		
	缓冲调距块		轨距块	轨距块	缓冲调距块	
	外侧	内侧			内侧	外侧
0	6	9	10	11	6	9
+1	6	9	11	10	6	9
+2	6	9	12	9	6	9
-1	6	9	9	12	6	9
-2	9	6	11	10	9	6
-3	9	6	10	11	9	6
-4	9	6	9	12	9	6

（2）对滑床板和护轨垫板，由于钢轨一侧采用弹性夹扣压基本轨，无轨距块，不能通过钢轨与另一侧铁座间的轨距块进行钢轨左右位置的调整，只能通过更换不同号码的缓冲调距块移动滑床板和护轨垫板来进行轨距调整。表 7.12 为滑床板和护轨垫板处缓冲调距块具体配置。

表 7.12 滑床板和护轨垫板处缓冲调距块配置表

单股钢轨位置（mm）	钢轨内侧		钢轨外侧	
	缓冲调距块		缓冲调距块	
	外侧	内侧	内侧	外侧
0	6	9	6	9
+1	5	10	5	10
+2	4	11	4	11
-1	7	8	7	8
-2	8	7	8	7
-3	9	6	9	6
-4	10	5	10	5

（3）缓冲调距块初始配置为 6-9 号，轨距块的初始配置为钢轨外侧 9-11 号、钢轨内侧 10-12 号，钢轨内外侧的定义、缓冲调距块、轨距块初始安装位置如图 7.88 所示。

（4）垫板孔中心与螺栓中心不重合，偏离 1.5 mm。

（5）轨距块分为 9-11、10-12 两种型号，用于调整钢轨左右位置。

（6）缓冲调距块分为 4-11、5-10、6-9、7-8 四种型号，用于调整垫板位置。

（7）通过更换不同型号钢轨两侧轨距块来调整支距垫板处支距；对于其他部位支距，还可以辅助以缓冲调距块进行调整。

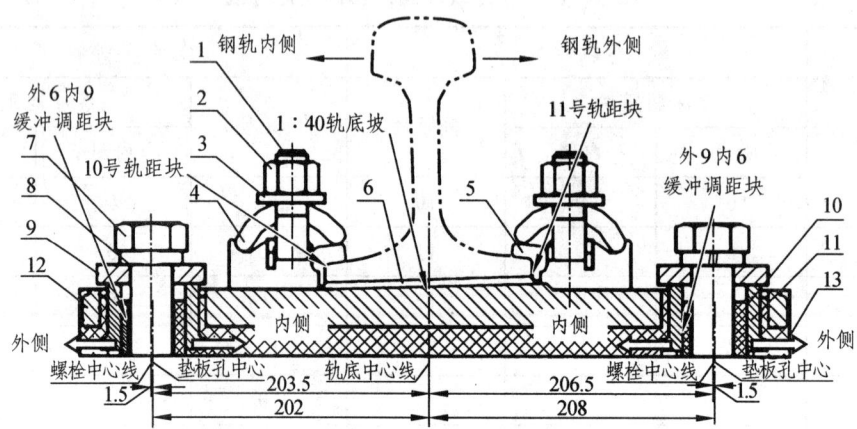

图 7.88 缓冲调距块、轨距块初始安装位置及其型号（单位：mm）

1—T 形螺栓；2—螺母；3—平垫圈；4—弹条；5—轨距块；6—轨下橡胶垫板；7—岔枕 M30 螺栓；
8—重型弹簧垫圈；9—盖板；10—绝缘缓冲调距块；11—硫化垫板；
12—弹性基板；13—调高垫片

（四）高低、水平调整

（1）轨下设 5 mm 橡胶垫板，板下设 20 mm 橡胶垫层与铁垫板硫化在一起（弹性铁垫板）。调高垫板设在岔枕顶面和弹性铁垫板间，可实现 -4 ~ +26 mm 调高量。

（2）无砟道岔扣件系统能够实现的道岔钢轨高低调整量为 -4 ~ +26 mm（表 7.13），调高垫板分为 1 mm、2 mm、5 mm、8 mm、10 mm 等 5 种厚度，用以调整钢轨高低位置。

表 7.13 无砟道岔调高垫板配置表

调高范围 (mm)	调高垫板数量					岔枕螺栓型号
	10 mm	8 mm	5 mm	2 mm	1 mm	
-4	—	—	—	—	—	A 型
-3	—	—	—	—	1	A 型
-2	—	—	—	1	—	A 型
-1	—	—	—	1	1	A 型
0	—	—	—	2	—	A 型
+1	—	—	1	—	—	A 型
+2	—	—	1	—	1	A 型
+3	—	—	1	1	—	A 型
+4	—	1	—	—	—	A 型
+5	—	1	—	—	1	A 型
+6	1	—	—	—	—	A 型
+7	1	—	—	—	1	A 型
+8	1	—	—	1	—	A 型

续表

调高范围 (mm)	调高垫板数量					岔枕螺栓型号
	10 mm	8 mm	5 mm	2 mm	1 mm	
+9	1	—	—	1	1	A型
+10	1	—	—	2	—	A型
+11	1	—	1	—	—	A型
+12	1	—	1	—	1	A型
+13	1	—	1	1	—	A型
+14	1	1	—	—	—	A型
+15	1	1	—	—	1	A型
+16	2	—	—	—	—	B型
+17	2	—	—	—	1	B型
+18	2	—	—	1	—	B型
+19	2	—	—	1	1	B型
+20	2	—	—	2	—	B型
+21	2	—	1	—	—	B型
+22	2	—	1	—	1	B型
+23	2	—	1	1	—	B型
+24	2	1	—	—	—	B型
+25	2	1	—	—	1	B型
+26	3	—	—	—	—	B型

（3）有砟道岔也可通过更换弹性铁垫板下不同规格的调高垫板进行高低调整，钢轨高低调整量为 0～+10 mm，参见表 7.14，调高垫板如图 7.89 所示。

表 7.14　有砟道岔调高垫板配置表

调高范围 (mm)	调高垫板数量					岔枕螺栓型号
	10 mm	8 mm	5 mm	2 mm	1 mm	
0	—	—	—	—	—	A型
+1	—	—	—	—	1	A型
+2	—	—	—	1	—	A型
+3	—	—	—	1	1	A型
+4	—	—	—	2	—	A型
+5	—	—	1	—	—	A型
+6	—	—	1	—	1	A型
+7	—	—	1	1	—	A型
+8	—	1	—	—	—	A型
+9	—	1	—	—	1	A型
+10	1	—	—	—	—	A型

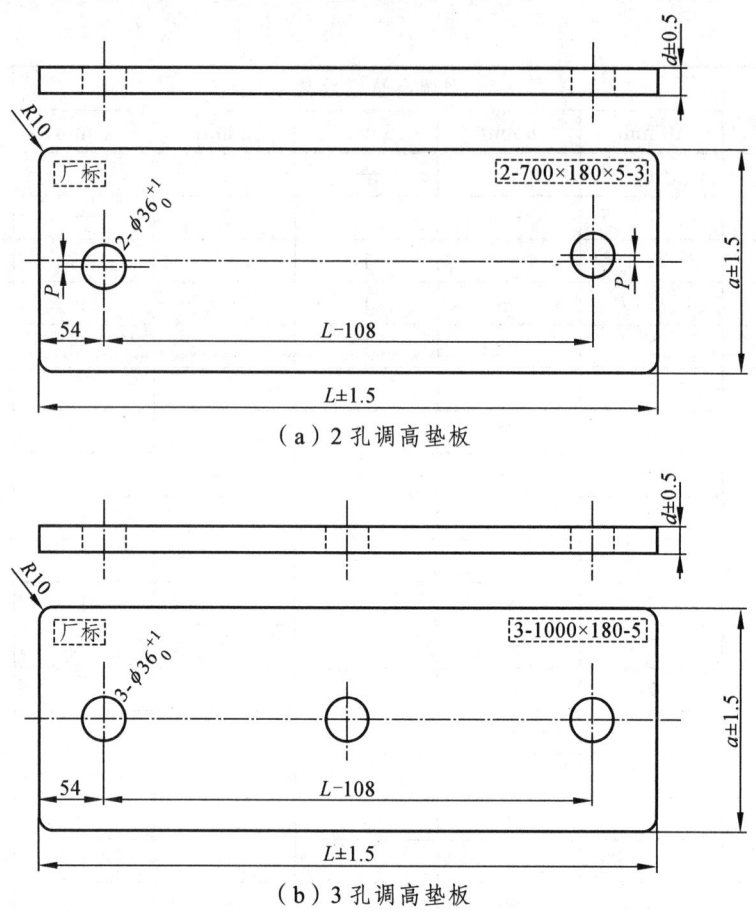

（a）2孔调高垫板

（b）3孔调高垫板

图 7.89　调高垫板图

（4）垫板螺栓分为 A、B 两种型号，正常安装时采用 A 型，调高量大于 15 mm 时采用 B 型。

二、CN 系列道岔扣件

（一）无砟轨道扣件

1. 扣件结构

CN 系列无砟道岔采用 VOSSLOH 公司 SKL12 窄型弹条，如图 7.90、图 7.91 所示；轨下设置 6 mm 橡塑垫片，采用平垫板或 1∶40 斜型垫板实现不同部位轨底坡要求。

图 7.90　SKL12 窄型弹条 a

图7.91 SKL12窄型弹条b

CN系列在尖轨跟端都采用了窄小的弹性扣件,扣压力为10~12 kN,但在支距更小的部位,也采用刚性扣压,如图7.92所示。

图7.92 尖轨跟端扣件类型

铁垫板采用锻造工艺加工,再采用硫化工艺将其和其他部件与橡胶硫化为一体,形成弹性基板结构,提高了结构的整体性,同时消除了部件间的配合间隙,为道岔扣件的技术特点之一;铁垫板与岔枕的联结采用ϕ27高强螺栓及带缓冲偏心套的结构。如图7.93所示。

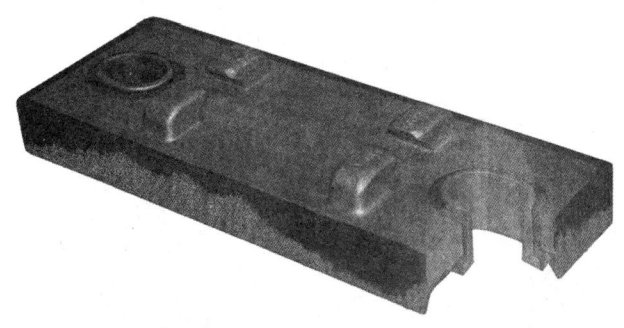

图7.93 弹性基板

在转辙器和辙叉部位设计了可拆卸滑床台板(图7.94),采用两条弹条扣压台板,方便垫板、钢轨件的安装和拆卸。该扣件结构设计精巧、制造复杂,为道岔扣件的又一特点。

图 7.94 可拆卸滑床台板

2. 轨距调整

弹条座与轨底间不设置轨距块,依靠偏心锥套可实现 $-12 \sim +12$ mm 的调距量,以 1 mm 为一级,如图 7.95 所示。

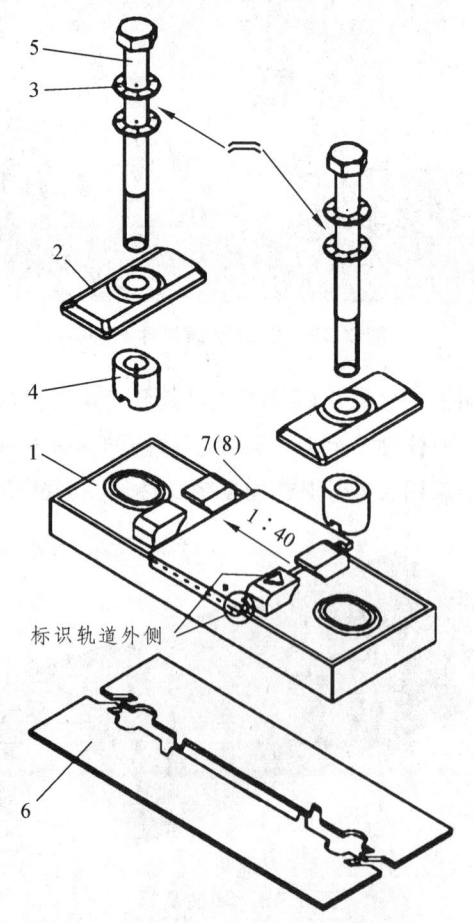

图 7.95 单根钢轨扣件系统

1—弹性基板;2—盖板;3—蝶形弹簧垫圈;4—偏心调整锥套 Ek;5—岔枕螺栓;
6—调高垫片(Upf);7—轨下垫片 Zwp60-40;8—轨下垫片 Zwp692-0

通过更换不同规格的偏心调整锥套 Ek，进行钢轨左右位置调节，偏心距在名称中有说明：调整锥套 Ek"编号"/"偏心距 mm"。调整锥套的规格以偏心距标示，为 0 ~ 12 mm，以 1 mm 为一级。

3. 高低、水平调整

板下垫层设置厚度为 2 mm、3 mm、6 mm 和 10 mm 调高垫板，可实现 -4 ~ +26 mm 调高量，当再增加高度时，需要使用加长的螺栓。

铺设时，根据图纸设计设置 6 mm 厚调高垫片（Upf6）。维修中可通过更换不同规格的调高垫片 Upf 来调整高度，调高垫片的规格有 2 mm、3 mm、6 mm 和 10 mm，调整范围为 -4 ~ +26 mm，当再增加调整高度时，需要使用加长的螺栓，见表 7.15。

表 7.15 无砟道岔调高垫板配置表

调高范围（mm）	调高垫板数量				岔枕螺栓长度（mm）
	10 mm	6 mm	3 mm	2 mm	
-4	—	—	—	1	235
-3	—	—	1	—	235
-2	—	—	—	2	235
-1	—	—	1	1	235
0	—	1	—	—	235
+1	—	—	1	2	235
+2	—	1	—	1	235
+3	—	1	1	—	235
+4	—	1	—	2	235
+5	—	1	1	1	235
+6	1	—	—	1	235
+7	1	—	1	—	235
+8	1	—	—	2	235
+9	1	—	1	1	235
+10	1	1	—	—	235
+11	1	—	1	2	235
+12	1	1	—	1	235
+13	1	1	1	—	235
+14	2	—	—	—	235
+15	1	1	1	1	235
+16	2	—	—	1	235
+17	2	—	1	—	235

续表

调高范围 (mm)	调高垫板数量				岔枕螺栓长度 (mm)
	10 mm	6 mm	3 mm	2 mm	
+18	2	—	—	2	235
+19	2	—	1	1	235
+20	2	1	—	—	235
+21	2	—	1	2	235
+22	2	1	—	1	235
+23	2	1	1	—	235
+24	3	—	—	—	235
+25	2	1	1	1	235
+26	3	—	—	1	235

（二）有砟轨道扣件

1. 扣件结构

道岔扣压件主要采用 SKL12 弹条，扣压力为 10～12 kN。垫板铁座与钢轨间不设调距块，调距通过铁垫板钉孔内的偏心锥实现；调高通过铁垫板下的调高垫板实现。支点刚度为 30 kN/mm。

扣件的垫板结构分为普通铁垫板和弹性基板 2 种（用于辙叉和转辙器区段），普通铁垫板不硫化，弹性依靠轨下橡胶垫板实现；弹性基板采用硫化工艺制造，弹性依靠硫化在其下的橡胶垫板实现，如图 7.96、图 7.97 所示。

图 7.96　普通铁垫板

图 7.97　弹性基板

在转辙器和辙叉部位设计了可拆卸滑床台板，采用两条弹条扣压台板，方便垫板、钢轨件的安装和拆卸。该扣件设计精巧、制造复杂，为道岔扣件的又一特点。该扣件采用硫化工艺，但由于刚度增大，垫板结构和无砟道岔的不同。

2. 轨距调整

通过偏心调整套，进行横向调节，如图 7.98 所示。偏心距在名称中有说明：调整套 OVE "编号"/"偏心距 mm"。调整锥套的规格为偏心距：0~8 mm，以 2 mm 为一级。

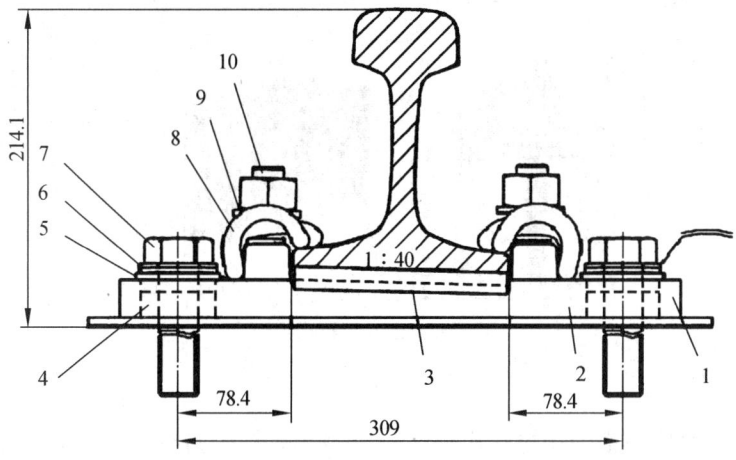

图 7.98 单根钢轨扣件系统（单位：mm）

1—硫化垫板；2—调高垫片；3—轨下橡胶垫板；4—偏心调整套 OVE；5—盖板；
6—重型弹簧垫圈；7—岔枕 M30 螺栓；8—弹条；9—平垫圈；10—T 形螺栓

3. 高低、水平调整

高低、水平的调整主要通过起道、捣固调整。

三、CZ 系列道岔扣件

（一）无砟道岔扣件

1. 扣件结构

CZ 系列的无砟道岔采用 300W 扣件，采用 SKL15 弹条扣压，与有砟道岔的扣件完全不同。混凝土岔枕顶面设有横向沟槽，铁挡肩嵌入沟槽内，并用螺栓与混凝土岔枕连接。轨距的调整用铁挡肩与轨距挡板间的调整片调整，如图 7.99、图 7.100 所示。

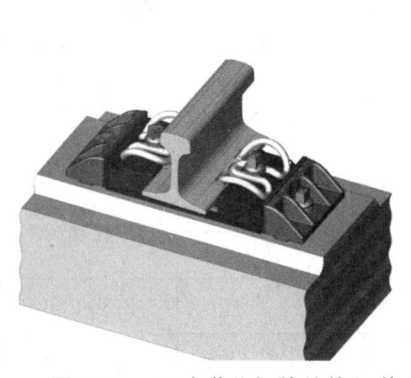

图 7.99 无砟道岔扣件结构组装

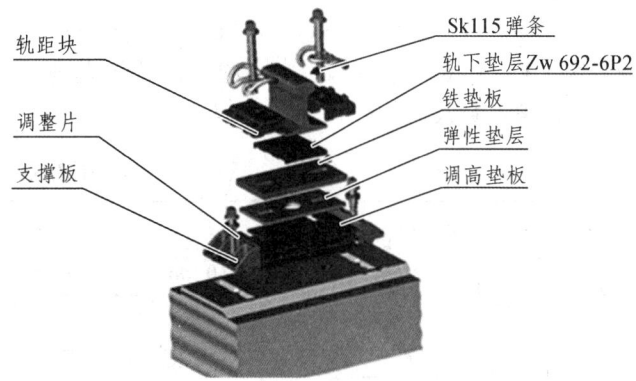

图 7.100 无砟道岔扣件结构散件图

扣件允许竖向和横向调节。对于横向调节,无须动用轨距块,通过改变调整片的厚度来实现 –4~+4 mm 的横向调节。调整片嵌入到轨撑中,以避免操作过程中可能发生的位移,如图 7.101 所示。

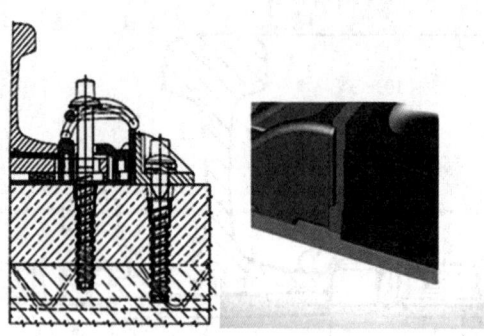

图 7.101 调整片

2. 轨距调整

通过采用不同厚度规格的调整片实现 –4~+4 mm 轨距调整,轨距调整配置见表 7.16。

表 7.16 轨距调整片配置表

单股钢轨位置(mm)	非工作边调整片	工作边调整片
–4	GS-4	GS-3
–3	GS-3	GS-2
–2	GS-2	GS-1
–1	GS-1	GS0
0	GS0	GS+1
+1	GS1	GS+2
+2	GS2	GS+3
+3	GS3	GS+4
+4	GS4	GS+5

3. 高低、水平调整

扣件标准设计在弹性垫层下设置了 4 mm 的绝缘垫层,通过取消绝缘垫层或增加绝缘垫层实现 –4~+26 mm 高低、水平调整,当调节到一定高度时,需要更换不同高度的岔枕螺栓。无砟道岔调高垫板配置见表 7.17。

表 7.17 调高垫板配置

调高范围(mm)	中间垫层 Zwp386/210/4	调高垫板				岔枕螺栓
		10 mm	6 mm	3 mm	2 mm	
–4	—	—	—	—	—	Ss36-230
–2	—	—	—	—	1	Ss36-230

续表

调高范围 （mm）	中间垫层 Zwp386/210/4	调高垫板				岔枕螺栓
		10 mm	6 mm	3 mm	2 mm	
−1	—	—	—	1	—	Ss36-230
0	1	—	—	—	—	Ss36-230
+1	—	—	—	1	1	Ss36-230
+2	—	—	—	—	1	Ss36-230
+3	1	—	—	1	—	Ss36-230
+4	1	—	—	—	2	Ss36-230
+5	1	—	—	1	1	Ss36-240
+6	1	—	1	—	—	Ss36-240
+7	1	—	—	2	1	Ss36-240
+8	1	—	1	—	1	Ss36-240
+9	1	—	1	1	—	Ss36-240
+10	1	1	—	—	—	Ss36-240
+11	1	—	1	1	1	Ss36-250
+12	1	—	2	—	—	Ss36-250
+13	1	1	—	1	—	Ss36-250
+14	1	1	—	—	2	Ss36-250
+15	1	—	—	1	1	Ss36-250
+16	1	1	1	—	—	Ss36-250
+17	1	—	2	1	1	Ss36-250
+18	1	—	3	—	—	Ss36-250
+19	1	1	1	1	—	Ss36-250
+20	1	—	2	—	—	Ss36-250
+21	1	1	1	1	1	Ss36-250
+22	1	—	2	—	1	Ss36-250
+23	1	—	2	1	—	Ss36-260
+24	1	—	4	—	—	Ss36-260
+25	1	—	2	1	1	Ss36-260
+26	1	—	2	1	—	Ss36-260

（二）有砟道岔扣件

1. 扣件结构

有砟道岔扣件采用 VOSSLOH 公司 SKL12 窄型弹条，轨下设置 9 mm 橡胶垫层，板下设置 4 mm 橡塑垫板；滑床板部分轨下不设弹性垫层，板下设 9 mm 橡胶垫层；跟端固定区轨下及板下各设置 4.5 mm 橡胶垫层。

垫板设置多个岔枕螺栓，牢固地紧固垫板，所以没有设置轨距块，对垫板的制造精度要求较高，如图 7.102、图 7.103 所示。

图 7.102　平垫板

图 7.103　滑床板

扣件采用 SKL 系列扣件，不设置轨距块，SKL24 扣件安装到位时，应该是五点接触；SKL12（滑床板上用）扣件安装到位时，应该是中间的接触点刚刚接触，或者离轨肢的间隙小于 2 mm。扣件系统动态刚度为（150 ± 30）kN/mm，如图 7.104 所示。

图 7.104　SKL12、SKL24 弹条扣件

为了适应跟端结构狭小位置处扣压，尖轨跟端采用 SKL24 扣件和 USK2 弹条，转辙器跟端结构简单、可靠，如图 7.105、图 7.106 所示。

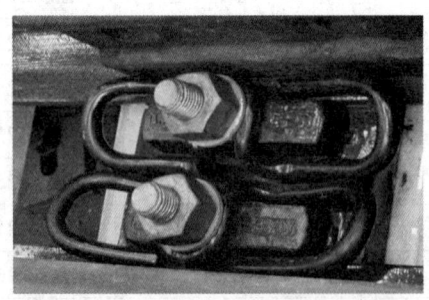
图 105　SKL24 扣件

图 106　USK2 弹条扣压

各种类型的垫板均采用高强度耐低温球墨铸铁制造。

2. 轨距调整

不设轨距块，轨距调整依靠铁垫板端部的月牙挡块实现。

（1）普通垫板区域不设置轨距块，通过旋转偏心绝缘套（偏心 4 mm）来实现轨距 – 4 ~ + 4 mm 的调整，调整无须配件，如图 7.107 所示。

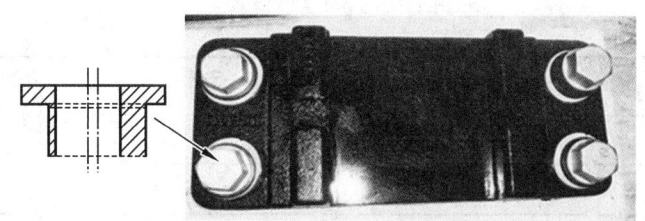

图 7.107 偏心绝缘套和普通铁垫板

（2）滑床板区域通过采用滑床板端头的挡肩（成对）组合移动滑床板（其上孔为长圆孔）进行轨距调整，可实现 −4～+2 mm 的调距量，如图 7.108 所示。

图 7.108 滑床板及其端头挡肩

3. 高低、水平调整

铁垫板与岔枕的联结采用双排 ϕ24 高强螺栓结构。板下可设调高垫层，实现 0～10 mm 的调高量。

有砟道岔高低、水平的调整主要通过起道、捣固调整，也可通过在垫层下增加厚度为 1 mm、2 mm、4 mm 的调高垫板进行高低、水平调整，高低、水平调整范围为 0～10 mm。有砟道岔调高垫板配置见表 7.18，调高垫板如图 7.109 所示。

表 7.18 有砟道岔调高垫板配置表

调高范围（mm）	调高垫板数量		
	4 mm	2 mm	1 mm
0	—	—	—
+1	—	—	1
+2	—	2	—
+3	—	2	1
+4	1	—	—
+5	1	—	1
+6	1	1	—
+7	1	1	1
+8	2	—	—
+9	2	—	1
+10	2	1	—

图 7.109　调高垫板

第八章　无缝线路

第一节　无缝线路概述

无缝线路是将标准钢轨焊接而成的长钢轨线路，又称为焊接长钢轨线路（continuous welded rail，CWR Track）。国外称为无接缝线路、连续焊接长钢轨线路、长钢轨线路等。我国铁路铺设初期沿用苏联的叫法——无接缝线路，以后略去"接"字，称"无缝线路"至今。

一、无缝线路的产生

普通铁路铺设的钢轨长度为 25 m，每隔 25 m 有一个接头，接头处预留轨缝，以防止钢轨在热胀冷缩时产生的温度力影响线路稳定性。在普通线路上，钢轨接头是轨道的薄弱环节之一，由于钢轨接头的存在，列车通过时发生冲击和振动，并伴随有打击噪声，所产生的冲击荷载最大可在非接头区 3 倍以上。接头冲击力影响行车的平稳和旅客的舒适感，并促使道床破坏、线路状态恶化、钢轨及联结零件的使用寿命缩短、维修劳动费用增加。随着速度的增加，问题会更加严重。这既影响了行车的安全和平稳舒适，又缩短了机车车辆和轨道设备的使用寿命，更不能适应现代高速重载运输的需要，因此，采用将钢轨焊接在一起的方法直接消除接头，形成无缝的线路。

无缝线路是 20 世纪轨道结构最突出的改进与创新。无缝线路的出现，不但在理论上修正和丰富了轨道结构的设计、计算内容，而且在结构上消除了钢轨接头，减少了列车在接头区的冲击与振动，不仅延长了轮、轨部件的使用寿命，减少了维修费用（据一些国家统计，仅从节约劳力和延长设备使用寿命方面计算，无缝线路比有缝线路可节约线路维修费用 30% ~ 75%），而且无缝线路提供了平滑的运行表面，给列车运营与行车安全也带来了诸多好处。尤其对高速与重载铁路来讲，无缝线路已成为不可或缺的轨道结构形式。因此，无缝线路在世界各国得到了广泛的应用与推广。

二、无缝线路分类

1. 根据无缝线路的发展历程分类

根据发展历程，无缝线路分为普通无缝线路、区间无缝线路、跨区间无缝线路三类。

（1）普通无缝线路。

普通无缝线路是指由于自动闭塞区间绝缘接头的设置，轨条长度不跨越闭塞分区，也不跨越车站，焊接长钢轨的长度限制在 1 ~ 2 km 以内的无缝线路。

（2）区间无缝线路。

两相邻车站咽喉道岔之间的无缝线路，取消了缓冲区，其长轨条贯穿整个区间，这样的无缝线路叫作区间无缝线路。

（3）跨区间无缝线路。

区间无缝线路上的长轨条与车站内的道岔和线路全部焊联成一体，道岔焊成无缝道岔，也就是说，整个区段的无缝线路彻底地取消了钢轨接头，这样的无缝线路叫作跨区间无缝线路。

跨区间无缝线路从线路起点开始，跨越路基、桥梁、隧道、涵洞等所有线路建筑，直至线路的终点，其钢轨长度基本实现了理论上的无限长，是无缝线路技术的一次重大飞跃。

2. 根据钢轨内部温度应力处理方式不同分类

根据钢轨内部温度应力处理方式的不同，无缝线路可分为温度应力式、放散温度应力式。

（1）温度应力式无缝线路。

其结构形式是在两长轨之间用几根普通标准长度的钢轨连接，这一区段叫缓冲区；长轨本身仅在两端约数十米长度范围内容许伸缩，容许伸缩的段落叫伸缩区；长轨中间不能伸缩的部分叫固定区。美国、德国及我国都采用这种类型。也有结构形式是在两长轨之间采用伸缩调节器，它容许的伸缩量要大一些，但也仅仅是长轨端部百余米能伸缩，中间部分还是不能伸缩，英、法、日等国曾采用过此种类型，也属于温度应力式无缝线路。

温度应力式无缝线路在运营过程中，通常不需要人工放散温度应力。

（2）放散温度应力式无缝线路。

放散温度应力式无缝线路分为自动放散式和定期放散式两种，适用于年轨温差较大的地区。在每年春、秋两季各放散应力一次，以免钢轨所承受的应力过大。由于每年放散应力工作量太大，这种形式的无缝线路有被淘汰的趋势。

自动放散式为了消除和减少钢轨内部的温度力，允许长轨条自由伸缩，在长轨两端设置钢轨伸缩接头。在大桥上、道岔两端为释放温度力，一般铺设自动放散式无缝线路，在长轨两端设置伸缩调节器。自动放散应力式无缝线路，扣件不扣紧，端部使用伸缩调节器，容许钢轨纵向位移，因问题较多，线路上已不再使用。

定期放散温度应力式无缝线路结构形式与温度应力式相同。根据当地轨温条件，把钢轨内部的温度应力每年调整放散 1~2 次。放散时，松开焊接长钢轨的全部扣件，使它自由伸缩，放散内部温度应力，应用更换缓冲区不同长度调节轨的办法，保持必要的轨缝。

3. 其他分类

（1）根据铺设位置、设计要求的不同，无缝线路可分为路基无缝线路、桥上无缝线路、隧道无缝线路、岔区无缝线路等。

（2）根据道床结构形式不同，无缝线路可分为有砟轨道和无砟轨道结构。

（3）根据长钢轨接头的联结形式不同，无缝线路可分为胶接、焊接和冻结无缝线路。

三、无缝线路基本原理

一根长度为 l 可自由伸缩的钢轨，当轨温变化 Δt 时，其伸缩量为：

$$\Delta l = \alpha \cdot l \cdot \Delta t$$

式中 α——钢轨的线膨胀系数，取 $11.8 \times 10^{-6}/℃$；

l——钢轨长度（mm）；

Δt——轨温变化幅度（°C）。

如果将处于自由状态的钢轨两端完全固定，则钢轨内部将产生温度应力：

$$\sigma_t = E \cdot \varepsilon_t = E \cdot \alpha \cdot \Delta t$$

式中 E——钢的弹性模量，$E = 2.1 \times 10^5$ MPa；

  ε_t——钢的温度应变。

将 E、α 值代入上式，则温度应力为：

$$\sigma_t = 2.1 \times 10^5 \times 11.8 \times 10^{-6} \Delta t = 2.48 \Delta t \text{（MPa）}$$

一根钢轨所受的温度力 P_t 为：

$$P_t = \sigma_t \cdot F = 2.48 \Delta t \cdot F \text{（N）}$$

式中 F——钢轨的断面积（mm²）。

由以上公式可知：

（1）两端固定的钢轨中所产生的温度力，仅与轨温变化幅度 Δt 有关，而与钢轨本身长度无关。

（2）不同类型的钢轨在同一轨温变化幅度下所产生的温度力大小不同。钢轨断面积越大，同一轨温变化幅度下所产生的温度力越大。

（3）无缝线路钢轨自由端伸长量与轨温变化幅度 Δt、轨长 l 有关，与钢轨断面积无关。

无缝线路轨条很长，当轨温变化时，钢轨要发生伸缩，但由于有约束作用，不能自由伸缩，在钢轨内部要产生很大的温度力。

钢轨所受的温度力是随轨温的变化而变化的。在一段完全不能伸缩的钢轨中，轨温每升或降 1 °C，50 kg/m 的钢轨将产生 16.31 kN 的纵向压力或纵向拉力，60 kg/m 钢轨将产生 19.19 kN 的纵向压力或纵向拉力，75 kg/m 的钢轨将产生 23.55 kN 的纵向压力或纵向拉力。我国华北和中原地区，如果锁定轨温准确，在最热季节，两根 50 kg/m 钢轨最大温度压力在 1.3 MN 左右，60 kg/m 钢轨约为 1.6 MN（合 40 °C 温差）；在最冷季节，最大温度拉力，50 kg/m 钢轨约为 1.7 MN，60 kg/m 钢轨约为 20 MN。准确的温度力需根据设计的锁定轨温及当地的最高最低轨温来计算。温差小的地区，如华南地区轨温变化幅度较小，钢轨所受的温度力要小一些。温差大的地区，如东北、西北地区，钢轨所受的温度力要大一些。

四、各种轨温定义

1. 轨　温

轨温即使用专用仪器（如数字式钢轨测温计）测量确定的钢轨温度。

在自然条件和地理环境的影响下，轨温与气温不相同，而且相差也不是一个常数。切忌靠气温表随意臆测，以免给施工带来不良影响。轨温与气候变化、风力大小、日照强度、线路走向和所取部位等均有密切关系。一天中最高轨温时间一般为 13~14 点，最低轨温时间一般为 4~5 点。

根据多年观测，实际最高轨温要比当地的最高气温高 18~25 °C，实际最低轨温要比当地的最低气温低 2 ~ 3 ℃。设计时通常最高轨温为当地有历史记录以来的最高气温加 20 ℃，最低轨温等于当地有历史记录以来的最低气温。在长度大于 300 m 的隧道内，轨温与气温接近。最高气温与最低气温根据当地有史以来的气象资料确定。

2. 锁定轨温

所谓锁定轨温，理论上就是把处于自由状态的长轨条将其两端接头螺栓拧紧并扣结于轨枕（或轨道板）使之锁定时的轨温。从钢轨的受力情况看，锁定轨温指的是零应力轨温，或者说是对零应力轨温的一种习惯叫法。

锁定轨温的性质如下：

（1）锁定轨温是"零应力轨温"。

（2）锁定轨温是轨温变化度依据。离开了锁定轨温这个基数，轨温变化度数就无从谈起，温度力和钢轨限制伸缩量也就无从算起。

（3）锁定轨温和钢轨长度是相关统一的。设计无缝线路时，锁定轨温定下来了，钢轨长度也就随之定下来了。无缝线路铺设锁定之后，要想保持锁定轨温不变，就必须保持钢轨长度不变。如果钢轨伸长了，就意味着锁定轨温升高了；钢轨缩短了，则意味着锁定轨温降低了。一旦锁定轨温偏离了设计范围，就会给无缝线路的受力状况带来不良影响。

据测算，每 1 000 m 长的无缝线路钢轨，每伸 11.8 mm，相当于锁定轨温升了 1 ℃；缩短 11.8 mm，相当于锁定轨温降低了 1 ℃。

（4）为降低长轨条内的温度力，需选择一个适宜的锁定轨温，又称零应力状态的轨温。

（5）锁定轨温是决定钢轨温度力水平的基准，因此根据强度、稳定条件确定锁定轨温是无缝线路设计的主要内容。

3. 零应力轨温

钢轨内部温度力为零时的轨温叫作零应力轨温。也就是说，对于被锁定的长轨条，必然存在这样一个轨温，在此轨温下，钢轨处于自由状态，其内部的温度力为零。

4. 设计锁定轨温

设计锁定轨温亦称中和轨温，它是根据线路的具体条件，通过轨道强度和稳定性检算确定的零应力轨温。

无缝线路设计锁定轨温按下式计算确定：

（1）无砟轨道：

$$T_e = \frac{T_{max} + T_{min}}{2} \pm \Delta T_k$$

式中　T_e——设计锁定轨温；

ΔT_k——设计锁定轨温修正值，一般取 0 ~ 5 ℃；

T_{max}——最高轨温，取历年最高气温加 20 ℃；

T_{min}——最低轨温，取历年最低气温。

（2）有砟轨道：

$$T_e = \frac{T_{max} + T_{min}}{2} + \frac{[\Delta T_d] - [\Delta T_u]}{2} \pm \Delta T_k$$

式中　T_e——设计锁定轨温；
　　　$[\Delta T_d]$——允许温降；
　　　$[\Delta T_u]$——允许温升；
　　　ΔT_k——设计锁定轨温修正值，一般为 0～5 ℃；
　　　T_{max}——最高轨温，取历年最高气温加 20 ℃；
　　　T_{min}——最低轨温，取历年最低气温。

5. 设计锁定轨温范围

无缝线路的铺设很难在设计锁定轨温（T_e）下把整段长轨条锁定，因此需要决定一个既满足强度条件，又满足稳定条件的锁定轨温范围，一般按 $T_e \pm 5$ ℃ 设定，称之为设计锁定轨温范围。

6. 施工锁定轨温

施工锁定轨温指的是施工时，在设计锁定轨温范围内把长轨条锁定时的轨温。一般规定，铺设时，长轨条始终端落槽就位时轨温的平均值为施工锁定轨温。

施工锁定轨温不一定等于设计锁定轨温，但应在设计锁定轨温允许变化范围之内。

7. 实际锁定轨温

实际锁定轨温强调的是"实际"二字，它说明铺设时所确定的锁定轨温不是一成不变的，在运营中除受轨温周期变化的影响外，同时还受到列车运行的影响，长轨条因塑性变形而导致锁定轨温降低（一般下降 5～8 ℃）。经常对无缝线路进行维修作业，有时也可能导致设计锁定轨温的改变；尤其在严寒酷暑季节，一旦无缝线路的锁定状态改变，就可能因为无意识的放散应力而改变实际锁定轨温。因此，无缝线路的长轨条，在运营中存在一个实际的锁定轨温。

第二节　无缝线路稳定性

在夏季高温季节，无缝线路的钢轨内部会产生巨大的温度压力，容易引起轨道横向变形。在列车动力或人工作业等干扰下，轨道弯曲变形有时会突然增大，这一现象常称为胀轨跑道（也称臌曲），在理论上称为丧失稳定。这对列车运行的安全是个极大的威胁。

轨温升高使钢轨伸长，由于无缝线路被锁定，所以钢轨无法自由伸长，因温度变化引起的伸缩量受到很大的限制，使得钢轨内部积存了很大的温度力。线路将在温度力的作用下发生位移，然而线路具有抵抗钢轨和轨道框架纵向位移的阻力，当阻力足够抵抗温度力的影响时，线路保持稳定。如果温度力超过了轨道框架的抵抗能力，某些薄弱处所的钢轨会出现弯曲变形，并随轨温的升高而逐渐增大变形矢度，这种现象称为胀轨。胀轨发展到一定程度，即达到临界状态时，如轨温继续升高，钢轨变形矢度会在最薄弱的位置迅速增大，轨道框架突然臌曲，偏离线路中心，向外产生位移，这种现象称为跑道，如图 8.1 所示。

图 8.1 跑道

一、无缝线路稳定性研究

1. 主要因素

无缝线路稳定性分析的主要目的是研究轨道胀曲的发生规律,分析其产生的力学条件及主要影响因素,计算出保证线路稳定的允许温度压力。因此,稳定性分析对无缝线路的设计、铺设及养护维修具有重要的理论和实践意义。

影响线路稳定性的主要因素是:温度力、原始弯曲、道床阻力和轨道框架刚度。因此,为保持轨道稳定,在温度力不变的情况下应做到轨向顺直,道床阻力和轨道刚度足够大。

无缝线路原始弯曲(即轨道方向不良)形成原因较为复杂,其几何形状具有很强的随机性。钢轨焊接的几何缺陷、线路方向不良以及轨道升温效应、列车横向力作用都将形成无缝线路的原始弯曲。原始弯曲由塑性弯曲和弹性弯曲两部分组成。

2. 失稳过程

从大量的室内模型轨道和现场实际轨道的稳定试验以及现场事故观察分析可知,轨道胀轨跑道的发展过程基本上可分为三个阶段,即持稳阶段、胀轨阶段和跑道阶段,如图 8.2 所示。图中纵坐标为钢轨温度压力,横坐标为轨道弯曲变形矢度 f_0+f,f_0 为初始弯曲矢度。胀轨跑道总是从轨道的薄弱地段(即具有原始弯曲的不平顺处)开始。在持稳阶段(AB),轨温升高,温度压力增大,但轨道不变形。胀轨阶段(BK),随着轨温的增加,温度压力也随之增加,此时轨道开始出现微小变形,此后,温度压力的增加与横向变形之间呈非线性关系。当温度压力达到临界值 P_K 时,若轨温稍有升高或稍有外部干扰,轨道将会突然发生胀曲,道砟抛出,轨枕裂损,钢轨发生较大变形,轨道受到严重破坏,此为跑道阶段(KC),至此稳定性完全丧失。

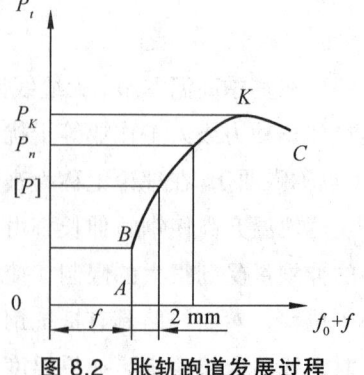

图 8.2 胀轨跑道发展过程

二、无缝线路阻力

在无缝线路上,阻止钢轨及轨道框架移动的阻力有纵向阻力、横向阻力和竖向阻力。

1. 线路纵向阻力

线路纵向阻力是抵抗钢轨伸缩、防止线路爬行的重要参数，也是桥上无缝线路计算的一个重要参数。无砟轨道线路纵向阻力取扣件纵向阻力；有砟轨道除采用小阻力扣件地段外线路纵向阻力取道床纵向阻力，铺设小阻力扣件地段线路纵向阻力取扣件纵向阻力。

道床纵向阻力系指道床抵抗轨道框架纵向拉移的阻力，一般以每根轨枕的阻力 R 或每延厘米分布阻力 r 表示。它是抵抗钢轨伸缩、防止线路爬行的重要参数。道床纵向阻力包括轨枕与道床间的摩擦阻力和轨枕盒内道砟抗推力。道床纵向阻力与轨枕类型及道砟密实程度、材质、颗粒级配、道床断面形状等有关。

道床抵抗轨道框架纵向位移的阻力，由轨枕与道床之间的摩阻力和枕木盒内道砟抗推力组成。图 8.3 为实测得到的单根轨枕在正常轨道状态下，道床纵向阻力与位移关系曲线。由图可以看出：道床纵向阻力值随位移的增大而增加，当位移达到一定值之后，轨枕盒内的道砟颗粒之间的结合被破坏，在此情况下，即使位移再增加，阻力也不再增大；在正常轨道条件下，混凝土轨枕位移小于 2 mm，道床纵向阻力呈斜线增长，表明道床处于弹性工作范围，混凝土枕轨道道床纵向阻力大于木枕轨道。

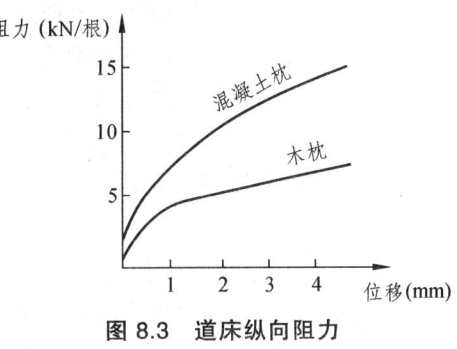

图 8.3 道床纵向阻力

2. 道床横向阻力

道床横向阻力是有砟轨道无缝线路稳定性检算的重要参数，由轨枕与道砟之间的摩擦阻力和砟肩阻止轨枕横移阻力组成。道床横向阻力与轨枕类型、铺设根数及道砟材质、颗粒级配、密实程度、道床断面形状有关，应根据实测资料并进行数据统计确定。道床横向阻力计算如表 8.1 所示。

表 8.1 道床横向阻力

轨枕类型		道床横向阻力（kN/m）
新Ⅱ型混凝土轨枕	1 760 根/km	8.5
	1 840 根/km	8.9
Ⅲ型混凝土轨枕	1 667 根/km	11.5

影响道床横向阻力的因素主要有：

（1）道床的饱满程度。道床的饱满程度，关系到轨枕与道砟接触面的大小，直接影响道床的横向阻力值。

（2）道床肩宽。道床肩部宽度所负担的道床横向阻力，在正常情况下约占横向阻力总值的 1/3。

（3）道床肩部堆高。道床肩部堆高有提高道床横向阻力的效应。肩部堆高比加宽肩部效果明显，且节约道砟。

（4）道砟种类及粒径尺寸。道砟的材质不同，道砟间的摩擦阻力也不同。

（5）线路维修作业影响。在线路维修作业中，凡影响道床道砟间相互咬合和道砟的轨枕接触状况的，都将导致道床阻力的下降。

道床横向阻力的大小除与上述主要因素有关外，还与轨枕类型有关。

3. 道床竖向阻力

道床抵抗轨道框架沿垂直方向移动的力称为道床竖向阻力，由轨道框架重量及轨枕各侧面与碎石道砟之间的摩擦阻力组成，也可以近似认为是轨道框架重量。

4. 轨道框架刚度

钢轨、轨枕连在一起称为轨道框架。轨道框架刚度是指轨道框架抵抗弯曲、扭曲的能力，是保持轨道稳定的因素。在垂直面内，轨道框架刚度等于两钢轨刚度之和；在水平面内，轨道框架刚度等于两根钢轨在水平面内的刚度与钢轨扣件节点扭矩之和。扣件节点扭矩与轨枕类型、扣件类型、扣件压力及钢轨相对于轨枕的转角有关。这种能力由钢轨刚度及扣件节点扭矩组合而成，因此扣件拧紧程度直接影响框架刚度的大小。

三、无缝线路管理

（一）管理单元

跨区间及区间无缝线路按单元轨节和单组道岔划分管理单元，单元轨节长度的确定应根据线路条件、工点情况、施工工艺等因素综合研究确定。从施工工艺的角度来说，单元轨节过长，施工时用于应力放散及锁定的时间会长，其间轨温变化大，拉轨、垫滚筒、撞轨、钢轨落槽等不同施工工艺协调难度大，尤其是将受到滚筒阻力和拉轨器最大拉伸量的限制，锁定轨温不易控制，从而影响铺轨质量；从养护维修的角度来说，单元轨节过长，也不利于运营中的应力放散和应力调整。另外，单元轨节过短将导致单元轨节数量过多，增加养护维修中管理的复杂程度；同时，单元轨节过短将在长轨条中形成较大的不均匀温度应力。

无缝线路设计时，单元轨节的布置应根据线路条件、工点情况、施工工艺等因素综合研究确定。区间单元轨节长度宜为 1 000～2 000 m，最短不应小于 200 m。无缝道岔、钢轨伸缩调节器及其前后线路，长大桥梁及两端线路护轨梭头范围之内，长度超过 1 000 m 的隧道，小半径曲线地段宜单独设计为一个或多个单元轨节。无缝线路维修管理时，应以一次锁定的轨条为管理单元，无缝道岔应以单组或相邻多组一次锁定的道岔及其前后 200 m 线路为管理单元。

（二）钢轨位移观测

无缝线路铺设锁定后，应及时观测位移初值，并测量两桩之间无缝线路长度，做好无缝线路钢轨位移观测。位移观测可采用仪器观测或弦线测量。累计位移量出现异常时（锁定轨温变化超过 5 ℃），工务段应及时查明原因，采取相应措施。

1. 位移观测桩设置方法

（1）路基上在同一断面的两侧路肩设置埋设混凝土观测桩，观测桩顶部设置不锈钢照准点，线间设置永久对中点，同时在钢轨轨腰上设置观测标尺。

（2）隧道内在同一断面的两侧电缆槽边墙上设置不锈钢照准点，线间设置永久对中点，同时在钢轨轨腰上设置观测标尺。

(3)桥上在固定支座上方、同一断面的两侧防撞墙上设置不锈钢照准点,线间桥面设置永久对中点,同时在钢轨轨腰上设置观测标尺。

(4)标尺中间设零点,标尺总长度不小于 10 cm,如图 8.4 所示。观测桩编号标注在标尺前方轨腰上,采用红底白字,如图 8.5 所示。

图 8.4 观测标尺示意图

图 8.5 观测桩编号标注示意图

2. 位移观测桩设置要求

(1)钢轨位移观测桩必须预先埋设牢固,均匀布置,内侧应距线路中心不小于 3.1 m,桥梁地段应在固定支座上方设置。

(2)区间钢轨位移观测桩间距不应大于 500 m,如图 8.6 所示。

(3)道岔及其前后设置 7 对钢轨位移观测桩:岔头、限位器(或间隔铁)、岔尾(含直、曲股)、道岔前后 50 m 和 200 m 处。岔区道岔间距大于 50 m 时设一对钢轨位移观测桩。如图 8.7 所示。

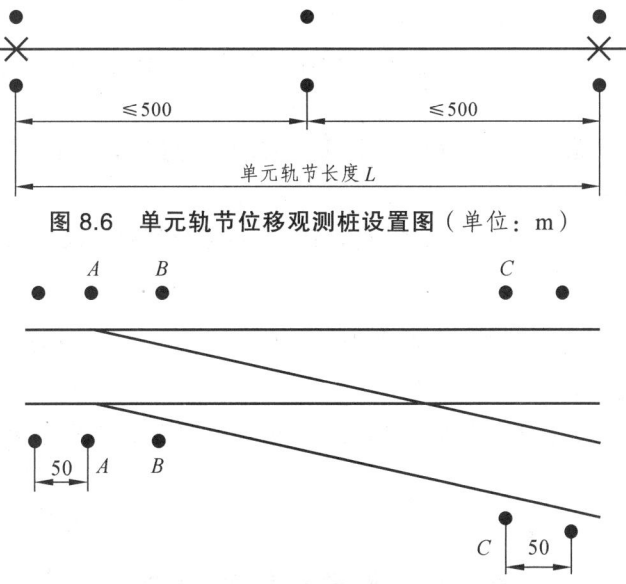

图 8.6 单元轨节位移观测桩设置图(单位:m)

图 8.7 单组道岔位移观测桩设置图(单位:m)

注:① 图中"●"表示位移观测桩,"×"表示单元轨节始端或终端;
② 图中 A、B、C 分别表示在道岔前端、限位器、道岔后端的对应位置设置位移观测桩。

(4)调节器及其前后设置 6 对钢轨位移观测桩:调节器两端及前后 50 m 和 200 m 处。双向调节器在中间增设 1 对。

四、胀轨跑道的处理

1. 作业方法

（1）发现胀轨跑道，应立即通知车站、工区和运行中的列车司机，封锁线路，设置停车信号防护。

（2）作业中发现胀轨预兆时，必须立即停止作业，及时采取应急措施。

（3）无论作业中或作业后，发现线路轨向不良，均用 10 m 弦测量两股钢轨的轨向偏差。当平均值达到 10 mm 时，必须设置慢行信号，回填道砟，堆高砟肩，并夯拍道床，按 5 km/h 速度放行列车。

（4）当两股钢轨的轨向偏差平均达到 12 mm 时，在轨温不变的情况下，必须设置停车信号防护。

（5）发生胀轨跑道后，应立即采取钢轨降温等紧急措施，有条件时可采取浇水或喷洒液态二氧化碳等办法降低钢轨温度。

（6）无降温条件或降温无效时，应立即截断钢轨（普通线路应拆开钢轨接头）放散应力，整正线路，夯拍道床，首列放行列车速度不超过 5 km/h。

（7）对发现胀轨预兆地段，要加强巡查或派专人监视线路变化，直至消除隐患，并尽快恢复线路。

（8）发生胀轨后，必须立即将线路胀轨情况向车间、段汇报。严格执行线路胀轨应急预案，及时组织分析，吸取教训，采取对策。

2. 质量标准

（1）采用浇水降温时，其浇淋长度自胀轨跑道两端各 50～70 m，由外向内对两股钢轨同时浇水。

（2）发现胀轨（预兆）经处理线路稳定后，可逐步提高行车速度。在轨温无明显下降前，不得提前撤离看守人员。

（3）截断钢轨应急处理后，必须在 24 h 内按规定进行临时性或永久性处理。

3. 安全注意事项

（1）当无法确定线路发生胀轨还是发生跑道时，应先设置停车信号防护，再进行应急处理，决不冒险放行列车。

（2）发生胀轨跑道，应先采取降温措施，不得盲目拨道。复线或多线地段，要同时检查线间距，避免影响邻线行车。

第三节　无缝线路钢轨焊接

一、钢轨焊接方式

我国钢轨焊接主要有三种方式：闪光焊、气压焊和铝热焊。

1. 闪光焊接

（1）固定式闪光焊接（固定式接触焊）：用闪光焊机在基地或车间焊轨作业线的焊接工位焊接钢轨，焊接电源由电力网经配电变压器供电。

（2）移动式闪光焊接（移动式接触焊）：用闪光焊机在工地焊接钢轨，焊机及其配套设备的动力源是独立的车载式发电机组。

2. 气压焊接

气压焊接是指用气体火焰加热钢轨，在压力作用下获得牢固接头的焊接方法。

3. 铝热焊接

铝热焊接是以氧化铁为氧化剂，以铝粉为还原剂的一种热剂焊。

闪光焊采用的焊机自动化工艺控制水平高，焊接质量好，其抗拉强度和疲劳强度与母材相当。气压焊和铝热焊由于工艺本身、工作环境条件、自动化控制水平等原因，焊接质量和强度弱于母材。据统计，铝热焊伤损数量较多，气压焊次之，闪光焊最好。实践证明，闪光焊的焊头强度高、断轨率低，其焊接质量最为可靠。

二、闪光焊接

钢轨闪光焊是将待焊的钢轨分别上下夹紧，平顺对直，然后接通电源，并使钢轨两端相互接近直至接触，电流通过待焊钢轨端部产生热量，不断形成金属过梁，随着过梁爆破产生闪光、飞溅使被焊端面得以清洁，并使之加热至表面熔化状态，当钢轨端温度均匀并沿纵向呈一定分布时，立即加压顶锻，在压力下相互结晶，使两节钢轨焊接在一起，如图 8.8 所示。闪光焊焊接设备分为固定闪光焊设备和移动闪光焊设备，如图 8.9、图 8.10 所示。

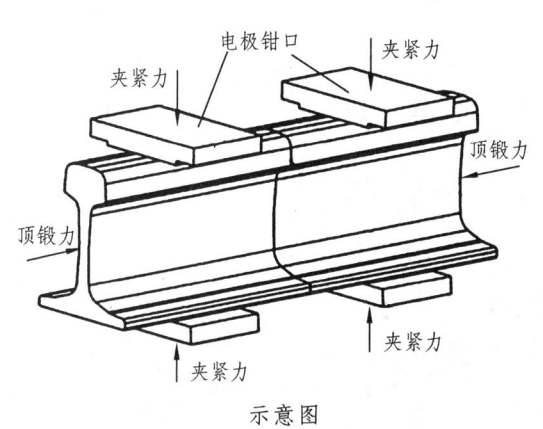

示意图　　　　　　　　焊接现场

图 8.8　闪光焊

三、气压焊接

气压焊接是将需焊接的钢轨端面清理干净，然后对准并紧密贴合（施加一定的预顶力），用气体火焰（例如氧+乙炔焰）加热端面周围到塑性状态，待金属原子具有了足够的活化能，

乌克兰巴顿焊接研究所 K1000 焊机

瑞典伊萨公司 ZFR11 焊机

瑞士施拉特公司 GAAS80 焊机

国产 UN-200 钢轨闪光焊机

图 8.9　固定式闪光焊机

图 8.10　YHG-1200K 移动式闪光焊车

能够穿过贴合面互相急剧扩散时，即对贴合面加压顶锻，使得焊接表面之间的距离缩短到原子之间的相互作用半径，达到分子之间的金属键联结，完成重新结晶和牢固联结。钢轨气压焊的焊接温度较低，只加热到 1 250 ℃，且为固相结合，故具有焊接强度高等一般压接法均具有的优点，如图 8.11 所示。

第八章　无缝线路

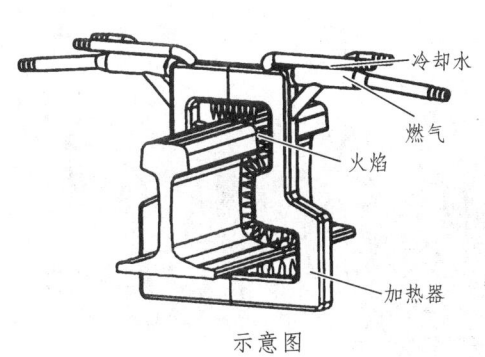
示意图

焊接现场

图 8.11　钢轨气压焊示意图

四、铝热焊接

1. 基本原理

铝热焊是应用铝和氧化铁发生化学反应置换出铁的原理而形成的一种钢轨焊接技术，其化学反应式：$Fe_2O_3 + 2Al \rightarrow 2Fe + Al_2O_3 + 850kJ$。这一反应式说明，铝能与氧化铁发生氧化还原反应（即铝热反应），并伴随产生大量的热能，在无须外部能源的情况下，就可以生成熔化的高温铁水。这些高温铁水可以将添加在铝热焊剂中并已混合均匀的合金元素，完全熔化在一起形成特定化学成分的钢水。如果将钢水浇铸于固定在两根钢轨接缝处的砂型内，即可将两根钢轨焊铸在一起，最后形成与钢轨的化学、冶金和机械性能等方面相匹配的焊接接头。这种熔铸式的钢轨焊接方式，焊缝整体性能好，焊接速度快，而操作并不复杂，如图 8.12 所示。

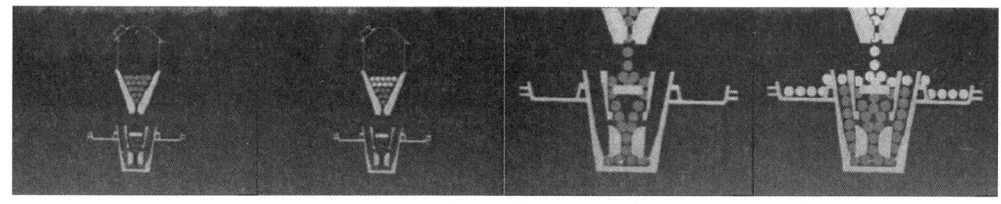

图 8.12　铝热焊接基本原理

2. 操作原理

先将铝热焊剂投放到一个耐高温坩埚中，然后将点燃的高温火柴插入铝热焊剂中，铝热焊剂随即开始铝热反应。反应过程中，氧化铁在高温下被还原形成铁水（熔化其他添加元素后形成特定化学成分的钢水），铝被氧化并与其他氧化物一起形成熔渣。钢水由于比重大而沉于坩埚底部，溶渣比重小而浮于钢水上部。反应结束后，经过短暂镇静，熔渣上浮并与钢水完全分层，坩埚底部特别设计的自熔塞自动熔开，高温钢水被释放到连接两根钢轨的耐高温砂型中，从而将它们焊接在一起。耐高温砂型带有钢轨的几何形状特征，使焊接好的接头几何形状与钢轨基本一致。在焊缝冷却下来后，如果采用适当的热处理，还可以进一步提高其机械特性，如图 8.13 所示。

图 8.13　铝热焊

第九章　高速铁路精密测量控制网

第一节　高速铁路精测网

高速铁路精密工程测量是相对于传统的铁路工程测量而言的。高速铁路的平顺性要求非常高，轨道测量精度要达到毫米级。其测量方法、测量精度与传统的铁路工程测量完全不同。我们把适合于高速铁路工程测量的技术体系称为高速铁路精密工程测量，把高速铁路精密工程测量控制网简称"精测网"。

为了保证轨道各级测量控制网测量精度同时满足线下工程施工和轨道工程施工的精度要求，即同时满足绝对定位和相对定位的精度要求，且实现运营维护阶段轨道几何状态的绝对定位和相对定位，需要建立高速铁路轨道精测三级控制网。

一、平面控制网分级布网

高速铁路工程测量平面控制网按分级布网的原则分四级布设：

第一级为框架控制网，简称为 CP0 控制网，是高速铁路工程勘测、施工和运营维护平面控制测量的坐标基准，是采用卫星定位测量方法建立的三维控制网。

第二级为基础平面控制网，简称为 CPⅠ控制网，主要是线路平面控制网（CPⅡ）测量平面坐标起闭的基准，是采用卫星定位测量方法建立的二维平面控制网。

第三级为线路平面控制网，简称 CPⅡ控制网，是线路勘测和线下工程施工阶段的平面控制网，也是轨道控制网（CPⅢ）测量平面坐标起闭的基准，一般情况下 CPⅡ要求采用卫星定位测量的方法测量，但在隧道洞内却只能采用导线环网的方法测量。

第四级为轨道控制网，简称CPⅢ控制网，是轨道施工和运营维护的平面坐标和高程基准，其平面测量采用智能型全站仪以自由测站边角交会网的方法进行，其高程测量采用电子水准仪以水准测量的方法进行，一般要求在线下工程施工完成后进行施测。

二、精密测量控制网组成

精密测量控制网由平面控制网及高程控制网组成。

（1）平面控制网在框架平面控制网（CP0）的基础上分三级布设：第一级为基础平面控制网（CPⅠ），主要为勘测、施工和运营维护提供坐标基准；第二级为线路平面控制网（CPⅡ），主要为勘测和施工提供控制基准；第三级为轨道控制网（CPⅢ），主要为轨道铺设和运营维护提供控制基准。

（2）高程控制网分两级布设：第一级为线路水准基点控制网（基岩点、深埋水准点和普通水准点），第二级为轨道控制网（CPⅢ）。全线高程基准应采用1985国家高程基准。

第二节 CPⅢ控制网

CPⅢ控制网按 50~70 m 点对间距布设,采用边角后方交会的方式构网。自由设站间隔 100~140 m,最大视线长度不得大于 180 m,每个测站观测 12 个 CPⅢ点,每个 CPⅢ点至少由 3 个测站各观测一次。CPⅢ控制网图形如图 9.1 所示。

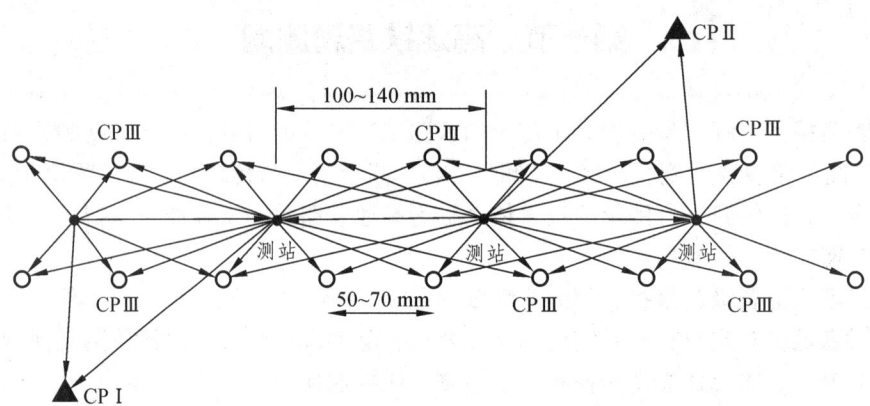

- ● 向 CPⅢ(CPⅡ 或 CPⅠ)点进行的测量(方向、竖角和距离)
- ○ CPⅢ控制点
- → 测站(自由站点)

图 9.1 三联架 CPⅢ平面网的观测网形

一、CPⅢ点

250~300 km/h 线路的 CPⅢ点应沿线路埋设在路基两侧接触网杆或其基础、桥梁防护墙、隧道边墙上,元器件由预埋件、棱镜连接件、水准测量杆等三部分组成,为数控机床精加工的强制对中标志,全线应采用统一的 CPⅢ标志和棱镜组件;200~250 km/h(不含)线路的 CPⅢ点应按规范要求在路肩上进行埋设。

(一)CPⅢ点位布设

1. 桥梁段布点

高速铁路 70%~80% 的线路是高架桥。布设在桥梁上的轨道 CPⅢ点如图 9.2 所示,设置在简支梁固定支座正上方的位置。不同的桥梁形式,布设的 CPⅢ点间隔不完全相同。

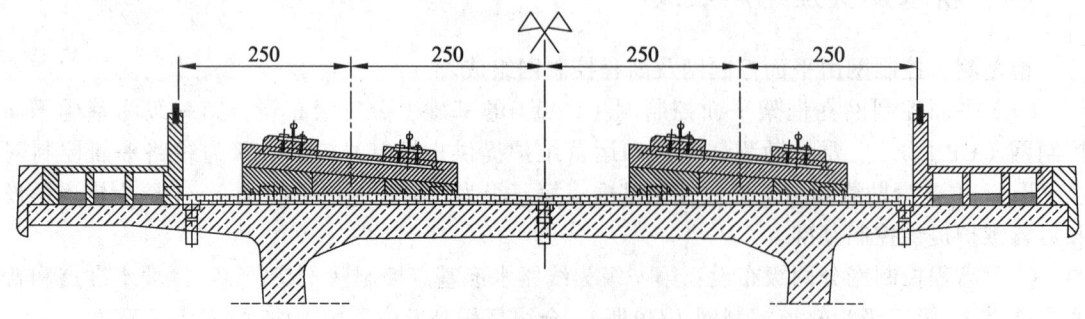

图 9.2 桥梁部分 CPⅢ点布置图

(1) 简支梁部分。

24 m 或 32 m 简支梁，2 孔设一对 CPⅢ 点，相邻两对 CPⅢ 点相距约为 64 m、56 m 或 48 m。连续 24 m 简支梁，也有根据实际情况每 3 孔布设一对 CPⅢ 点的。

(2) 普通连续梁。

连续梁桥，CPⅢ 点优先布设于固定端上方。跨度超过 80 m 的会在跨中部分布设一对 CPⅢ 点，使用前要复核，并尽可能在同等条件下使用。

(3) 大跨连续梁和特殊结构。

结合梁跨结构形式、跨度、材料的不同，按 CPⅢ 点对布设要求和间距进行布点，可适当增大相邻点对间距，但最长不超过 90 m。

2. 路基段布点

路基段使用钢筋混凝土成对浇筑 CPⅢ 辅助立柱（图 9.3）。CPⅢ 辅助立柱直径为 25 cm，顶面高于设计轨道面至少 30 cm。

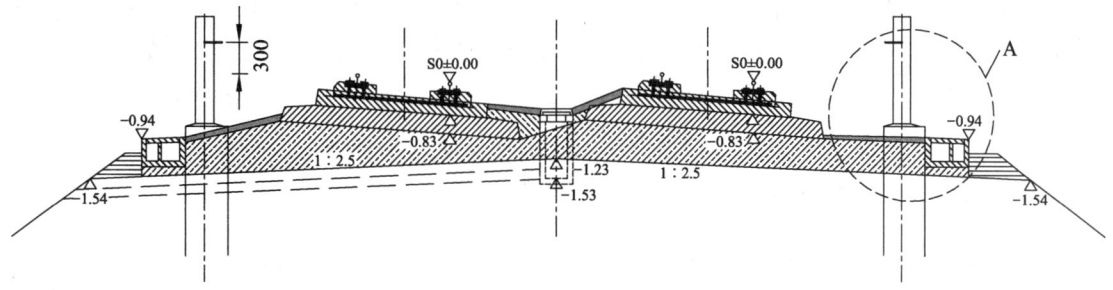

图 9.3　路基上 CPⅢ 布置图

3. 隧道段布点

隧道内 CPⅢ 点一般布置在设计轨道顶面以上 30~50 cm 的边墙内衬上，相邻 CPⅢ 点对相距 60 m 左右，布置形式如图 9.4。

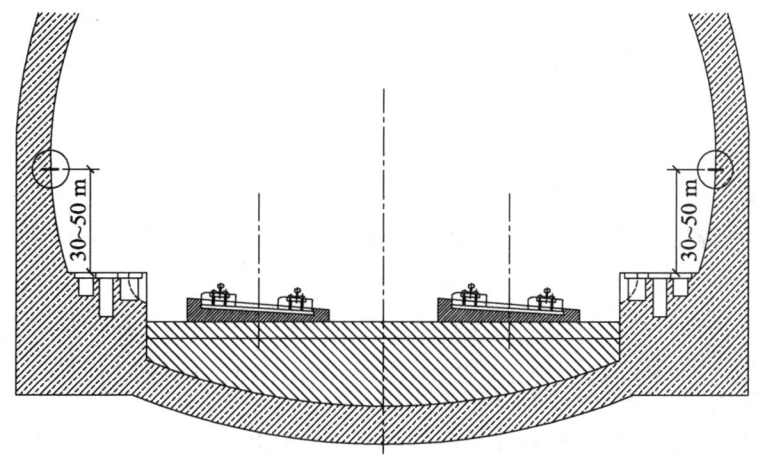

图 9.4　隧道内 CPⅢ 控制点

4. 站场内布点

站场内条件许可时 CPⅢ 会埋设在雨棚立柱基础之上或站台墙上,如果雨棚立柱基础或站台墙未施工,一般会在稳定可靠并满足 CPⅢ 建网要求的地方单独埋设 CPⅢ 点。

(二) CPⅢ 标志管理

CPⅢ 标志在搬运和运输过程中应用纸包裹棱镜(水准)测量杆,防止相互碰撞、磨损;安装完成后和每次测量完毕,均应及时用塞子盖上;每三个月检查一次套筒和塞子是否损坏,用小毛刷刷除套筒内灰尘;竖立的套管如果灰尘积得太厚,则需要用水冲洗。

(三) CPⅢ 点编号

CPⅢ 点编号一般采用 7 位编号形式 (0000300),如:为避免长短链地段编号重复的问题,前 4 位采用四位连续里程的千米数,第 5 位正线部分为 "3",第 6,7 位为流水号,01~99 号数循环。由小里程向大里程方向顺次编号,里程增大方向轨道左侧的标记点,末位编号为奇数,里程增大方向轨道右侧的标记点,末位编号为偶数。

CPⅢ 布点时要对点位进行详细描述,主要描述的内容包括线路里程(里程要准确,精确至米),线路的左、右侧,外移距离,桩类型,具体设置位置和其他需要说明的情况等。点位描述附在成果表里。在现场要把 CPⅢ 点的编号标绘在所附构筑物上。丢失或破坏后补埋点,新点号在原点号末位加 "0"(零) 以示区别。

(四) CPⅢ 点号编号标绘

路基地段宜标绘于 CPⅢ 标志柱内侧,标志正下方 0.2 m;桥梁地段标绘于防撞墙内侧,侧面及顶面与防撞墙边缘平齐;隧道地段标绘于标志正上方 0.2 m 处。点号标志字号应采用统一规格字模、字高为 6 cm 的正楷字体刻绘。点号铭牌白色抹底规格为 40 cm × 30 cm,红色油漆应注明 "××铁路(××段) CPⅢ CPⅢ编号 严禁破坏" 字样,每行居中排列,如图 9.5 所示。

图 9.5 CPⅢ 标识牌(单位:mm)

二、一般要求

(1) 高速铁路应建立统一的精密测量控制网,作为勘察设计、工程施工和运营维护统一的测量基准。精密测量控制网分平面控制网和高程控制网。应利用精密测量控制网做好轨道几何状态检测、基础沉降和构筑物变形监测等工作。

(2) 应加强精密测量控制网控制点日常检查和维护,定期对精密测量控制网进行复测,为线路运营养护提供稳定可靠的控制基准。承担精密测量控制网复测的单位应具备相应的工程测量资质,使用的仪器设备应符合相关要求。

(3) 精密测量控制网日常检查和维护由使用单位负责,并设专人建立管理台账。桩点缺失或桩位变化不能满足测量精度需要时,应结合复测进行补桩和测设。

第二篇 轨道施工

第十章 CRTS I 型板式无砟轨道施工

第一节 底座板及凸型挡台施工

一、工艺流程

CRTS I 型板式无砟轨道施工工艺流程如图 10.1 所示。

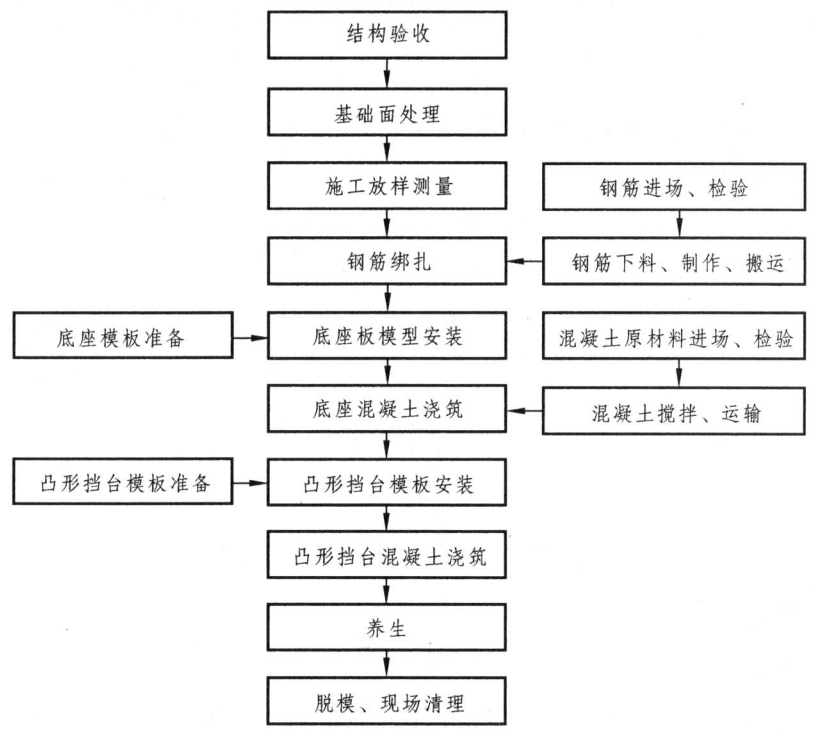

图 10.1 底座板与凸型挡台施工工艺流程图

二、操作要点

（一）结构验收

轨道板底座施工前检查防排水设施，复测路基、桥涵、隧道中线、标高，进行沉降观测及 CPⅢ评估，验收合格方可进行底座施工。

（二）基础面处理

底座施工前应清理下部基础表面，并按设计要求对基础面进行处理：

（1）路基上混凝土底座直接构筑在路基基床表面，基床表面应清洁无杂物。

（2）梁面在梁场预制时轨道范围进行拉毛处理，梁面凿出新鲜基面达到50%，如图10.2所示。梁体预埋套筒植筋与底座钢筋连接，先清除预埋套筒内浮渣、浮浆，然后将连接钢筋凝入预埋套筒，如图10.3所示。

 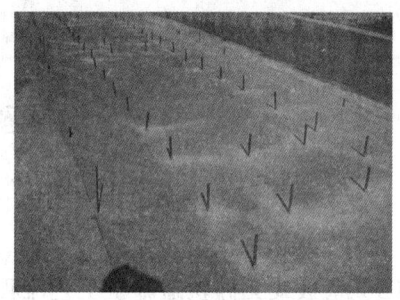

图10.2　基础面凿毛　　　　　图10.3　安装桥面底座连接筋

（三）测量放样

利用 CPⅢ 控制点进行底座和凸型挡台中心放样，凸台中心点平面位置放样坐标由计算得到。凸台中心平面位置如图10.4所示。

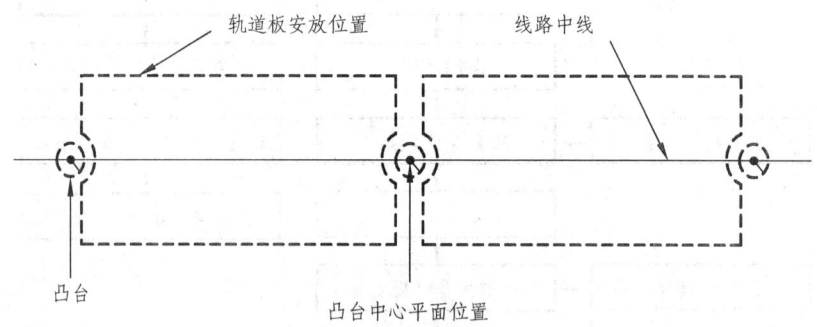

图10.4　凸台中心平面位置示意图

（四）钢筋加工及绑扎

1. 钢筋加工

底座和凸形挡台钢筋在钢筋加工场内利用钢筋切割机、钢筋调直机、钢筋弯曲机集中加工。根据施工图编制钢筋配料单，按照钢筋配料单下料，下料前应认真核对钢筋规格、级别及加工数量。钢筋的弯制和末端的弯钩应符合规范和施工图要求。

2. 钢筋绑扎

将钢筋运抵工作面，按桥梁地段间隔5 m、路基和隧道地段间隔10 m散放。根据凸台中心点定位钢筋网的安装位置，按照底面纵向钢筋→底面横向钢筋→架立筋（由内向外绑）→顶面横向钢筋→顶面纵向钢筋→绑箍筋接头→保护层垫块设置的顺序施工，如图10.5所示。

对凸台与底座的连接钢筋进行修正，绑扎凸台钢筋，凸台钢筋的加工和绑扎可按底座钢筋的相关要求执行。凸型挡台钢筋的主筋与混凝土底座板垂直，各主筋上顶面高度一致。主筋和箍筋位置必须安装正确，符合设计要求，如图10.6所示。

图10.5 绑扎底座钢筋

图10.6 凸形挡台钢筋

（五）模板安装

（1）模板采用工厂加工的定型钢模，模板安装前须打磨干净，涂刷脱模剂。

（2）模板安装时接头处用螺栓连接，模板加固采用撑拉杆撑拉，撑拉杆的长度可调节，如图10.7所示。桥梁和隧道地段，左右幅外模撑拉于左右侧的防撞墙或隧道边墙上，左右幅内模相互撑拉固定。路基地段，左右幅内、外模采用自制的三脚架固定在路基上。

（3）模板定位后与基础面间的缝隙采用与底座板混凝土强度等级相同的砂浆塞填，且塞填砂浆不得侵入底座板范围内。

（4）圆形凸台模板为两个半圆，半圆形凸台模板由一个半圆和一块挡板组成，模板间采用螺栓连接，定位完成后用木楔加固，如图10.8所示。

图10.7 撑拉杆

图10.8 凸形挡台模板

（5）路基地段模板安装时设置好横向排水管，排水管向线路外侧横向的坡度为2%。

（六）混凝土施工

（1）底座混凝土拌制采用集中拌和，混凝土罐车运输至施工现场，泵送入模，混凝土入模温度控制在5~30℃，混凝土坍落度控制在一定范围，混凝土振捣采用捣固棒振捣。

（2）混凝土采用插入式捣固棒振捣，注意避免漏捣、过振，振捣过程中检查模板支撑的稳定性和接缝的密合情况，防止漏浆。混凝土浇筑完成后，将混凝土暴露面压实抹平，抹面时严禁洒水，混凝土终凝前按设计要求对表面进行拉毛。

（3）混凝土底座板收面采用 3 m 长铝合金靠尺刮平，并在底座板两侧设置排水坡，待混凝土初凝前进行二次收面，在轨道板铺设范围采用木抹子抹出稍微粗糙的平面。

（4）二次抹面完成后 12 h 内将混凝土表面覆盖土工布并洒水养护，养护期不得少于 7 d。气温低于 5 ℃ 时，采用涂刷养护剂的方式进行养护。

（5）混凝土强度达到 5 MPa 时可拆模，在底座模板拆除 24 h 小时后且底座混凝土强度达到设计要求时，方可施工凸形挡台。施工前应对底座表面凸台范围内混凝土进行凿毛处理。

第二节　轨道板铺设

一、工艺流程

轨道板铺设施工工艺流程如图 10.9 所示。

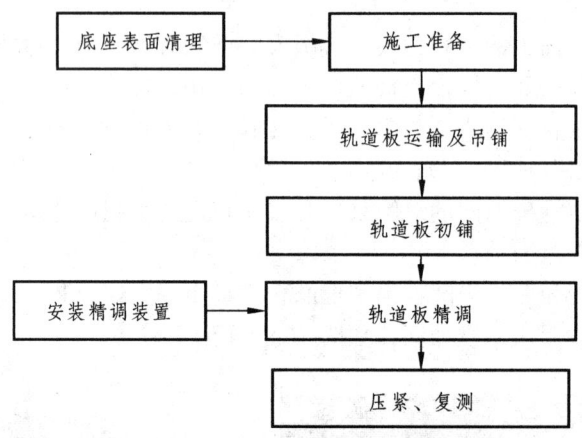

图 10.9　轨道板铺设工艺流程图

二、操作要点

（一）施工准备

（1）对无砟轨道铺设条件进行评估，完成混凝土底座和凸形挡台交接、混凝土底座顶面清理、施工便道整修、轨道板检验等。

（2）轨道板运输到铺设地点后，核对轨道板的编号，检查每块轨道板的状态，检查内容如下：

① 轨道板外观是否有裂纹，锚穴表面是否有缺陷。

② 轨道板表面边缘是否有损坏，如有混凝土剥落，深度不得超过 8 mm，长度不得超过 80 mm。

③ 承轨槽部位是否有损坏，如有混凝土剥落，深入不得超过 5 mm，长度不得大于 20 mm。

④ 有偏差的轨道板在检验单上打叉或附注说明，按照检验单的附注记入文件。

（二）轨道板运输、吊装及临时存放

1. 临时存放

轨道板运输至临时存放点，按照不同型号分区存放，严禁不同型号的产品混装混存。存放轨道板的条基要坚固、平整、无沉陷，条基顶面铺设 2 cm 厚且与条基同宽的橡胶垫或铺设断面为 5 cm×5 cm 的方木条。现场存放时间不超过 7 d，可采用平放的形式存板，高度不超过 4 层，层间在吊耳位置采用 5 cm×5 cm×30 cm 的方木进行隔垫，如图 10.10 所示。

轨道板若长期存放，宜采用立式存放，板间采用 3 cm×3 cm×250 cm 的木条隔离，防止碰伤、损坏；用限位卡将相邻两块轨道板连接，使轨道板存放成一整体，端头设置防倾倒支撑架，第一块轨道板采用铁丝穿过吊耳连接在支撑架上；用塑料盖对预埋件孔眼进行封堵，防止雨水或杂物进入，如图 10.11 所示。

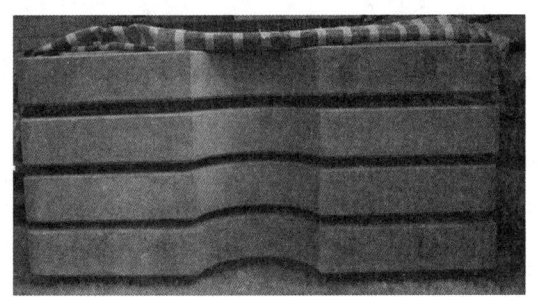

图 10.10　轨道板平放

图 10.11　轨道板立式存放

2. 运　输

轨道板装车时将轨道板接地端子与下部结构接地调整在同一侧，轨道板平放且不超过 3 层，层间两端吊耳位置处各设置一根 10 cm×10 cm×240 cm 的方木条进行隔垫。运板小车四周必须安装限位装置或采取加固措施，以防止轨道板在运输途中滑移、滑落、磕碰。施工过程中，拖拉机平板车在已经施工完成的混凝土底座上二次运输轨道板时，为保证行车安全，每次只能运送两块轨道板，如图 10.12 所示。

3. 吊装和铺设

采用铺板龙门吊或汽车吊将轨道板吊装至铺板位置，由现场技术员指挥将轨道板放至底座上，在轨道板与底座之间垫设 5 cm 厚方木条。方木条垫在轨道板吊装点附近位置，确保能够将铺板门吊吊具扭转卸落为宜，如图 10.13 所示。

图 10.12　轨道板运输

图 10.13　轨道板吊装

（三）定位调整器的安装

安装定位调整器，确保螺纹及滑动配合面干净、传动灵活，如图 10.14 所示。调整轨道板定位调整器螺杆，调高轨道板，取出轨道板下的支撑方木。

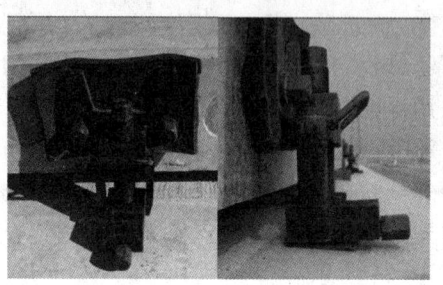

正面　　　　侧面

图 10.14　定位调整器

（四）轨道板初铺

轨道板初铺时，在两端凸形挡台上放置轨道板初铺定位架配合施工，轨道板初铺到位后，轨道板与凸形挡台的间隙不小于 30 mm，与两端凸形挡台间隙之差 $|A-B| \leqslant 5$ mm，如图 10.15 所示。

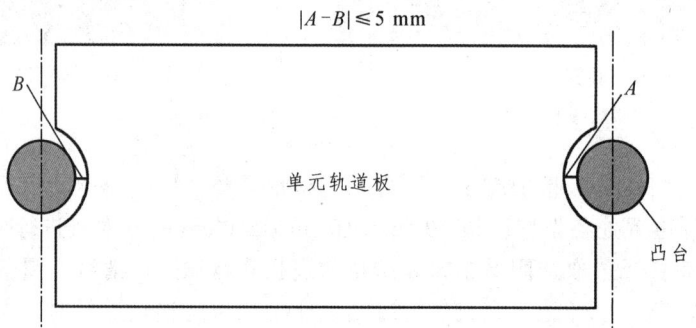

图 10.15　轨道板与凸台间距

轨道板铺设完成后，在两端凸形挡台中心挂线，检查轨道板中心线与线路中心线是否重合，凸台间隙是否满足设计要求，如不满足则进行调整。用两根长度不小于 3.5 m 的 $\phi 40$ mm 光圆钢筋和轨道板定位调整器，对轨道板中心线与凸台间隙进行调整，直至满足要求。调整完成后的轨道如图 10.16 所示。

图 10.16　轨道板初铺

（五）轨道板精调

1. 标架安放、全站仪设站

（1）全站仪架设在线路中线附近，后视前后 8 个 CPⅢ点，进行自由设站，自由设站精度在 1 mm 内。换站时，保证有 4 个 CPⅢ点与上一测站重合，保证站与站的平顺过渡。

（2）全站仪自由设站完成后，在轨道板两端第二个承轨台处的螺栓孔位置安放速调标架。速调标架就位后，两端同时进入螺栓孔内。精调标架安装完成后如图 10.17 所示。

2. 精调

（1）全站仪利用 CPⅢ控制点通过自由设站进行定向，根据显示器上显示的偏差值采用专用调整器对 CRTS I 型板高程及中线进行调整，直到偏差值满足精度要求，如图 10.18 所示。

图 10.17　精调标架

图 10.18　轨道板精调

（2）全站仪换站时，对上一测站调整好的最后一块板进行搭接测量，消除错台误差。

（3）对处于线路纵坡地段的曲线的轨道板高程进行调整时，应兼顾四点进行调整，最高点按正偏差调整，最低点按负偏差调整。

（六）压紧、复测

1. 压　紧

精调完成后安装压紧装置，每块板横向设置两根压杆，压杆位于板端第二组承轨台位置，压杆两端用拉杆与底座连接，中间采用定制的螺栓与左右侧承轨台各连接一处，如图 10.19 所示。

图 10.19　压紧装置

2. 复　测

压紧装置安装完成后，通过仪器和标架对每块板的状态进行测量，对偏差值不符合要求的轨道板进行调整，调整完成后做好标识标牌。

第三节　水泥乳化沥青砂浆灌注

一、工艺流程

水泥乳化沥青砂浆灌注工艺流程如图10.20所示。

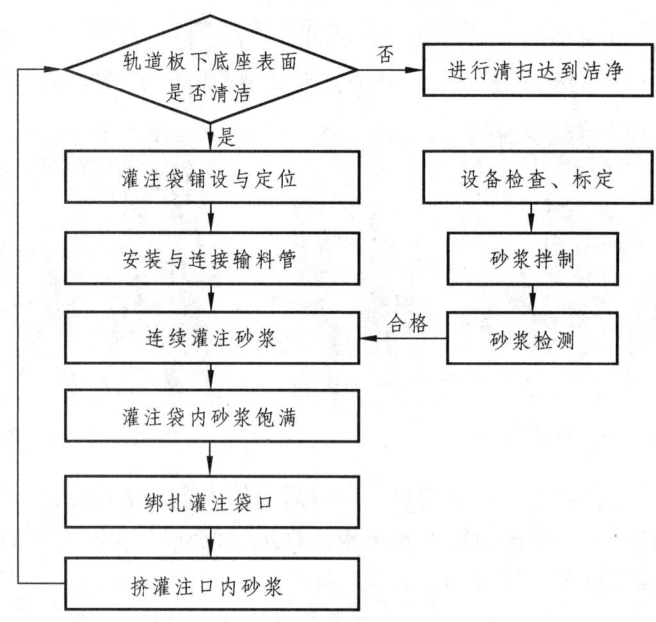

图10.20　水泥乳化沥青砂灌注工艺流程图

二、操作要点

（一）砂浆车加料

（1）将原材料加入砂浆搅拌设备的料仓中，加料时应掌握原材料的情况，对加料过程进行全程检查，做好详细记录。

（2）启动搅拌机，低速搅拌，依次加入水、聚合物乳液、沥青、消泡剂，搅拌1 min后，中速搅拌，加入干料，搅拌0.5 min后，加入引气剂，中速搅拌后，搅拌2.5 min，低速搅拌，搅拌3 min。

（二）砂浆拌制

根据砂浆垫层厚度，确定单次砂浆搅拌量，输入控制系统，检查显示屏上显示的各参数，确认无误后进行砂浆拌制。搅拌时，原料的投放顺序、搅拌速度、搅拌工艺不得随意改变，拌制好的砂浆如图10.21所示。拌制好的砂浆经检测合格后，经中转仓输入到专用灌注漏斗进行灌注，如图10.22所示。

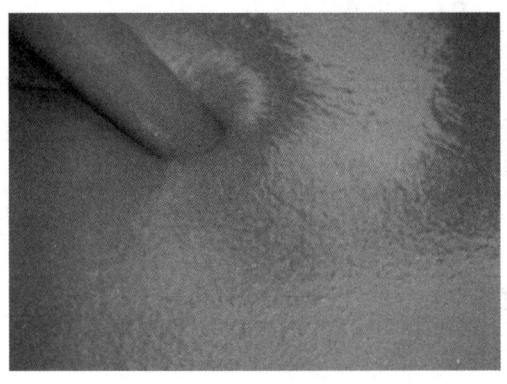
图 10.21 成品砂浆

图 10.22 成品砂浆中转

(三) 铺设砂浆灌注袋

（1）清除混凝土底座上的积水、粉尘等，检查轨道板下面是否粘有小碎石、泥土等其他杂物。

（2）检查砂浆灌注袋外形尺寸，确保满足设计和使用要求。

（3）按照单元板式无砟轨道结构设计文件和配板图确定铺板类型，选择相应尺寸灌注袋。

（4）展开灌注袋，牵引拉伸至轨道板下方。将灌注袋拉伸平展，确保四边、对角对称，距离轨道板最外侧距离相同，定位后不可移动，如图 10.23 所示。

（5）直线地段，灌注口位置应方便施工并保持方向一致；曲线地段，必须将灌注口设在曲线内侧，即从轨道板低侧灌注，如图 10.24。

（6）采用木楔法进行固定，灌注到木楔固定点时，将木楔拔出，如图 10.25 所示。

图 10.23 砂浆袋铺设

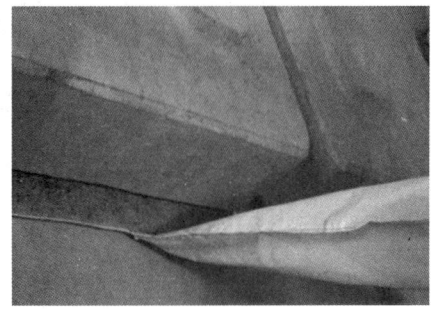
图 10.24 灌注口

图 10.25 砂浆袋固定

（四）安装输料管

砂浆车将拌制好的砂浆转入中转仓内，由汽车吊吊至灌注位置，将中转仓推入灌注平台，安装灌注漏斗并固定，将砂浆袋灌注口套入灌注漏斗下部灌注管，用塑料绑扎带绑扎固定，如图 10.26 所示。

（五）砂浆灌注

（1）检查轨道板固定装置及砂浆袋铺设情况，满足要求方可灌注砂浆。

（2）打开中转仓阀门，让砂浆注入灌注漏斗，打开灌注漏斗阀门，进行砂浆灌注，如图 10.27 所示。通过灌注漏斗阀门控制灌注速度，防止轨道板上浮。

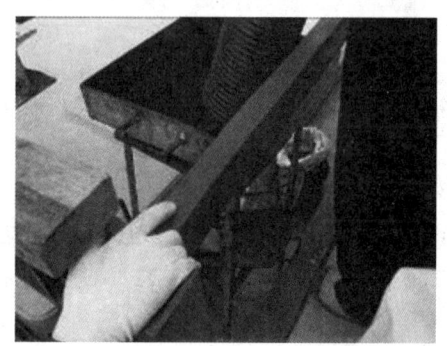

图 10.26　灌注漏斗

图 10.27　砂浆灌注

（3）砂浆注入一半时，降低注入速度，以便空气排出，观察砂浆的静态位置，确认轨道板侧面的灌注高度，保证轨道板底部注浆饱满。

（4）砂浆宜匀速、连续注入，防止产生气泡，每块轨道板下面的砂浆应一次灌注完成，曲线地段砂浆由低向高的方向进行灌注。

（5）当板边砂浆灌注厚度达到施工控制值且完全覆盖轨道板底面后，结束灌注，如图 10.28 所示。

（六）绑扎灌注袋口

灌注完成后，用绑扎带扎紧砂浆袋注入口，将砂浆袋灌注口从灌注漏斗上卸下，用支架支撑灌注口，如图 10.29 所示。

图 10.28　砂浆灌注完成

图 10.29　袋口固定

（七）挤压灌注袋袖套内砂浆

砂浆凝固前，将灌注袋袖套内的砂浆挤入灌注袋，让砂浆在轨道板范围内灌注充分、饱满且密贴。挤入砂浆时必须避免轨道板上浮，砂浆挤入结束后，用夹具封住进、出料口，如图 10.30 所示。

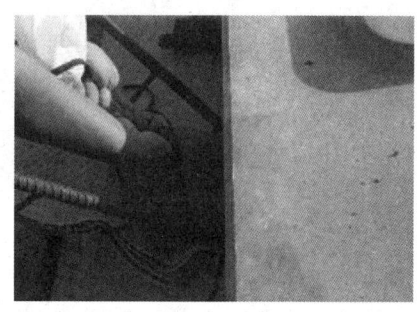

图 10.30　砂浆凝固前的挤浆操作

（八）砂浆养护

（1）水泥沥青砂浆灌注完成后，采用自然养护。当气温低于 5 ℃ 或高于 30 ℃ 时，用篷布或彩条布遮盖防护，必要时采取加温和降温措施。

（2）灌注结束 24 h 后，砂浆强度达到 0.1 MPa 时，及时拆除轨道板支撑定位调整器，切除砂浆灌注袋袖套并修整美观。砂浆灌注完成后 7 d 以上或抗压强度达到 0.7 MPa 后，轨道板方可承重。

第四节　凸型挡台树脂灌注

一、工艺流程

凸型挡台树脂灌注工艺流程如图 10.31 所示。

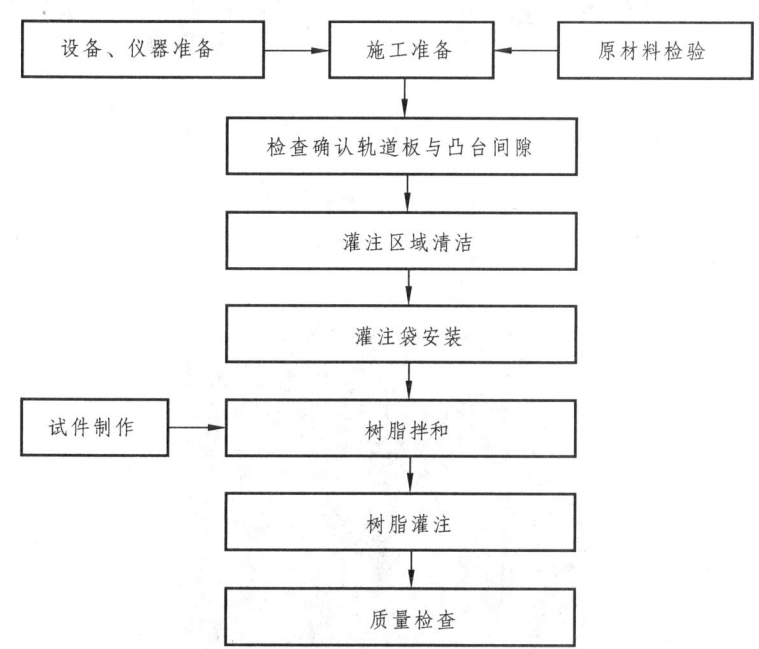

图 10.31　凸型挡台树脂灌注施工工艺流程图

二、操作要点

（一）灌注部位清理

清扫凸型挡台的灌注部位，清理垃圾、沙子、浮尘、混凝土、沥青砂浆等。干燥灌注部位，可用棉纱擦拭或烘干。

（二）安装灌注袋

检查灌注袋外观是否完整无损，尺寸与凸型挡台间隙是否匹配。安装灌注袋时，拉紧灌注袋两端，将灌注袋压入灌注部位，压入时撑紧灌注袋的两个侧面，对称操作，以防灌注袋偏移，将灌注袋完全展开铺平，如图 10.32 所示。压入过程中不可用尖锐物件向下捅袋子，以防袋子破裂。

分别在轨道板凹面和凸形挡台侧面刷涂黏合剂，将袋子的两侧面分别与轨道板凹面和凸形挡台侧面黏结，黏结将袋子完全展开，不可出现褶皱。灌注袋安装完成后如图 10.33 所示。灌注袋安装完成后，切除灌注袋自轨道板倒角下端至上面露出的部分，将侧面泡沫聚乙烯垫塞入轨道板中间。

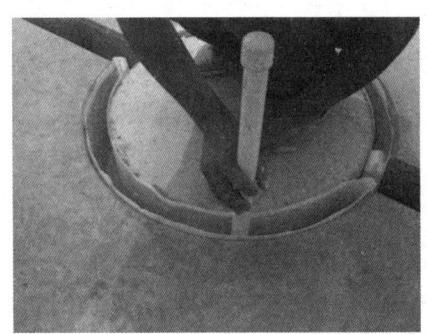

图 10.32　安装灌注袋

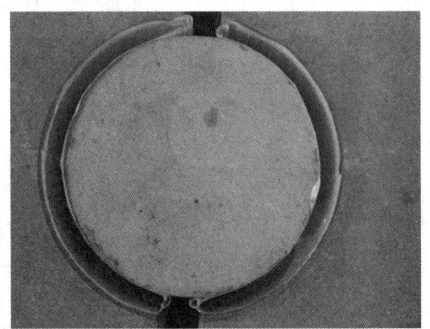

图 10.33　灌注袋安装完成

（三）树脂拌制

树脂材料分 A、B 组分，如图 10.34 所示。用开罐器将 A 组分的桶盖去掉，上下、左右充分搅拌，将桶底的沉淀物全部搅起，尤其注意桶底边角的沉淀。将 A、B 组分按照配比要求倒入搅拌桶内，用手持式电动搅拌器搅拌均匀。

图 10.34　树脂A、B组分材料

（四）树脂灌注

将拌和好的混合液分装到灌注容器内，拌和好的树脂材料必须在有效工作时间内注入灌装袋，如图 10.35 所示。树脂灌注时应缓慢连续注入，尽量保持低位进行灌注作业，防止带入空气，保证灌注密实。

凸形挡台周围填充树脂必须一次性灌注完成，曲线地段采用低端封口或加高灌注袋灌注的方法，一次灌注成型，24 h 后进行凸台树脂斜面修整。灌注后，凸形挡台填充树脂宜低于轨道板顶面 5～10 mm。

（五）检查及表面修整

树脂灌注结束后，树脂固化前，应及时进行检查，如表面有小气泡，应采用细铁丝或针将气泡内气体引出。树脂固化后，检查顶面状态，将高出设计尺寸的突出部分用铲刀剔除，如图 10.36 所示。

图 10.35 树脂灌注

图 10.36 树脂表面修整

（六）养护处理

凸台树脂施工完毕后，若遇恶劣天气，则需采取封盖等防护措施，防止雨水或杂质落入树脂内，如图 10.37 所示。凸台树脂养护成型后，揭掉封盖，清理凸台周围洒落的树脂。凸台树脂成型后如图 10.38 所示。

图 10.37 灌注后封盖

图 10.38 树脂成型

第十一章　CRTSⅡ型板式无砟轨道施工

第一节　梁面处理及防水层施工

一、工艺流程

梁面处理及聚脲防水层施工工艺流程如图 11.1 所示。

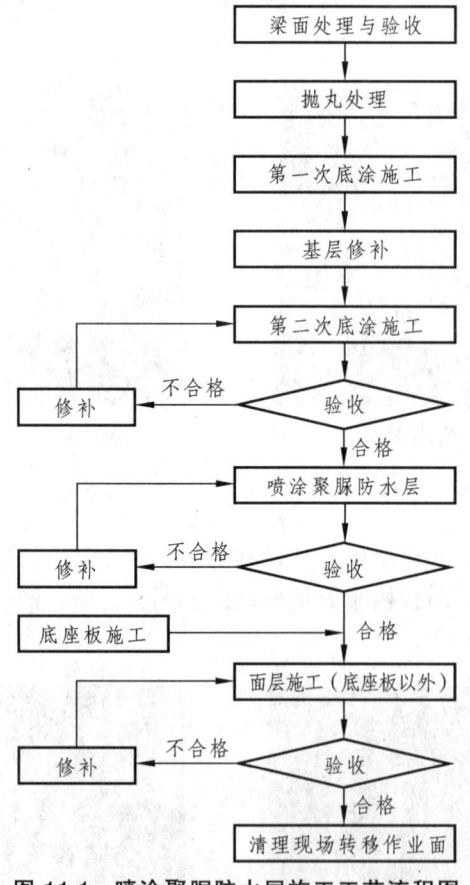

图 11.1　喷涂聚脲防水层施工工艺流程图

二、操作要点

(一)梁面处理与验收

梁面处理是利用打磨机具对梁面进行打磨处理,同时用环氧类砂浆人工修补孔洞和凹坑,给防水层创造一个满足要求的基层,使防水层与梁面能良好结合,如图 11.2 所示。

（a）铣刨机铣刨　　　　　　　　（b）水沟边角处理

（c）梁面打磨

图 11.2　梁面处理

梁面处理与验收主要包括桥梁平面位置、桥面高程、桥面平整度、相邻梁端高差及梁端平整度、防水层质量、桥面预埋件（如梁端剪力齿槽、侧向挡块齿槽）、齿槽几何尺寸、桥面清洁度、桥面排水坡等项目。

按照检查标准检查桥面平整度，不合格之处需进行整改处理，如图 11.3 所示。

相邻梁端高差不大于 10 mm，如图 11.4 所示。

 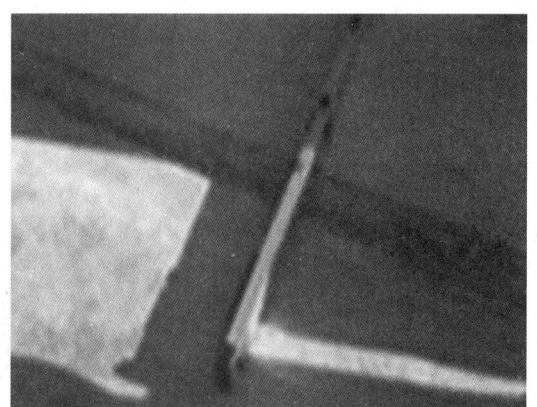

图 11.3　梁面平整度检查　　　　　图 11.4　相邻梁端高差检查

（二）抛丸处理

桥面混凝土抛丸基层处理是通过抛丸去除浮浆和起砂，形成 100%创面，暴露混凝土孔洞和缺陷，增强防水材料在表面的附着力，并提供一定的渗透效果。抛丸效果要求达到有效创面大于95%，桥面抛丸前后对比，如图11.5所示。粗糙度参照如图11.6所示。

（a）处理前　　　　　　　　　　　（b）处理后

图11.5　混凝土基层抛丸处理对比

SP3 轻度抛丸　　　　　　　　　　SP4 中度抛丸

图11.6　粗糙度对照版

（三）第一次底涂施工

抛丸后30 min进行底涂施工，封闭抛丸后混凝土表面气孔等缺陷。喷涂必须均匀，对于气孔较多的部位采用腻子基层修补。常温下应该在底涂施工完成后 4~6 h 进行基层修补施工。如图11.7所示。

图11.7　底涂施工

（四）基层修补

第一次底涂施工后，仔细检查梁面局部是否有缺陷，若存在缺陷，则需进行基层修补。基层修补采用喷涂聚脲专用修补腻子。孔眼分散部位采用点补处理，如图 11.8 所示；孔眼集中部位采用修补腻子满刮处理，如图 11.9 所示，直至混凝土孔眼完全封闭。施工时采用人工塑料刮板刮涂的方法，满刮时要反复刮涂，厚度要均匀，保证孔眼完全封闭。

图 11.8　点补孔洞

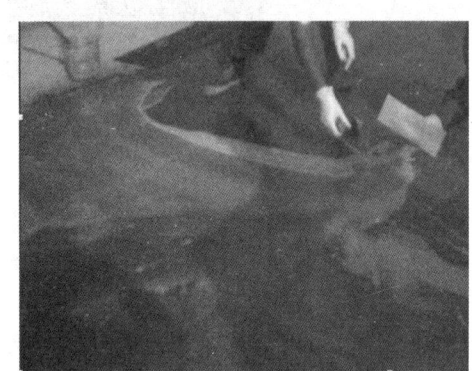

图 11.9　满刮腻子

（五）第二次底涂施工

用腻子对梁面进行修补且检查合格后，可进行第二遍底涂辊涂。第二次底涂施工工艺方法同第一次底涂施工。

（六）喷涂聚脲防水涂料

1. 喷涂准备

（1）施工前对无须喷涂的部位进行遮挡，防护墙用塑料布或彩条布等进行防护，如图 11.10 所示。

（2）施工前将 B 料搅拌 15 min 以上，使之均匀，施工过程中应保持连续搅拌。

2. 喷涂施工

（1）喷涂聚脲防水涂料的施工，以机械喷涂为主、人工喷涂为辅，对机械喷涂不能达到的特殊部位采用人工喷涂。

（2）试喷作业时，应观察试喷效果，要求出料雾化良好、成型面均匀、无颗粒现象。必要时，调整加

图 11.10　遮挡非喷涂部位

热温度、喷涂压力值等工艺参数，并做试膜取样检测，达到最佳效果后确定工艺参数，再进行正式喷涂作业。

（3）喷涂可两次完成，每次喷涂厚度约 1 mm，底座板以下两遍总厚度≥2 mm，如图 11.11 所示，底座板以外范围总厚度≥1.8 mm。喷涂机行走速度由试喷工艺确定，喷涂施工完成后检查并修补表面针孔。

图 11.11　底座板下喷涂施工完成

3. 聚脲防水层搭接施工

（1）聚脲防水层搭接施工适用于桥面喷涂聚脲防水层两次施工间隔时间在 6 h 以上，需要搭接连接成一体的部位。第一次施工应预留出 15~20 cm 的操作面，并同后续防水层进行可靠的搭接。

（2）对搭接宽度范围内的防水层表面做打磨处理，涂刷搭接专用黏结剂，在 4~24 h 之内喷涂后续防水层，后续防水层与原有防水层搭接宽度至少为 10 cm，且应覆盖上述打磨区。

（七）脂肪族聚氨酯面层施工

（1）脂肪族聚氨酯面层宜在聚脲防水层施工完毕后 6 h 内完成，保证面层和聚脲防水层之间有良好的黏结；若与聚脲防水层施工间隔时间超出 6 h，应采用搭接专用黏结剂做预处理或现场做黏结拉拔试验后确定。

（2）脂肪族聚氨酯面层施工采用辊涂或喷涂工艺，边角、沟槽采用刷涂施工。脂肪族聚氨酯面层分层施工，每道干膜厚度不小于 50 μm，且涂刷两遍以上，总厚度大于 200 μm。施工完成后的脂肪族聚氨酯面层如图 11.12 所示。

（a）施工前

（b）施工后

图 11.12　面层施工前后对比

（八）检验验收

测定聚脲防水层的厚度、黏结强度和不透水性，确认性能达标，如图 11.13 所示。检查聚脲防水层表面是否平整均匀、无流淌、无针孔、无起泡、无空鼓、无开裂、无异物混入等，收头部位是否黏结牢固。

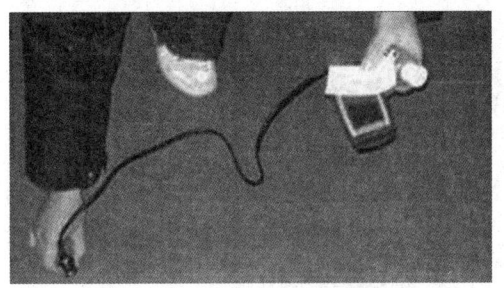

图 11.13　防水层厚度检测

第二节　桥上底座板施工

一、工艺流程

桥上底座板施工工艺流程如图 11.14 所示。

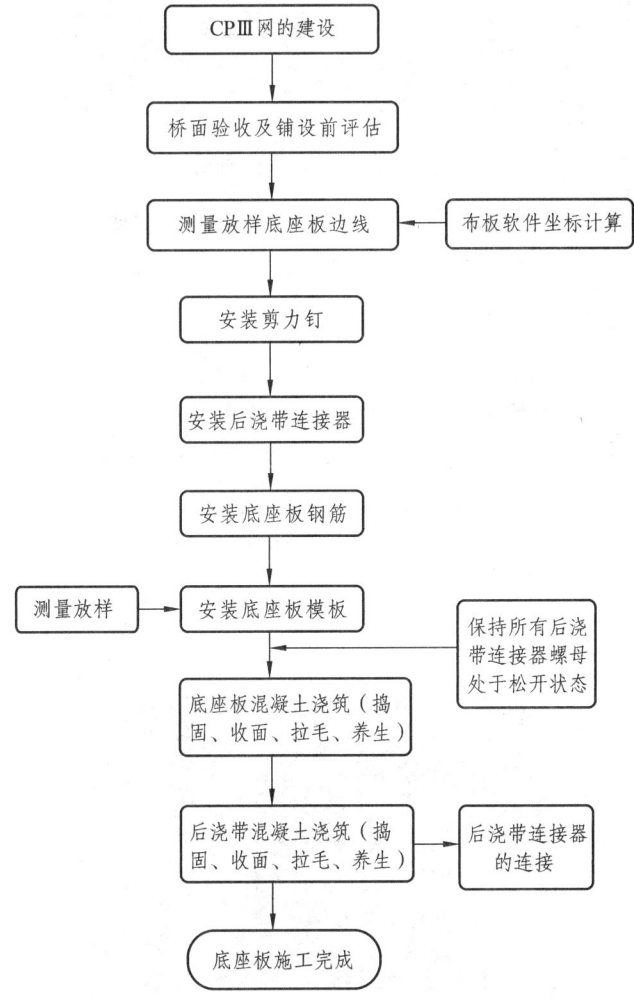

图 11.14　底座板施工工艺流程图

二、操作要点

（一）施工单元划分

由于桥上底座板无法一次施工完成，因此必须划分成几个施工段，施工段的位置及长度根据施工组织方案确定。一般一个施工段长度为 4~5 km，施工段的首尾位置应设置端刺或临时端刺，临时端刺长约 800 m，端刺或临时端刺之间的区段为常规区，常规区一般最短为3 个浇筑段，长度约 480 m，如图 11.15 所示。

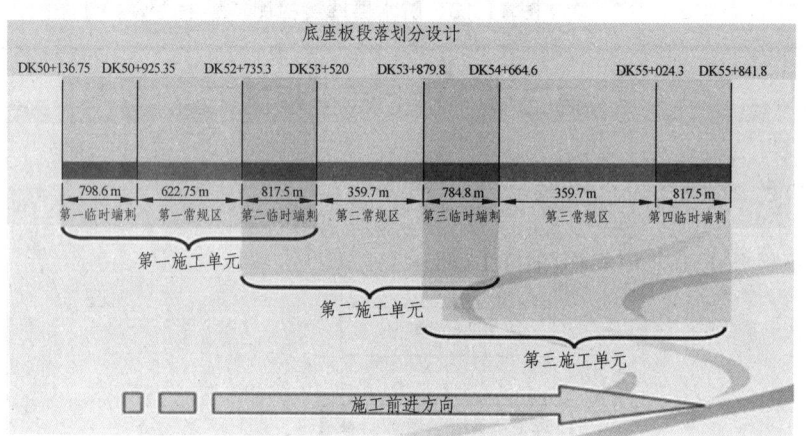

图 11.15 施工单元划分

每个施工单元由临时端刺和常规区构成，临时端刺分为五段，各段之间在跨中采用钢筋连接器连接。在临时端刺中一次命名为 K_0、J_1、J_2、J_3、J_4、K_1，如图 11.16 所示。左右线临时端刺错开两孔梁。

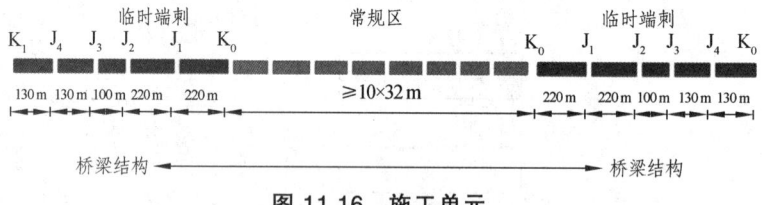

图 11.16 施工单元

底座板混凝土浇筑采用分段浇筑，在两个混凝土浇筑段之间有后浇混凝土接缝，称此接缝为后浇带，如图 11.17 所示。

图 11.17 后浇带

（二）安装剪力钉

剪力钉采用螺纹钢筋和钢板制作，其长度根据底座板设置的超高及现场预埋套筒实际情况确定，如图 11.18 所示。剪力钉焊接时在锚固板和锚杆之间采用 V 形焊缝，焊缝必须符合有关焊接规程的要求。

安装前用丝锥等将桥面预埋剪力钉套筒清理干净，涂抹黄油，用扭力扳手将剪力钉拧紧到位，剪力钉的安装高度、垂直度、扭紧力矩须符合设计要求，如图 11.19 所示。

图 11.18 剪力钉

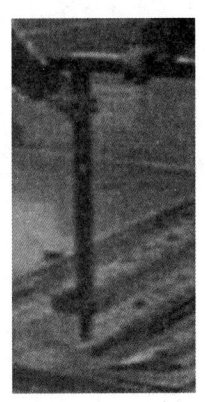

图 11.19 扭紧剪力钉

（三）底座板钢筋施工

1. 钢筋加工

钢筋下料、弯曲等工作在钢筋加工场集中制作，根据钢筋设计图纸，放出大样，弯曲时必须先进行试弯合格才可以批量弯曲成形。

2. 钢筋绑扎

（1）钢筋笼搭接、梁端及剪力齿槽后浇带区域均在现场绑扎钢筋，绑扎前根据施工图制作不同要求的绑扎胎具，将胎具按照纵横向钢筋的设计间距做成卡槽形式，以确保钢筋间距。绑扎胎具如图 11.20 所示。

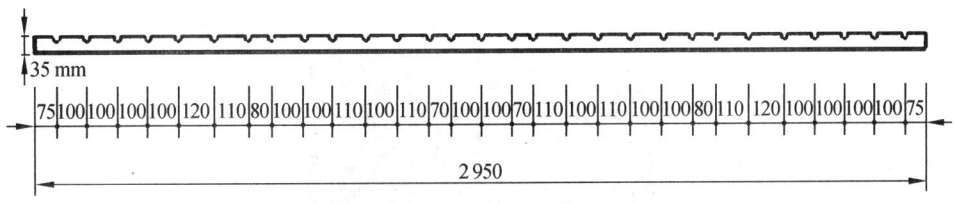

图 11.20 钢筋绑扎胎具（单位：mm）

（2）纵向钢筋采用定长钢筋，搭接接头采用绑扎方式搭接。剪力齿槽后浇带区域设置的纵向加强钢筋，应与同位置的纵向钢筋绑扎成钢筋束等。

（3）架立筋在后浇带区域、纵向钢筋搭接区和其他地段的设置方式有所不同，可根据施工情况适当增加架立筋的数量和调整架立筋的高度，确保钢筋骨架不变形。

（四）安装钢板连接器

按施工方案确定钢板连接器所在位置，用起吊设备将半成品钢板连接器吊装上桥，安装到位后将精轧螺纹钢在连接器预留孔上装配到位，钢板连接器的钢板轴线必须与后浇带中线重合。

钢板连接器必须与精轧螺纹钢筋成直角固定，连接器锚固螺母拧紧到位后应与钢板密贴。安装锚固螺母前清刷精轧螺纹钢并抹涂油脂，且控制精轧螺纹钢筋外露长度在 2 cm 左右。安装好的钢板连接器如图 11.21 所示。

图 11.21　钢筋连接器与钢筋连接

（五）底座板模板安装

1. 检查模板

模板安装前，检查：模板板面是否平整、光洁、凹凸不平；支架及模板焊缝处是否有开裂破损，如有均应及时补焊、整修合格；支撑模板所需用的撑拉杆、穿销是否安全齐备；模板安装所需的各类联结件、紧固件等是否齐全。

2. 安装模板

模板安装必须做好标高和线形控制：标高控制可采用模板顶部高度作为底座板的控制标高，线形控制可采用测量放线方法。安装前用墨线标记出对应的边界线，每 6 m 用红油漆标注高程控制点，然后进行模板安装，如图 11.22 所示。安装模板时边缘的高度通过模板底部预留的调节螺栓进行高度调整，为防止调节螺栓破坏滑动层，必须加以支垫。安装模板时，纵向相邻两块模板采用螺栓连接，安装时注意保护防水层和滑动层。模板加固采用撑、拉结合的方式，不得在梁面上钻孔加固。

图 11.22　安装模板

模板安装好后，应检查模板中心线与线路中心线是否一致，若不一致需纠正，如图 11.23 所示。模板安装完后，用螺栓联结稳固，安装好全部撑拉杆，调整其他紧固件使模板稳固牢靠。

图 11.23　检查模板

3. 安装后浇带端模

端模按照设计纵筋间距采用定型齿状钢模，如图 11.24 所示。安装时控制好后浇带的宽度，保证底座板混凝土不得侵入齿槽限界。端模安装完成后，利用薄钢板进行齿缝封堵，以免漏浆过多污染齿槽，后浇带端模安装如图 11.25 所示。

图 11.24　端模模板

图 11.25　后浇带端模安装

（六）底座板混凝土施工

1. 混凝土浇筑

底座板混凝土由搅拌站集中拌制，采用混凝土运输车沿便道运送到施工现场，再用输送泵车输送上桥，如图 11.26 所示。混凝土浇筑前需检查混凝土坍落度、含气量等指标，满足要求后方可浇筑并现场制作标养及同条件养护试件。底座板混凝土施工主要包含混凝土的浇筑、振捣、整平、收面、拉毛及养生等工序，施工完成后如图 11.27 所示。

混凝土初凝后终凝前，采用长柄塑料拉毛器或毛刷横向拉毛，拉毛宽度、拉毛深度、两侧排水坡的坡度和宽度须满足设计要求，如图 11.28 所示。

图 11.26 浇筑混凝土

图 11.27 混凝土浇筑完成

图 11.28 混凝土拉毛

2. 混凝土养护

底座板混凝土浇筑完毕初凝后,对底座板混凝土进行覆盖养护,如图 11.29 所示。环境相对湿度小于 60% 时,养护天数要求不少于 14 d;相对湿度在 60% 以上时,养护不少于 7 d。养护成型的混凝土底座板如图 11.30 所示。在养护过程中,由专人定时测温,做好记录。冬季或夏季气温过低或过高条件下,应根据混凝土施工规范编制《底座板混凝土养护专项方案》。

图 11.29 混凝土养护

图 11.30 施工完成的底座板

(七)底座板纵连施工

底座板施工单元内有若干个钢板连接器后浇带,用于底座板的纵向张拉连接。张拉连接的目的是消除底座混凝土因温度及徐变产生的应力,使完成张拉连接后的底座板处于"零应力"状态。"底座板的合龙温度"由设计单位在设计文件中根据线路所处地理位置给定,如北方地区底座板的合龙温度为(25±5)℃。

纵向张拉连接前先量测底座板芯部温度,记录在张拉行程计算表中。当底座混凝土测定温度低于合龙温度时,必须张拉纵连;当底座混凝土测定温度在合龙温度范围内时,不需张拉,只需将钢板连接器上的螺母按规定力矩拧紧即可;当底座混凝土测定温度高于合龙温度时,不能进行连接作业。

1. 临时端刺与常规区第一次纵连

临时端刺区与常规区的基本结构如图 11.31 所示,在临时端刺与常规区纵连前,测量各浇筑段长度和混凝土芯部温度,包括 LP2~LP5、常规区各浇筑段,测量时间尽可能与底座板连接时间接近。

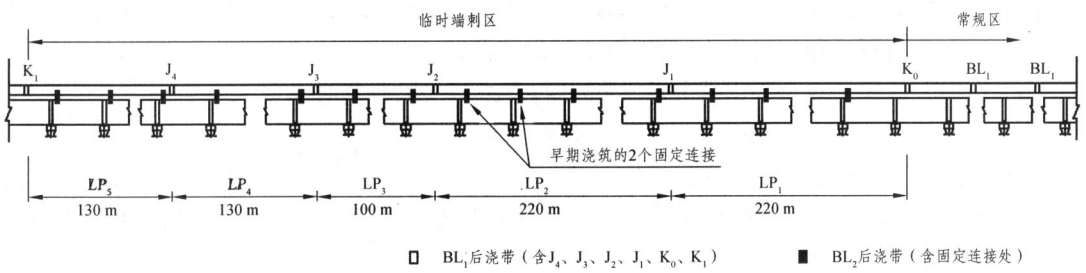

图 11.31 临时端刺区与常规区的基本结构图

(1)底座板温度低于合龙温度。

底座板的纵向连接应在混凝土浇筑段温度在 5 ℃ 以上时进行,混凝土浇筑段温度在 5 ℃ 以下时不进行纵向连接施工,以保证后浇带混凝土施工质量。温差小时,纵连在 24 h 内完成;温差大时,纵连分次完成。分次张拉应根据不同的张拉温度范围和对应的纵连张拉最少次数和时间间隔进行。纵连步骤如下:

① 从临时端刺的自由端(如 K_1)开始,依次拧紧 J_4 到 J_1 钢板连接器后浇带的所有锚固螺母,不施加预应力,使临时端刺具备一定的承载能力。

② 张拉常规区中靠近临时端刺的前两个钢板连接器后浇带(BL_1)。张拉时先松开外侧锚固螺母,张拉时用内侧螺母张拉到计算张拉值。

③ 张拉临时端刺与常规区之间的钢板连接器后浇带 K_0。

④ 张拉钢板连接器后浇带 J_1 和 J_2,其余常规区钢板连接器后浇带的纵连可与之同时进行。

⑤ 钢板连接器后浇带 J_3 按照 J_2 张拉行程的 1/3 进行张拉连接,以保证临时端刺自由端到钢板连接器后浇带 J_3 区段的摩擦力起作用。

(2)底座板温度在合龙温度范围内。

当底座板温度在合龙温度范围内时,纵连步骤如下:

① 钢板连接器后浇带的锚固螺母不需要进行张拉,先将连接器外侧锚固螺母拧紧到钢板上,然后将钢板内侧锚固螺母拧紧,扭矩不小于 450 N·m。

② 从临时端刺的自由端开始,依次拧紧 J_4 到 J_1 钢板连接器后浇带中所有锚固螺母。

③ 从 K_0 开始将常规区所有钢板连接器后浇带的锚固螺母拧紧,完成常规区与临时端刺的纵连。

④ 如果常规区另一端也与临时端刺相连,则另一端的纵连顺序一样,常规区钢板连接器后浇带从左、右两端向中心对称连接。

2. 临时端刺与下一施工单元的纵连

钢板连接器后浇带 K_1 与第二个常规区连接前,再次测量底座板段 LP_2 到 LP_5 的温度和长度,将测得的数据与在第一个常规区纵连前不受载时测量的温度和长度比较,算出临时端刺区域在底座板受载时的变形值。测量和张拉行程的计算与临时端刺与常规区连接时的温度区间无关。

(1)底座板温度低于合龙温度。

温差小时,纵连在 24 h 内完成;温差大时,纵连分次完成。分次张拉应根据不同的张拉温度范围和对应的纵连张拉最少次数和时间间隔进行。纵连步骤如下:

① 由于临时端刺区域的混凝土浇筑段已经纵连,所以只需要根据构件温度先张拉常规区靠近 K_1 的 2 个钢板连接器后浇带(BL_1)的锚固螺母。

② 根据相应的张拉行程,张拉临时端刺与常规区之间钢板连接器后浇带 K_1。

③ 张拉钢板连接器后浇带 J_4、J_3、J_2 及常规区内其余的 BL_1 后浇带。

(2)底座板温度在合龙温度范围内。

当底座板温度在合龙温度范围内时,K_1 开始将常规区的所有钢板连接器后浇带锚固螺母拧紧,纵连在 24 h 内完成。

(八)后浇带浇筑

(1)纵向连接前已经对后浇带进行了凿毛处理,凿毛深度为 5~10 mm。后浇带混凝土浇筑前,检查凿毛情况,对不合格的需重新凿毛并清理干净。

(2)检查剪力齿槽内剪力钉是否紧固、钢板连接器螺母与钢板是否密贴、钢板连接器后浇带内滑动层是否完好,不符合要求的立即整改。

(3)张拉完成后混凝土浇筑前,重新绑扎后浇带中缺少的钢筋,支立模板。模板必须加固牢靠,避免漏浆、跑模等现象发生。

(4)按底座板纵向连接顺序浇筑后浇带混凝土,浇筑前对后浇带凿毛后混凝土面进行润湿。

(5)混凝土浇筑时使用插入式振捣棒进行振捣,如图 11.32 所示。振捣完成后用铝合金尺进行整平处理,人工拉毛收面,然后对后浇带使用塑料薄膜和土工布覆盖养护 14 h。

图 11.32 后浇带混凝土振捣

第三节 滑动层及挤塑板施工

一、工艺流程

滑动层及挤塑板施工工艺流程如图 11.33 所示。

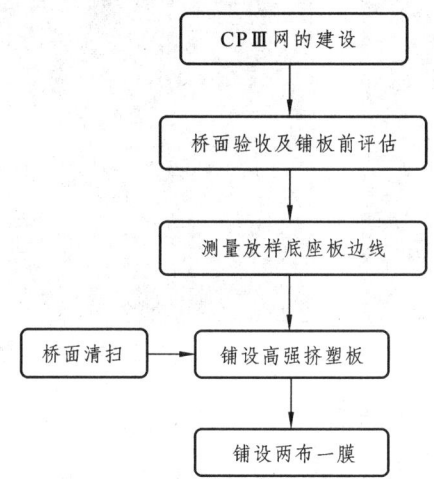

图 11.33 底座板施工工艺流程图

二、操作要点

（一）测量放线

沿底座板两侧略宽于模板外缘处，测设标记点，一般间隔 65 m 一对，测量并确定各标记点高程及平面位置。

（二）铺设挤塑板

挤塑板设于梁端接缝处，且与梁端平齐。用墨线标记出挤塑板铺设位置，标记范围内铺设长 1.45 m、宽 2.95 m、厚 5 cm 的挤塑板，铺设位置如图 11.34 所示。

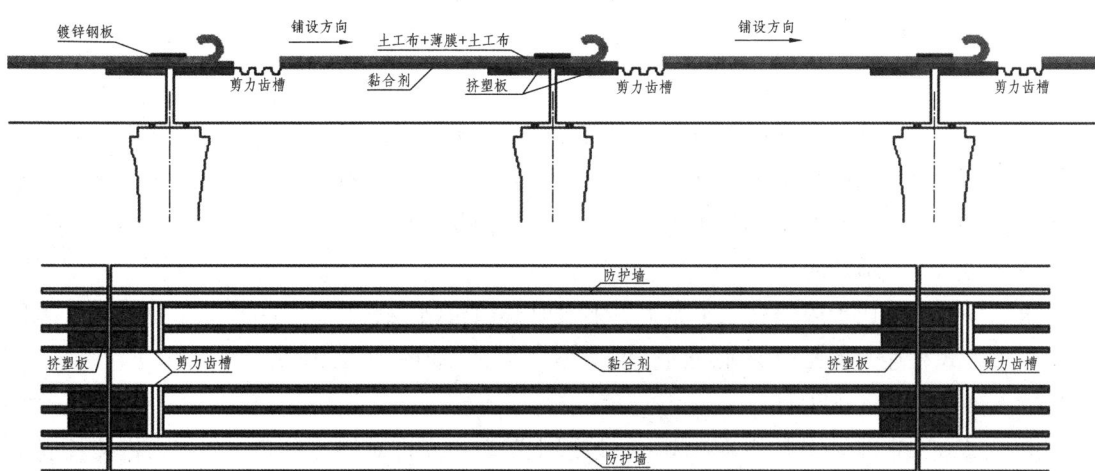

图 11.34 滑动层铺设范围示意图

用聚氨酯胶黏剂粘贴挤塑板与桥面，聚氨酯胶黏剂采用 A、B 组分，按 3∶1 比例混合后使用专用搅拌器搅拌均匀，如图 11.35 所示。挤塑板铺设完成后要使用专门的工具进行压实，严禁出现挤塑板空鼓现象，如图 11.36 所示。

图 11.35　搅拌胶黏剂

图 11.36　安装挤塑板

（三）"两布一膜"滑动层施工

每孔箱梁上滑动层的铺设范围为桥梁固定端的剪力齿槽边缘至相邻桥梁剪力齿槽边缘。滑动层由下至上由"土工布 + 薄膜 + 土工布"组成。其铺设范围如图 11.36 所示。

1. 清洁梁面

铺设前，用高压水或高压风配合吸尘器冲洗桥面，确保铺设范围内洁净且无磨损性砂石颗粒。

2. 涂刷聚氨酯胶黏剂

根据桥面上测量标记点确定滑动层铺设位置，在底座板范围内沿线路纵向两侧及中间，确定出宽 30 cm 的黏合剂涂刷带，然后涂刷胶黏剂。胶黏剂采用 A、B 双组分，每次配制 15～30 kg，配置好的胶黏剂须在 45 min 内使用完毕，胶粘剂涂刷厚度不大于 0.5 mm。

3. 铺设"两布一膜"

（1）铺设第一层土工布。

第一层土工布从桥梁固定端的剪力齿槽边缘开始铺设，至相邻桥梁剪力齿槽边缘，在梁缝处断开，沿梁端边缘将多余部分剪除。土工布如需对接，则对接处土工布的纵向长度不短于 5 m，在对接处横向 30 cm 范围满涂胶水，防止杂物进入。

（2）铺设聚乙烯薄膜。

聚乙烯薄膜铺设于第一层土工布上，铺设时必须密贴、平整、不起皱。如需要时，薄膜可以熔接方式相连，但必须保证纵向长度不小于 5 m，如图 11.37 所示。

（3）铺设第二层土工布。

第二层土工布铺设于聚乙烯薄膜上，该层土工布不允许对接，只允许搭接，搭接长度不小于 20 cm。"两布一膜"滑动层施工完成，如图 11.38 所示。

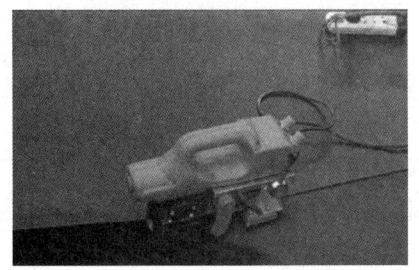

图 11.37 薄膜熔接

图 11.38 "两布一膜"滑动层

4. 布设混凝土保护层垫块

混凝土保护层垫块呈长条形，横断面为矩形或梯形，底部作圆弧倒角处理，避免垫块损坏滑动层。因底座板混凝土保护层厚度为 3~5 cm，因此垫块底部宽度不小于 5 cm，高度为 3~5 cm。放置垫块时可呈梅花形布设，布设后的效果如图 11.39 所示。

（四）梁缝处放置镀锌钢板

梁缝处第二层土工布顶面放置镀锌钢板，作为梁缝处混凝土的支撑。钢板长 2.95 m，厚度不小于 3 mm，宽度不小于 20 cm，且前后梁上有至少 5 cm 的搭接长度。

图 11.39 混凝土保护层垫块

第四节 路基支承层施工

一、工艺流程

路基上混凝土支承层施工工艺流程如图 11.40 所示。

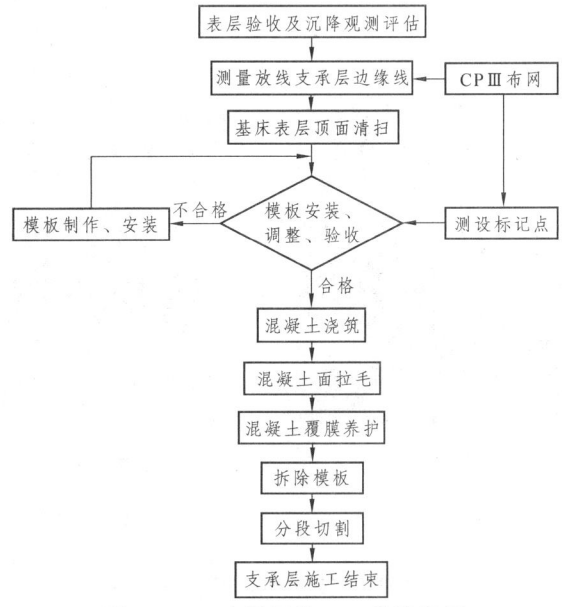

图 11.40 支承层施工工艺流程图

二、操作要点

（一）支承层测量放样

根据线路坐标及CPⅢ的布置，由测量人员按施工精度要求放出支承层边线，每隔6~10 m打上钢钎，并在钢钎上用红油漆标上支承层顶面高程位置，再由施工人员用墨斗弹出边线以指导模板定位，如图11.41所示。

（二）支承层模板

根据放线位置进行支承层模板的安设，保证模板支撑牢固，在浇筑混凝土时模板不变形，模板顶部控制点标高与设计值一致，如图11.42所示。

图11.41 测量放样

图11.42 安设模板

（三）混凝土浇筑

混凝土按施工配合比由搅拌站集中拌制，用混凝土运输车输送至现场。混凝土浇筑前检查坍落度、温度等指标，满足要求后方可浇筑并制作标养及同条件养护试件，如图11.43所示。混凝土入模后首先用振动棒振捣混凝土，然后用振动梁振动表面，提浆整平，如图11.44所示。

图11.43 混凝土浇筑

图11.44 人工收面

（四）支承层顶面排水坡

混凝土初凝前用木抹子抹面，抹出设计要求的排水坡，排水坡在直线段位于两侧、曲线段位于外侧，范围为支承层边缘至轨道板边缘内5 cm，如图11.45所示。

图 11.45 收坡

(五) 支承层顶面拉毛

混凝土初凝后终凝前,对支承层表面进行横向或纵向拉毛,如图 11.46 所示。支承层表面拉毛的同时对其支承层两侧进行压光、收坡处理,处理完成后如图 11.47 所示。拉毛深度、范围及压坡宽度必须满足设计要求。

图 11.46 支承层表面拉毛

图 11.47 拉毛、收坡和压光完成

(六) 支承层横向切缝

支承层在混凝土凝固后进行横向切缝,切缝应垂直于轨道中心线,切缝深度为支承层厚度的 1/3,约为 10 cm,切缝间距为 2~5 m,如图 11.48 所示。混凝土浇筑 24 h 内及时在支承层表面切割横向缝。

图 11.48 切割横向收缩缝

（七）施工缝处理

施工段落之间的施工缝应设在切缝处，或与其相距 2.5 m 处。施工缝必须做成直立面，并且垂直于轨道轴线。混凝土浇筑完成后，拆除端模，及时进行人工修整凿毛。当混凝土浇筑停顿时间超过混凝土初凝时间时，应中断浇筑，留作施工缝；再次浇筑时，将施工缝处的松散骨料剔除，将杂物清理干净，并用水将接触面湿润。

（八）支承层养护、拆模

混凝土浇筑完成及时进行湿润养护，浇筑一段、养护一段。养护采用覆盖潮湿的粗麻布、无纺布等方式进行，也可采用塑料布封闭保湿，养护时间不少于 7 d，如图 11.49 所示。冬季施工按冬季施工方案进行保温养护。混凝土强度达到 2.5 MPa 时，可拆除模板，施工完成的支承层如图 11.50 所示。

图 11.49 覆盖养护

图 11.50 支承层施工完成

第五节　轨道板铺设

一、工艺流程

轨道板铺设施工工艺流程如图 11.51 所示。

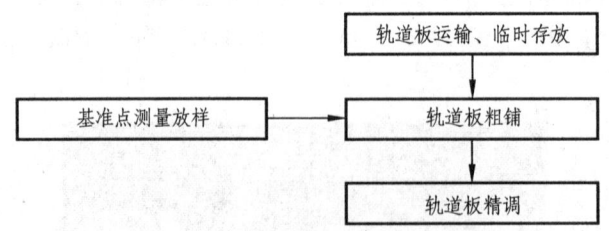

图 11.51 轨道板铺设工艺流程图

二、操作要点

（一）轨道板交验及运输

1. 轨道板交验

轨道板出场前按照验收标准对轨道板进行检查，例如：轨道板编号是否正确，轨道板表面、边缘及承轨台是否完好,预埋件是否齐全,纵向连接的精轧螺纹钢是否平直,如有偏差、裂纹、破损等问题必须在检验单上和交货单上记录说明。

2. 轨道板运输

为保证轨道板运输平稳,宜采用 30 t 以上的载重汽车运输。为避免轨道板在运输途中损坏,同时减轻对施工便道的影响,成品板装载应按车辆核定载重量装载。轨道板装车、卸车时使用专用吊具,安排专人现场指挥,装卸时轻拿轻放,严禁碰、撞、摔。

运输车装载的轨道板最多 6 块,分为前后两垛,如图 11.52 所示。每块轨道板由 4 个 200 mm × 200 mm × 200 mm 的杂木垫块支撑,形成 3 点支承,垫块上下层对齐,同层 3 点平齐,保持与存放状态一致,如图 11.53 所示。

图 11.52 轨道板装车

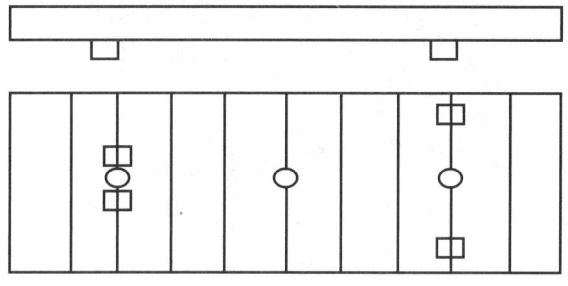

图 11.53 轨道板支承点

3. 轨道板临时存放

轨道板临时存放需编制存放计划,按照设计的位置沿线路两侧存放。存放前对地基进行压实处理,存放地点的基础应平整、稳固、四周排水通畅。临时存放的轨道板应平放堆成垛,每垛 3~5 层,各板间安放硬杂木隔垫轨道板,严格按三点支撑的原则叠放,如图 11.54 所示。

图 11.54 轨道板临时存放

（二）轨道板的粗铺

（1）轨道板粗铺之前，由测量人员放样出轨道板铺设位置，在底座上标注相应的轨道板号。粗铺时使用定位锥或钢钎定位器进行粗铺定位，以提高粗铺的精度和效率，如图 11.55 所示。

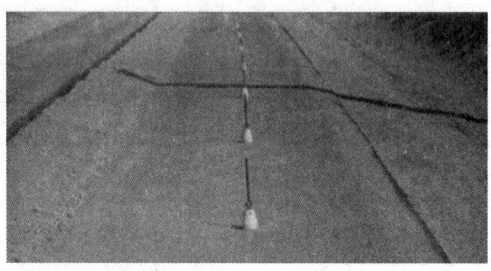

图 11.55　定位锥

（2）轨道板采用铺板门吊或 80 t 履带吊。铺板门吊设备可实现对板的垂直提升、横向移动、纵向移动、点动微调，高效快捷地实现轨道板一次就位，如图 11.56 所示。轨道板粗铺时精度控制在 1 cm 范围内。

图 11.56　吊装上桥

（3）轨道板粗铺时注意左、右线板的编号。轨道板编码共用 6 个字符，第 1 位为"<"（左）或">"（右），表示轨道板安装位置为左侧或右侧；第 2～6 位为 00001～99999 之间的顺序号码，表示轨道板安装地点。编码总是位于轨道板的左侧，以防止轨道板转错方向，如图 11.57 所示。

图 11.57　轨道板编号

（4）轨道板安放前在精调装置的安设部位粘贴非吸水性发泡材料，可在板底或底座板调节器位置粘贴"凹"字形海绵条，以保护精调爪，如图 11.58 所示。

图 11.58　板底粘贴海绵条

（5）在混凝土支承层上放置 30～50 mm 厚的垫木，垫木紧靠吊具夹爪突出点，如图 11.59 所示。轨道板就位后木条不得挤压海绵条，精确装置螺杆抬高后，撤出垫木，将其放置到下一个铺设地点。

图 11.59　放置垫木

（6）轨道板按规定挂上吊钩以后，通过门架式起重机起吊，转至铺设地点的正上方并降下，放在已安放好的木条上，接近混凝土承载层时必须缓慢下降，以便放置时不损伤轨道板。放下轨道板时应准确定位，注意与上次铺设的轨道板的相对位置以及空端的位置。

事先安装在混凝土承载层上的塑料圆锥体用于准确定位。轨道板端面上的两个圆柱形凹槽直接定位在圆锥体上方，接着放下轨道板。

（三）轨道板的精调

1. 精调设备安装

每块轨道板安装 6 个精调爪，四角各一个为二维，可进行平面、高程双向调整，板间两侧各一个为一维，可调整高程，如图 11.60 所示。轨道板粗调到位后，检查精调支座的调节螺杆是否处在中位，如果不在中位，应取出调好后重新放置。

图 11.60　调整高程

架设全站仪和后视棱镜，安装精调标架，架设棱镜，如图 11.61、图 11.62 所示。精调设备在轨道板上的布置如图 11.63 所示。精调前利用标准标架对 4 个精调标架进行检校，应满足 1 mm 的精度要求，移动精调标架时必须轻拿轻放。

图 11.61　精调标架

图 11.62　棱镜

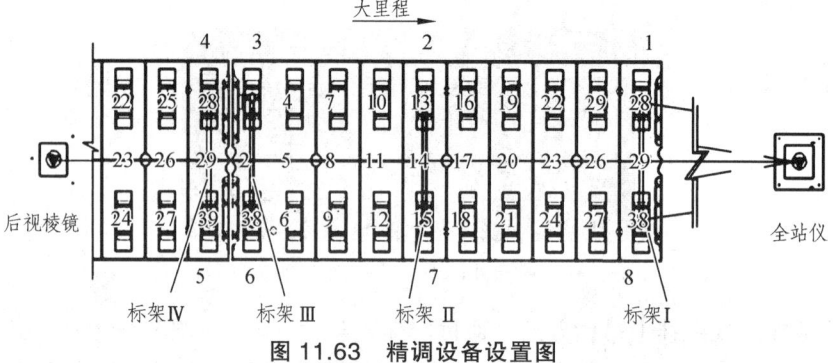

图 11.63　精调设备设置图

精调作业时，仪器支架安放到 GRP 锥孔后必须用配重块稳固，如图 11.64 所示。为确保精调仪器保持良好精度状态，作业时或设备临时存放在作业现场时，必须采用遮阳篷或遮阳伞遮挡。作业完成后及时将仪器和标架按照编号放入对应的箱子。

图 11.64　安装仪器支架

2. 精　调

轨道板精调采用后方交会法，全站仪照准 8 个 CPⅢ后视棱镜，建站精度为 0.7 mm。设站完成后，应对上一块轨道板进行搭接测量，误差不超过 2 mm，才可精调下一块轨道板。

精调时,用施工布板软件计算出每块板对应点的空间理论坐标,输入现场调板用的精调测量系统中,进行理论坐标与实际坐标的对比分析,计算出轨道板调整量,通过人工调整轨道板精调爪,使轨道板位置处于设计的空间位置。调整时由工作人员统一指挥,先调整高程,后调整横向位置,一般调整 2~3 次即可到位。轨道板精调步骤如下:

（1）松开轨道板中间调节器,通过全站仪进行定向。
（2）对 I# 标架进行测量并调整相应轨道板调节器。
（3）对 III# 标架进行测量并调整相应轨道板调节器。
（4）对 II# 标架进行测量并调整相应轨道板调节器。
（5）对 I# ~ III# 标架进行完整测量。

调整好轨道板后,应立即压紧并复测,复测的精调误差应符合要求,可进行下一块板的精调。

精调完成后,在轨道板上放置"禁止踩踏"等警示牌,必要时拉上警示线,应尽量减小踩踏、碰撞对精调的影响。

第六节 水泥乳化沥青砂浆灌注

一、工艺流程

水泥乳化沥青砂浆灌注工艺流程如图 11.65 所示。

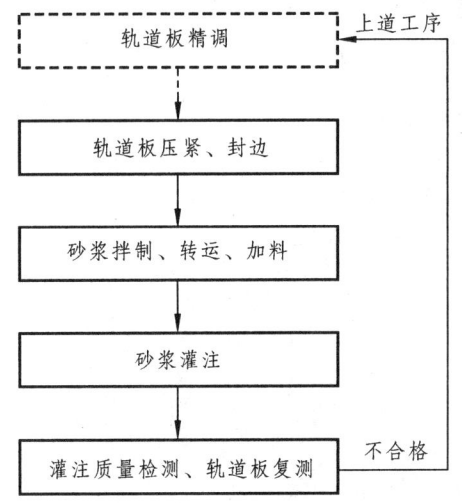

图 11.65 水泥乳化沥青砂浆灌注工艺流程图

二、操作要点

（一）轨道板底及底座板表面预湿

灌注水泥乳化沥青砂浆前,采用高压雾化水枪对轨道板底及底座板表面进行预湿,表面足够潮湿但无明水，以使砂浆与混凝土之间形成良好的黏结，如图 11.66 所示。预湿后覆盖灌注孔和观察孔，防止水分散失。灌注砂浆前 10 min 检查轨道板下方的混凝土底座表面状况，若有积水、雾化不彻底等现象，应及时加以处理。

（二）安装轨道板压紧装置

为了防止灌注砂浆时轨道板上浮，精调完成后安装轨道板压紧装置，压紧装置在水泥沥青砂浆灌注并硬化后拆除。轨道板两端的压紧装置位于板中线处，

图 11.66　轨道板底及底座板表面预湿

安装于板间定位锥用过的锚杆处，如图 11.67 所示。轨道板两侧加设压紧装置，压紧装置由锚固螺杆、L 形钢架及翼形螺母组成，如图 11.68 所示。

图 11.67　端部压紧装置

图 11.68　L 形压紧装置

轨道板两侧的压紧装置采用锚固螺杆固定，锚固螺杆用植筋胶锚固，锚固后的锚杆应处于垂直状态。压紧装置安装前，应进行锚杆抗拔试验。锚杆的植入深度与超高有关，应防止钻孔时破坏底座板钢筋，如图 11.69 所示。

图 11.69　锚固螺杆

(三)轨道板的封边

为防止水泥乳化沥青砂浆在灌注时从轨道板侧面流出,必须将轨道板和底座之间的缝隙密封。封边施工前,应清理板底和底座表面,对密封腔进行预湿。封边施工时,不允许触动轨道板及调节器,不得踩踏轨道板,否则应对调好的轨道板的精确度进行复核。

1. 纵向封边

封边方式主要有三种:水泥砂浆封边、专用封边材料封边、模板封边。目前,采用专用封边材料封边的较多。专用封边材料由透气透水的无纺布外衬一定厚度的土工布或毛毡组成,如图 11.70 所示。

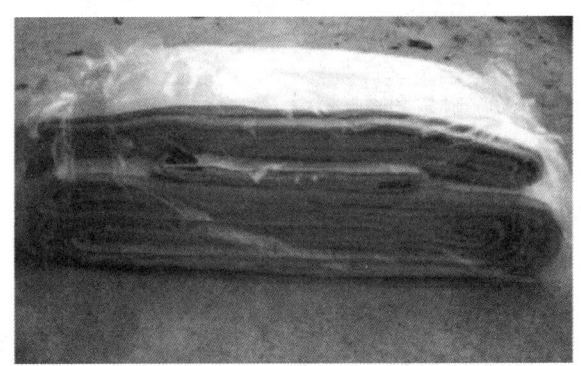

图 11.70　专用封边材料

施工时将封边材料放置在封边角钢内侧,同时密贴轨道板侧边和底座板表面。放置封边材料前在角钢排气孔对应位置开孔,以保证纵向封边排气顺畅,如图 11.71 所示。

图 11.71　专用封边材料封边

2. 横向封边

横向封边使用与板底砂浆同性能的材料,封闭后在轨道板端部下侧各开 4 个排气孔,排气口紧贴轨道板底面且与平面呈 45°角,在轨道板四个角处设置排气孔溢流口,如图 11.72 所示。灌浆时砂浆在板角四个溢流口溢出且砂浆内气泡较少时,即可用圆锥形软木塞将排气孔紧密封闭、收紧板角封闭带。封边完成后,应仔细检查封边是否严密,确保灌注时不漏浆。

图 11.72 横向封边

(四)砂浆现场试配、检测与拌制

水泥乳化沥青砂浆拌制要严格按照设计配合比进行,现场试配及时取样检测,主要检测指标有砂浆的温度、流动度、扩展度、含气量、单位容积质量等,如图 11.73、图 11.74 所示。检测结果如不满足要求,可对拌制工艺或材料进行微调后重新试配,直至参数满足相关要求为止。

图 11.73 扩展度检测

图 11.74 流动度检测

（五）水泥乳化沥青砂浆灌注

灌注前用土工布覆盖轨道板，防止灌注时被砂浆污染。砂浆从轨道板中部的灌注孔注入，必须灌满整个轨道板底部空腔，灌注过程按"慢-快-慢"的节奏进行，使轨道板下的空气充分排出，砂浆充分饱满，如图 11.75 所示。

图 11.75 灌浆作业

灌注开始时，速度较慢，持续约 40 s；然后提高灌注速度，持续时间约 3 min；最后降低灌注速度，直至各排气孔和板角溢流口砂浆均匀流出，最后停止灌注，堵塞各孔口，如图 11.76 所示。从灌注孔观察砂浆面高度，要到达轨道板底面以上约 10 cm。

图 11.76 封堵

当砂浆接近凝固时，清除灌浆孔内多余砂浆，使砂浆顶面距离轨道板顶面约 15 cm，如图 11.77 所示。清楚的多余砂浆放入废料存储罐内集中处理。

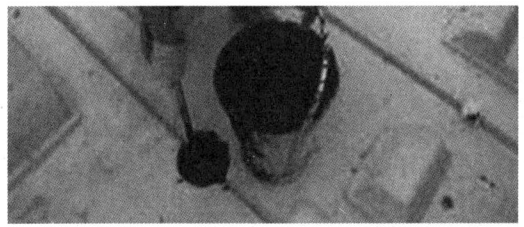

图 11.77 清除多余砂浆

（六）砂浆养生

当砂浆抗压强度达到 1.0 MPa 后，可拆除压紧装置和轨道板调节器。在精调爪拆除后，应立即采用流动性较小的水泥乳化沥青砂浆修补缺口，并在其外涂刷封闭材料以保护修补砂浆。当砂浆抗压强度达到 3.0 MPa 后，方可在轨道板上承重。

水泥乳化沥青砂浆的封边材料应尽可能地保留28 d后再拆除，或拆除后马上涂刷封闭材料，使砂浆能够得到充分的保水养护，拆除模板后的砂浆如图11.78所示。

图11.78 拆模后砂浆断面

第七节 轨道板纵向连接施工

一、工艺流程

轨道板纵向连接施工工艺流程如图11.79所示。

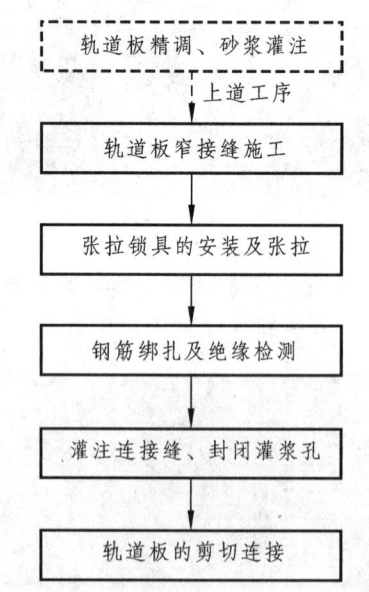

图11.79 轨道板纵向连接施工工艺流程图

二、操作要点

（一）窄接缝封填

当水泥乳化沥青砂浆强度达到7 MPa后，即可进行窄接缝施工。施工前，清除板缝内杂物,在轨道板窄接缝侧面安装模板,模板可用 2 mm 钢板或竹胶板,用螺杆拉紧并安装牢固。然后浇筑混凝土,浇筑高度与窄接缝、宽接缝处的上表面基本平齐。浇筑完成后,及时对混凝土进行覆盖养生,施工完成的窄接缝如图 11.80 所示。

图 11.80 窄接缝施工完成

(二)轨道板纵向连接

轨道板的纵向连接是将相邻的两块轨道板通过张拉锁件将预埋精轧螺纹钢筋连接起来,从而使连续铺设的 CRTS Ⅱ 型轨道板沿纵向形成一个整体。

当垫层砂浆的强度达到 9 MPa、窄接缝砂浆强度达到 20 MPa 时,可对轨道板实施纵向张拉连接。张拉施工时,从拟连接范围的中间开始向两端对称同步地进行连接。

连接时,按规定使用张拉锁件与绝缘垫,张拉锁件如图 11.81 所示。安装张拉锁件前,先将轨道板外露的螺杆涂上油,再安装张拉锁件。安装时手工拧紧紧固螺母,注意绝缘垫圈的开口方向必须与张拉环下侧的开口一致。

轨道板有 6 根张拉筋,在相邻两板间安装 6 个张拉锁件,如图 11.82 所示。先张拉轨道板中间 2 根,然后从内向外对称张拉左右筋各 1 根,最后张拉剩余 2 根。张拉时用扭力扳手拧紧张拉螺母,张拉至规定力矩,如图 11.83 所示。

图 11.81 张拉锁件　　　　　　　　图 11.82 安放张拉锁件

图 11.83 扭力扳手拧紧张拉螺母

轨道板纵向连接以单元施工段为基本段落,连接顺序为:第一组张拉中间两根钢筋,第一组张拉三个接缝后第二组张拉紧邻的两根钢筋,从内向外进行;第二组张拉两个接缝后,第三组开始张拉最边上的两根钢筋,一直保持这个间隔并顺序进行,如图11.84所示。

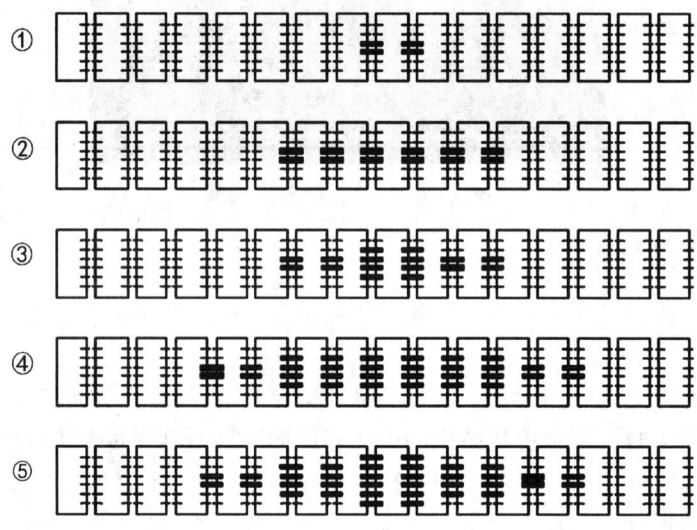

图11.84 张拉顺序示意图

若纵连施工期间暂停超过12 h,需进行轨道板剪切连接。临时的剪切连接位置在最前方3块连续的轨道板上,每块轨道板钻孔4个,如图11.85所示。

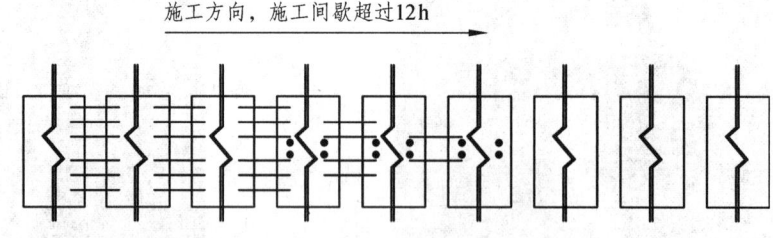

图11.85 连接示意图

(三)钢筋绑扎及绝缘检测

按照接缝设计配筋图绑扎好钢筋网片,注意绝缘套管的安装位置,如图11.86所示。网片放入接缝后,必须对钢筋网片和绝缘套管的位置进行检查,用摇表测试包括张拉锁件在内的绝缘电阻,要求阻值不小于1 MΩ,如图11.87所示,如不符合要求不可浇筑混凝土。

图 11.86 安放钢筋网片

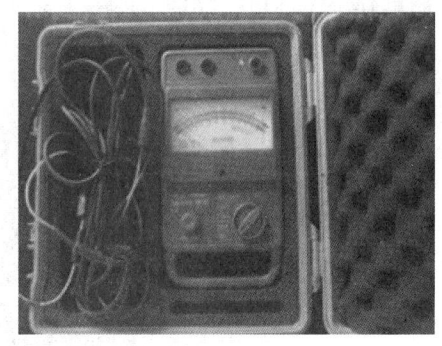
图 11.87 检测设备

（四）浇筑连接缝、封闭灌浆孔

检测钢筋网片和张拉锁件，符合要求后，可浇筑连接缝混凝土。施工前应润湿轨道板端面和整个连接缝，如图 11.88 所示，然后在连接缝两端立模板，如图 11.89 所示。浇筑时采用的混凝土强度等级与轨道板相同。浇筑后振捣密实，振捣时不可改变接缝中钢筋网片的位置，如图 11.90 所示。

图 11.88 连接缝润湿

图 11.89 连接缝立模

图 11.90 混凝土浇筑

在浇筑轨道板连接缝时，为提高工作效率，应同时将轨道板中心线上的砂浆灌注孔、观察孔一起封闭。封闭灌注孔、观察孔之前，应检查孔内在CA砂浆灌注时插入的S形钢筋是否存在，如果缺少应补植，如图11.91所示。连接缝和砂浆灌注孔浇筑混凝土后，应覆盖养护7 d。

图11.91　孔内S形钢筋

（五）剪切连接轨道板

轨道板的剪切连接是在每孔梁端伸缩缝两侧，以及与其他形式的轨道系统过渡处。在轨道板承轨台内侧钻出一定数量的竖直孔，孔至底座内一定深度，孔内植入螺纹钢筋，使轨道板与底座之间、底座与桥梁或路基支承层之间形成沿线路纵向的均匀受力体系。

钻孔前应在设计植筋位置使用钢筋探测雷达探明轨道板及底座板内的钢筋布置情况，以此微调并确定钻孔位置。钻孔使用植筋专用钻孔机，如图11.92所示。钻孔完成后，使用高压风管（枪）吹除孔内屑粉。植筋施工应随即进行，否则应用砂丝团或软布团封堵孔口。

图11.92　钻孔

为确保剪切筋与轨道板及底座板内钢筋处于隔离绝缘状态，剪切筋表面应先均匀涂抹一层植筋胶（即锚固用胶），面胶凝固后再进行植入施工。安装时，先在孔内注入适量的植筋胶，然后植入剪切筋，如图 11.93 所示。剪力筋植入时应轻轻插入，钢筋尾部距离孔口约 5 mm，最后用植筋胶密封孔口。

图 11.93　植入剪切筋

第八节　侧向挡块施工

一、工艺流程

侧向挡块施工工艺流程如图 11.94 所示。

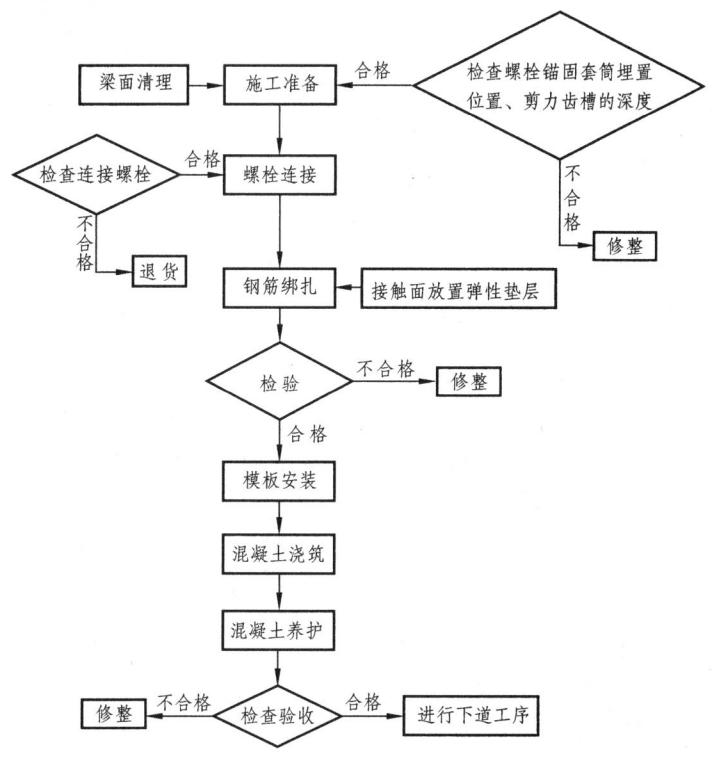

图 11.94　侧向挡块施工工艺流程图

二、操作要点

（一）施工准备

（1）对侧向挡块周围底座板的上表面和侧面进行检查，检查范围为线路纵向 1.4 m、侧向挡块中心向两侧各 0.7 m 范围内的底座板，底座板的平整度要求为 2 mm/1 m，对不满足要求的底座板使用角磨机进行打磨处理。

（2）侧向挡块中心沿线路纵向前后各 0.6 m 范围内的底座板，进行 2×2 cm 的倒角处理，倒角面应平滑顺直，满足 2 mm/1 m 的平整度要求，如图 11.95 所示。

（3）检查清理预埋套筒，清除预埋套筒内杂物，连接部件拧入预埋套筒的长度不小于 $1.5d_s$（d_s 为钢筋直径），对齿槽进行整修处理，侧向挡块预留齿槽深度不小于 30 mm，如图 11.96 所示。

（4）对侧向挡块范围的梁面清理防水层做凿毛处理。

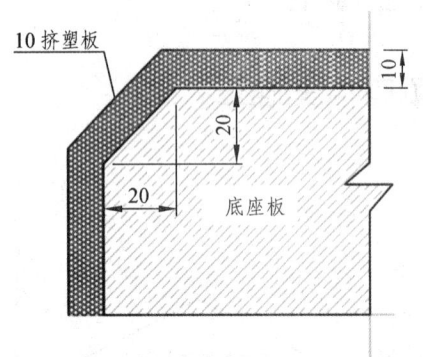

图 11.95 侧向挡块处底座板的处理（单位：mm）

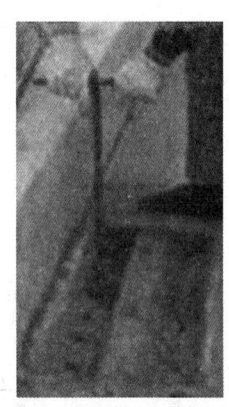

图 11.96 齿槽及预埋套筒清理

（二）安装限位板和硬泡沫塑料板

每个侧向挡块处安装 2 块弹性限位板，分别在底座板的上表面和侧面，如图 11.97 所示。安装前首先将弹性限位板安装在 10 mm 厚的硬泡沫塑料板的镂空处，将接缝处用胶带密封，在底座板和限位板之间铺设塑料薄膜进行隔离防护，塑料薄膜以及限位板上的硬泡沫塑料板的尺寸要大于侧向挡块的尺寸。施工完后将超出挡块边缘的硬泡沫塑料板和塑料薄膜切除。

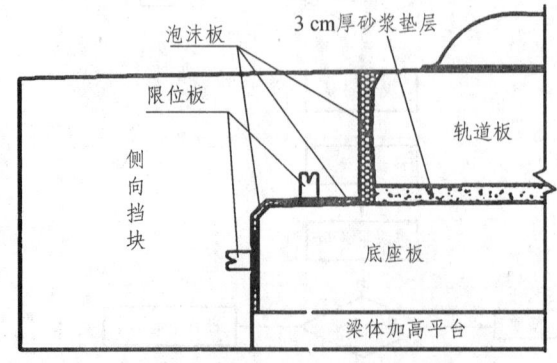

图 11.97 限位板和挤塑板安装位置示意图

（三）钢筋加工、绑扎

侧向挡块内部的连接钢筋端部螺纹应与梁体内预埋的螺纹套筒内螺纹相匹配，如图11.98所示。加工侧向挡块和梁体之间的连接部件时，应核实梁面设计高程与实际高程的偏差，按照实际尺寸制作连接部件，避免连接部件过高或过低。

钢筋绑扎时按照设计图纸进行，同时要考虑直线、曲线、左线、右线以及底座板实际施工情况的影响，尤其是连接部件的制作，要确保钢筋笼符合实际情况，满足保护层的要求，如图11.99所示。

图11.98　连接筋安装

图11.99　钢筋绑扎

（四）安装模板

模板采用定型钢模板，安装模板前先对模板打磨刨光并涂刷隔离剂。模板的弧形结构采用插板式可调的弧形钢模，模具的调高螺栓可根据实际梁面情况进行适当调节，以避免漏浆，同时可以保证顶面排水坡的要求，如图11.100所示。模板安装时按照立模线支立模板，纵向前后位置要兼顾左、右两侧共4个挡块。

图11.100　模板安装

（五）混凝土浇筑

混凝土由搅拌站集中拌制，混凝土罐车运输，如图11.101所示。混凝土浇筑前对侧向挡块周围梁面的混凝土进行清洁及预湿。混凝土浇筑时应分层连续进行，使用手提式振捣棒进行振捣，振捣时快插慢拔，插点要均匀排列，逐点移动，顺序进行，不得漏振、过振，做到均匀振实。

图 11.101　混凝土浇筑

(六) 拆模及养护

当混凝土强度能保证挡块表面及棱角不因拆模而受损坏即可拆模。拆模时首先拆除加固模板的卡具,然后逐个拆除其他模板。拆模过程中注意避免磕碰侧向挡块的棱角。

拆模后用土工布覆盖,外包裹以塑料布进行养护,养护时采用自制滴灌系统不定时渗水保持土工布湿润。养护 7 d 后方可撤掉土工布,养护好的侧向挡块如图 11.102 所示。

图 11.102　侧向挡块施工完成

第十二章 CRTSⅢ型板式无砟轨道施工

第一节 底座板施工

一、工艺流程

无砟轨道底座施工工艺流程如图12.1所示。

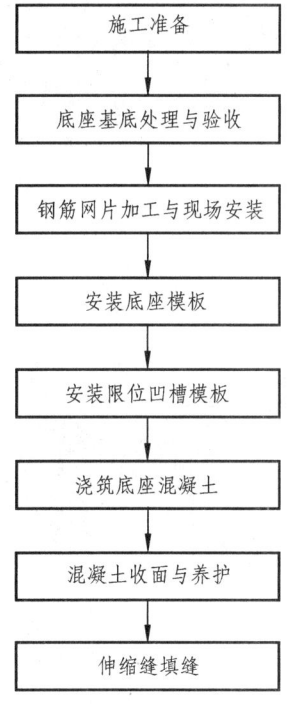

图12.1 无砟轨道底座施工工艺流程图

二、操作要点

（一）施工准备

底座施工前，放出底座中心线，同时在底座基面上放样底座边线、伸缩缝位置和凹槽中心线位置，以便于作业，如图12.2所示。

图12.2 底座边线、中线放样

(二)底座基面处理与验收

底座板施工前应对桥梁、隧道基面按设计要求进行拉毛处理,其纹路应均匀、清晰、整齐。凿毛后露出新鲜混凝土面积应不低于总面积的 75%。凿毛后及时清理基面的浮渣、碎片、尘土、油渍等。

安装连接钢筋,打开梁面预埋套筒封盖,清除套筒内杂物。如果预埋套筒损坏失效,则需在桥梁梁面上钻孔、清孔、除尘后进行植筋,如图 12.3 所示。隧道内植筋直径、植筋深度、外露长度及植筋间距应满足设计要求。

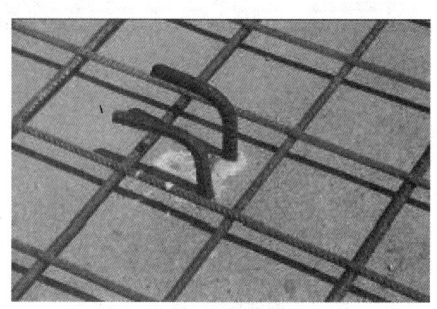

图 12.3 桥面补植连接筋

(三)钢筋网片加工与安装

底座内的钢筋网片可一次加工成型,架立筋、U 形筋、连接筋等由钢筋加工场集中加工,然后运输至施工现场备用,如图 12.4 所示。

图 12.4 加工好的钢筋网片

放置底层钢筋网片后,将连接钢筋拧入套筒内,将底层钢筋网片与附近的连接钢筋绑扎,通过与桥面植筋的连接,将桥梁的底座钢筋与桥梁结构相连,如图 12.5 所示。

图 12.5 底层钢筋网片与连接钢筋

为保证钢筋网片的位置准确,可设置架立筋,如图 12.6 所示。在曲线超高地段,配筋的高度应在缓和曲线区段按线性变化完成过渡,由于超高采用外轨抬高方式,必须注意其内外侧高差及其沿线路纵向的渐变。

图 12.6　架立筋

(四)安装底座模板

CRTSⅢ型板式无砟轨道对底座标高和平整度有严格要求。底座模板安装时,应根据 CPⅢ控制网测量模板平面位置及高程,并通过模板的调整螺杆调整模板顶面标高,直至达到底座设计标高。模板应定位准确,横向伸缩缝按放样尺寸严格控制,如图 12.7 所示。

图 12.7　横向伸缩缝

(五)路基底座伸缩缝安装传力杆

路基地段每两个底座单元之间均有宽度为 20 mm 的伸缩缝。每处伸缩缝设置 8 根传力杆,正反向间隔安装。传力杆采用 ϕ36 mm 光圆钢筋,全长 500 mm,其 400 mm 长度范围涂刷沥青进行防锈处理,端部 100 mm 套 304 不锈钢套筒,套筒规格 ϕ40×4 mm,套筒内留出 36 mm 填充纱头或泡沫塑料。现场安装时应保证传力杆空间位置准确、固定牢靠,8 根传力杆位于同一水平面内,传力杆端头横向位置偏差不应大于 10 mm。

(六)安装限位凹槽模板

每块轨道板对应的底座板范围内有两个限位凹槽,凹槽尺寸为 700 mm×1 000 mm。将加工好的限位凹槽模板放置于底座单元固定位置处,并以插销或螺栓与侧模加以连接固定,如图 12.8 所示。

图 12.8　限位凹槽模板

（七）浇筑底座混凝土

在浇筑底座板混凝土前宜在底座板两侧各设置 4 根直径 $\phi 20$ mm、长度为 10 ~ 15 cm 的 PVC 管，为横梁提供下拉固定点，如图 12.9 所示。安装 PVC 管时宜上翘 17 mm，使之在施工期间不易进入雨水并便于挂扣，自密实混凝土灌注完成后用普通混凝土或微膨胀混凝土封闭。

图 12.9　PVC 管

混凝土在拌和站集中生产，采用混凝土输送车运输、泵车泵送、插入式振动棒振捣的施工方法。混凝土在搅拌、运输和浇筑过程中不应发生离析。

（八）混凝土收面与养护

混凝土浇筑完成后及时覆盖养护，养护时间不少于 7 d，必要时需补水。养护用水的温度与混凝土表面温度之差不得大于 15 ℃，当环境温度低于 5 ℃ 时禁止洒水，可在混凝土表面喷涂养护液并采取适当保温措施。混凝土达到设计强度的 75% 之前，禁止在底座上行车。底座施工完成后，如图 12.10 所示。

图 12.10　底座施工完成

（九）伸缩缝填缝

伸缩缝填缝施工前需清扫底座表面，清理接缝内松散混凝土，对突出点用角磨机加以修理，并用吹风机对接缝灰尘、浮渣进行清理。

根据所填充伸缩缝尺寸对定尺嵌缝板进行切割，或补充拼缝条。使用竹片等辅助工具将嵌缝板嵌入伸缩缝内，确保嵌缝板安装到位，如图 12.11 所示。

图 12.11　嵌入嵌缝板

灌注填缝密封材料前，在接缝两侧的底座表面粘贴薄膜防止污染，并可保证及时撕掉薄膜后填缝线形美观，如图 12.12 所示。在嵌缝板顶面及接缝两侧涂刷界面剂，待界面剂表干 30 min 后再灌注填缝密封材料。

图 12.12　灌注密封材料

灌注填缝密封材料需采用专用施工机具，灌注时应缓慢均匀，使接缝饱满，避免产生气泡。对于曲线超高地段接缝，应从高处分段灌注，使填缝密封材料顺序流向低处，灌注过程中应尽量避免填缝密封材料溢出。填缝密封材料灌注完毕至实干前，应采取有效防护措施防止雨水、杂质落入，并避免下一步工序对填缝密封材料的损坏。

第二节 隔离层及弹性垫层施工

一、工艺流程

底座板上隔离层施工工艺流程如图 12.13 所示，弹性垫层施工工艺流程如图 12.14 所示。

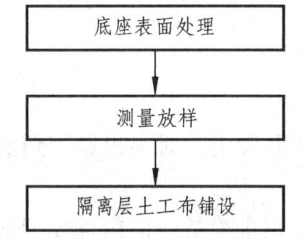

图 12.13 中间隔离层施工工艺流程图

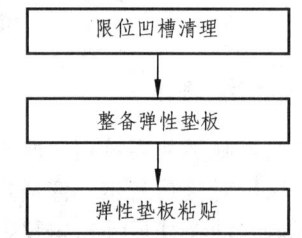

图 12.14 弹性垫层施工工艺流程图

二、施工要求

（一）中间隔离层施工

1. 底座顶面清理

铺设中间隔离层土工布之前清扫底座板顶面，亦可采用高压风或洁净的高压水进行清理，保证土工布铺设范围内底座板表面无油渍、无结块和砂石类磨损性颗粒物。

2. 测量放样

利用 CPⅢ控制网对土工布铺设范围进行测量放样，弹出中间隔离层土工布铺设边线，隔离层边缘比自密实混凝土四周边缘宽出 5 cm。

3. 中间隔离层土工布铺设

铺设时将整张土工布铺在底座板顶面，两侧与放样弹出的边线对齐，将土工布平展铺设至底座两端伸缩缝边缘。每一个底座单元内的土工布尽可能连续铺设，确保边沿无翘起、空鼓、皱褶、封口不严等缺陷。土工布在底座板限位凹槽处用刀切割出与凹槽大小一致的孔洞，切割下的土工布铺设于凹槽底面，如图 12.15 所示。

图 12.15 铺设隔离层

土工布铺设后采用厚塑料布覆盖，避免日晒、雨淋，土工布铺设完成至自密实混凝土灌筑不宜超过 15 d。

(二) 弹性垫板施工

1. 限位凹槽清理

清理限位凹槽，凹槽四周线条顺直，表面无凸起、结块和磨损性颗粒物。必要时可采用高压风或洁净的高压水清理。

2. 整备弹性垫板

弹性垫板若为整体进料，应结合凹槽实际深度和尺寸进行修整切割。若以橡胶垫板和泡沫板分别进料，则应按照设计尺寸切割泡沫板，嵌入橡胶板并加以固定。整备好的弹性垫板应妥善保存备用，如图 12.16 所示。

图 12.16　弹性橡胶垫板

3. 弹性垫板施工

底座混凝土强度达到设计强度的 75%后，可进行弹性垫板铺设。弹性垫板粘贴在限位凹槽四周，粘贴时应平整、密贴。弹性垫层需平整且封口严密，垫层无翘曲、无空鼓、无褶皱。土工布与泡沫板及弹性垫板间采用胶带密封，以避免接口处侵入混凝土，如图 12.17 所示。

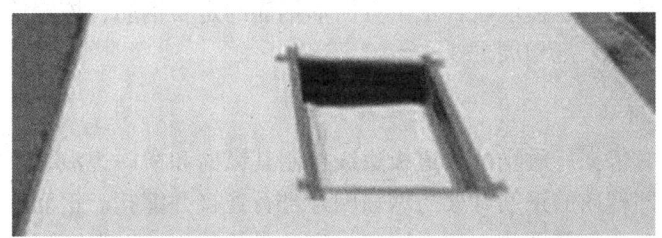

图 12.17　土工布与泡沫板及弹性垫板间用胶带密封

第三节　轨道板粗铺

一、工艺流程

轨道板粗铺工艺流程如图 12.18 所示。

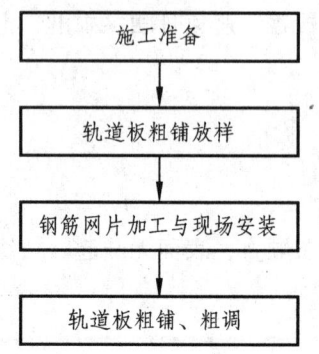

图 12.18　轨道板粗铺工艺流程图

二、施工要求

（一）施工准备及粗铺放样

（1）轨道板粗铺前对中间隔离层和弹性垫板的施工质量进行检查验收，如有问题及时整改。在粗铺前按技术要求对轨道板外观质量进行检查，对可修补的缺陷进行修补。

（2）用全站仪在土工布隔离层上对轨道板铺设位置进行放样，然后用墨线弹出轨道板四条边线和精调支座位置中线。

（二）钢筋网片加工与现场安装

自密实混凝土填充层内配置 CRB550 级冷轧带肋钢筋焊网片，以便与带有 U 形筋的轨道板紧密联结，同时也可起到控制自密实混凝土裂缝的生成与扩展的作用。

1. 准备工作

（1）自密实混凝土调整层内的防裂钢筋网集中加工成网片，通过验收后运输至施工现场安装固定。

（2）加工两根贯穿轨道板承轨台正下方门形钢筋的定长钢筋，该钢筋直径 12 mm，长度与相应网片的纵向钢筋长度相同。

2. 现场安装

钢筋网片就位时依据所放样的轨道板边线控制其纵向和横向边沿，不得出现偏斜，根据设计图将底座限位凹槽内的钢筋骨架与钢筋网片进行连接并绑扎。钢筋安装绑扎过程中不得损坏土工布。必要时在钢筋网片上侧面固定一定数量的垫块，以保证灌注混凝土时钢筋网片不上浮、不下沉，满足混凝土保护层厚度要求。

（三）轨道板粗铺

1. 轨道板吊装就位

轨道板粗铺前，依据施工图中路基、桥梁、隧道等不同地段的配板设计，调配所需型号的轨道板。路基地段若轨道板已存放于线路两侧，可直接利用汽车吊将轨道板吊放至铺设位置；若轨道板是集中存放的，则用运板车倒运至铺板工点。桥梁地段可采用运板车将轨道板运至铺设点，或采用桥下运输的方式将轨道板运至铺设点附近，梁面辅以悬臂龙门吊或地面汽车吊进行铺板作业。隧道地段采用小型运板车将轨道板从洞外集中存放地点倒运至铺板位置，然后利用隧道型龙门吊吊放至铺设位置。

轨道板吊装就位时应检查轨道板预制时其底面预留的门形筋是否扭曲、倒伏，其位置是否垂直于板底面，门形钢筋水平筋中部的绝缘套管是否完好无损，若缺少或已破损时须立即补装该位置绝缘套管并加以固定。纵向穿入门形钢筋水平筋，并用绝缘卡加以固定，如图12.19 所示。

图 12.19　轨道板下纵向钢筋绑扎

2. 轨道板粗铺与粗调

使用汽车吊或铺板龙门吊将轨道板移至铺设工作面，在接近混凝土底座时降低下降速度，缓慢将轨道板就位，以防损伤轨道板。轨道板就位时参考底座上放出的轨道板位置轮廓线，控制轨道板放置位置，确保轨道板中心线与线路中心线横向偏差不大于 5 mm，纵向偏差不大于 10 mm，高程与自密实混凝土设计厚度偏差在 ± 10 mm 内。轨道板粗铺、粗调应重点控制横向和纵向位置，尤其是当轨道板纵向偏差超过 10 mm 时，应重新起吊并控制好纵向偏差后就位。

圆曲线和缓和曲线地段铺设轨道板必须严格按照设计布板进行布置。圆曲线地段铺设时轨道板四角均应在放样边线以内，调整每块轨道板的偏角，将轨道板端部第二对承轨台中线与轨道板中心线的交点布设在轨道中心线上。

轨道板粗铺粗调完成后立即按配板图填写放板编号，编号标写于轨道板内侧中部，字体规格比照轨道板出厂标记，采用黑色油漆喷涂，如图 12.20 所示。编号供精调数据采集、轨道几何调整使用。一个段落或一个工作日完工后及时填写粗铺、粗调记录，详细记录高程异常的轨道板编号、左右线和位置里程，在轨道板精调之前完成对粗铺出现的异常情况的处理。

图 12.20　轨道板铺设编号

（四）轨道板粗调

在轨道板左、右两侧的预埋套管上安装精调支座（精调爪），每块板 4 个支座。安放支座前目视轨道板两侧与放样边线的偏差情况,若两侧偏差不大,则将支座横向(水平)调节螺杆的初始位置设置在中间点"0"处(螺杆外侧标注有 -2、-1、0、+1、+2 刻度,即最大可调 ±2 cm,"-"为向内偏,"+"为向外偏);若轨道板左偏,则左侧支座螺杆向内旋入(0~-2)、右侧支座螺杆向外旋出(0~+2);反之,轨道板右偏,则水平螺杆反向预置,以留出调整余地。安装支座时,同一支座的两根固定螺杆应使用相同的扭紧力矩,扭紧力矩为 80~100 N·m,保证支座侧面与轨道板侧面平行密贴,受力均匀。支座安装妥当之后,4个支座同步转动竖向调节螺杆,使轨道板慢慢升起。

轨道板粗调重点控制横向偏差和高程。粗调到位后应在 24 h 内实施精调,以提高精调支座利用率,提高轨道板精调作业效率。

第四节 轨道板精调

一、工艺流程

轨道板精调施工工艺流程如图 12.21。

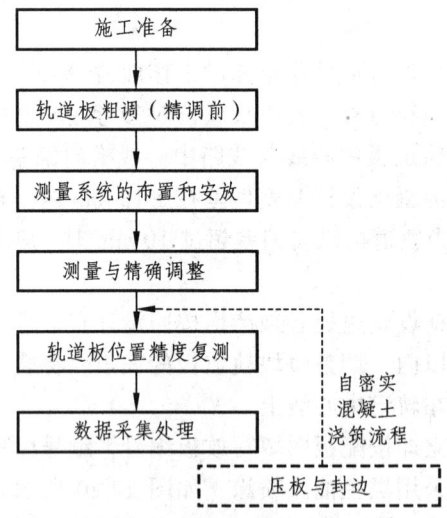

图 12.21 轨道板精调施工工艺流程图

二、操作要点

(一)施工准备

(1)检查轨道板的粗铺情况,轨道板粗铺位置偏差应满足要求,纵向相邻轨道板间基本平顺,没有板下钢筋网片或垫块顶住轨道板。

(2)精调系统使用前一定要对全站仪和精调标架进行检校,设备应在检校有效期内。硬件常数(强制对中三脚架高度、小型三角支座棱镜高度)、标架两端支脚的平整度要进行检核和调整,将常数录入到程序中。

（3）检查精调支座外观质量，精调支座与轨道板密贴面不得出现毛刺，调节螺杆应活动自如，检查过程中对调节螺杆适量加注润滑油。精调作业前将精调支座安装在轨道板左、右两侧的预埋套管上，每块板安装4个支座。安装套管螺杆时扭紧力应大小合适，保证支座侧面与轨道板侧面密贴，两根螺杆受力均匀。安装妥当之后，4个支座同步转动竖向调节螺杆，使轨道板慢慢升起，取出粗铺轨道板时安放的垫木条，并确认轨道板下无其他废弃物。

（二）测量系统的布置和安放

首先在测段前后线路两侧各2对共8个CPⅢ点套管上插入配套的观测棱镜，再将全站仪架设在测量前进方向的轨道板上，如图12.22所示。其中心尽量靠近轨道板中心线，使全站仪分别照准至少6个CPⅢ棱镜进行设站，建站精度为0.5 mm。精调前利用标准标架对另外3个标架进行检校，满足1 mm精度要求。

精调标架采用扣件的预埋套管定位结构形式并采用与之配套的精调处理软件。精调前，将1号、2号标架插脚放置到待调轨道板板端向内数第2个承轨台内侧的扣件预埋套管内，将3号标架放置在前一块已调整好的轨道板向内数第2个承轨台上。测量过程中，全站仪的位置与1号标架间距控制在5～40 m，超过此范围时须重新设站。全站仪与精调标架布设位置如图12.23所示。

图12.22　精调标架预埋套管定位示例

图12.23　全站仪与精调标架布设

（三）轨道板精确调整

在测段前后线路两侧各2对共8个CPⅢ点套管上插入配套的观测棱镜，再将全站仪架设在测量前进方向的轨道板上，其中心尽量靠近轨道板中心线，使全站仪分别照准至少6个CPⅢ棱镜进行设站，建站精度为0.7 mm。精调前利用标准标架对另外3个标架（精调标架数量与所采用产品及软件有关）进行检校，满足1 mm精度要求。

精调标架采用扣件的预埋套管定位结构形式并采用与之配套的精调处理软件。精调前，将1号、2号、3号、4号标架插脚放置到待调轨道板板端向内数第2个承轨台的扣件预埋套管内，将5号、6号标架放置在前一块已调整好的轨道板向内数第2个承轨台上。测量过程中，全站仪的位置与1号标架间距控制在5～40 m，超过此范围时须重新设站。全站仪与精调标架布设位置如图12.24所示。

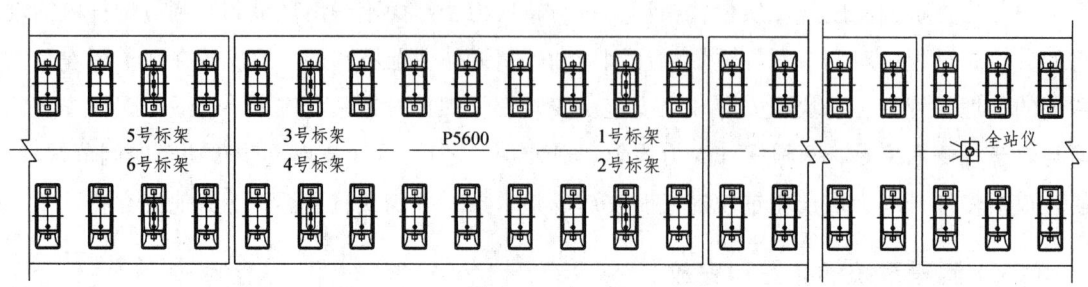

图 12.24 全站仪与精调标架布设位置

设站完成后先调整高程,后调整横向位置。4 个精调支座各配置 1 名操作人员,作业时按照手簿显示数据或精调技术员发出的指令等方式进行轨道板调整。调整高程时注意避免单个支座受力,调整水平时须左右两侧同向调整。正常情况下调整 2~3 次即可到位。

轨道板精调连续作业时,须对上一块轨道进行搭接符合测量,确保相邻轨道板接缝处承轨台顶面相对高差不大于 0.5 mm,再精调下一块轨道板。精调过程中,应采用水平靠尺对已完成精调的轨道板进行复核,测量板端高差间隙,高差小于 0.5 mm 为合格,此时方可进行下一块轨道板精调。两个测量段落相向合龙时,最后约 100 m 范围内应兼顾搭接控制,确保线形平顺。

轨道板调整完毕、误差满足要求后,及时存储测量数据。在轨道板上放置"禁止踩踏"等警示标识,在轨道板上安装跨线栈桥,以避免踩踏、碰撞等外力对精调结果产生影响。

(四)轨道板位置精度复测

轨道板精调后 24 h 内未灌注自密实混凝土,或受到封边压板、灌筑自密实混凝土等外力扰动,会影响精调成果,此时应检查轨道板的位置精度。CRTSⅢ型轨道板铺设精度复测可利用 CPⅢ自由测站方法进行。全站仪在 CPⅢ网内进行自由设站,一般采用不少于 6 个观测点,测站精度一般不小于 0.5 mm。

(五)数据采集处理

CRTSⅢ型轨道板铺设精度测量数据的采集处理采用专用软件进行。一个工作日或一个测量段落完工后,现场测量人员须向内业数据处理技术人员提交现场测量数据,内业组人员应及时检查测量数据。现场测量数据由内业数据处理技术人员集中归档保存。

第五节 自密实混凝土灌注与养护

一、工艺流程

自密实混凝土施工工艺流程如图 12.25 所示。

第十二章 CRTSⅢ型板式无砟轨道施工

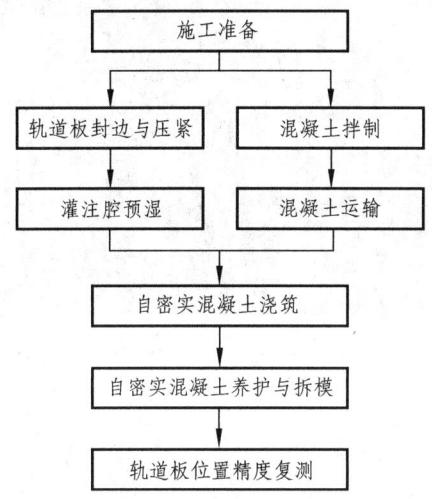

图 12.25　自密实混凝土施工工艺流程图

二、施工要求

（一）轨道板压紧与封边

轨道板精调后应在 24 h 内灌注自密实混凝土，因此精调完一个段落后立即对轨道板进行压紧和封边作业，作业完成后需检查是否对轨道板产生扰动，使其出现较大位移，如有需解除压紧和封边装置重新精调。

1. 自密实混凝土封边

模板设计必须考虑对精调支座的保护，封边模板采用高度为 14 cm 的定制钢模板，端模采用与轨道板相同弧形角的结构。模板安装后应与轨道板密贴，并在转角设置有排气功能。为改善封边模板的透气性，模板内侧可以粘贴一层透气模板布，否则应涂刷隔离剂，如图 12.26 所示。

固定封边模板的门形支架横跨于轨道板之上，安装时应与模板垂直。端模采用 X 形加固件及木楔固定。安装时应保证各支架受力均匀，如图 12.27 所示。

图 12.26　模板布

图 12.27 封边压紧

2. 压紧轨道板

为保证在灌注自密实混凝土时轨道板不上浮，尤其是保证曲线超高段灌注时轨道板不产生横向位移，需对轨道板进行压紧限位，曲线段在较低侧加设防侧移装置，在底座板上预留孔洞或打眼采用膨胀螺丝固定。

直线段每块轨道板采用 4 道槽钢压杠整体扣压，曲线段采用 5 道同型号压杠整体扣压。安装压杠时，先在底座板侧面预埋的 PVC 管内插入 T 形钢筋，拉线器下端环套挂在 T 形钢筋上，拉线器上端挂钩挂在横梁端部固定销上，如图 12.28 所示。

图 12.28 轨道板压紧

压紧装置安装到位后，封边模板必须稳固牢靠，接缝严密，保证灌注混凝土时不漏浆，拆模后无烂根现象，接缝处平整，错台不大于 1 mm。

3. 排气孔设置

封边模板应在轨道板转角处预留共计至少 4 个排气孔，且排气孔口上边缘高于板底，可采用插板密贴封孔，如图 12.29 所示。

图 12.29 自密实混凝土模板排气孔

（二）灌注腔预湿

轨道板预湿采用旋转喷头施工。在灌板前 1 h 分别从三个板孔伸入轨道板内进行雾状喷射，足够湿润的标志是表面潮湿而不积水。每个孔中的喷雾时间控制在 5~8s。要求板腔内及隔离层表面无明水、积水。

灌注混凝土前 10 min 再检查一次轨道板下方的混凝土底座表面状况，查看其表面是否有积水和雾化不彻底等现象，预湿干燥后要求补充预湿。

（三）自密实混凝土计量与搅拌

搅拌前，严格测定粗细骨料的含水率，准确测定因天气变化而引起的粗细骨料含水率变化，以便及时调整施工配合比。如遇雨天应随时抽测，并按测定结果及时调整混凝土施工配合比。

搅拌时，先投入粗骨料、细骨料、水泥和矿物掺合料进行搅拌，搅拌均匀后，再投入所需用水量和外加剂，继续搅拌至均匀为止。上述每一阶段的搅拌时间不宜少于 30s，总搅拌时间不宜少于 3 min。

（四）自密实混凝土运输

自密实混凝土运输罐车的运输能力应与混凝土搅拌机的搅拌能力相匹配，并能确保浇筑工作连续进行，不得采用机动翻斗车、手推车等工具长距离运输混凝土。罐车到达浇筑现场时，应使罐车高速旋转 20~30 s 方可卸料。

在自密实混凝土运输过程中，应对运输设备采取保温隔热措施，防止夏季或冬季局部混凝土温度升高或受冻。自密实混凝土运输便道应平坦畅通，以确保自密实混凝土在运输过程中保持均匀，不发生分层、离析和泌浆等现象。

（五）自密实混凝土灌注

1. 准备工作

（1）确定灌注口、观察口位置。灌注口为轨道板中心孔，其余2个作为观察、排气孔，如图 12.30 所示。

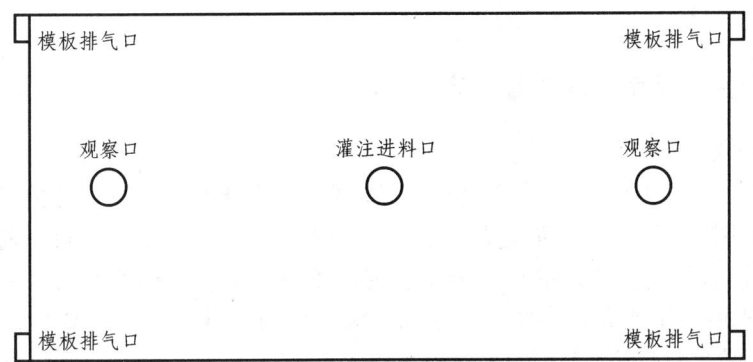

图 12.30 灌注示意图

（2）灌注料仓和灌注漏斗在灌注孔上方就位，观察孔内垂直插入长度约 40 cm 的防溢出 PVC 管，曲线超高端应适当加长，将 PVC 管与观察孔间密封，如 12.31 所示。

图 12.31　观察孔插入 PVC 管

（3）钢筋网片、轨道板下贯穿门形钢筋的长钢筋的位置均正确。
（4）轨道板密封良好，预留排气口位置正确且未被堵塞。
（5）轨道板标高及轴向平顺，精调支座的受力状态及其紧固程度合格。
（6）底座混凝土表面和轨道板底面预湿情况良好，没有明显积水。
（7）已检测混凝土拌合物的温度、坍落扩展度、扩展时间、含气量和泌水率等拌合物性能，并填写了试验记录。确保自密实混凝土在轨道板下的流动性和下料时的连续性。

2. 灌注过程

输送车到达灌注现场时，罐车高速旋转 20~30 s 再卸料至中转料仓，中转料仓由汽车吊提升至灌注料仓上方卸料。灌注时从轨道板中心孔灌注，自由倾落高度不宜大于 1.0 m。灌注速度不宜过快，按"慢-快-慢"的节奏控制，灌注期间对灌注料仓内的混凝土进行适度搅拌，同时按要求取样制作混凝土强度和耐久性试件，试件制作数量应符合相关规定。

灌注时严禁踩踏轨道板，轨道板不得出现拱起、上浮现象。当混凝土灌注至 2/3 左右时，应降低灌注速度，以便空气排出，直至完全充满轨道板下空隙，轨道板底面气泡基本排除后，停止灌注。灌注完毕，及时移除灌注漏斗并清除灌注口上方多余混凝土。每块轨道板的自密实混凝土应一次灌注完成，不得进行二次灌注。

（六）自密实混凝土的养护与拆模

1. 自密实混凝土养护

自密实混凝土灌注 24 h 后可完全松开扣压装置，混凝土初凝后可松动精调支座，强度到达 10 MPa 后可拆除精调支座，强度达到 100%设计强度后，可承受全部设计荷载。

混凝土灌注完成后应及时养护，带模养护时间不得少于 3d。模板拆除后用土工布和塑料薄膜包裹自密实混凝土四周，必要时补水或喷涂养护剂进行养护，保湿养护时间不得少于 14 d。养护用水温度与混凝土表面温度之差不得大于 15 ℃。冬季施工时，应对混凝土做好保温养护措施，自密实混凝土的临界抗冻强度不宜小于设计强度的 70%。

2. 拆除封边模板

自密实混凝土强度达到 10.0 MPa 时可拆除封边模板，拆模宜按立模顺序逆向进行，不得损伤轨道板四周混凝土。拆模后若天气骤变，应采取适当的保温隔热措施，防止自密实混凝土开裂。

（七）轨道板位置精度复测

轨道板精调后经过封边压板、灌筑自密实混凝土等工序后，其位置精度可能受到扰动；如果精调后至灌注的时间超过 24 h 或温差超过 15 ℃，也会对精调成果产生影响。此时应抽查复测轨道板的位置精度。抽测数量按一个连续灌注段落前、中、后各取 1 块，出现问题时分段加密复测，直到确认合格为止。

第十三章　CRTS双块式无砟轨道施工

第一节　混凝土底座施工

一、工艺流程

混凝土底座施工流程如图13.1所示。

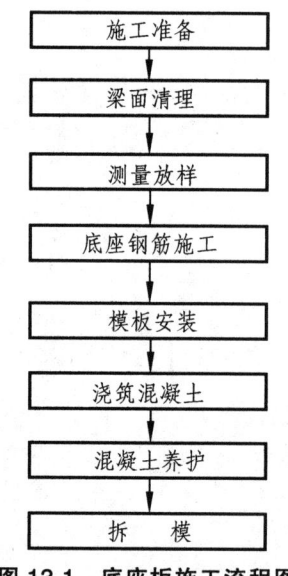

图13.1　底座板施工流程图

二、操作要点

（一）梁面处理

底座板施工前，需要检查桥面预埋套筒质量，对存在问题的预埋套筒进行修补。另外，还需对梁面进行清洗、修补、找平处理，凿除整平梁面上突起的混凝土，填补平整梁面的蜂窝麻面，处理完后用高压水冲洗。处理后的底座基层应干净、干燥、无异物、无空鼓、无凹凸、无蜂窝、无浮渣。

（二）测量放样

根据设计图纸及坐标对桥面进行放样，放样出底座板凹槽和每块板的几何位置，用油漆做好标记，并测量出桥面高程，确认底座施工过程中结构尺寸无误。

(三)底座钢筋施工

混凝土底座采用连接钢筋与梁面预埋套筒连接的方式,连接钢筋为 HRB335 端头套丝螺纹钢筋,直径为 16 mm,钢筋丝头拧入长度不小于 25 mm,扭矩值须符合规定要求,如图 13.2 所示。

底座钢筋加工采用集中加工方式,加工完成后,经检查应符合设计和规范要求。加工好的底座钢筋用汽车运输到位,吊车吊到梁面进行施工。临时存放时防止雨水侵蚀。

(四)模板安装

由于梁面不平整,因此模板安装前先计算出底座顶面标高,在模板上间隔 3~5 m 标记出高程,将模板线形调整到位后固定。模板安装时接缝应严密,不得漏浆,模板底与梁面之间填充砂浆,封底砂浆不得侵入底座板内,如图 13.3 所示。

图 13.2　套筒连接钢筋

图 13.3　钢筋及模板

混凝土浇筑前,检查模板是否稳固、丝杠是否松散或脱丝,如果出现这些情况,应立即处理。提前 2 h 进行洒水润湿,但浇筑时不得有积水。

(五)浇筑混凝土

1. 混凝土拌制

(1)混凝土原材料配料采用自动计量装置,配料前校核电子秤及其他计量器具,根据施工配合比调整用料,由试验人员复核,施工中发现异常应及时校核。

(2)混凝土采用混凝土罐车运输至现场,配置数量依据现场运距、便道情况、混凝土方量确定。

2. 混凝土输送

混凝土罐车运送过程中采用慢速进行搅拌,罐车到达现场时,高速旋转 20~30 s,再将混凝土送入输送泵料斗。

3. 混凝土浇筑

混凝土浇筑前检查混凝土坍落度、含气量等指标,满足要求后可浇筑并制作标养及同条件养护试件。混凝土振捣采用插入式捣固器振捣,钢筋密集区应用直径 30 mm 捣固棒捣固密实,严禁漏振。在操作过程中应注意快插慢拔、垂直点振,不得漏振,谨防过振,振动棒移动距离不得超过振动棒作用半径的 1.5 倍,每点振动时间为 20~30 s,如图 13.4 所示。混凝土捣固完成后,在初凝之前对底座板用铝合金尺刮平进行收浆抹平,并用木抹子收面。施工完成后,及时进行覆盖养护。

(六)混凝土养护

混凝土浇筑振捣完成后,尽量减少暴露时间,用塑料薄膜覆盖混凝土暴露面,如图 13.5 所示。混凝土带模养护期间,应采取带模包裹、浇水、喷淋洒水等措施进行保湿、潮湿养护,保证模板接缝处不致失水干燥。暴露面保护层混凝土初凝前后,用抹子进行收面至少两遍,使之平整后再覆盖养护。夏季施工,在防护墙外侧采用塑料水罐存贮水源,对底座板混凝土表面采用覆盖土工布洒水措施进行潮湿养护。冬季时选择合适的保温措施保证施工符合要求。

图 13.4 浇筑混凝土

图 13.5 混凝土养护

为防止混凝土表面温度受环境因素影响(如曝晒、气温骤降等)而发生剧烈变化,养护期间混凝土的芯部与表层、表层与环境之间的温差不超过 20 ℃,并保证养护时间不少于 7 d。

(七)模板拆除

混凝土强度达到 2.5 MPa 时,开始拆除纵、横向模板。拆模时逐段进行,不得损伤模板和混凝土表面,严禁用大锤和撬棍硬砸硬撬。拆除模板后立即进行混凝土养护,养护成型的底座如图 13.6 所示。

图 13.6 成型的底座

第二节 无砟道床施工

一、工艺流程

施工工艺流程如图 13.7 所示。

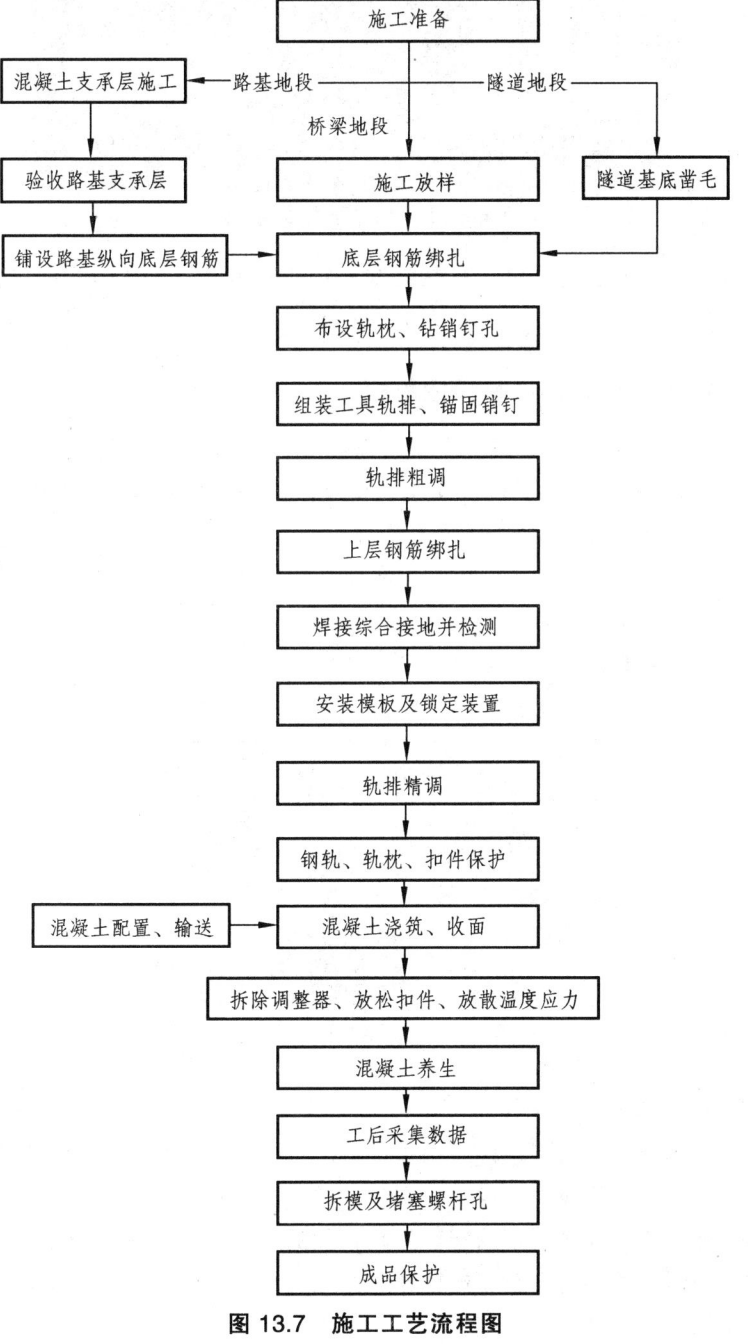

图 13.7 施工工艺流程图

二、操作要点

（一）施工放样

（1）清除隔离层表面的杂物及灰尘，利用 CPⅢ点在混凝土支承层或底座上放样出轨道中线，偏差不超过 2 mm，如图 13.8 所示。

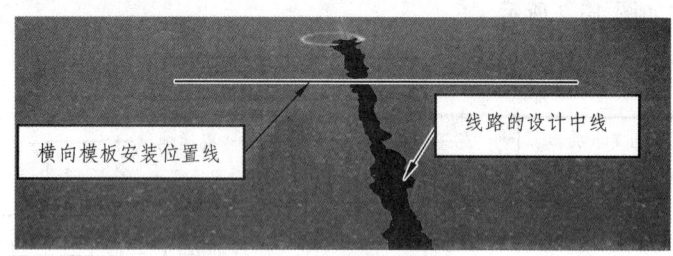

图 13.8 施工放线示意图

（2）测量梁缝里程及梁缝宽度，计算和调整轨枕间距，使轨枕中心到梁缝中线距离满足设计要求。

（二）铺设中间隔离层及安装弹性垫板

铺设隔离层之前，先将下部结构和底座凹槽处表面清理干净。铺设隔离层材料为聚酯薄膜（PE 膜），铺设时先将整张薄膜铺在支承层或底座表面，在抗剪凹槽部位用裁刀割出方孔。在凹槽边缘，薄膜应向外伸出 5~10 cm。

隔离膜应铺贴平整、无破损，搭接及边缘无翘起、空鼓、皱折、脱层或封口不严等缺陷，搭接质量应符合设计要求。抗剪凹槽四周固定竖向垫片，隔离膜与弹性垫片的接缝采用胶条密封，防止混凝土浇筑时渗入隔离膜内，如图 13.9 所示。

图 13.9 中间隔离层及弹性垫板

（三）绑扎底层钢筋

进场的钢筋检测合格后，严格按照施工图纸的钢筋尺寸，在钢筋加工场统一加工。加工好的钢筋按照规格型号绑扎成束，用平板车将钢筋运送至施工作业面。

在 PE 膜上标记道床板底层钢筋布设间距，然后布设底层及凹槽钢筋，钢筋用绝缘卡进行绑扎，凹槽钢筋用扎丝绑扎，在凹槽钢筋表面均匀地涂抹环氧树脂，如图 13.10 所示。底层钢筋保护层垫块每平方米至少放置 4 个。

图 13.10 道床板钢筋铺设

(四)轨枕运输及铺设

运输车装载轨枕,如图 13.11 所示。轨枕运输到安装地点,采用汽车吊进行卸车。桥梁和隧道地段轨枕垛摆放在线路两侧的电缆槽盖板上;路基地段轨枕垛摆放在两侧的路肩上。摆放时在轨枕底部及轨枕层间放置 10 cm × 10 cm × 100 cm 的方木。

图 13.11 运送轨枕

底层钢筋绑扎完成后铺设轨枕,铺设轨枕前根据双块式轨枕布置间距安放轨枕垫木支撑,防止轨枕铺设后将绑扎的底层钢筋网片破坏。铺设时根据设计图纸,按轨枕设计间距对每根轨枕的位置进行放样,按照轨枕边线进行布设,在对应每根轨枕的两个轨枕块的正下方,分别安装一个 150 mm × 150 mm × 100 mm 大小的垫块,然后将轨枕直接放置在垫块上,比设计高度大约低 10 mm,如图 13.12 所示。

图 13.12 布设轨枕

（五）组装轨排

在轨枕承轨槽处放置好扣件和垫板，将工具轨安放在轨枕承轨槽上，用扣件将轨枕与工具轨固定，如图 13.13 所示。采用电动扭力扳手紧固扣件组装轨排，如图 13.14 所示。紧固扣件后检查弹条前端三点是否与轨距块密贴，观察扭矩扳手上的数据表，检查扣件扭力矩是否符合要求。

图 13.13　铺设钢轨

图 13.14　安装扣件

轨排组装完成后，在轨排两侧两轨枕之间的钢轨上对称安装螺杆调整器，如图 13.15 所示。螺杆调整器安装时需要间隔布置，直线地段间隔 3 根轨枕，曲线地段间隔 2 根轨枕。螺杆调整器应涂油并活动自如，其底板应干净。螺杆必须始终竖向垂直于轨道外侧，调节轨排时可通过竖向螺杆调整轨排高低，水平调整螺栓调整轨排方向。

图 13.15　安装螺杆调节器

（六）埋设销钉

在路基过渡段按规定设置一定数量的销钉，如图 13.16 所示。在支承层上标出销钉位置，当铺设调整好轨枕后，钻孔并安装钢销钉。钻孔时控制好销钉孔的垂直度及孔径，在超高地段销钉孔必须垂直于支承层。用高压风将孔内灰尘及钻渣吹净，填充植筋胶，将销钉植入孔内。埋设好的销钉在 12 h 内不得碰撞，如图 13.17 所示。

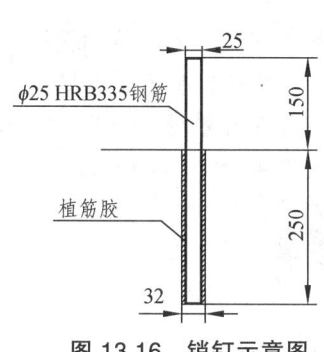

图 13.16　销钉示意图

图 13.17　埋设销钉

（七）轨排粗调，安装螺杆调节器

（1）利用CPⅢ轨道控制网和全站仪，放样临时控制点。控制点的纵向间距每个2 m或5 m，设置在混凝土支承层或底座两侧，横向距离轨道中心固定的距离。

（2）粗调轨排时使起道机、道尺、方尺和3 m钢尺等测量工具设备进行初步调整，采用方尺进行方正轨枕，如图13.38所示。在12.5 m轨排范围内均匀布置4对起道器，将轨排依次均匀顶起，使轨排方向和标高接近设计值，如图13.19所示。调整时先高程后中线，将中线和标高均控制在5 mm之内。然后根据两股钢轨的水平关系使用道尺调整另一股钢轨到位，如图13.20所示。

（3）安装好调节器螺杆，拧紧螺杆使之受力后拆除起道机。

图 13.18　方正轨枕

图 13.19　起道器顶起轨排

图 13.20　轨排粗调

（八）绑扎上层钢筋

轨排粗调完成后，按照设计要求绑扎道床板上层钢筋，绑扎过程中不得扰动轨排，如图13.21所示。按照设计图纸布设钢筋，对纵向钢筋与横向钢筋及轨枕桁架上层钢筋交叉处、上层纵向钢筋搭接范围的搭接点按设计要求设置绝缘卡，用绝缘绑扎带绑扎钢筋，绑扎后将扎带多余部分剪掉。道床板内上层钢筋混凝土保护层最小厚度为40 mm，允许偏差 + 10 mm。

图 13.21　绑扎上层钢筋

（九）综合接地焊接与测试

（1）钢筋绑扎完毕，将每块道床板顶层的左右两侧钢筋以及中间钢筋共三根纵向钢筋与横向钢筋采用 L 形钢筋焊接。纵横向接地钢筋焊接可采用单面焊接或双面焊接，焊接长度分别不小于 200 mm 或 100 mm，焊接厚度至少 4 mm，如图 13.22 所示。

图 13.22　焊接接地钢筋

（2）接地端子的焊接应在轨道精调完成后进行，接地端子表面应加保护盖，焊接时应保证其与模板密贴，并保证接地端子不受污染。

（3）道床板钢焊接完成后，采用欧姆表检测绝缘性能，非接地钢筋中任意两根钢筋的电阻值不小于 2 MΩ，如图 13.23 所示。钢筋绝缘检测时将实测数据记录于绝缘测试记录表中。

图 13.23　综合接地测试

（十）安装模板

道床板的模板分为横向模板与纵向模板，横向模板设置于断缝处，起分隔道床板的作用，纵向模板设置于混凝土侧面，如图 13.24 所示。

图 13.24　模板

通过龙门吊将纵向模板吊装至安装面两侧，模板底部接触面必须清扫干净，纵向模板连接使用螺栓连接，两侧利用加工好的三脚架使其固定，且与纵向模板外侧牢固密贴。横向模板在工具轨吊装之前利用龙门吊放至断缝处。横向模板与纵向模板使用法兰连接，顶面加固定装置，以保证板缝宽度 10 cm 的要求。模板安装完成后，道床板顶面安装栏杆，固定侧向模板，及轨道锁定装置，如图 13.25 所示。

图 13.25　安装模板

（十一）轨排精调

1. 全站仪设站

通过全站仪观测 4 对连续的 CPⅢ点，自动平差、计算确定设站位置，如图 13.26 所示。改变测站位置时，必须至少交叉观测后方测设过的 4 个 CPⅢ点，并复测已完成精调的一组轨排。

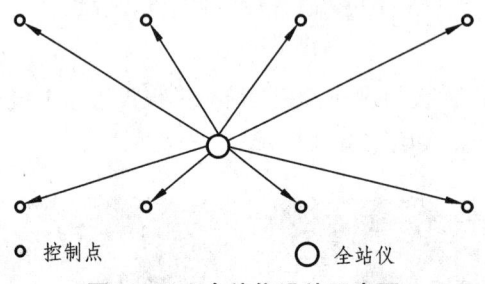

图 13.26　全站仪设站示意图

2. 测量轨道数据

轨道几何状态测量仪放置于轨道上,安装棱镜。全站仪观测轨道几何状态测量仪顶端的棱镜,自动测量轨距、超高、水平位置等,接收观测数据,通过配套软件,计算轨道平面位置、水平、超高、轨距等数据,将偏差值迅速反馈至轨道几何状态测量仪,指导轨道调整,如图 13.27 所示。

图 13.27　轨道测量

3. 调整方法

调整轨道高程可转动螺杆调节器竖向螺杆,如图 13.28 所示,每转动一圈高程改变 0.2 mm；调整水平轨向可转动螺杆调节器水平螺杆；调整轨距大小可旋转轨距撑杆。在曲线地段调整时可能产生水平位置和高度的冲突,因此必须在垂直及水平双方向同时进行调整。

图 13.28　螺杆调节器

曲线段精调时，设站应提高测量标准，每站调整的有效长度缩短，调整完毕后，仔细检查固定设施。为保证测量精度和相互校核，上一循环的最后一组工具轨不予拆除，与下一循环的轨道排架顺联和固定。

4. 顺接过渡

前一站调整完成后，下一站调整时需重叠上一站调整过的 8~10 根轨枕。过渡段从顺接后第一个轨排架开始，每根轨枕的数据递减值宜小于 0.2 mm，直到绝对偏差约为零为止。

5. 轨道加固

轨道调整定位完成后，钢轨间用鱼尾板将工具轨连接起来，以保证接头的平顺性。为保持轨道位置不变，需对轨道进行加固处理，以防止浇筑混凝土时轨排横向移位及上浮，如图 13.29 所示。桥梁地段在防撞墙上设置斜拉杆固定轨排，如图 13.30 所示。一般利用轨道几何状态测量仪调整 3 遍。

图 13.29 轨道加固

图 13.30 桥上轨道加固

所有精调作业完成后，现场任何人员和设备不得碰撞轨道。调整结果经相关质检和监理人员共同确认，并做好详细记录。

（十二）浇筑道床板混凝土

1. 准备工作

精调完成后，将钢轨、扣件、轨枕利用保护套覆盖，以免浇筑时污染，如图 13.31 所示。

图 13.31 覆盖扣件、轨枕

清理浇筑面上的杂物,在浇筑前 2 h 喷水湿润底座板上的中间隔离层及轨枕底部。

检查浇筑所需的电力线路、各种施工设备泵车、运输罐车、振捣棒等设备,保证浇筑过程中所有设备均能正常运转。

2. 检查轨排复测结果

精调轨道之后,应尽早浇筑混凝土,如果轨道放置超过 12 h 或环境温度变化超过 15 ℃,或受到外部条件影响,则必须重新检查或调整。

3. 混凝土拌和与输送

混凝土由搅拌站统一集中拌和。利用混凝土运输车将混凝土运至施工现场后,检测每车混凝土的坍落度、含气量及温度等指标,合格后利用泵车泵送上桥。

4. 混凝土浇筑

混凝土在搅拌站集中拌制,由混凝土罐车运输到施工现场。混凝土振捣时,应在道床板钢筋空隙间进行振捣插点,布点应均匀,不能漏振。振捣时避免振捣棒触碰轨排与螺杆调节器。振捣过程中发现混凝土表面不再有明显气泡溢出,且表面平整泛浆时,再振捣下一个点。

在浇筑混凝土过程中,必须设专人对轨排的几何状态的变化和绝缘卡有无脱落进行检查。

(十三)道床板混凝土收面

混凝土振捣完成后,及时修整抹平混凝土表面,按设计要求预留一定的排水坡,同时控制好道床板顶面的标高。收面时注意轨底及托盘底部收面到位,并严格按照规范标准进行道床板收面。

混凝土入模后 0.5 h 内用木抹完成粗平,1 h 后用钢抹抹平,如图 13.32 所示。

图 13.32 道床板收面

(十四)混凝土养护

混凝土浇筑终凝后应及时进行覆盖洒水养护,防止混凝土在炎热或大风天气表面水分蒸发过快,如图 13.33 所示。通常道床板洒水覆盖养护时间不能小于 7 d。除覆盖洒水养护外,宜在混凝土道床板浇筑后,配备 150 m 左右的养护帐篷加强养护。帐篷两端封闭,防止通风,以达到更好的效果。

图 13.33　道床板养生

（十五）工后数据采集

混凝土终凝以后，利用轨道几何状态测量仪对轨道几何形态进行采集，将采集的数据传输至电脑，分析浇筑前与浇筑后的数据变化，并对数据进行存档。

（十六）拆模板、螺杆调节器及工具轨

道床混凝土强度达到 5 MPa 以后，其表面及棱角不会因拆模而受损，方可拆除模板，如图 13.34 所示。螺杆调节器、钢轨、扣件依次逐个拆除、清洗、涂油，放入存放筐内，如图 13.35 所示。利用桥面平板车运至下一施工地点循环使用。拆除过程中禁止生搬硬撬、野蛮施工。尽量避免人为因素造成道床板混凝土的损坏。

图 13.34　拆卸模板及工具轨

图 13.35　螺杆调节器存放

（十七）水泥砂浆填塞螺杆孔洞

工具轨拆除完毕后，将螺杆调节器螺杆孔洞内的波纹管或 PVC 管等隔离材料清理干净，人工用高强度无收缩水泥砂浆对螺杆调节器螺杆在混凝土中形成的孔洞进行封堵密实，并将表面抹平，必须保证孔洞内无积水、杂物等。

第十四章 高速铁路轨道铺设施工

第一节 无砟轨道铺轨施工

无砟轨道铺轨采用拖拉法施工，施工时通过 WZ500 型无砟道床铺轨机组进行拖拉和推送 500 m 长轨，该设备可与长钢轨运输车组联合铺轨。

WZ500 铺轨机主要由引导车、分轨推送车（推送车）、过渡顺坡车、顺坡小车（滚轮小车Ⅰ、滚轮小车Ⅱ、滚轮小车Ⅲ）等组成。WZ500 铺轨机引导车将长轨牵引入槽，并在牵引过程中利用两侧导向轮来控制车辆走行方向；分轨推送车利用卷扬机从长轨运输车上将长钢轨送入推送装置，推送过程中控制长轨轨距；顺坡小车主要缓解长轨铺设过程中的高差，减少长钢轨对无砟道床的冲击力。

一、工艺流程

施工工艺流程见图 14.1。

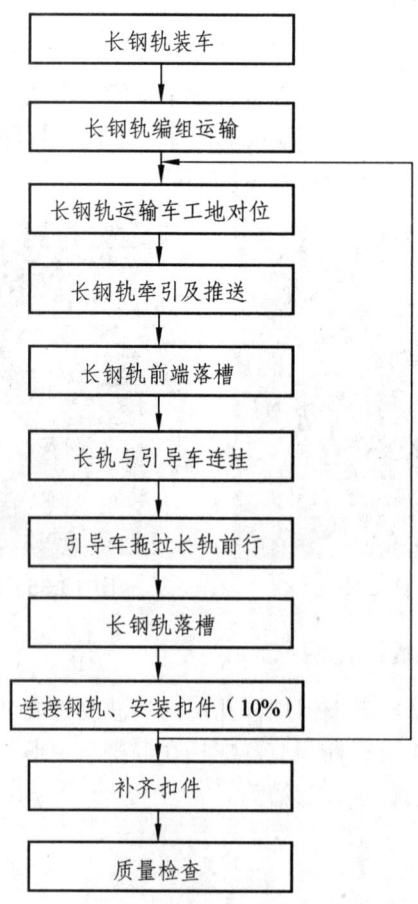

图 14.1 长钢轨拖拉法施工工艺流程

二、操作要点

(一) 施工准备

(1) 进行长轨推送前,备齐所有线路料,扣件应散布到位,并已部分安装。

(2) 检查长钢轨卸车设备、附属机具状态是否良好,线路上是否有工机具侵限。

(3) 长轨运输车抵达施工现场后,根据配轨表检查长轨的装车情况。

(二) 装运长钢轨

将长钢轨运输车的钢轨横担旋转至平板车侧边,装第一层长钢轨。用运输车中部的锁轨装置锁定相应的钢轨。将上层钢轨横担回转并插销锁定,竖起上层间隔铁,依次装其他各层的长钢轨。长钢轨全部装车后,由长钢轨运输车运行至铺设现场。

(三) 长轨车对位

长钢轨运输车运行至距已铺长钢轨轨头 50 m 处一度停车,与顺坡车、推送车和顺坡小车连挂。以 3 km/h 速度推送对位,至顺坡小车前轮中心线距已铺钢轨端部约 350 mm 停车,做好防溜措施,安装固定式铁鞋。

(四) 铺轨作业

(1) 松开长钢轨锁紧装置,并在钢轨端头安装好滑靴。

(2) 打开长轨车上安全门,将分轨装置横向调整到与要拖拉钢轨相对应的位置,侧向滚轮拉开至相应位置。

(3) 调节顺坡车上的升降滚轮到合适高度,使钢轨能平顺进入分轨装置。引导车和分轨推送机车如图 14.2、图 14.3 所示。

图 14.2 引导车

图 14.3 分轨推送车

(4) 在待铺的一对长钢轨前端安装钢轨夹钳,打紧斜楔挡。将卷扬装置上的钢丝绳穿过推送装置和分轨导框后,与钢轨夹钳连接,如图 14.4 所示。

图 14.4　安装拖拉钢轨夹钳

（5）铺轨时先上后下、由外至内依次拖拉钢轨。

（6）启动卷扬机，将长钢轨从运输车上拖出，并通过分轨装置向车体两侧分出，待钢轨通过导框后，调整分轨导框的位置，使钢轨内宽为 1 435 mm，如图 14.5 所示。

图 14.5　长钢轨推送

（7）长钢轨通过推送机构送至卷扬装置下方，取掉斜楔，松开夹钳。

（8）通过推送装置的上下滚轮夹紧钢轨，推送长钢轨通过顺坡小车至引导车的钢轨夹钳处。长钢轨推送如图 14.6 所示。

图 14.6　长钢轨推送

（9）长钢轨引导车上的夹钳安装在钢轨端部，推送装置的上下滚轮松开钢轨。

（10）初次作业时，使自动导向装置中心线、车轮纵向中心线及轨道中心线重合。钢轨在拖拉过程中，在长钢轨底下的整体道床上每 10 m 放置一对滚筒。钢轨拖拉如图 14.7 所示。

图 14.7 钢轨拖拉

（11）当长钢轨尾端拖拉至顺坡小车时，引导车以 10 m/min 的速度放慢运行，当长钢轨尾部距已铺设长钢轨头约 3 m 时，车组应再次放慢运行速度，直到长钢轨尾部超出已铺设长钢轨轨头约 50 mm 停车。

（12）连接已铺钢轨和待铺钢轨。

（13）取出引导车夹钳的斜楔，抬起钢轨头，取出圆销，放下钢轨头。

（14）将承轨槽间的滚轮取出，使长钢轨入槽就位，拧紧 10%的扣件，以便机组前行。重复上述过程，进行下一对长钢轨的铺设。施工作业人员对放送的每对钢轨轨距、线路平顺度、扣件进行检查，合格后报告施工负责人，施工负责人确认后方可放行列车。

（15）工程列车通过后，补齐扣件。安装扣件时，螺栓必须按照要求涂抹防锈油脂，并将承轨槽清扫干净。各种零件应安装齐全，位置正确。

（16）铺轨时必须及时记录每根 500 m 钢轨的铺设时的轨温，每对钢轨铺轨到达的里程，测量钢轨端头距桥台胸墙、梁缝、路桥隧之间过渡段的长度，反馈给施工技术部门。钢轨铺设完成后如图 14.8 所示。

图 14.8 铺轨完成

第二节 有砟轨道铺轨施工

高速铁路有砟轨道铺设采用单枕连续法施工，施工时采用大型特种铺轨设备，一次铺设混凝土枕及 500 m 长钢轨，改变了换铺法施工的传统施工工艺。

单枕连续法铺设无缝线路采用由专用铺轨机、辅助动力车、拖拉机、轨枕龙门吊、轨枕双层运输车组成的铺轨机组，在布放轨枕的同时将长钢轨收入承轨槽中，并安装扣件，一次完成长钢轨铺设。

一、工艺流程

施工工艺流程图见图 14.9。

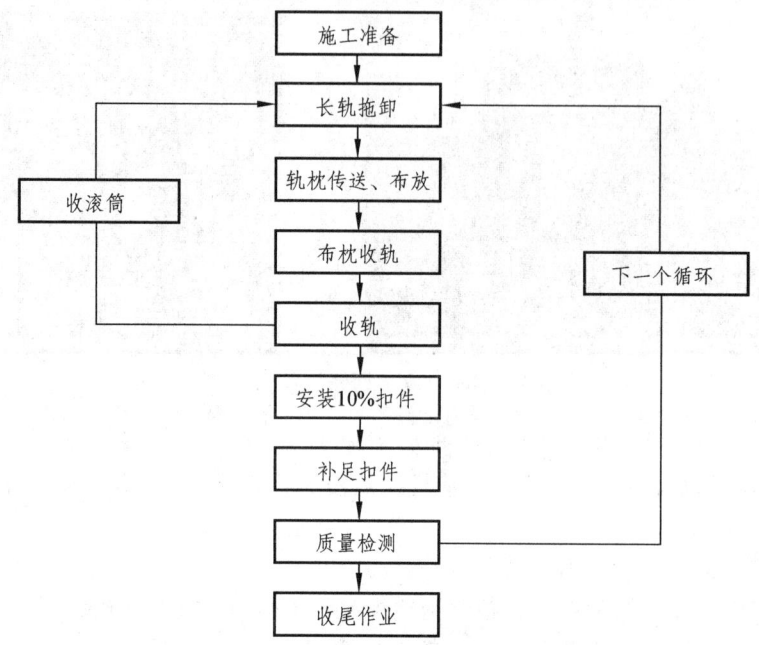

图 14.9 施工工艺流程图

二、操作要点

(一)施工准备

(1)从铺轨基地吊装长钢轨、混凝土枕以及扣件。铺设轨道的钢轨及其联结配件的类型、规格、数量必须符合设计规定。

(2)预铺 200~250 mm 道砟,设置铺轨线路中心线,如图 14.10 所示。轨道中心线与线路中心线应一致,允许偏差为 30 mm。

图 14.10 设置线路中心线

(3)履带式钢轨拖拉机提前进入铺轨现场,铺轨机组由机车推送到线路待铺处,在距已铺钢轨轨端 0.5 m 处停车,连接好机组的液压管路、启动发动机,液压系统减压。铺轨机组如图 14.11 所示。

第十四章 高速铁路轨道铺设施工

图 14.11 铺轨机组

（4）解除履带走行器的约束装置，连接履带走行器液压装置管路，使履带走行器处于道砟面上走行的铺轨作业状态。

（5）解除两台运枕龙门吊的锁定装置，按规程对铺轨机组各部设备进行整备、保养和试运转。

（6）轨枕运输车由机车推送进入铺轨现场，将轨枕运输车与铺轨机组连挂并摘开机车，安装铺轨机组与枕轨运输车之间的轨桥。

（二）长钢轨拖卸

（1）拖卸长钢轨时，松开所拖卸长钢轨的锁紧装置，取下钢轨间隔铁以及长轨前挡块。

（2）用铺轨机组前端的卷扬机从枕轨运输车上拖出长钢轨，送入长轨分轨装置与推送装置。长轨推送装置再将长轨沿导向装置推送至铺轨机前端拖拉机拖拉架下，并用专用的夹具将长轨前端与拖拉架相连。拖拉夹具的安装，如图 14.12 所示。

图 14.12 安装拖拉卡具

（3）拖拉机拖拉长轨前行，如图 14.13 所示。拖拉的同时每隔 10 m 左右在长轨下放置一对滚筒，滚筒横向中心距为 3 ~ 3.25 m。

图 14.13 长钢轨拖拉

（4）当长钢轨剩下约 10 m 未拖拉时，拖拉机应放慢拖拉速度，当长钢轨尾端拖出长钢轨对位器前最后一个导向框架之后，拖拉机速度再次减慢。此时通过无线对讲机与拖拉机司机联络对位，直到长钢轨尾端与已铺设钢轨轨端基本对齐，如图 14.14 所示。钢轨拖拉完成后，在钢轨间安装简易接头，如图 14.15 所示。

图 14.14　对准轨头　　　　　　　图 14.15　安装简易接头

（三）布枕收轨

用轨枕龙门吊将枕轨运输车上的混凝土枕运到作业车的传送链上，由传送链将混凝土枕运送至布枕机构。枕轨运输车如图 14.16 所示。

图 14.16　枕轨车

（1）铺轨机布枕作业，如图 14.17 所示。布枕时，应按标示线前行，确保布枕中心线与线路中心线的误差在 ± 30 mm 以内。轨枕应方正，间距及偏斜允许偏差为 ± 20 mm，连续 6 根枕的累计偏差不大于 30 mm。

图 14.17　轨枕传递布设

（2）人工控制布设第一、第二根混凝土枕，调整混凝土枕间距，转换控制模式，将轨枕布放系统转为自动控制模式，然后开始均匀布放混凝土枕并收轨。

（3）通过各个分收轨装置，逐步将钢轨收入承轨槽；操控长钢轨对位器，夹持长钢轨将待铺钢轨轨端与已铺钢轨轨端对位，并用专用无孔夹板将两根钢轨连接。

（4）长钢轨入槽前，在作业车匀枕装置后部放置橡胶垫板。

（5）收轨的同时，将轨底的滚筒放置于铺轨机前端的滚筒架上，拖拉下一对长轨时，倒运至拖拉机后部的滚筒架上。

（四）安装扣件

（1）长钢轨就位后，进行轨道扣件等的初始安装工作，上紧部分扣件，数量约为总量的 10%，检查线路，铺下一节钢轨，如图 14.18 所示。

图 14.18　安装扣件

（2）在轨枕列车的后面补齐剩余的扣件，左右股钢轨同时补齐上紧扣件。补扣件时应记录每根长轨始、终端扣件上紧时的轨温，取其平均值为铺轨的轨温，填入记录表。

（3）扣件安装完毕后检查扣件安装是否到位，以及线路几何尺寸应满足通过枕轨列车的运行条件。

（4）铺轨完成后，单元轨节接头相错量小于 100 mm，轨道大方向远视应顺直，曲线圆顺，无反弯，无反超高。

（五）整理铺轨设备

（1）整理各种机具材料。后轨枕龙门吊前行至辅助动力车上，锁紧两台龙门吊，拆除铺轨机组与轨枕列车的轨桥。

（2）机车与轨枕列车连挂，同时摘开轨枕列车与铺轨机组的挂钩。

（3）转线（场）作业时，需将铺轨机组由前端履带走行作业状态转换为转向架轨道走行状态。其作业过程与组装铺轨机组相反。

第三节　应力放散与锁定

无缝线路应力放散是在设计锁定轨温范围内，拆除单元轨节的扣件，解除约束，通过滚筒、拉轨器、撞轨器、小锤等工具，使积累在单元轨节内的温度应力得到释放，然后落槽，上好扣件锁定，保证钢轨在锁定轨温下达到零应力状态。应力放散与线路锁定有滚筒放散法和拉伸器滚筒放散法两种。当施工时钢轨的温度在设计锁定轨温范围时，采用滚筒放散法进行应力放散；当施工时钢轨的温度低于设计锁定轨温时，采用拉伸器滚筒放散法进行应力放散。

一、工艺流程

滚筒放散法施工工艺流程图见图 14.19。拉伸器滚筒放散法施工工艺流程图见图 14.20。

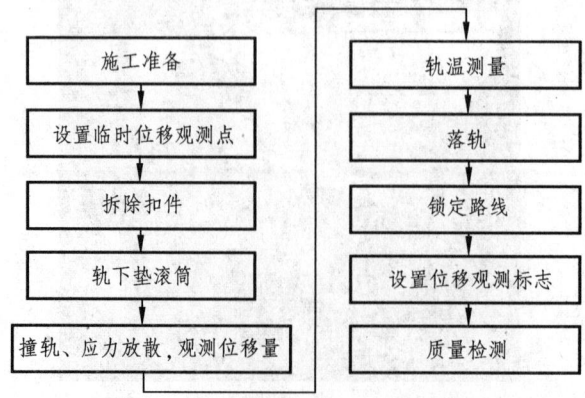

图 14.19　滚筒放散法施工工艺流程图

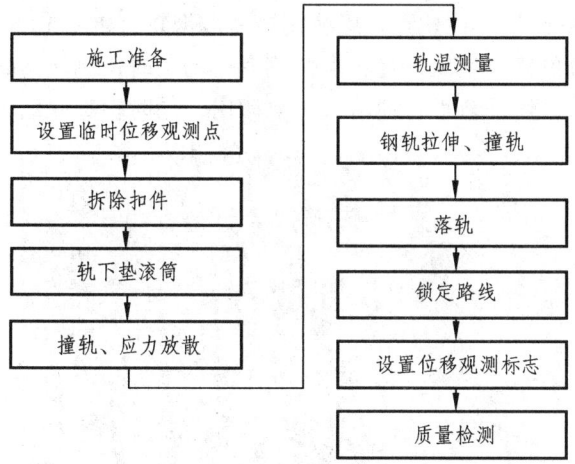

图 14.20　拉伸器滚筒放散法施工工艺流程图

二、操作要点

(一)施工准备

(1)无缝线路施工前应掌握当地轨温变化情况,根据轨温变化规律,合理确定设计锁定轨温、锁定工艺以及应力放散量。

(2)检查钢轨待焊头位置是否符合技术要求。

(3)检查并确认单元轨节的长度。

(二)滚筒放散法操作要点

(1)拆除待放散线路以及相邻已放散线路 75 m 范围的扣件,然后抬高钢轨,在轨底放置滚筒,每隔 5~10 m 放置 1 个。

(2)设置临时位移观测点,间隔 100 m 设 1 个,如图 14.21 所示。在各观测点上做出拉伸位移的零点标记。

图 14.21　位移观测桩

（3）每隔 300~500 m 设一撞轨点，用撞轨器撞击钢轨，如图 14.22 所示。观测各点的位移量变化情况。当钢轨位移发生反弹且各点位移变化均匀时，钢轨达到自由伸缩状态，此时应停止撞轨。撤掉滚筒，使长轨平稳地落入承轨槽内，同时检查并纠正错位橡胶垫板。

图 14.22　撞轨

（4）作业人员在待应力放散的长轨范围均匀分布，测量并记录紧固扣件时的轨温，同时按照"隔 2 上 1"的方式进行紧固扣件作业，如图 14.23 所示。无缝线路尾端 75 m 范围内的扣件全部拧紧，并与下一个待放散单元轨节采用无孔夹板联结，此时视为长轨已锁定，记录此时轨温，即为实际锁定轨温。

图 14.23　紧固扣件

（5）测量轨温的方法为在单元轨节的两端分别用 3 块轨温表同时进行测量，以每端测量值相近的 2 个轨温表数值取平均数即为钢轨的实测轨温。无缝线路锁定轨温必须准确，并在设计锁定轨温范围内。同时应满足前后单元轨节及左右股钢轨锁定轨温的有关要求。

（6）当扣件全部拧紧后，进行另一股钢轨的放散作业，待单元轨节的两根钢轨全部放散后，补齐所有扣件。最后做好位移观测标记，读取并记录初始读数。

（三）拉伸器滚筒放散法操作要点

（1）解除待放散单元轨节和上次已放散线路末端 75 m 长度范围内的所有扣件，使钢轨达到自由伸缩状态，然后抬高钢轨，在轨底间隔 5~10 m 放置一个滚筒。

(2)每隔 100 m 左右设一临时位移观测点,在各观测点上做出拉伸位移的零点标记。

(3)在线路放散全长范围内每隔 300~500 m 设一撞轨点,用撞轨器沿放散方向撞击钢轨数次,用手锤敲击钢轨轨腰,待钢轨能够自由伸缩,钢轨位移发生反弹时,视为钢轨达到自由伸缩状态,停止撞轨。测量此时施工轨温,根据计划锁定轨温与施工轨温之差计算拉伸量。长轨拉伸量按以下公式计算:

$$\Delta L = \alpha \times L \times (T_{sj} - T_{sg})$$

式中 ΔL——拉伸量(mm);

α——钢轨的线膨胀系数,$\alpha = 0.011\ 8$ mm/(m·℃);

L——单元轨节长度(m);

T_{sj}——设计锁定轨温(℃);

T_{sg}——施工时所测单元轨节的平均轨温(℃)。

(4)在单元轨节的终端安装拉伸器,如图 14.24 所示。使用拉伸器、撞轨器和手锤同时拉伸钢轨,按计算量 ΔL 拉伸钢轨。当拉伸量达到预定长度后,撞轨器继续作业,当各观测点处位移量达到计算值时,停止撞轨,记录各临时观测点位移量。位移量如呈线性关系,则表明已放散均匀,可进行下一工序;如非线性关系,应检查钢轨、滚筒有无异常,如有异常则对异常处进行处理,然后进行敲轨和撞轨,使各观测点位移量呈线性关系。

图 14.24 钢轨拉伸器

(5)放散完毕,在拉伸器持压下撤除撞轨器及滚筒,使长轨平稳地落入承轨槽内,同时检查并纠正错位橡胶垫板。

(6)作业人员在待应力放散的长轨范围均匀分布,测量并记录开始紧固扣件时的轨温,同时按照"隔 2 上 1"的方式进行紧固扣件作业,无缝线路尾端 75 m 范围内的扣件全部拧紧,并与下一待放散单元轨节采用无孔夹板等方法联结,此时视为长轨已锁定。记录此时的锁定作业轨温,加上拉伸换算轨温,即为实际锁定轨温,然后拆除拉伸器。

(7)当扣件"隔 2 上 1"上完后,进行另一股钢轨的放散作业,待本单元轨节两根钢轨全部放散完后,补齐所有扣件并做好位移观测零点标记。

(四)位移观测桩设置

位移观测桩应按施工图及有关要求及时设置,并按规定频次进行观测和记录,出现问题立即整改。

单元轨节起终点的位移观测桩应与单元轨节焊接接头对应,纵向相错量不得大于 30 m。位移观测桩应与电务设备错开。高速铁路固定区位移观测桩处最大位移量不得大于 10 mm。

在位移观测桩与轨头外侧相对应处,做出清晰的、规范的标记,对现场位移观测桩编号进行标识。

(五)检 查

(1)无缝线路有下列情况之一者,应放散或调整应力后重新锁定,并使其符合设计要求:

① 实际锁定轨温不在设计锁定轨温范围以内,或左右股长轨条的实际锁定轨温相差超过 3 ℃。

② 跨区间和全区间无缝线路的相邻单元轨条的锁定轨温超过 5 ℃,同一区间内单元轨条的最低、最高锁定轨温相差超过 10 ℃。

③ 铺设或维修作业方法不当,使长轨条产生不正常的伸缩。

④ 固定区位移观测桩处最大位移量超过 10 mm。

⑤ 夏季线路碎弯多,轨向严重不良。

⑥ 因处理线路故障或施工改变了原锁定轨温。

⑦ 低温铺设长轨条时,拉伸不到位或拉伸不均匀。

(2)应力放散完成后应对钢轨进行全面检查,检查项目如下:

① 钢轨施工锁定轨温是否符合设计锁定轨温的要求。

② 扣件安装是否正确。

③ 已进行应力放散与锁定的钢轨与待应力放散与锁定的钢轨间连接是否符合长轨列车通过运行条件。

④ 位移观测桩设置是否符合相关要求。

第四节 有砟轨道分层上砟整道

随着铁路建设的不断发展,轨道施工技术得到了全面发展。无缝线路的高精度、高平顺性、高稳定性、高安全性对轨道的铺设精度提出了更高的要求。

一、工艺流程

分层上砟整道工艺流程见图 14.25。

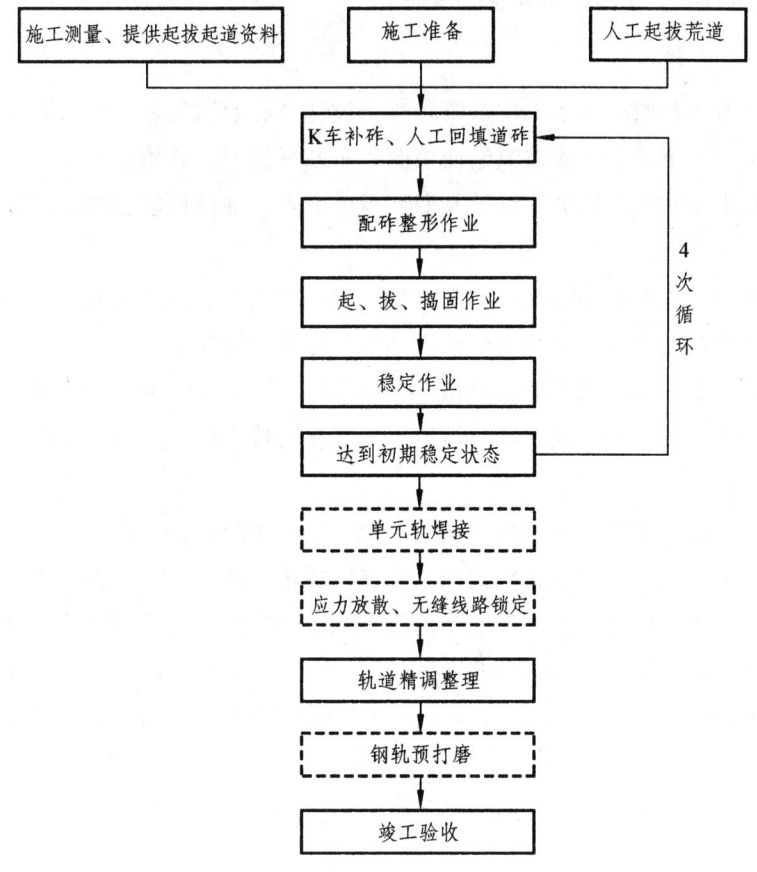

图 14.25 分层上砟整道工艺流程图

二、操作要点

（一）大型机械整道作业前施工测量

1. 线路平面测量

线路平面测量时，根据线路控制桩、曲线五大桩、CPⅢ控制点坐标资料等测设线路中线桩，采用全站仪进行测设，测设时直线、圆曲线、缓和曲线等地段的桩点分别间隔 50 m、20 m、10 m，并将中线点外移到线路的外侧。完成测量后，详细记录测量结果，计算相应里程的拨道量。

2. 线路高低测量

线路高低测量时，以 CPⅢ控制点为基准点，根据线路坡度和设计标高，在路基两侧的路肩上设置水平桩，水平桩间距在直线地段不大于 50 m，曲线地段不大于 20 m。如遇线路纵断面变坡点和竖曲线起讫点等特殊地段，应增设桩橛。测量时采用水准仪进行往返测量，测出桩顶标高、轨顶标高，详细记录测量结果，计算起道量（桩顶至设计轨顶标高的距离）。

（二）大型机械整道作业前准备工作

1. 准备技术资料

大型机械整道作业前应准备的技术资料有：坡度表、起道量表、拨道量表、曲线表、竖曲线表、线间距表、桥隧表、线路纵断面缩图、车站平面图、长短链表等。

（1）坡度表中注明线路坡度、坡长及变坡点里程等。铺设现场变坡点位置用白油漆在钢轨内侧标注。

（2）起道量表中注明每隔 50 m 的起道量，以及变坡点、竖曲线起止点等特殊地段的起道量。铺设现场起道量数据按机养车作业方向依次标注于轨枕上。

（3）拨道量表中直线地段间隔 100 m、缓和曲线间隔 10 m、圆曲线间隔 20 m 注明拨道量。曲线地段五大桩点、变坡点等特殊地段也需要注明拨道量。铺设现场拨道量数据按机养车作业方向依次标注于轨枕上。

（4）曲线表中注明曲线起止里程、曲线半径、缓和曲线长度、曲线超高、曲线方向等。铺设现场曲线五大桩位置应在线路轨枕面上用红油漆标注 ZH、HY、QZ、YH、HZ 字样。

（5）竖曲线表中注明起止点里程、竖曲线半径、竖曲线长度等。铺设现场竖曲线起点和终点在道心轨枕上用油漆标注 SQ、SZ 字样。

（6）线间距表中注明直线地段隔 100 m、缓和曲线间隔 5 m、圆曲线间隔 10 m 的线间距。

（7）桥梁表中注明梁型、桥隧起止里程、长度；隧道表中注明隧道起止里程、长度、轨道类型。

2. 其他准备工作

（1）大机作业前应拆除道口、护轨、防爬支撑、轨距杆等影响作业的设施，将其妥善堆码、固定。清理道床坡脚外 100 mm 范围内的其他障碍物。

（2）铺轨后及时进行初步整道，拨顺轨道方向，消除曲线反超高及扭曲，保证行车安全。

（3）根据道床断面及每次起道量估算补砟数量，补砟应均匀充足，尤其是轨枕盒内和道床肩部道砟应充足。铺轨后应及时进行第一次上砟整道，确保线路稳定。

（4）方正轨枕，更换失效轨枕，同时补齐、上紧扣件。

（三）铺轨后分层上砟整道

1. 卸砟作业

（1）风动卸砟车卸砟应有专人指挥，专人负责，卸砟过程中与机车司机保持联系，以防多卸或少卸。卸砟车如图 14.26 所示。

（2）风动卸砟车卸砟后，应先利用整形车进行拢砟、匀砟，然后进行人工补充回填道砟，确保大机作业前枕木盒内道砟饱满。

（3）卸砟完成后及时清道，保证行车安全。

第十四章　高速铁路轨道铺设施工

图 14.26　卸砟车

2. 配砟整形作业

（1）配砟整形车在收放工作装置时，应选择线路比较平直的地段进行，在双线地段作业时要与防护员联系，确认邻线无列车通过时方准收起和放下工作装置。配砟整形车如图 14.27 所示。

图 14.27　配砟整形车

（2）放下侧犁时应避免侧犁后翼犁板碰撞司机室，中犁放下后距轨枕面 10~15 mm，清扫装置放下后距轨枕面 10~15 mm。

（3）配砟整形车工作时，应注意线路上的固定装置及障碍物。遇有妨碍作业的物体时，应及时收拢侧犁。

（4）在提速或减速时应避免冲击，作业时应及时调整各作业装置，使道砟分布均匀，避免局部堆积。

3. 捣固车作业

（1）起道、拨道、捣固作业轨温，应在长钢轨铺设轨温 -20~+15 ℃ 范围内进行。

（2）捣固车作业前应按起拨道量表将起拨道资料标注于轨枕面上，捣固车如图 14.28 所示。起道量在 50 mm 以上时，选择双捣作业；起道量在 50 mm 以下时，选择单捣作业。枕下道砟厚度不足 150 mm 时，不得进行捣固作业。

（3）第一、二遍起道量不宜大于 60 mm，第三、四遍起道量不宜大于 50 mm。一次拨道量不宜大于 50 mm。每次起、拨、捣固道作业后轨枕头外侧应有一定数量的道砟，以保证长轨轨道的稳定性。

图 14.28 捣固车

（4）捣固作业结束前，在作业终点画上标记，并以此开始按不大于2‰的坡度递减顺坡。一般不在圆曲线上顺坡，严禁在缓和曲线上顺坡结束作业。

（5）路基与桥梁、路基与隧道、无砟道床与有砟道床、新筑路基与既有线路基连接地段30 m范围、路基换填地段等应加强捣固，之后还需进行人工顺接处理。

4. 动力稳定车作业

道床分层起道、捣固作业后，均需通过动力稳定车进行动力稳定作业，如图14.29所示。作业方向确定后，根据线路情况，调整作业速度，调节预定下沉量和垂直预加荷载，进行动力稳定作业。若线路横向水平较差，则针对两股钢轨分别调整其预定下沉量及垂直预加荷载。

图 14.29 动力稳定车

由路基向桥上进行动力稳定作业时，动力稳定车不得在桥上起振，或结束动力稳定作业。动力稳定车施加的竖向荷载在上桥前30 m范围内逐渐降低至50%，下桥后30 m范围内逐渐提高至原数值。动力稳定车在桥上作业时应避开桥梁自振频率，作业走行速度不得低于1 km/h。桥梁与隧道的动力稳定作业方法相同。

线路经过四次起道和稳定作业后可达初期稳定状态，轨枕盒内道砟饱满，枕底道砟满铺，轨面标高比设计值低50 mm，道床断面基本符合设计要求，轨道静态几何尺寸满足有关要求。

（四）轨道精调整理

（1）无缝线路锁定后，轨道精调作业前，采用稳定车进行 1~2 次稳定密实，以减少精调后线路的变化。

（2）复测轨道控制网（CPⅢ），对线路进行全面检查测量。检测内容包括：线路平纵断面、轨距、水平、高低、方向、钢轨硬弯以及钢轨焊缝平直度等。汇总检测资料，编制精调计划。

① 对全线轨距进行逐根轨枕测量，对超标处逐个调整。

② 对钢轨硬弯进行矫直作业，矫直后的钢轨用 1 m 的直钢尺丈量顶面，不平顺矢度不得大于 0.3 mm。钢轨硬弯矫直、钢轨焊缝平直度超标打磨、轨距调整等均应在大型养路机械精细整道前完成。

③ 对平直度超标的钢轨焊接接头进行整修处理，使焊头平直度符合相关技术规定。

（3）精细整道前，利用风动卸砟车进行补砟作业。卸砟运行速度控制在 5~10 km/h；风动卸砟车卸砟、补砟应由专人引导。卸砟应均匀，曲线卸砟线路外侧风门比内侧风门先打开且稍大一些。

（4）线路需进行四次大机精细整道，捣固宜采用双捣。第一、二次采用精确法作业，第三、四次采用顺平法作业，起道量控制在 15 mm 左右，夹持时间设置在 0.45 s 及以上，夹持时间可根据道床密实情况进行调整，避免轨枕夹持移位。大机起终点重合地段采用搭接法作业，捣固作业后的稳定车按重稳的要求实施，稳定速度为 1 km/h，重稳频率宜按 40~45 Hz 设置，加载至 80%。

（5）最终的轨道精调整理应依据 CPⅢ 轨道控制网，采用轨道几何状态测量仪检测系统检测，通过扣件系统进行精细调整。精调整理后检查线路是否满足要求，主要的项目有：缓和曲线和竖曲线区段是否圆顺；道床断面是否符合设计要求；线路几何形位是否正确；扣件是否齐全；锁定轨温是否正确。对不合要求的进行整修，线路经过 3~4 遍精细整理后，应达到验收要求。

第三篇 轨道维护

铁路线路设备常年经受自然界风霜雨雪冻融的侵蚀，同时还得承受荷载的反复作用，因此，轨道结构的几何形位不断发生变化，路基和道床不断产生变形，钢轨、轨枕、联结零件不断磨损甚至破坏。

在动荷载作用下，轨道被破坏的形式是多种多样的，其中最主要的是残余变形。轨道残余变形的存在，不仅会影响列车的高速和平稳运行，且当积累到一定程度后，将大大降低和削弱轨道结构的强度和稳定性，威胁行车安全。轨道残余变形包括轨道各部件在空间位置上的变化，以及各组成部件的磨耗伤损两个方面。前者是指轨道在竖向、横向和纵向上几何形位的变化，使轨道原有的稳定状态受到破坏，如轨道爬行、方向不良、高低不平、轨距扩大或缩小、轨道沉陷和冻胀等。后者指诸如钢轨及其联结部件的磨损、轨枕破损和道床脏污等。针对轨道在运营过程中出现的各种变形和磨损，需要及时采取一系列的相应措施，包括对轨道的经常维修和定期修理。线路设备维修的基本任务是保持线路设备状态完好，保证列车以规定速度，安全、平稳、舒适和不间断地运行，并尽量延长设备使用寿命。

高速铁路线路维修工作的基本任务是保持线路设备状态完好，保证列车以规定速度安全、平稳、舒适和不间断地运行，并尽量延长设备使用寿命。

高速铁路线路维修应按照"预防为主、防治结合、严检慎修"的原则，根据线路状态的变化规律，合理安排养护与维修，做到精确检测、全面分析、精细修理，以有效预防和整治病害。

高速铁路线路维修应实行检、修分开的管理制度，实行专业化和属地化管理。应本着"资源综合、专业强化、集中管理"和"精干、高效"的原则建立高速铁路线路维修管理机构。

第十五章 安全管理

第一节 作业安全管理

一、高速铁路上线登、销记制度

（1）工务在进行行车设备施工、维修、处理故障和恢复时应与行车调度员或车站值班员办理相关手续，简称为上线的登、销记。上线登、销记应在《行车设备施工登记簿》或《行车设备检查登记簿》上填写（统称为运统-46）。

（2）凡在施工计划（包括有关施工电报以及临时增加的施工日计划）、维修天窗修作业计划内公布的施工作业项目，均应在《行车设备施工登记簿》上登、销记；其他作业项目包括应急处理时，驻站联络员在《行车设备检查登记簿》上登、销记。

二、放行列车条件

（1）作业地段放行列车时，轨道静态几何尺寸偏差不得超过下次天窗点前最高行车速度等级的经常保养容许偏差管理值，工务设备状态符合有关规定。

（2）作业完毕，但未达到正常放行列车条件时，驻调度所（驻站）联络员应在《行车设备施工登记簿》上登记行车限制条件；在设备达到正常放行列车条件后及时销记。

（3）设备故障处理后的放行列车条件由作业负责人确定。

（4）施工作业放行列车条件如表 15.1。

表 15.1 高速铁路各项施工作业放行列车条件

项 目		作业方式	放行列车条件
一、影响道床路基稳定的施工作业	1. 有砟轨道 （1）连续 2 根及以上轨枕底道砟破底清筛； （2）成段更换道床； （3）大型养路机械换砟； （4）基床换填； （5）平纵断面改造； （6）利用小型爆破开挖侧沟或基坑后的线路整修（限于影响路基稳定范围）； （7）成组更换道岔（钢轨伸缩调节器）或岔枕； （8）2 根及以上轨枕连续更换、方正	大型养路机械捣固、稳定等作业	（1）两捣一稳作业后，第一列限速 45 km/h，第二列限速 60 km/h，第三列起限速 80 km/h；至次日捣固后第一列限速 80 km/h，第二列起限速 120 km/h；至第三日捣固后第一列限速 120 km/h，第二列限速 160 km/h；至第四日捣固后第一列限速 160 km/h，第二列起限速 200 km/h；至第五日捣固后第一列限速 160 km/h，检查确认后恢复常速。 （2）三捣两稳作业后，第一列限速 60 km/h，第二列限速 80 km/h，第三列起限速 120 km/h；至次日捣固后第一列限速 120 km/h，第二列限速 160 km/h；至第三日捣固后第一列限速 160 km/h，第二列起限速 200 km/h；至第四日捣固后第一列 160 km/h，检查确认后恢复常速。

续表

项目		作业方式	放行列车条件
一、影响道床路基稳定的施工作业	1. 有砟轨道 （1）连续2根及以上轨枕底道砟破底清筛； （2）成段更换道床； （3）大型养路机械换砟； （4）基床换填； （5）平纵断面改造； （6）利用小型爆破开挖侧沟或基坑后的线路整修（限于影响路基稳定范围）； （7）成组更换道岔（钢轨伸缩调节器）或岔枕； （8）2根及以上轨枕连续更换、方正	大型养路机械捣固、稳定等作业	（3）五捣三稳作业后，第一列限速80 km/h，第二列限速120 km/h，第三列起限速160 km/h；至次日捣固后第一列限速160 km/h，第二列限速200 km/h；至第三日捣固后第一列限速160 km/h，检查确认后恢复常速。 道岔施工后直向、侧向按此标准分别阶梯提速。 未达到上述捣固、稳定遍数的，应相应降低列车放行速度
		小型养路机械捣固	（1）施工作业期间：当日第一列限速35 km/h，第二列起限速45 km/h 不少于4 h，以后限速60 km/h 至下次天窗前。 （2）施工作业结束后，应安排大型养路机械作业，放行列车条件按"大型养路机械捣固、稳定车作业"办理
一、影响道床路基稳定的施工作业	2. 无砟轨道 （1）更换无砟道床（含轨道板、道床板、砂浆填充层、底座板、支承层）； （2）CRTS Ⅱ型无砟轨道轨道板间接缝凿除和浇筑； （3）侧向挡块凿除和浇筑； （4）CRTS Ⅰ型无砟轨道凸型挡台凿除和浇筑		按经审查批准的施工作业设计文件所确定的列车放行条件，必要时可开行综合检测列车确认
	3. 路基注浆，挖孔桩、旋喷桩施工，路基降水		按经审查批准的施工作业设计文件所确定的列车放行条件
二、不影响道床稳定的施工作业	（1）成段更换钢轨或扣件； （2）无缝线路应力放散； （3）更换道岔（钢轨伸缩调节器）轨件； （4）使用冻害垫板一次总厚度超过25 mm		第一列限速45 km/h，第二列限速80 km/h，第三列限速120 km/h，第四列起限速160 km/h 至下次天窗点。 恢复常速前必须经精调整修、检测确认、阶梯提速
	（1）单根更换钢轨； （2）处理胶接绝缘接头； （3）更换道岔尖轨、基本轨、护轨、可动心轨道岔辙叉； （4）焊接钢轨； （5）单根更换、方正轨枕； （6）成段改道、撤垫板、更换铁垫板、更换和整正轨下胶垫，使用冻害垫板一次总厚度大于等于10 mm、小于25 mm； （7）大型养路机械维修捣固作业； （8）成段更换弹条、轨距挡板		第一列限速不超过160 km/h，以后恢复常速

续表

项　目		放行列车条件
三、桥隧涵的施工作业	箱梁支座调高、拨正、更换	施工作业期间，第一列限速 80 km/h，第二列限速 160 km/h 至下一个天窗前；施工作业结束后，第一列限速 80 km/h，以后限速 160 km/h 至次日天窗结束，其后恢复常速
	其他桥梁的支座调高、拨正、更换	施工作业期间，限速 45 km/h 至下次天窗前；施工作业结束后，第一列限速 45 km/h，第二列限速 80 km/h，第三列限速 120 km/h，以后限速 160 km/h 至次日天窗结束，其后恢复常速
	（1）翻修、加深隧道内侧沟； （2）翻修、加深隧道中心水沟	施工作业期间，第一列限速 45 km/h，以后限速 80 km/h 至下次天窗前；施工作业结束后，第一列限速 45 km/h，第二列限速 80 km/h，以后限速按 120 km/h、160 km/h 至次日天窗结束，其后恢复常速
	新建明洞、棚洞的基础施工	施工作业期间，本线限速 45 km/h，邻线限速 160 km/h；基础施工结束后恢复常速
	加厚隧道二次衬砌	施工作业期间，限速 120 km/h 至下次天窗前；施工作业结束后，第一列限速 120 km/h，以后限速 160 km/h 至次日天窗结束，其后恢复常速
	架空施工中，安装、拆除纵横梁体系的横梁、安装 D 形便梁的横梁	施工作业期间，限速 45 km/h
三、桥隧涵的施工作业	线路架空或加固后桥涵顶进	施工作业期间，限速 45 km/h；施工结束后，第一列限速 45 km/h，以后限速 60 km/h、80 km/h、120 km/h、160 km/h 至次日天窗结束后，其后恢复常速
	（1）在线路上安装或拆除轨束梁、工字钢纵梁、D 形便梁的纵梁、纵横梁体系的纵梁，拆除 D 形便梁的横梁； （2）整治隧道仰拱破损及换填隧道铺底； （3）影响行车安全的其他复杂桥隧施工	按经审查批准的施工作业设计文件所确定的列车放行条件

注：表内未列出的其他施工作业项目，可由铁路公司比照本表类似施工作业确定施工条件和放行列车条件。

三、施工作业防护办法

高速铁路施工作业和维修作业，本线和邻线均不设置作业标。

1. 在区间线路上施工时，使用移动停车信号防护的防护办法

（1）单线区间线路施工时，如图 15.1。

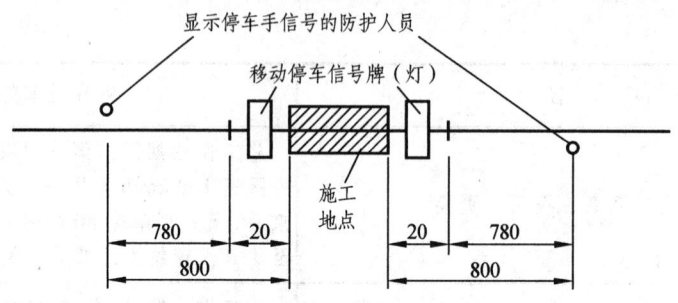

图 15.1 单线区间施工时的防护（单位：m）

（2）双线区间一条线路施工时，如图 15.2。

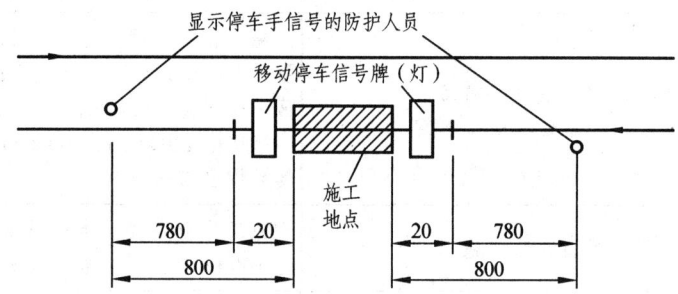

图 15.2 双线区间一条线路施工时的防护（单位：m）

（3）双线区间两条线路同时施工时，如图 15.3。

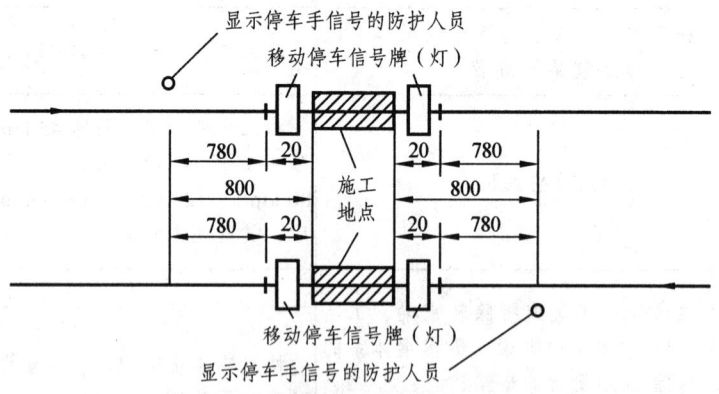

图 15.3 双线区间两条线路同时施工时的防护（单位：m）

（4）作业地点在站外，距离进站信号机（反方向进站信号机）小于 820 m 时，如图 15.4。

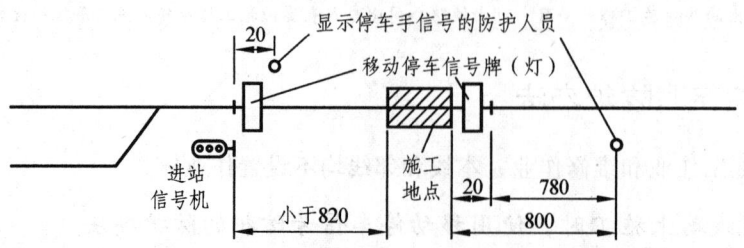

图 15.4 站外作业（距信号机小于 820 m）时的防护（单位：m）

现场防护人员应站在距施工地点 800 m 附近,且瞭望条件较好的地点显示停车手信号;施工作业地点在站外,距离进站信号机(反方向进站信号机)小于 820 m 时,现场防护人员应站在距进站信号机(反方向进站信号机)20 m 附近(图 15.4);在尽头线上施工,施工负责人经与列车调度员(车站值班员)联系确认尽头一端无列车、轨道车时,则尽头一端可不设防护。

2. 在站内线路上施工时,使用移动停车信号防护的防护办法

(1)在站内线路上施工时,将施工线路两端道岔扳向不能通往施工地点的位置,并加锁或紧固,可不设置移动停车信号牌(灯)。当施工线路两端道岔只能通往施工地点的位置时,在施工地点两端各 50 m 处线路上,设置移动停车信号牌(灯)防护,如图 15.5;当施工地点距离道岔小于 50 m 时,在该端警冲标相对处线路上,设置移动停车信号牌(灯)防护,如图 15.6。

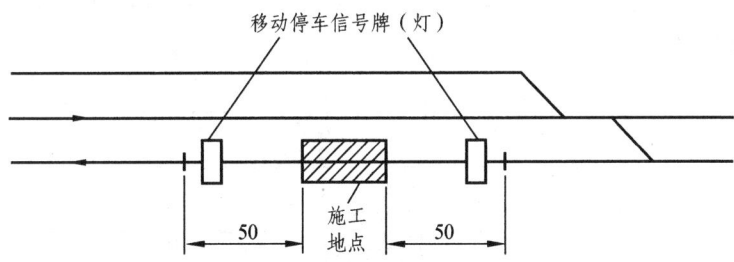

图 15.5 施工线路两端道岔只能通往施工地点时的防护(单位:m)

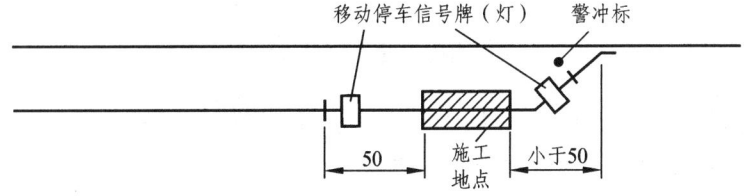

图 15.6 施工地点距离道岔小于 50 m 时的防护(单位:m)

(2)在进站道岔外方线路上施工时,对区间方向,以关闭的进站信号机防护;对车站方向,在进站道岔外方基本轨接头处(顺向道岔在警冲标相对处)线路上,设置移动停车信号牌(灯)防护,如图 15.7。

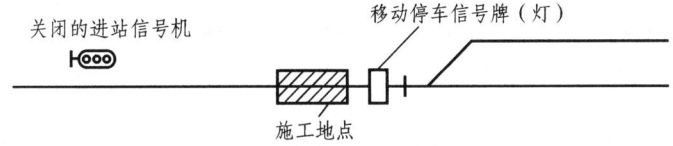

图 15.7 在进站道岔外方线路上施工时的防护(单位:m)

(3)双线区段,在反方向进站信号机至出站道岔的线路上施工时,对区间方向,以关闭的反方向进站信号机防护;对车站方向,在出站道岔外方基本轨接头处(对向道岔在警冲标相对处)线路上,设置移动停车信号牌(灯)防护,如图 15.8。

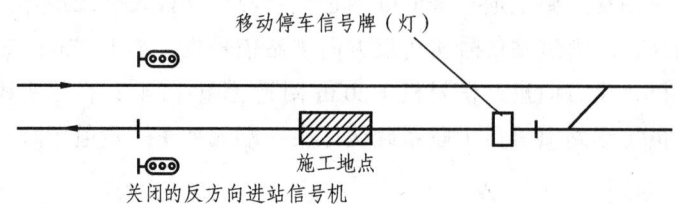

图 15.8 双线区段在反方向进站信号机至出站道岔的线路上施工时的防护（单位：m）

3. 在站内道岔上（含警冲标至道岔尾部线路、道岔间线路）施工时，使用移动停车信号防护的防护办法

（1）在站内道岔上施工，一端距离施工地点 50 m，另一端两条线路距离施工地点 50 m 时（距出站信号机不足 50 m 时，为出站信号机处），分别在线路上设置移动停车信号牌（灯）防护，如图 15.9；如一端距离外方道岔小于 50 m 时，将有关道岔扳向不能通往施工地点的位置，并加锁或紧固。

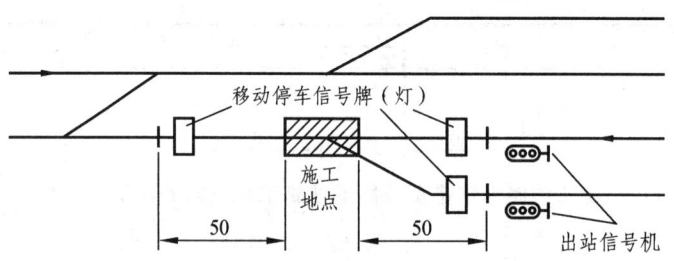

图 15.9 在站内道岔上施工时的防护（单位：m）

（2）在进站道岔上施工时，对区间方向，以关闭的进站信号机防护；对车站方向，在距离施工地点 50 m 的线路上，设置移动停车信号牌（灯）防护，如图 15.10。距邻近道岔不足 50 m 时，在邻近道岔基本轨接头处设置移动停车信号牌（灯）防护，将有关道岔扳向不能通往施工地点的位置，并加锁或紧固。

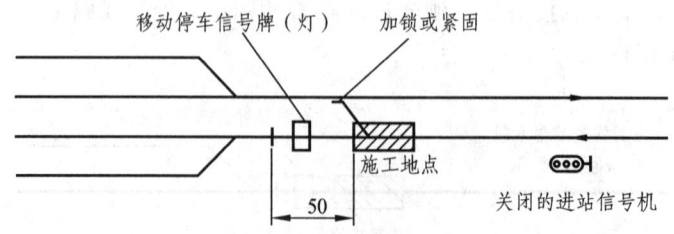

图 15.10 在进站道岔上施工时的防护（单位：m）

（3）在出站道岔上施工时，对区间方向，以关闭的反方向进站信号机防护；对车站方向，在距离施工地段不少于 50 m 的线路上，设置移动停车信号牌（灯）防护，如图 15.11。距邻近道岔不足 50 m 时，将有关道岔扳向不能通往施工地点的位置，并加锁或紧固。

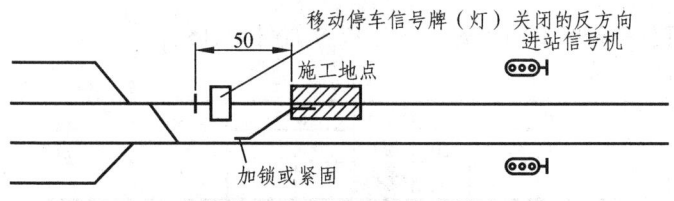

图 15.11　在出站道岔上施工时的防护（单位：m）

（4）在交分道岔上施工时，将有关道岔扳向不能通往施工地点的位置，并加锁或紧固，在距离施工地点两端 50 m 处线路上，设置移动停车信号牌（灯）防护，如图 15.12。

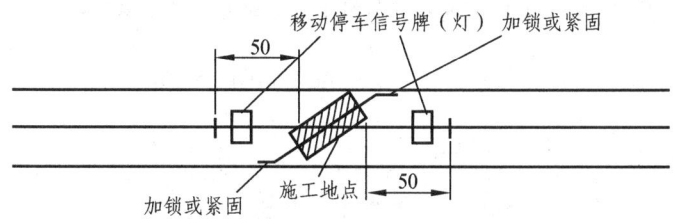

图 15.12　在交分道岔上施工时的防护（单位：m）

（5）在交叉渡线的一组道岔上施工时，一端在菱形中轴相对处线路上，另一端在距离施工地点 50 m 处线路上，分别设置移动停车信号牌（灯）防护，将有关道岔扳向不能通往施工地点的位置，并加锁或紧固，如图 15.13。

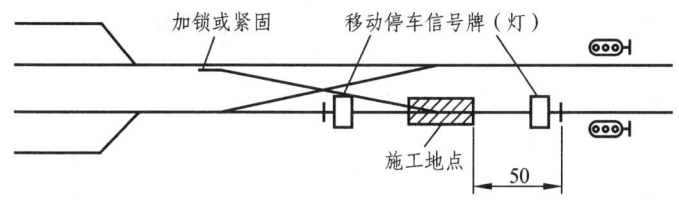

图 15.13　在交叉渡线的一组道岔上施工时的防护（单位：m）

（6）在道岔上进行大型养路机械施工时，如延长移动停车信号牌（灯）防护距离后占用其他道岔时，对相关道岔应一并防护。

4. 仅运行动车组列车的区间施工防护办法

在仅运行动车组列车的区间正线上施工时，不设置移动减速信号防护。在其余区间正线上施工时，使用带"T"字和"减速"字的移动减速信号防护，办法如下：

（1）单线区间施工时，设立位置如图 15.14。

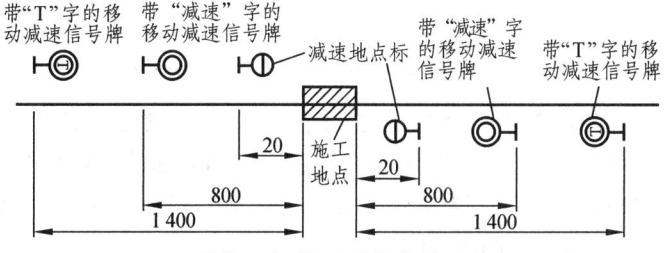

图 15.14　单线区间施工时的防护（单位：m）

（2）双线区间在一条线上施工时，设立位置如图15.15。

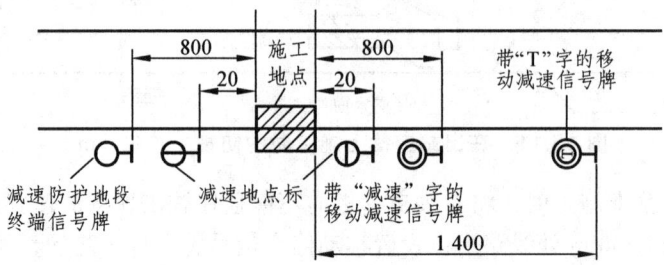

图 15.15　双线区间在一条线上施工时的防护（单位：m）

（3）双线区间两条线路同时施工时，设立位置如图15.16。

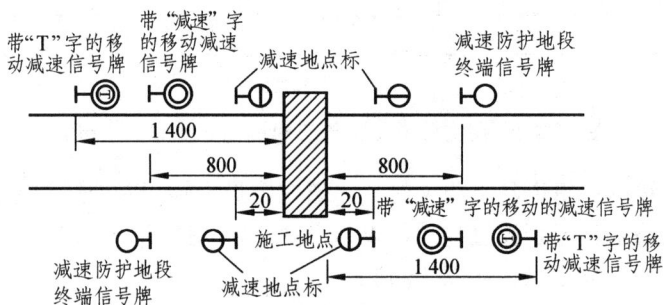

图 15.16　双线区间两条线路同时施工时的防护（单位：m）

（4）施工地点距离进站信号机（或反方向进站信号机）小于800 m时，设立位置如图15.17。

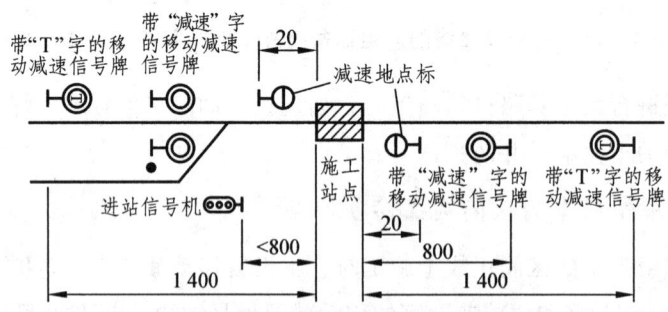

图 15.17　施工地点距离进站信号机小于800 m时的防护（单位：m）

注：① 当站内正线警冲标距离施工地点小于800 m时，按800 m设置移动减速信号牌；
② 当站内正线警冲标距离施工地点大于或等于1 400 m时，不设置带"T"字的移动减速信号牌。

5．仅运行动车组列车的站内线路或道岔上施工防护办法

在仅运行动车组列车的站内线路或道岔上施工时，不设置移动减速信号防护。在其余站内线路或道岔上施工时，使用带"T"字和"减速"字的移动减速信号防护，办法如下：

（1）在站内正线线路上施工，当施工地点距进站信号机大于或等于800 m时，单线设立位置如图15.18，双线设立位置如图15.19。

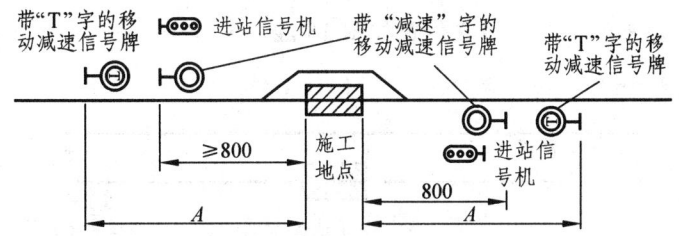

图 15.18　站内正线（单线）施工时的防护（单位：m）

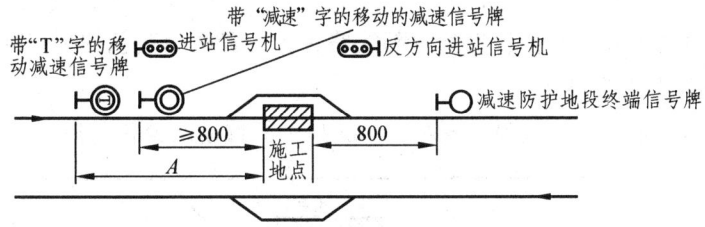

图 15.19　站内正线（双线）施工时的防护（单位：m）

注：当施工地点距进站信号机不足 800 m 时，自施工地点起至 800 m 处区间线路列车运行方左侧，设移动减速信号牌防护；当施工地点距进站信号机大于或等于 A 时，不设置带"T"字的移动减速信号牌，A 取 1 400 m；当施工地点距反方向进站信号机不足 800 m 时，自施工地点起至 800 m 处区间线路列车运行方左侧，设减速防护地段终端信号牌；当施工地点距反方向进站信号机大于或等于 800 m 时，在反方向进站信号机处，设减速防护地段终端信号牌。

（2）在站内正线道岔上施工，当施工地点距进站信号机大于或等于 800 m 时，单线设立位置如图 15.20，双线设立位置如图 15.21。

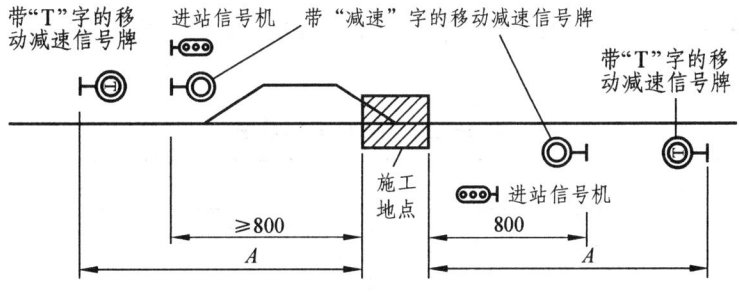

图 15.20　站内正线道岔（单线）上施工时的防护（单位：m）

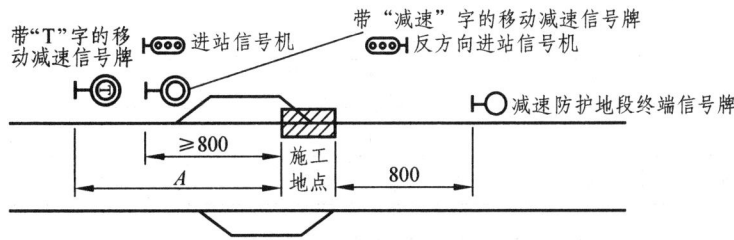

图 15.21　站内正线道岔（双线）上施工时的防护（单位：m）

注：当施工地点距进站信号机不足 800 m 时，自施工地点起至 800 m 处区间线路列车运行方左侧，设移动减速信号牌防护；当施工地点距进站信号机大于或等于 A 时，不设置带"T"字的移动减速信号牌，A 取 1 400 m；当施工地点距反方向进站信号机不足 800 m 时，自施工地点起至 800 m 处区间线路列车运行方左侧，设减速防护地段终端信号牌；当施工地点距反方向进站信号机大于或等于 800 m 时，在反方向进站信号机处，设减速防护地段终端信号牌。

（3）在站线线路上施工时，设立位置如图15.22。

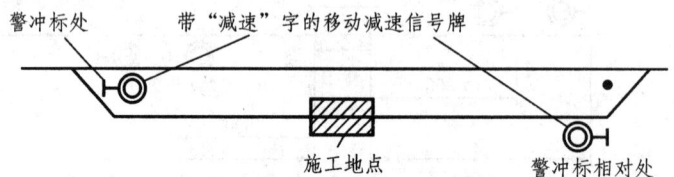

图15.22　在站线线路上施工时的防护（单位：m）

（4）在站线道岔上施工时，该道岔中部线路旁，设置两面黄色的带"减速"字的移动减速信号牌，设立位置如图15.23。

凡线间距离不足规定时，应设置矮型（1 m高）的移动减速信号牌。

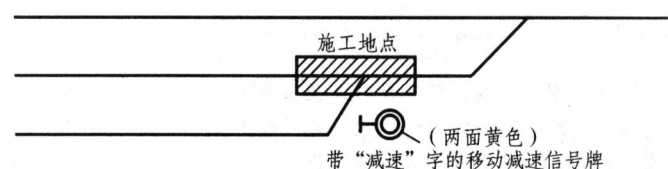

图15.23　在站线道岔上施工时的防护（单位：m）

四、作业负责人及防护员要求

（1）驻调度所（驻站）联络员和现场防护员应由指定的、经过考试合格的人员担任，持证上岗。

（2）作业负责人、驻调度所（驻站）联络员和现场防护员，应佩戴标志，并按表15.2的要求携带防护信号用品。

表15.2　防护信号用品表

名称	单位	数量（每人）			
		作业负责人	驻调度所联络员	驻站联络员	现场防护员
喇叭	个				1
红、黄色信号旗（昼）	面				各1
信号灯（夜）	盏				1
短路铜线	条				1
手持无线电台	台	1		1	1
GSM-R手机	台	1	1	1	1

（3）驻调度所（驻站）联络员应使用有录音回放功能的通信工具或录音笔，铁路公司应制定防护联控录音分析、考核制度。

（4）驻调度所（驻站）联络员应及时向作业负责人传达调度命令，作业负责人接到调度命令后，应与驻调度所（驻站）联络员核对调度命令内容，并确认与驻调度所（驻站）联络员、现场防护员之间相互通信良好后方准安排上道作业。

作业负责人应根据施工作业现场地形条件、列车运行特点、施工（或维修）作业人员和机具布置等情况确定现场防护员站位和移动路径。现场防护员应携带必备的防护用品，做好自身防护，并随时观察施工现场和列车运行情况，发现异常情况时及时通知驻调度所（驻站）联络员和作业负责人，驻调度所（驻站）联络员及时通报列车调度员（车站值班员）。

（5）在区间或站内线路、道岔上维修时，现场防护人员应站在维修地点附近，且瞭望条件较好的地点进行防护，在天窗内作业时，显示停车手信号。维修作业应在调度所（车站）与作业地点分别设驻调度所（驻站）联络员和现场防护人员，并保持联系。

（6）驻调度所（驻站）联络员应与现场防护员保持联系，如联系中断，驻调度所（驻站）联络员应立即通知列车调度员停止向作业地点放行列车，不得办理作业销记手续；同时现场防护员应立即通知作业负责人停止作业，必要时将线路恢复到准许放行列车的条件。铁路公司应制定驻调度所（驻站）联络员、现场防护员及作业负责人之间的联控办法，明确通信设备管理要求，对联控时机、联控内容、联控对象、联控标准用语等环节进行规范。

（7）线路上作业设置或撤除移动停车信号防护的程序如下：

① 设置移动停车信号。

驻调度所（驻站）联络员接到调度命令后，通知现场作业负责人；

现场作业负责人通知现场防护员并相互确认后，现场防护员按规定在作业地点设置移动停车信号；

现场作业负责人确认按规定设置好移动停车信号后发出作业命令。

② 撤除移动停车信号。

现场作业负责人检查确认（非设备管理单位作业时由作业负责人与设备管理单位监督检查人员共同检查确认）线路已达到放行列车条件；

现场作业负责人通知现场防护员撤除移动停车信号防护；

现场作业负责人通知驻调度所（驻站）联络员办理开通线路手续。

第二节　人身安全管理

一、基本要求

（1）天窗点外，任何人员禁止进入防护栅栏内。

（2）所有进入高速铁路线路行车限界的施工、维修以及线路检查作业，均必须按规定设置现场防护和驻站联络员。

（3）上道作业必须在施工负责人带领下进行，且不得分散作业，确保现场作业人员均在作业负责人和防护员的监控范围内，作业过程中禁止离开作业群体单独作业。

（4）施工作业人员乘坐轨道车时，必须坐稳扶牢，车未停稳禁止上下；平板车未安装围（栅）栏及无专人负责看护时禁止乘坐。

（5）多人在一起作业时应统一指挥，相互间应保持一定的安全距离，防止工具碰撞伤人。

（6）正线作业人员避车应遵守以下规定：

① 距钢轨头部外侧不小于2 m。

② 本线来车避车：

不得在两线间避车。

垂直天窗邻线开行路用列车或 V 形天窗，应在本线一侧的路肩、桥梁作业通道、隧道救援通道避车。

垂直天窗邻线不开行路用列车，可在本线一侧的路肩、桥梁作业通道、隧道救援通道或邻线避车。

下道距离不小于 800 m。

③ 本线封锁，邻线（线间距小于 6.5 m）来车时本线可不下道。

（7）站内其他线路作业人员避车应遵守以下规定：

① 距钢轨头部外侧不小于 2 m。

② 在站内其他线路检查或作业，躲避本线列车时，下道距离不少于 500 m。

③ 与本线相邻的正线来车时，检查或作业人员避车下道距离不小于 800 m；与本线相邻的其他站线来车时可不下道，但必须停止作业。列车进路不明时必须下道避车。

（8）在地面 2 m 以上的高处及陡坡上作业，必须戴好安全帽、系好安全带或安全绳，安全带、安全绳每次使用前，使用人必须详细检查。不准穿带钉或易滑溜的鞋。

（9）严禁作业人员跳车、钻车、扒车和由车底下、车钩上传递工具材料。休息时严禁坐在钢轨、轨枕头及道床边坡上。绕行停留车辆时其距离应不少于 5 m，并注意车辆动态和邻线上开来的列车。

（10）人员下道避车的同时，必须将作业机具、材料移出线路，放置、堆码牢固，不得侵入限界。两线间不得放置机具、材料。

（11）临时作业应设置防护围栏和安全网，悬空作业应有可靠的安全防护设施。未设置隔离设施的高处作业，人员不得垂直施工。使用移动式梯子时，梯脚应坚实，梯子上端应有固定措施。

（12）没有隔离设备时，禁止双层作业。

（13）进行路堑或山体边坡刷方、清石作业时，每天开工前应检查坡面有无裂缝及可能坍塌的迹象，危石、危土是否已清除干净。凡可以处理的应立即处理，不能处理且对施工安全有威胁时，施工人员应立即向施工负责人报告进行妥善处理。开挖土方应自上而下，严禁挖悬空土。多人同时在坡面上开挖作业时，应大致在同一高度自上而下进行，严禁上下重叠作业。开挖人相互间距不应小于 2 m。

（14）严禁患有禁忌证人员登高作业。

（15）夜间作业要有充足的照明设备，照明不足禁止作业。

二、电气化作业

（1）通过或使用各种车辆、机具设备不得超过机车车辆限界，作业人员和工具与接触网必须保持 2 m 以上距离。

（2）在距离接触网带电部分不到 2 m 时，使用高梯搭设脚手架进行隧道的检查、漏水整治、衬砌修理、油刷标志、隧道口的粉刷装饰、建筑物上作业、桥上使用高压水清洗钢梁和下承式桁梁和上跨建筑物限界检查，必须按规定办理接触网停电申请手续，得到许可停电施工命令，并有接触网工区派人安设临时接地线后方能施工。

（3）在距离接触网带电部分 2～4 m 建筑物上施工时，接触网可不停电，但必须由接网工或经专职人员在现场监护。

（4）发现接触网断线及其部件损坏或在其上挂有线头、绳索等物时，人员不准直接或间接与之接触；在接触网检修人员未到达前，应距断线接地处 10 m 以外设置防护，禁止人员接近。

（5）在接触网支柱及接触网带电部分 5 m 范围以内的金属结构均必须接地，在与接触网相连的支柱及金属结构上，若未装设接地线或接地线已损坏时，严禁人员与之接触。

（6）使用发电机、空压机、搅拌机等机电设备时，应有良好的接地装置。在可能带电部位，应有"高压危险"的明显标志和防护措施。各种机械与车辆不准用水冲洗；施工用的水管不准跨越接触网，不准用射水方式进行圬工养生。

（7）在电气化区段清除危石、危树，进行爆破作业时，应有供电部门人员配合；有碍接触网及行车安全时，应先停电后作业。

（8）施工时，任何作业均不得影响接触网支柱、地锚等设施的稳定。

三、劳动保护

（1）进行接触粉尘、有毒物品、易燃、易爆物品的作业，使用电器、机械，以及高空作业等，必须按规定使用劳动保护用品。

（2）易燃、易爆及有毒物品，必须有专人保管，储藏时应与建筑物、烟火及水源隔离；搬运装卸及使用时，应按规定程序操作，慎防起火、爆炸和中毒。

（3）野外作业遇雷雨时，作业人员应放下手中的金属器具，迅速到安全处所躲避，严禁在大树下、电杆旁和涵洞内躲避。酷暑、严寒季节，应采取切实措施，防止中暑、溺水、冻伤和煤气中毒。

（4）电器设备、电线必须保持完好，禁止使用未装触电保护器的各种手持式电动工具和移动式设备。

四、安全用电

（1）电线、电器应定期检查，不得自行修理。维修电器设备，必须持证操作，按规定穿戴好防护用品。

（2）任何电源设备，在未检查或证明无电之前，应一律认为有电，严禁非电工人员，在电气设备上作有电或无电检验。

（3）严禁用潮湿的手接触开关、电线或其他电器。

（4）发生火灾时，立即切断电源，若有人触电应迅速切断电源并进行救护。

（5）保险丝应按规定安装，不得任意改粗或用铜丝、铁丝代替。

五、防寒、防暑

（1）铁路行车有关人员，在任职前必须经过健康检查，身体条件不符合拟任岗位职务要求的，不得上岗作业。在任职期间，要定期进行身体检查，身体条件不符合任职岗位要求的，应调整工作岗位。

（2）对防寒工作，应提前做好准备。
① 对有关人员进行防寒过冬培训，并按规定做好防寒劳动防护用品的配备和发放工作。
② 对铁路技术设备进行防寒过冬检查、整修，并做好包扎管路等工作。
③ 做好易冻的设备、物资的防冻解冻工作。
④ 储备足够的防寒过冬材料、燃料和工具，检修好除冰雪机具和防雪设备，组织好除冰雪队伍。

（3）在需要进行防暑工作的调度室、行车人员值班室、较大车站的旅客候车室及高温车间等重要生产房屋，应设有降温设备。露天作业场所根据需要设置凉棚。

（4）在炎热季节应有足够的防暑用品和药物，并应有供员工饮用的清凉饮料。在暑季前，应对防暑降温设备进行检查、整修。

第三节　天窗修管理

一、天窗概念、用途及使用原则

（一）天窗及天窗修的概念

天窗是指列车运行图中不铺画列车运行线或调整、抽减列车运行线为施工和维修作业预留的时间。

天窗修是指利用天窗进行设备施工、维修的作业方式，即行车设备管理单位及施工作业管理单位，在天窗时间内进行的一切影响行车设备正常使用的施工和维修作业。

（二）天窗的用途

天窗按用途分为施工天窗和维修天窗。施工天窗主要用于设备大、中修，技术改造，大型养路机械施工及设备管理单位、工程部门在营业线上的施工作业；维修天窗主要用于设备管理单位日常对设备进行维修作业。临时由于突发性设备故障或状态不良危及行车安全需要停用抢修或灾害等意外情况下的设备紧急抢修，应请求故障修天窗。

（三）天窗的使用原则

凡影响工务设备稳定、使用和行车安全的施工作业和维修作业，都必须纳入天窗，不得利用列车间隔进行。利用天窗作业必须满足以下3个条件：（1）施工或维修作业开始前及结束后列车不慢行；（2）施工或维修作业开始前及结束后不影响信号使用；（3）施工时间内能够完成相关作业内容。

二、天窗分类

行车设备管理单位以及其他施工单位进行不同性质施工和日常维修作业时的天窗类型如下：

（1）施工天窗。施工天窗是指铁路公司月度施工计划或其他施工文电批准的施工方案中进行线路施工时在规定封锁地段不行车或信号、接触网施工时信号设备、接触网供电停电需要的时间。

（2）维修天窗。维修天窗是指列车运行图预留的，为工务、电务、接触网供电等设备管理单位对行车设备进行有碍行车的日常检（维）修而规定的时间。维修天窗并非为一个系统单独使用而安排。

（3）垂直天窗。垂直天窗是指列车运行图预留的，同时影响上、下行正线行车设备正常使用，为工务、电务、供电等设备管理单位共同使用而安排的作业时间。

（4）V形天窗。V形天窗是指列车运行图预留的、对运营线单方向行车设备进行维修作业的时间。

（5）故障天窗。故障修天窗是指发生灾害、行车设备临时故障影响行车设备正常使用或出现可能危及行车安全的险情时，行车组织部门根据设备管理单位提出的，临时申请封锁时间面安排的施工抢修作业时间。

三、天窗修作业时间规定

（1）高速铁路正线、到发线天窗一般为垂直天窗，天窗时间不少于 240 min，有条件的区段，路局安排时间不少于 90 min 的昼间检查天窗。运营速度为 250 km/h 及以下铁路，如确需采取 V 形天窗，V 形天窗时段邻线限速不超过 160 km/h。

（2）联络线、走行线等低速正线或动车所内线路的维修天窗一般安排在昼间，以提高作业效率和质量。

第十六章　生产管理

第一节　维修工作内容

一、维修工作分类

线路维修工作分为周期检修、经常保养和临时补修。

周期检修是根据线路及其各部件的变化规律和特点，对钢轨、道岔、扣件、无砟道床、无缝线路及轨道几何形位等按相应周期进行的全面检查和修理，以恢复线路完好技术状态。铁路公司可根据线路设备状态、线路条件、运输条件和自然条件等具体情况调整维修周期，并报铁路总公司核备。

经常保养指根据动、静态检测结果及线路状态变化情况，对线路设备进行经常性修理，以保持线路质量经常处于均衡状态。

临时补修指对轨道几何尺寸超过临时补修容许偏差管理值或轨道设备伤损状态影响其正常使用的处所进行临时性修理，以保证行车安全和舒适。

二、维修工作内容

维修工作主要内容见表16.1。

表 16.1　维修工作内容

主要内容	周期检修	经常保养	临时补修
无砟轨道	① 线路设备质量动态检查； ② 轨道几何尺寸和扣件螺栓扭矩静态检查； ③ 钢轨探伤； ④ 采用打磨列车对钢轨进行预打磨、预防性打磨和修理性打磨； ⑤ 联结零件成段涂油、复拧； ⑥ 根据刚度变化情况，成段更换弹性垫板； ⑦ 有计划地对无砟道床进行检查及修补； ⑧ 无缝线路钢轨位移、钢轨伸缩调节器伸缩量的周期观测和分析； ⑨ 对沉降量较大地段的轨道状态进行周期观测和分析； ⑩ 精测网检查、复测	① 对轨道质量指数（TQI）超过管理值的区段或轨道几何尺寸超过经常保养容许偏差管理值的处所进行整修； ② 根据钢轨表面伤损、光带及线路动态检测情况，对钢轨进行处理； ③ 整修焊缝； ④ 整修伤损扣件、道岔及调节器等轨道部件； ⑤ 无缝线路应力调整或放散； ⑥ 修补达到Ⅱ级及以上伤损的无砟道床； ⑦ 疏通排水； ⑧ 精测网维护； ⑨ 沉降地段轨道状态观测及分析； ⑩ 修理、补充和刷新标志、标识； ⑪ 根据季节特点对线路进行重点检查； ⑫ 其他需要经常保养的工作	① 及时整修轨道几何尺寸超过临时补修容许偏差管理值的处所； ② 处理伤损钢轨（含焊缝）和失效胶接绝缘接头； ③ 更换伤损的道岔护轨螺栓、可动心轨咽喉和叉后间隔铁螺栓、长心轨与短心轨联结螺栓等； ④ 更换伤损失效的扣件、道岔及调节器等轨道部件； ⑤ 更换或整治失效无砟道床； ⑥ 处理线路故障； ⑦ 其他需要临时补修的工作

续表

主要内容	周期检修	经常保养	临时补修
有砟轨道	① 线路设备质量动态检查； ② 轨道几何尺寸静态检查； ③ 扣件、轨枕、道床状态检查； ④ 钢轨探伤； ⑤ 无缝线路钢轨位移、钢轨伸缩调节器（以下简称调节器）伸缩量的周期观测和分析； ⑥ 沉降地段轨道状态观测和分析； ⑦ 精测网检查、复测； ⑧ 根据线路、道岔、调节器状态，对线路平面、纵断面进行测设和优化，全面起道、拨道、改道、捣固、稳定，调整几何形位，清筛枕盒不洁道床和边坡，改善轨道弹性； ⑨ 采用打磨列车对钢轨进行预打磨、预防性打磨和修理性打磨； ⑩ 联结零件成段涂油、复拧； ⑪ 其他周期性检修的工作	① 对轨道质量指数（TQI）超过管理值或成段轨道几何尺寸超过经常保养容许偏差管理值的区段进行修理； ② 无缝线路应力调整或放散； ③ 根据钢轨表面伤损、光带及线路动态检测情况，对钢轨进行修理； ④ 整修焊缝； ⑤ 整修伤损的扣件、道岔及调节器等轨道部件； ⑥ 更换、方正和修理轨枕； ⑦ 整治道床翻浆冒泥，补充道砟，整理道床； ⑧ 疏通排水，清除道床杂草； ⑨ 整治冻害； ⑩ 精测网维护； ⑪ 修理、补充和刷新线路标志、标识； ⑫ 根据季节特点对线路进行重点检查； ⑬ 其他需要经常保养的工作	① 及时整修轨道几何尺寸超过临时补修容许偏差管理值的处所； ② 处理伤损钢轨（含焊缝）和失效胶接绝缘接头； ③ 更换伤损失效的扣件、道岔及调节器等轨道部件； ④ 更换伤损的道岔护轨螺栓、可动心轨咽喉和叉后间隔铁螺栓、长心轨与短心轨联结螺栓等； ⑤ 处理线路故障； ⑥ 其他需要临时补修的工作

第二节 轨道几何尺寸检查

日常养护维修的目的是保持线路静态平顺，线路的静态平顺又是保证行车条件下线路动态平顺的基础。因此，必须做好线路的静态和动态检查工作。我国铁路对轨道几何尺寸的管理，实行静态管理与动态管理相结合的模式。

一、轨道几何尺寸静态检查

（一）检查方法

目前轨道不平顺检查采用的量具，主要是数显式道尺、轨道检查仪、轨道测量仪及激光长弦等。

1. 数显式道尺测量

数显式道尺按准确度分为 0 级、1 级、2 级三个等级。0 级道尺适用于测量允许速度不大于 350 km/h 的线路，1 级道尺适用于测量允许速度不大于 250 km/h 的线路，2 级道尺适用于测量允许速度不大于 160 km/h 的线路。

（1）技术要求。

铁路轨距为钢轨踏面下 16 mm 处两股钢轨工作边之间的最小距离。测量位置如图 16.1 所示。数显式道尺如图 16.2 所示。

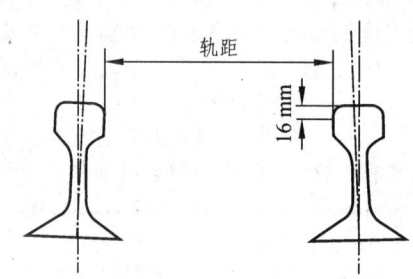

图 16.1　测量轨距示意图

图 16.2　数显式道尺

测量轨距前，由检查人校对数显式道尺，检查道尺性能是否完好，当轨距误差≥0.5 mm 或水平误差≥1.0 mm 时，禁止上道使用，并及时送检。

测量水平前，由检查人校对道尺，检查道尺性能是否完好，当水平误差≥1.0 mm 时，禁止上道使用，并及时送检。

（2）测量方法。

测量轨距时，将两端测座搭在两股钢轨上，拉动提手测头与钢轨作用边接触，移动测头位置，使读数最小时，待显示数据稳定后，读取轨距值。检查时要求在每根轨枕处进行测量，认真标注和记录，全面分析，从而判断轨距、轨距变化率是否符合标准。

测量水平时，水平的检查部位应与轨距检查部位相对应。一般是面向线路终点，测量直股时以外直股为基准股，测量曲股时以曲上股为基准股。基准股高于另一股为正，反之为负。开始测量时，可先在两股钢轨同一位置上采用将轨距尺调转 180°的方法，检验水平是否正确。将两端测座搭在两股钢轨上，待显示数据稳定后，读取水平值或超高值。

2. 轨道检查仪几何尺寸测量

轨道检查仪按准确度分为 0 级、1 级两个等级。0 级轨道检查仪适用于测量允许速度不大于 350 km/h 的线路，1 级线路检查仪适用于测量允许速度不大于 200 km/h 的线路。轨道检查仪可进行几何尺寸以及轨道不平顺的测量，如图 16.3 所示。使用中的轨道检查仪，如图 16.4 所示。

 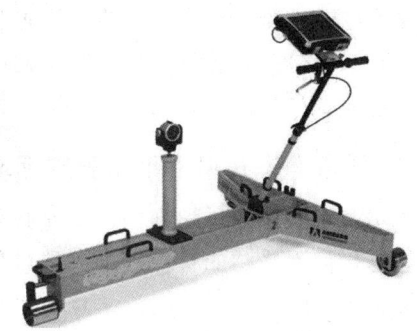

图 16.3　轨道检查仪

图 16.4　轨道测量仪测量

在处理软件中设置轨距、超高、扭曲、轨向、高低、轨距变化率等指标的限差值，利用处理软件对测量数据进行计算，对不满足要求的地段开展轨道模拟调整量分析。轨道模拟调整时，根据扣件类型确定最小调整量。

模拟调整坚持"先整体、后局部，先高低、后水平，先轨向、后轨距，先直股、后曲股"和"尖轨、辙叉部位尽量少动，两端线路顺接"的基本原则。

3. 激光长弦轨道不平顺测量

激光长弦轨道测量仪适用于有砟轨道直线地段轨向、高低和曲线地段高低局部不平顺的相对测量，如图 16.5 所示。

图 16.5　激光长弦轨道测量仪

激光长弦轨道测量仪使用时应按要求放置支架，正确组装仪器，固定螺旋紧靠无松动。根据动静态结合分析，确定合适的测量起终点，根据测量结果与动态波形复核。测量必须在天窗点内作业，严禁大风、雨、雪、雾及钢轨面有热浪等不良天气作业。

（二）轨道静态几何不平顺管理标准

为了实现对线路的科学维护，首先必须建立科学合理的轨道不平顺管理的标准体系。我国轨道静态几何不平顺的管理标准大致可分为四个层次，各种标准有其特定的含义、确定依据和应用范围。

1. 作业验收标准

作业验收标准是线路维护中各种作业的公差界限，是根据轨道设计技术条件、作业手段和方法等因素确定的，是作业中所能达到的最高要求，综合反映了维护作业的水平。在作业水平能够达到的前提下，验收标准宜从严制订，以保证作业交验后至轨道不平顺发展到保养限值间有尽可能长的时间，以延长线路保养周期，取得更大的效益。

2. 经常保养标准

经常保养标准是经常保养中的不平顺限值，不平顺达到或超过经常保养标准时，就需要安排线路保养。将线路始终保持为设计技术标准状态，无论从安全还是从经济上讲都是不必要的，势必造成大量的人力和物力浪费。保养标准是在确保轨道必要的平顺性，保养能力又能达得到，且在最经济合理的条件下确定的。

3. 临时补修标准

由于轨道不平顺出现和发展的随机性，在少数处所可能会出现较大的不平顺，这种较大的不平顺虽然不至于影响行车安全，但对行车平稳性已有了明显的影响，应当进行整治。可见，临时补修标准的确定原则主要是行车平稳性的要求。此外，因为大值不平顺的发展速率急剧增加，在制订临时补修标准时，还应考虑在超限处所自发现至整修完成的时间内，给行车安全留有足够的贮备量。

4. 限速标准

限速管理值为保证列车运行平稳性和舒适性，需进行限速的控制标准。

（三）静态检查周期

（1）无砟轨道几何尺寸检查每年不少于 1 遍，有砟轨道几何尺寸检查每半年不少于 1 遍，重点地段应加强检查。对重点病害或轨道不平顺地段，应使用轨道测量仪、轨道检查仪进行检查。

（2）工务段负责对线路设备进行周期性检查，并作好详细记录，掌握线路设备状态及变化规律，具体办法由铁路局集团公司规定。

二、轨道几何尺寸动态检查

（一）检查方法

1. 综合检测列车

综合检测列车检查是线路动态质量检查的主要手段，用于检查轨道几何状态，评定线路动态质量，指导线路维修，实现轨道养护的科学管理。通过综合检测列车检查，可以了解和掌握轨道局部不平顺（峰值管理）和线路区段整体不平顺（均值管理）的动态质量，用以指导线路轨道几何尺寸作业验收工作。

综合检测列车以检查报告和检测波形的形式输出检测结果，包括：Ⅰ、Ⅱ、Ⅲ、Ⅳ级轨道几何不平顺偏差报告，曲线报告，公里小结报告，区段总结报告，轨道质量指数（TQI）报告，以及轨道不平顺波形图谱。

（1）综合检测列车评分方法。

局部不平顺管理以综合检测列车评分进行，检查评定的项目包括轨距、水平、高低、轨向、扭曲、车体垂向加速度和车体横向加速度共七项，各项偏差等级划分为四级：Ⅰ级为经常保养标准、Ⅱ级为舒适度标准、Ⅲ级为临时补修标准、Ⅳ级为限速标准。

各项目偏差扣分标准：Ⅰ级每处扣 1 分；Ⅱ级每处扣 5 分；Ⅲ级每处扣 100 分；Ⅳ级每处扣 301 分。

线路评定以千米为单位。评分的评定标准为：

优良——扣分总数在 50 分及以内；

合格——扣分数在 51～300 分；

失格——扣分总数在 300 分以上。

（2）区段轨道质量指数 TQI。

轨道不平顺均值管理采用标准偏差法即轨道质量指数 TQI 来评定轨道几何状态。

以 200 m 的轨道区段作为单元区段，分别计算单元区段上左右高低、左右轨向、轨距、水平、扭曲等 7 项几何不平顺幅值的标准差，各单项几何不平顺幅值的标准差称为单项指数，将 7 个单项指数之和作为评价该区段轨道平顺性综合质量状态的轨道质量指数。TQI 值的计算公式为：

$$TQI = \sum_{i=1}^{7} \sigma_i \quad (16.1)$$

式中　TQI——单元段轨道质量指数。

$$\sigma_i = \sqrt{\frac{1}{N} \sum_{j=1}^{N} (x_{ij} - \bar{x}_i)^2} \quad (16.2)$$

式中　σ_i——单项轨道不平顺的标准偏差；

$\bar{x}_i$——单元区段中连续采样值的平均值；

x_{ij}——单项不平顺幅值；

n——采样数。

TQI 质量指数能比较真实地反映轨道几何质量状态及其恶化程度，可用数值明确表示各个轨道区段的好坏，能作为各级工务管理部门对轨道状态进行宏观管理和质量控制的依据，能用于编制轨道维修计划，指导养护维修作业。轨道质量指数比目前我国广泛使用的只统计超限峰值的综合检测列车评分具有更多的科学性，与轨道质量状态的对应关系明确，易于被现场人员掌握和使用。

2. 线路检查仪

线路检查仪是通过检测机车/动车组车体垂向和横向加速度间接检查线路平顺状态的仪器。便携式线路检查仪可用于添乘列车检查线路。通过线路检查仪对轨道周期性的动态检测，能够及时发现危及行车安全的轨道病害，是综合检测列车动态检测的辅助补充检测手段。

（1）车载式线路检查仪。

车载式线路检查仪是全天候动态检测线路轨道状态的专用设备。该检查仪与机车（或动车组）的机车安全信息综合监测装置（TAX2）或列控设备动态监测系统（DMS）资源共享，并具备实时报警和历史数据对比等功能。车载式线路检查仪通过密集采样机车或动车组车体振动情况，结合机车数据（车型、速度、里程、线名），在无人干预的情况下，综合生成反映线路平顺状态的数据，实时动态监测线路状况，及时发现线路不良处所。出现严重超限病害时实时语音报警，并通过 GPRS/GSM 网络将超限病害信息实时发送到地面接收装置及相关人员手机。配套软件综合处理超限数据，生成各种报告、图表等，为线路维修养护提供依据。

车载式线路检查仪分 CGDJ-Ⅲ机车车载式线路检查仪（适用于运行速度不大于 250 km/h 的机车或动车组，如图 16.6 所示）和 HGDJ-Ⅲ动车组车载式线路检查仪（适用于运行速度大于 250 km/h 的动车组，如图 16.7 所示）两种型号。

图 16.6　CGDJ-Ⅲ型车载式线路检查仪 TAX箱安装情况

图 16.6　HGDJ-Ⅲ型车载式线路检查仪 高速动车组安装情况

（2）便携式线路检查仪。

便携式线路检查仪，是通过检测机车/动车组车体晃动间接检查线路平顺状态的仪器。它通过高精度加速度传感器动态采集机车/动车组车体晃动产生的振动信号，结合 GPS 精确定位，实时计算列车运行速度，或通过蓝牙与车载式线路检查仪共享机车运行数据，根据运行速度动态调整晃车门限，自动分析、记录晃车结果，并具备实时打印和声光报警功能。

3. 线路巡检系统

我国轨道状态巡检系统安装在钢轨探伤车上，能够对钢轨顶面状态和轨旁设备进行图像采集、自动图像识别处理、视觉图像伤损归类和视觉伤损报表输出，检测速度可达到 160 km/h。视觉检查监视系统分为车载数据采集系统及地面数据分析系统两大部分。车载数据采集系统采用高清线阵 CCD 动态扫描轨道并通过连续拼接形成连续数字图像，可满足 1.6 mm 采样间隔下 160 km/h 的检测速度。地面数据分析系统能够对图像进行浏览、智能识别、设置特征信息管理及进行数据报表统计等，对输入的采集图像文件能够自动识别后输出钢轨、扣件、轨道板等基础设施缺陷的统计表和图片。地面数据分析系统可实现"钢轨表面擦伤""钢轨光带""扣件缺失""扣件错位""扣件折断""异物"等缺陷的自动识别功能。钢轨表面擦伤的面积测量精度为横向 2 mm、纵向 3 mm。其整体工作原理如图 16.8（a）所示。自动识别的扣件异常缺陷如图 16.8（b）所示。

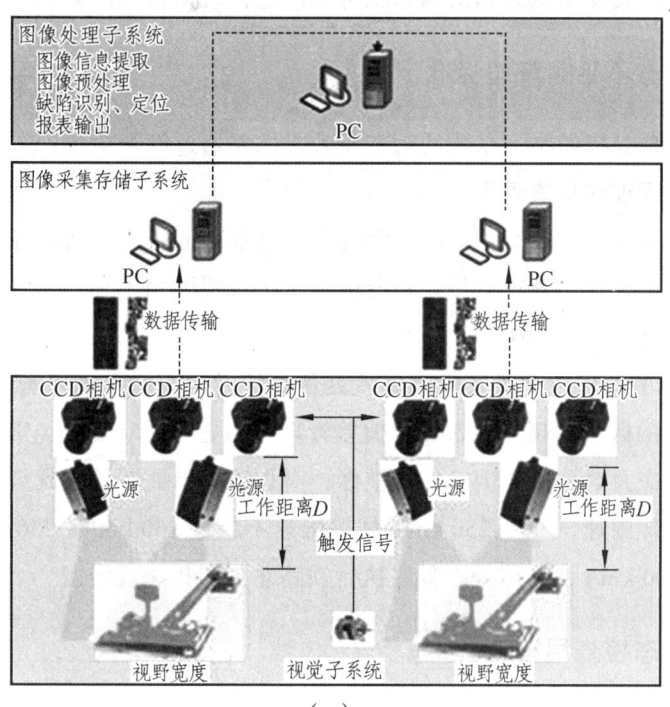

(a)

(b)

图 16.8　线路巡检系统

对于超声检测系统发现的疑似钢轨表面状态不良的情况,也可调取对应的钢轨表面图像做辅助判断和验证。例如在超声检测系统整体检测状况良好的情况下突然出现连续0°底波消失,但钢轨头部和钢轨轨腰均没有反射,这时可能钢轨轨头水平劈裂,也可能钢轨顶面有覆盖物。通过调取钢轨表面图像做辅助判断就可以确定钢轨是否有严重伤损。

(二)轨道动态不平顺管理标准

线路动态不平顺是指线路不平顺的动态反映,主要通过综合检测列车进行检测。动态不平顺管理分为峰值管理和均值管理。

线路各项偏差等级划分四级:Ⅰ级为经常保养标准,Ⅱ级为舒适度标准,Ⅲ级为临时补修标准,Ⅳ级为限速标准。各项目偏差扣分标准:Ⅰ级每处扣1分,Ⅱ级每处扣5分,Ⅲ级每处扣100分,Ⅳ级每处扣301分。

对综合检测列车发现的Ⅲ级及以上偏差处所,应及时安排临时补修;对轨道质量指数(TQI)超过管理值的区段和超过经常保养偏差管理值的处所,应安排经常保养;对车辆动力学指标超限处所,应及时分析原因,安排整修;对Ⅳ级偏差处所,或Ⅲ级偏差且车辆动力学指标超限处所应立即限速,200~250 km/h线路限速不超过160 km/h,250(不含)~350 km/h线路限速不超过200 km/h,具体处理程序执行铁路总公司相关规定。

(三)线路动态检查周期

(1)综合检测列车每10~15 d检查1遍。
(2)动车组应安装车载式线路检查仪,每天对线路检查不少于1遍。
(3)工务段应使用便携式线路检查仪添乘检查线路,每月不少于2遍。
(4)应采用巡检设备检查线路设备状态,每半年不少于1遍。

高温季节,工务段安排专业技术人员进行线路添乘检查,重点添乘检查大跨度连续梁、有砟无砟结合部、钢轨伸缩调节器、轨道结构严重伤损等地段;低温季节,应安排专业技术人员进行添乘检查,重点添乘检查钢轨伤损、钢轨伸缩调节器、轨道结构严重伤损等地段。

第三节 无砟道床检查

一、CRTS Ⅰ型板式无砟道床检查

CRTS Ⅰ型板式无砟道床检查方法如表16.2所示。

表 16.2 CRTS Ⅰ 型板式无砟道床检查方法

序号	检查项目	检查工具	检查方法	示意图
1	预应力轨道板的锚穴脱落	人工	目视	
2	预应力轨道板锚穴周边混凝土破损	钢板尺	测量破损长度、宽度和深度，目视轨道板是否露筋	
3	砂浆层离缝	钢板尺、塞尺、卷尺	采用钢板尺和卷尺测量离缝的长度和深度，采用塞尺测量离缝的宽度	
4	轨道板裂缝	钢板尺、塞尺、裂缝检查仪（包括比对卡、读数显微镜、裂缝宽度仪等）	采用钢板尺测量裂缝的长度，用塞尺、裂缝检查仪测量裂缝的宽度	
5	轨道板缺损	钢板尺	采用钢板尺测量轨道板缺损的长度、宽度和深度，目视轨道板是否露筋	
6	底座裂缝	钢板尺、塞尺、裂缝检查仪（包括比对卡、读数显微镜、裂缝宽度仪等）	采用钢板尺测量裂缝的长度，用塞尺、裂缝检查仪测量裂缝的宽度	
7	底座缺损	钢板尺	采用钢板尺测量底座缺损的长度、宽度和深度，目视底座是否露筋	
8	凸形挡台周围树脂离缝、裂缝、缺损	钢板尺、塞尺、卷尺	采用钢板尺、塞尺测量离缝、裂缝的宽度，采用卷尺测量离缝、裂缝的长度，采用钢板尺测量凸台树脂缺损的长度、宽度和深度	

备注：① 长度、宽度和深度均为最大值；
② 无砟道床伤损病害须拍照存档。

二、CRTS Ⅱ型板式无砟道床检查

CRTS Ⅱ型板式无砟道床检查方法如表 16.3 所示。

表 16.3　CRTS Ⅱ型板式无砟道床检查方法

序号	检查项目	检查工具	检查方法	示意图
1	预应力轨道板裂缝	钢板尺、塞尺、裂缝检查仪（包括比对卡、读数显微镜、裂缝宽度仪等）	采用钢板尺测量裂缝的长度，用塞尺、裂缝检查仪测量裂缝的宽度	
2	轨道板混凝土缺损	钢板尺	测量破损长度、宽度和深度，目视轨道板是否露筋	
3	砂浆层破损	钢板尺	测量破损长度和深度	
4	砂浆层裂缝	钢板尺、塞尺、裂缝检查仪（包括比对卡、读数显微镜、裂缝宽度仪等）	采用钢板尺测量裂缝的长度，用塞尺、裂缝检查仪测量裂缝的宽度	
5	砂浆层离缝	钢板尺、塞尺、卷尺	采用钢板尺和卷尺测量离缝的长度和深度，采用塞尺测量离缝的宽度	
6	支承层（底座板）裂缝	钢板尺、塞尺、裂缝检查仪（包括比对卡、读数显微镜、裂缝宽度仪等）	采用钢板尺测量裂缝的长度，用塞尺、裂缝检查仪测量裂缝的宽度	
7	侧向挡块裂缝	钢板尺、塞尺、裂缝检查仪（包括比对卡、读数显微镜、裂缝宽度仪等）	采用钢板尺测量裂缝的长度，用塞尺、裂缝检查仪测量裂缝的宽度	

续表

序号	检查项目	检查工具	检查方法	示意图
8	宽窄接缝裂缝	钢板尺、塞尺、裂缝检查仪（包括比对卡、读数显微镜、裂缝宽度仪等）	采用钢板尺测量裂缝的长度，用塞尺、裂缝检查仪测量裂缝的宽度	
9	宽窄接缝缺损	钢板尺	测量破损长度、宽度和深度，目视宽窄接缝是否露筋	
10	嵌缝材料失效	钢板尺、卷尺	采用钢板尺测量失效嵌缝材料宽度，用卷尺测量长度；采用钢卷尺测量嵌缝材料碎裂、脱落、开裂的长度	

注：长度、宽度和深度均为最大值。

三、CRTSⅢ型板式无砟道床检查

CRTSⅢ型板式无砟道床检查方法如表 16.4 所示。

表 16.4 CRTSⅢ型板式无砟道床检查方法

序号	检查项目	检查工具	检查方法	示意图
1	轨道板混凝土缺损	钢板尺	测量破损长度、宽度和深度，目视轨道板是否露筋	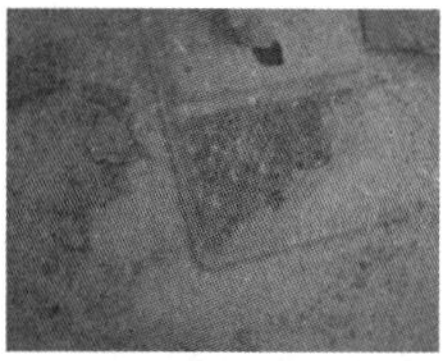
2	锚穴封端封锚砂浆与轨道板离缝	钢板尺	测量破损长度和深度	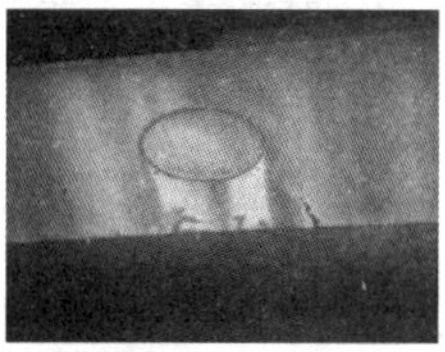
3	锚穴封端脱落	钢板尺、塞尺、裂缝检查仪（包括比对卡、读数显微镜、裂缝宽度仪等）	采用钢板尺测量裂缝的长度，用塞尺、裂缝检查仪测量裂缝的宽度	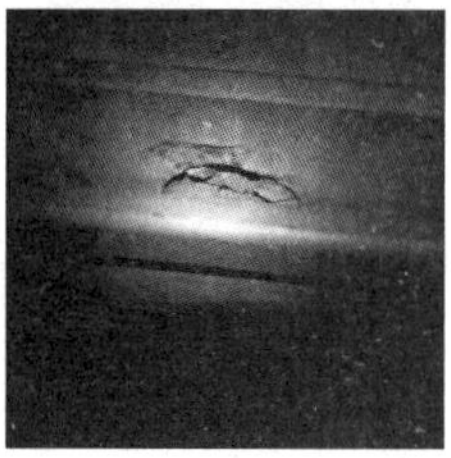

续表

序号	检查项目	检查工具	检查方法	示意图
4	自密实混凝土层裂缝	钢板尺、塞尺、卷尺	采用钢板尺和卷尺测量离缝的长度和深度，采用塞尺测量离缝的宽度	
5	支承层（底座板）裂缝	钢板尺、塞尺、裂缝检查仪（包括比对卡、读数显微镜、裂缝宽度仪等）	采用钢板尺测量裂缝的长度，用塞尺、裂缝检查仪测量裂缝的宽度	
6	底座缺损	钢板尺	采用钢板尺测量底座缺损的长度、宽度和深度，目视底座是否露筋	
7	伸缩缝嵌缝材料失效	钢板尺、卷尺	采用钢板尺测量失效嵌缝材料宽度，用卷尺测量长度；采用钢卷尺测量嵌缝材料碎裂、脱落、开裂的长度	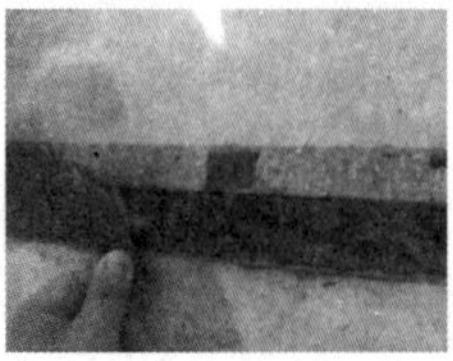

注：长度、宽度和深度均为最大值。

四、双块式无砟道床检查

双块式无砟道床检查方法如表16.5所示。

表16.5 双块式无砟道床检查方法

序号	检查项目	检查工具	检查方法	示意图
1	道床板裂缝	钢板尺、塞尺、裂缝检查仪（包括比对卡、读数显微镜、裂缝宽度仪等）	采用钢板尺测量裂缝的长度，用塞尺、裂缝检查仪测量裂缝的宽度	
2	道床板混凝土缺损	钢板尺	测量破损长度、宽度和深度，目视轨道板是否露筋	

续表

序号	检查项目	检查工具	检查方法	示意图
3	轨枕裂缝	钢板尺、塞尺、裂缝检查仪（包括比对卡、读数显微镜、裂缝宽度仪等）	采用钢板尺测量裂缝的长度，用塞尺、裂缝检查仪测量裂缝的宽度	
4	轨枕缺损	钢板尺	测量破损长度、宽度和深度，目视轨道板是否露筋	
5	轨枕块之间离缝	钢板尺、塞尺、卷尺	采用钢板尺和卷尺测量离缝的长度和深度，采用塞尺测量离缝的宽度	
6	道床板与支承层/底座板之间离缝	钢板尺、塞尺、裂缝检查仪（包括比对卡、读数显微镜、裂缝宽度仪等）	采用钢板尺测量裂缝的长度，用塞尺、裂缝检查仪测量裂缝的宽度	
7	底座板缺损	钢板尺、塞尺、卷尺	采用钢板尺和卷尺测量缺损的长度、宽度和深度	
8	支承层（底座板）裂缝	钢板尺、塞尺、裂缝检查仪（包括比对卡、读数显微镜、裂缝宽度仪等）	采用钢板尺测量裂缝的长度，用塞尺、裂缝检查仪测量裂缝的宽度	
9	支承层与路基基床表层之间冒浆	卷尺、钢板尺	采用卷尺测量冒浆的长度	

续表

序号	检查项目	检查工具	检查方法	示意图
9	支承层与路基基床表层之间冒浆	卷尺、钢板尺	采用卷尺测量冒浆的宽度	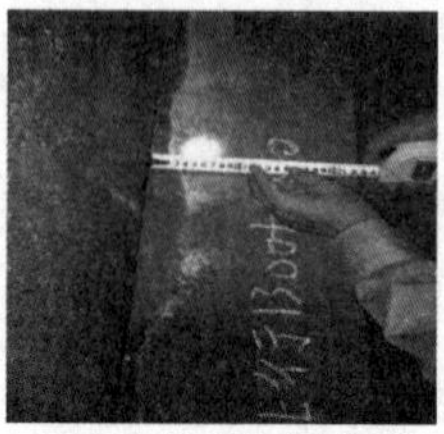
			用钢板尺测量析出物的堆积厚度	

注：长度、宽度和深度均为最大值。

五、岔区轨枕埋入式无砟道床检查

岔区轨枕埋入式无砟道床检查方法如表 16.6 所示。

表 16.6　岔区轨枕埋入无砟道床检查方法

序号	检查项目	检查工具	检查方法	示意图
1	道床板裂缝	钢板尺、塞尺、裂缝检查仪（包括比对卡、读数显微镜、裂缝宽度仪等）	采用钢板尺测量裂缝的长度，用塞尺、裂缝检查仪测量裂缝的宽度	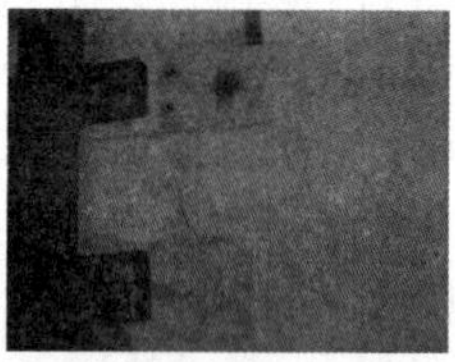
2	道床板混凝土缺损	钢板尺	测量破损长度、宽度和深度，目视轨道板是否露筋	
3	岔枕裂缝及周围的界面裂缝	钢板尺、卷尺、塞尺、裂缝检查仪（包括比对卡、读数显微镜、裂缝宽度仪等）	采用卷尺测量裂缝的长度	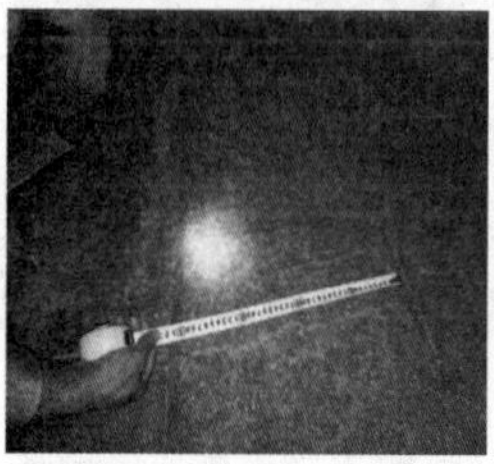

续表

序号	检查项目	检查工具	检查方法	示意图
3	岔枕裂缝及周围的界面裂缝	钢板尺、卷尺、塞尺、裂缝检查仪（包括比对卡、读数显微镜、裂缝宽度仪等）	用塞尺测量裂缝的宽度	
			采用钢板尺测量裂缝的深度	
4	轨枕之间离缝	钢板尺、塞尺、卷尺	采用钢板尺和卷尺测量离缝的长度和深度，采用塞尺测量离缝的宽度	
5	道床板（支承层）的横向贯通裂缝	卷尺、钢板尺、塞尺、裂缝检查仪（包括比对卡、读数显微镜、裂缝宽度仪等）	采用卷尺测量裂缝的长度	
			采用钢板尺测量裂缝的深度	
			用塞尺、钢板尺、裂缝检查仪测量裂缝的宽度	

续表

序号	检查项目	检查工具	检查方法
6	道床板与支承层/底座板之间离缝	钢板尺、塞尺、卷尺	采用卷尺测量离缝的长度 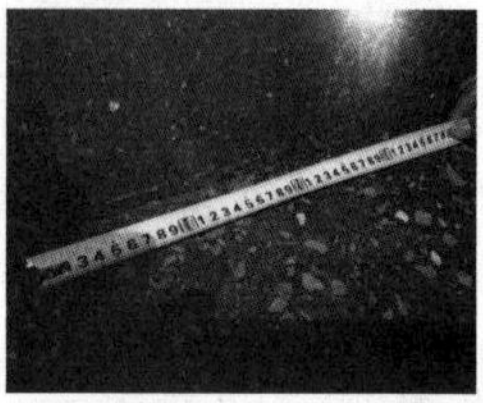
			采用钢板尺测量离缝的深度 
			采用塞尺测量离缝的宽度 
7	支承层与路基基床表层之间冒浆	钢板尺、塞尺、裂缝检查仪（包括比对卡、读数显微镜、裂缝宽度仪等）	采用钢板尺测量裂缝的长度，用塞尺、裂缝检查仪测量裂缝的宽度 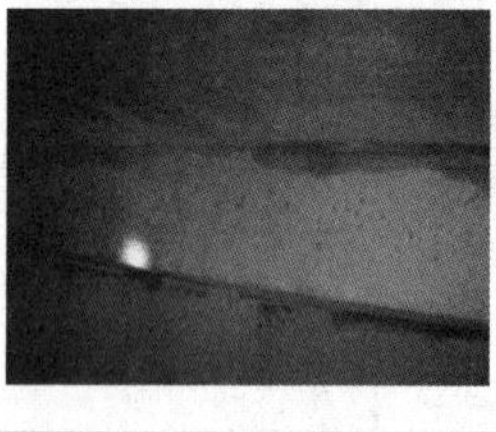

注：长度、宽度和深度均为最大值。

六、板式道岔无砟道床检查

板式道岔无砟道床检查方法如表16.7所示。

表16.7 板式道岔无砟道床检查方法

序号	检查项目	检查工具	检查方法
1	自密实混凝土裂缝	钢板尺、塞尺、裂缝检查仪（包括比对卡、读数显微镜、裂缝宽度仪等）	采用钢板尺测量裂缝的长度，用塞尺、裂缝检查仪测量裂缝的宽度 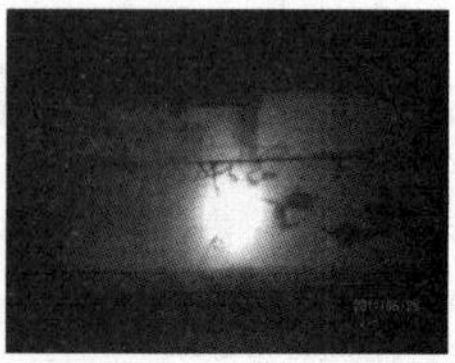

续表

序号	检查项目	检查工具	检查方法	示意图
2	自密实混凝土缺损	钢板尺	测量破损长度、宽度和深度，目视轨道板是否露筋	
3	水泥乳化沥青砂浆离缝	钢板尺、塞尺、卷尺	采用钢板尺和卷尺测量离缝的长度和深度，采用塞尺测量离缝的宽度	
4	道岔板与支承层/底座板之间离缝	钢板尺、塞尺、裂缝检查仪（包括比对卡、读数显微镜、裂缝宽度仪等）	采用钢板尺测量裂缝的长度，用塞尺、裂缝检查仪测量裂缝的宽度	
5	道岔板与自密实混凝土层之间冒浆	钢板尺、塞尺、裂缝检查仪（包括比对卡、读数显微镜、裂缝宽度仪等）	采用钢板尺测量裂缝的长度，用塞尺、裂缝检查仪测量裂缝的宽度	

注：长度、宽度和深度均为最大值。

第四节 钢轨检查

钢轨检查分探伤和外观及表面伤损检查。钢轨探伤包括钢轨母材探伤和焊缝探伤。外观及表面伤损检查内容包括焊缝平直度、钢轨廓形、轨面光带、轨面硌痕、钢轨锈蚀、钢轨擦伤、鱼鳞裂纹、钢轨磨耗等。

一、探伤检查

钢轨探伤应采用以探伤车为主、探伤仪为辅的方式对正线钢轨进行周期性探伤，探伤车检查发现的伤损应采用探伤仪进行复核。采用探伤仪对焊接接头、站线、道岔（包括尖轨和心轨变截面部分）、调节器（含尖轨变截面）及其前后 60 m 钢轨进行周期性探伤。

（一）钢轨探伤判定

（1）钢轨探伤评判分轻伤和重伤两种。

（2）钢轨探伤检查有下列情况之一，即判为轻伤：

① 材质缺陷虽未达到相关技术条件规定的钢轨报废程度，但与判废标准规定值相差不超过 6 dB；

② 焊接缺陷虽未达到规定的焊缝报废程度，但与判废标准规定值相差不超过 6 dB。

（3）钢轨探伤检查有下列情况之一，即判为重伤：

① 在规定的探伤灵敏度下发现疲劳裂纹；

② 达到或超过相关技术条件规定的钢轨报废程度的内部材质缺陷；

③ 达到或超过规定的焊缝报废程度的焊接缺陷。

（二）探伤周期

（1）使用探伤车对正线钢轨每年检查不少于 7 遍，冬季应适当缩短检查周期；使用钢轨探伤仪对正线钢轨每年检查 1 遍；使用钢轨探伤仪对到发线钢轨每年检查 4 遍，其他站线每年检查 1 遍。冬季可适当缩短探伤周期。

（2）使用钢轨探伤仪对正线道岔及调节器的钢轨每月检查 1 遍，对到发线道岔每年检查 4 遍，其他站线道岔每年检查 1 遍。

（3）对正线无缝线路和道岔、调节器钢轨的焊缝还应使用焊缝探伤仪进行全断面探伤，厂焊焊缝每 5 年检查 1 遍；现场闪光焊焊缝每年检查 1 遍，铝热焊焊缝每半年检查 1 遍。

（三）钢轨探伤管理

1. 钢轨伤损信息管理

（1）铁路总公司基础设施检测中心探伤车检查情况应及时通知有关单位，铁路局集团公司探伤车检查情况，应及时通知工务段。

（2）铁路局集团公司健全、完善伤损钢轨数据库，并建立伤损钢轨计算机统计分析系统。

（3）工务段建立健全台账和报表，定期进行钢轨伤损分析。

（4）钢轨探伤检测单位制定钢轨探伤进度示意图、钢轨伤损分析管理图、探伤工作日志、钢轨伤损记录簿和重伤钢轨登记簿。

（5）钢轨探伤检测单位建立探伤数据回放制度，对探伤车和数字式探伤仪检测数据进行二次回放分析。

（6）基础设施检测中心、铁路局集团公司向铁路总公司提报月度和年度探伤检测分析报告。

2. 探伤设备信息管理

（1）工务段建立健全钢轨探伤设备和器材台账。

（2）工务段对探伤仪检修及复验后测试结果进行记录和备案。

二、钢轨外观及表面伤损检查

(一)检查方法

钢轨外观及表面伤损检查方法如表 16.8 所示。

表 16.8 钢轨外观及表面伤损检查方法

序号	检查项目	检查工具	示意图
1	焊接接头平直度	平直尺、平直度测量仪	
2	钢轨磨耗	钢板尺、钢轨轮廓（磨耗）测量仪	
3	钢轨廓形	钢轨轮廓（磨耗）测量仪	
4	轨面光带	钢板尺	
5	钢轨表面剥离裂纹及掉块	钢板尺、涡流探伤仪	

续表

序号	检查项目	检查工具	示意图
6	钢轨擦伤及硌伤	钢板尺、卷尺	
7	波形磨耗	平直度测量仪、波磨测量仪	
8	锈蚀	钢板尺、卷尺、游标卡尺	

(二)检查要求

(1)应采用巡检设备与人工巡视相结合的方式对钢轨外观进行检查。人工巡视检查每年不少于1遍。发现钢轨擦伤、鱼鳞裂纹、磨耗、锈蚀及其他伤损时,应进行复核。

(2)对磨耗达到轻伤的钢轨、道岔及调节器应使用钢轨轮廓(磨耗)测量仪每季度至少检查1遍。

(3)对剥离裂纹、表面裂纹和擦伤每季度检查1遍,必要时进行涡流和磁粉探伤。涡流探伤主要用于曲线区段钢轨表面及近表面缺陷,特别是表面斜裂纹检查。磁粉探伤主要用于焊后焊接接头及道岔表面及近表面缺陷检查。道岔磁粉探伤主要部位是尖轨全长的轨顶面、轨腰外侧面和轨底上表面,心轨的轨顶面以及高锰钢铸造翼轨的轨顶面和轨腰外侧面。

(4)对正线钢轨现场焊焊缝平直度,应使用钢轨平直度测量仪每年至少检查1遍,对低塌达到轻伤的焊接接头,每季度至少检查1遍。

(5)应对钢轨外观及表面伤损检查结果作好记录。

三、伤损钢轨管理

(1)检查发现钢轨折断或重伤,检查人员立即通知线路车间和工务段调度。钢轨折断立即封锁线路并处理;钢轨重伤立即限速不超过160 km/h并按照相关标准进行处理。

(2)工务段每月将钢轨外观及表面伤损检查和钢轨探伤情况报铁路局集团公司。铁路局集团公司每月汇总分析后报铁路总公司,报告含伤损钢轨月报。

（3）线路上伤损钢轨应按表16.9所示作好标记。

表 16.9 伤损钢轨标记

伤损种类	伤损范围及标记		说　明
	连续伤损	一点伤损	
轻　伤	|←△→|	↑△	用白铅油作标记
轻伤有发展	|←△△→|	↑△△	用白铅油作标记
重　伤	|←△△△→|	↑△△△	用白铅油作标记

（4）对伤损钢轨应加强检查，并判定伤损发展情况。

（5）下道的重伤钢轨应严格管理，防止重伤钢轨重新上道。

第五节　线路质量管理

线路设备检查、维修验收及质量评定是确保作业质量和维修工作的重要手段，同时也为改善作业与管理提供了依据，在作业中必须认真按照设备修理标准及要求、作业评定标准及验收办法认真执行。

一、线路设备修理标准及要求

（一）无砟轨道修理标准

（1）线路静态几何尺寸容许偏差管理值见表16.10、表16.11和表16.12。

表 16.10　200~250 km/h 线路轨道静态几何尺寸容许偏差管理值

项　目	作业验收	经常保养	临时补修	限速（160 km/h）
轨　距（mm）	+1 −1	+4 −2	+6 −4	+8 −6
水　平（mm）	2	5	8	10
高　低（mm）	2	5	8	11
轨向（直线）（mm）	2	4	7	9
扭曲（mm/3 m）	2	4	6	8
轨距变化率	1/1 500	1/1 000	—	—

注：① 高低和轨向偏差为 10 m 及以下弦测量的最大矢度值；
　　② 扭曲偏差不含曲线超高顺坡造成的扭曲量。

表16.11　250（不含）~350 km/h线路轨道静态几何尺寸容许偏差管理值

项　目	作业验收	经常保养	临时补修	限速（200 km/h）
轨　距（mm）	+1 -1	+4 -2	+5 -3	+6 -4
水　平（mm）	2	4	6	7
高　低（mm）	2	4	7	8
轨向（直线）（mm）	2	4	5	6
扭曲（mm/3 m）	2	3	5	6
轨距变化率	1/1 500	1/1 000	—	—

注：① 高低和轨向偏差为10 m及以下弦测量的最大矢度值；
　　② 扭曲偏差不含曲线超高顺坡造成的扭曲量。

（2）轨道静态几何尺寸长弦测量作业验收容许偏差管理值如表16.12。

表16.12　长弦测量作业验收容许偏差管理值

项　目	基线长（m）	测点间距（m）	容许偏差（mm）
高　低	480a	240a	≤10
	48a	8a	≤2
轨　向	480a	240a	≤10
	48a	8a	≤2

注：① 表中a为扣件节点间距，单位为m。
　　② 当弦长为48a时，相距8a的任意两测点实际矢度差与设计矢度差的偏差不得大于2 mm；当弦长为480a时，相距240a的任意两测点实际矢度差与设计矢度差的偏差不得大于10 mm。
　　③ 容许偏差指相距测点间距的任意两测点实际矢度差与设计矢度差的偏差。

（3）线路动态不平顺管理值见表16.13和表16.14。

表16.13　200~250 km/h线路轨道动态质量容许偏差管理值

项　目		经常保养	舒适度	临时补修	限速（160 km/h）
偏差等级		Ⅰ级	Ⅱ级	Ⅲ级	Ⅳ级
轨　距（mm）		+4 -3	+6 -4	+8 -6	+12 -8
水　平（mm）		5	8	10	13
扭　曲（基长3 m）（mm）		4	6	8	10
高　低（mm）	波长1.5~42 m	5	8	11	14
轨　向（mm）		5	7	8	10
高　低（mm）	波长1.5~70 m	6	10	15	—
轨　向（mm）		6	8	12	—
车体垂向加速度（m/s²）		1.0	1.5	2.0	2.5
车体横向加速度（m/s²）		0.6	0.9	1.5	2.0
轨距变化率（基长3 m）（‰）		1.0	1.2	—	—

注：① 表中管理值为轨道不平顺实际幅值的半峰值；
　　② 水平限值不包含曲线按规定设置的超高值及超高顺坡量；
　　③ 扭曲限值包含缓和曲线超高顺坡造成的扭曲量；
　　④ 车体垂向加速度采用20 Hz低通滤波处理的值进行评判，车体横向加速度Ⅰ、Ⅱ级标准采用0.5~10 Hz带通滤波处理的值进行评判，Ⅲ、Ⅳ级标准采用10 Hz低通滤波处理的值进行评判；
　　⑤ 避免出现连续多波不平顺和轨向、水平逆向复合不平顺。

表 16.14 250（不含）~ 350 km/h 线路轨道动态质量容许偏差管理值

项　　目	经常保养	舒适度	临时补修	限速（200 km/h）
偏差等级	Ⅰ 级	Ⅱ 级	Ⅲ 级	Ⅳ 级
轨　距（mm）	+4 -3	+6 -4	+7 -5	+8 -6
水　平（mm）	5	6	7	8
扭　曲（基长 3 m）（mm）	4	6	7	8
高　低（mm）　波长 1.5 ~ 42 m	4	6	8	10
轨　向（mm）　波长 1.5 ~ 42 m	4	5	6	7
高　低（mm）　波长 1.5 ~ 120 m	7	9	12	15
轨　向（mm）　波长 1.5 ~ 120 m	6	8	10	12
复合不平顺（mm）	6	8	—	—
车体垂向加速度（m/s²）	1.0	1.5	2.0	2.5
车体横向加速度（m/s²）	0.6	0.9	1.5	2.0
轨距变化率（基长 3 m）（‰）	1.0	1.2	—	—

注：① 表中管理值为轨道不平顺实际幅值的半峰值；
② 水平限值不包含曲线按规定设置的超高值及超高顺坡量；
③ 扭曲限值包含缓和曲线超高顺坡造成的扭曲量；
④ 车体垂向加速度采用 20 Hz 低通滤波处理的值进行评判；车体横向加速度 Ⅰ、Ⅱ 级标准采用 0.5 ~ 10 Hz 带通滤波处理的值进行评判，Ⅲ、Ⅳ 级标准采用 10 Hz 低通滤波处理的值进行评判；
⑤ 复合不平顺指水平和轨向逆向复合不平顺，按水平和 1.5 ~ 42 m 轨向代数差计算，避免出现连续多波不平顺。

（4）均值管理。

200 ~ 250 km/h 和 250（不含）~ 350 km/h 线路轨道质量指数（TQI）和单项标准差管理值见表 16.15 和表 16.16。

表 16.15 200 ~ 250 km/h 线路轨道质量指数（TQI）管理值

项　目		高　低	轨　向	轨　距	水　平	扭　曲	TQI
波长范围	1.5 ~ 42 m	1.4×2	1.0×2	0.9	1.1	1.2	8.0

注：波长范围为 1.5 ~ 42 m 的单项标准差计算长度为 200 m。

表 16.16 250（不含）~ 350 km/h 线路轨道质量指数（TQI）管理值

项　目		高　低	轨　向	轨　距	水　平	扭　曲	TQI
波长范围	1.5 ~ 42 m	0.8×2	0.7×2	0.6	0.7	0.7	5.0

注：波长范围为 1.5 ~ 42 m 的单项标准差计算长度为 200 m。

（二）有砟轨道修理标准

（1）线路静态几何尺寸容许偏差管理值见表 16.17 和表 16.18。

表 16.17　200～250 km/h 线路轨道静态几何尺寸容许偏差管理值

项　目	作业验收	经常保养	临时补修	限速（160 km/h）
轨　距（mm）	+2 -2	+4 -2	+6 -4	+8 -6
水　平（mm）	3	5	8	10
高　低（mm）	3	5	8	11
轨向（直线）（mm）	3	4	7	9
扭　曲（mm/3 m）	3	4	6	8
轨距变化率	1/1 500	1/1 000	—	—

注：① 高低和轨向偏差为 10 m 及以下弦测量的最大矢度值；
　　② 扭曲偏差不含曲线超高顺坡造成的扭曲量。

表 16.18　250（不含）～300 km/h 线路轨道静态几何尺寸容许偏差管理值

项　目	作业验收	经常保养	临时补修	限速（200 km/h）
轨　距（mm）	+2 -2	+4 -2	+5 -3	+6 -4
水　平（mm）	2	4	6	7
高　低（mm）	2	4	7	8
轨向（直线）（mm）	2	4	5	6
扭　曲（mm/3 m）	2	3	5	6
轨距变化率	1/1 500	1/1 000	—	—

注：① 高低和轨向偏差为 10 m 及以下弦测量的最大矢度值；
　　② 扭曲偏差不含曲线超高顺坡造成的扭曲量。

（2）轨道静态几何尺寸长弦测量作业验收容许偏差管理值如表 16.19。

表 16.19　长弦测量作业验收容许偏差管理值

项　目	基线长（m）	测点间距（m）	容许偏差（mm）
高　低	300	150	≤10
	30	5	≤2
方　向	300	150	≤10
	30	5	≤2

注：当弦长为 30 m 时，相距 5 m 的任意两测点实际矢度差与设计矢度差的偏差不得大于 2 mm；当弦长为 300 m 时，相距 150 m 的任意两测点实际矢度差与设计矢度差的偏差不得大于 10 mm。

（3）线路动态不平顺管理值见表 16.20 和表 16.21。

表 16.20　200～250 km/h 线路轨道动态质量容许偏差管理值

项　目		经常保养	舒适度	临时补修	限速（160 km/h）
偏差等级		Ⅰ级	Ⅱ级	Ⅲ级	Ⅳ级
轨　距（mm）		+4 -3	+6 -4	+8 -6	+12 -8
水　平（mm）		5	8	10	13
扭　曲（基长 3 m）(mm)		4	6	8	10
高　低（mm）	波长 1.5～42 m	5	8	11	14
轨　向（mm）		5	7	8	10
高　低（mm）	波长 1.5～70 m	6	10	15	—
轨　向（mm）		6	8	12	—
车体垂向加速度（m/s²）		1.0	1.5	2.0	2.5
车体横向加速度（m/s²）		0.6	0.9	1.5	2.0
轨距变化率（基长 3 m）（‰）		1.0	1.2	—	—

注：① 表中管理值为轨道不平顺实际幅值的半峰值；
　　② 水平限值不包含曲线按规定设置的超高值及超高顺坡量；
　　③ 扭曲限值包含缓和曲线超高顺坡造成的扭曲量；
　　④ 车体垂向加速度采用 20 Hz 低通滤波处理的值进行评判，车体横向加速度Ⅰ、Ⅱ级标准采用 0.5～10 Hz 带通滤波处理的值进行评判，Ⅲ、Ⅳ级标准采用 10 Hz 低通滤波处理的值进行评判；
　　⑤ 避免出现连续多波不平顺和轨向、水平逆向复合不平顺。

表 16.21　250（不含）～300 km/h 线路轨道动态质量容许偏差管理值

项　目		经常保养	舒适度	临时补修	限速（200 km/h）
偏差等级		Ⅰ级	Ⅱ级	Ⅲ级	Ⅳ级
轨　距（mm）		+4 -3	+6 -4	+7 -5	+8 -6
水　平（mm）		5	6	7	8
扭　曲（基长 3 m）(mm)		4	6	7	8
高　低（mm）	波长 1.5～42 m	5	6	8	10
轨　向（mm）		4	5	6	7
高　低（mm）	波长 1.5～120 m	7	9	12	15
轨　向（mm）		6	8	10	12
复合不平顺（mm）		6	8	—	—
车体垂向加速度（m/s²）		1.0	1.5	2.0	2.5
车体横向加速度（m/s²）		0.6	0.9	1.5	2.0
轨距变化率（基长 3 m）（‰）		1.0	1.2	—	—

注：① 表中管理值为轨道不平顺实际幅值的半峰值；
　　② 水平限值不包含曲线按规定设置的超高值及超高顺坡量；
　　③ 扭曲限值包含缓和曲线超高顺坡造成的扭曲量；
　　④ 车体垂向加速度采用 20 Hz 低通滤波处理的值进行评判，车体横向加速度Ⅰ、Ⅱ级标准采用 0.5～10 Hz 带通滤波处理的值进行评判，Ⅲ、Ⅳ级标准采用 10 Hz 低通滤波处理的值进行评判；
　　⑤ 复合不平顺指水平和轨向逆相位复合不平顺，按水平和 1.5～42 m 轨向代数差计算。避免出现连续多波不平顺。

（4）均值管理。

200～250 km/h 和 250（不含）～300 km/h 线路轨道质量指数（TQI）和单项标准差管理值见表 16.22 和表 16.23。

表 16.22　200～250 km/h线路轨道质量指数（TQI）管理值

项　目	波长范围	高　低	轨　向	轨　距	水　平	扭　曲	TQI
波长范围	1.5～42 m	1.4×2	1.0×2	0.9	1.1	1.2	8.0

注：波长范围为 1.5～42 m 的单项标准差计算长度为 200 m。

表 16.23　250（不含）～300 km/h线路轨道质量指数（TQI）管理值

项　目	波长范围	高　低	轨　向	轨　距	水　平	扭　曲	TQI
波长范围	1.5～42 m	0.8×2	0.7×2	0.6	0.7	0.7	5.0

注：波长范围为 1.5～42 m 的单项标准差计算长度为 200 m。

二、道岔修理标准及要求

（1）有砟轨道道岔静态几何尺寸容许偏差管理值见表 16.24 和表 16.25。

表 16.24　200～250 km/h道岔静态几何尺寸容许偏差管理值

项　目		作业验收	经常保养	临时补修	限速（160 km/h）
轨　距（mm）		+2，-2	+4，-2	+5，-2	+8，-6
水　平（mm）		3	5	7	10
高　低（mm）		3	5	7	11
轨　向（mm）	直　股	3	4	6	9
	支　距	2	3	4	—
扭曲（mm/3 m）		3	4	6	8
轨距变化率		1/1 500	1/1 000	—	—

注：① 支距偏差为实际支距与计算支距之差，导曲线支距测量应从尖轨跟端开始直至道岔导曲线结束。
② 导曲线下股高于上股的限值：12 号道岔作业验收为 2 mm，经常保养为 3 mm，临时补修为 5 mm；18 号及以上道岔作业验收为 0 mm，经常保养为 2 mm，临时补修为 3 mm。
③ 轨距偏差不含构造轨距加宽量。

表 16.25　250（不含）～300 km/h道岔静态几何尺寸容许偏差管理值

项　目		作业验收	经常保养	临时补修	限速（200 km/h）
轨　距（mm）	岔　区	+1，-1	+4，-2	+5，-2	+6，-4
	尖轨尖	+1，-1	+2，-2	+3，-2	
水　平（mm）		2	4	6	7
高　低（mm）		2	4	7	8

续表

项　目		作业验收	经常保养	临时补修	限速（200 km/h）
轨　向（mm）	直　股	2	4	5	6
	支　距	2	3	4	—
扭　曲（mm/3 m）		2	3	5	6
轨距变化率		1/1500	1/1000	—	—

注：① 支距偏差为实际支距与计算支距之差。
② 导曲线下股高于上股的限值：18号及以上道岔作业验收为0 mm，经常保养为2 mm，临时补修为3 mm。
③ 轨距偏差不含构造轨距加宽量。

（2）无砟轨道道岔静态几何尺寸容许偏差管理值见表16.26和表16.27。

表16.26　200～250 km/h道岔静态几何尺寸容许偏差管理值

项　目		作业验收	经常保养	临时补修	限速（160 km/h）
轨　距（mm）		+1，-1	+4，-2	+5，-2	+8，-6
水　平（mm）		2	5	7	10
高　低（mm）		2	5	7	11
轨　向（mm）	直　股	2	4	6	9
	支　距	2	3	4	—
扭　曲（mm/3 m）		2	4	6	8
轨距变化率		1/1 500	1/1 000	—	—

注：① 支距偏差为实际支距与计算支距之差，导曲线支距测量应从尖轨跟端开始直至道岔导曲线结束。
② 导曲线下股高于上股的限值：12号道岔作业验收为2 mm，经常保养为3 mm，临时补修为5 mm；18号及以上道岔作业验收为0 mm，经常保养为2 mm，临时补修为3 mm。

表16.27　250（不含）～350 km/h道岔静态几何尺寸容许偏差管理值

项　目		作业验收	经常保养	临时补修	限速（200 km/h）
轨　距（mm）	岔　区	+1，-1	+4，-2	+5，-2	+6，-4
	尖轨尖	+1，-1	+2，-2	+3，-2	
水　平（mm）		2	4	6	7
高　低（mm）		2	4	7	8
轨　向（mm）	直　股	2	4	5	6
	支　距	2	3	4	—
扭　曲（mm/3 m）		2	3	5	6
轨距变化率		1/1 500	1/1 000	—	—

注：① 支距偏差为实际支距与计算支距之差。
② 导曲线下股高于上股的限值：18号及以上道岔作业验收为0 mm，经常保养为2 mm，临时补修为3 mm。

（3）调节器静态几何尺寸容许偏差管理值见表 16.28 和表 16.29。

表 16.28　200～250 km/h调节器静态几何尺寸容许偏差管理值

项　目		作业验收	经常保养	临时补修	限速（160 km/h）
轨距（mm）	尖轨尖	+1，-1	+2，-2	+3，-2	+8，-6
	其　他	+1，-1	+4，-2	+5，-2	
水　平（mm）		2	5	7	10
高　低（mm）		2	5	7	11
轨　向（mm）		2	4	6	9
扭　曲（mm/3 m）		2	4	6	8
轨距变化率		1/1 500	1/1 000	—	—

表 16.29　250（不含）～350 km/h调节器静态几何尺寸容许偏差管理值

项　目		作业验收	经常保养	临时补修	限速（200 km/h）
轨距（mm）	尖轨尖	+1，-1	+2，-2	+3，-2	+6，-4
	其　他	+1，-1	+4，-2	+5，-2	
水　平（mm）		2	4	6	7
高　低（mm）		2	4	7	8
轨　向（mm）		2	4	5	6
扭　曲（mm/3 m）		2	3	5	6
轨距变化率		1/1 500	1/1 000	—	—

三、无砟轨道线路设备验收及质量评定

（一）线路设备状态评定

线路设备状态评定，是对正线线路设备质量基本状况的检查评定，是考核线路设备管理工作和线路设备状态改善情况的基本指标，是安排线路维修计划的主要依据。

线路设备状态评定应以千米为单位（评定标准见表 16.30），满分为 100 分，100～85 分为优良，85（不含）～60 分为合格，60 分（不含）以下为失格。

表 16.30　线路设备状态评定评分标准

编号	项目	扣分条件	计算单位	扣分（分）	说　明
1	慢行	线路设备不良（不含线下基础）	处	41	
2	钢轨	一年内新生轻伤钢轨（不含曲线磨耗）	根	2	长轨中 2 个焊缝间为 1 根
		现存曲线磨耗轻伤钢轨	每延长 100 m	4	按单股计算
		一年内新生重伤钢轨（不含焊缝）	根	20	长轨中 2 个焊缝间为 1 根
		无缝线路现存重伤钢轨（不含焊缝）	根	20	
		无缝线路现存重伤焊缝	个	20	

续表

编号	项目	扣分条件	计算单位	扣分（分）	说　明
3	CRTSⅠ型板式轨道	轨道板Ⅲ级伤损	处	8	全面查看，每千米重点检查100 m
		水泥乳化沥青砂浆充填层Ⅲ级伤损	处	8	
		凸形挡台Ⅲ级伤损	处	8	
		钢棒折断	根	8	
		预埋套管失效	个	8	
4	CRTSⅡ型板式轨道	轨道板Ⅲ级伤损	处	8	全面查看，每千米重点检查100 m
		水泥乳化沥青砂浆充填层Ⅲ级伤损	处	8	
		底座板Ⅲ级伤损	处	8	
		支承层Ⅲ级伤损	处	8	
		侧向挡块Ⅲ级伤损	处	8	
		高强度挤塑板Ⅲ级伤损	处	8	
		预埋套管失效	个	8	
5	双块式无砟轨道	双块式轨枕Ⅲ级伤损	根	8	全面查看，每千米重点检查100 m
		道床板Ⅲ级伤损	处	8	
		底座Ⅲ级伤损	处	8	
		支承层Ⅲ级伤损	处	8	
		预埋套管失效	个	8	
6	岔区轨枕埋入式无砟轨道	岔枕Ⅲ级伤损	根	8	
		预埋套管失效	个	8	
		道床板Ⅲ级伤损	组	8	
		底座或支承层Ⅲ级伤损	组	8	
7	岔区板式无砟轨道	道岔板Ⅲ级伤损	块	8	
		预埋套管失效	个	8	
		底座Ⅲ级伤损	组	8	
		找平层Ⅲ级伤损	组	8	

注：岔区无砟轨道线路质量评定含在相应里程的线路中。

（二）线路设备保养质量评定

（1）线路、道岔、调节器保养质量评定，是考核线路设备维修质量的基本指标，也是安排维修计划的主要依据之一。

线路、道岔、调节器保养质量评定应由工务段组织，采取定期抽样的办法进行。具体办法由铁路公司规定。

（2）线路保养质量评定应以千米为单位（评定标准见表16.31），满分为100分，100~85分为优良，85（不含）~60分为合格，60分（不含）以下为失格。

表 16.31 线路保养质量评定标准

项 目	编号	扣分条件	抽查数量	单位	扣分（分）	说 明
轨道几何尺寸	1	超过经常保养容许偏差管理值	轨距、水平、扭曲连续检测100 m；轨向、高低全面检查，重点检测；曲线正矢全面检测	处	4	选择质量较差地段，有曲线时检测一个曲线的正矢
	2	超过临时补修容许偏差管理值		处	41	
	3	轨距变化率大于1/1000		处	2	
钢 轨	4	钢轨肥边大于1 mm	全面查看，重点检测	处	4	
	5	胶接绝缘接头质量不符合要求或轨端肥边大于2 mm	全面检测	处	4	
	6	钢轨折断未及时永久处理	全面查看	处	41	"未及时"指轨温具备焊接条件未进行永久处理
轨道板、双块式轨枕、道床板	7	裂缝伤损达到Ⅱ级标准/伤损达到Ⅲ级标准	全面查看	块	1/4	
	8	挡肩或承轨台处缺损、掉块/其他处缺损、掉块	全面查看	块	16/4	
	9	预埋套管失效/连续失效	全面查看	处	4/16	
水泥乳化沥青砂浆充填层	10	裂缝伤损达到Ⅱ级标准/伤损达到Ⅲ级标准	全面查看	处	1/4	
	11	掉块、缺损或剥落	全面查看	处	4	
	12	离缝伤损达到Ⅱ级标准/伤损达到Ⅲ级标准	全面查看	处	4/8	
底座（板）、支承层、凸形挡台及侧向挡块	13	裂缝伤损达到Ⅱ级标准/伤损达到Ⅲ级标准	全面查看	处	1/4	
	14	掉块、缺损或剥落	全面查看	处	2	
	15	侧向挡块与底座板粘连	全面查看	处	8	
高强度挤塑板	16	高强度挤塑板损坏	全面查看	块	2	
	17	离缝伤损达到Ⅱ级标准/伤损达到Ⅲ级标准	全面查看	块	4/8	
联结零件	18	ZW轨垫、钢制调节板、塑料调整垫、轨距挡板、扣件失效/连续失效/其他联结零件失效	连续查看100个	个	16/41/4	
	19	ZW轨垫、钢制调节板、塑料调整垫、轨距挡板、扣件缺少/其他联结零件缺少	全面查看	个	41/16	一组扣件的零件不全，按缺少一个扣件计算
	20	未按规定使用调高垫板和轨距挡板	连续查看100个	块	4	

续表

项　目	编号	扣分条件	抽查数量	单位	扣分（分）	说　明
联结零件	21	扣件前、后离缝大于 2 mm 的超过 8%	连续检测 100 个	每增 1%	1	
联结零件	22	扣件螺栓扭矩（扣压力）不符合规定或弹条扣件中部前端离缝不符合规定，超过 8%	同上	每增 1%	1	
纵向位移	23	爬行量超过 10 mm	全面检测	km	16	爬行量超过 20 mm 扣 41 分
纵向位移	24	观测桩缺损、失效或位移观测无记录	全面检测	处	8	
排水设施	25	未疏通	全面查看	每 10 m	1	单侧计算
标志标识	26	缺损、歪斜、字迹不清	全面查看	个	1	
标志标识	27	各种标识不齐全，位置不对，不清晰或错误	全面查看	处	1	

（3）道岔质量评定应以组为单位（评定标准见表16.32），满分为100分，100～85分为优良，85（不含）～60分为合格，60分（不含）以下为失格。

表 16.32　道岔保养质量评定标准

项目	编号	扣分条件		抽查数量	单位	扣分（分）	说明
轨道几何尺寸	1	轨距、水平、轨向、高低、支距、扭曲、轨距变化率超过经常保养容许偏差管理值		轨距、水平、支距全面检测，轨向、高低、扭曲全面查看，重点检测	处	4	
轨道几何尺寸	2	轨距、水平、轨向、高低、支距、扭曲超过临时补修容许偏差管理值		轨距、水平、支距全面检测，轨向、高低、扭曲全面查看，重点检测	处	41	
轨道几何尺寸	3	查照间隔小于 1 391 mm		全面检测	组	41	
轨道几何尺寸	4	转辙器最小轮缘槽小于 63 mm		全面检测	组	41	
密贴	5	尖轨尖端与基本轨、可动心轨尖端与翼轨密贴	0.5 mm<间隙≤1 mm	全面检测	处	2	
密贴	6	尖轨尖端与基本轨、可动心轨尖端与翼轨密贴	间隙>1 mm	全面检测	处	41	
密贴	7	尖轨与基本轨、可动心轨与翼轨其他密贴段密贴	1.0 mm<间隙≤1.5 mm	全面检测	头	2	
密贴	8	尖轨与基本轨、可动心轨与翼轨其他密贴段密贴	1.5 mm<间隙≤2.0 mm	全面检测	头	8	
密贴	9	尖轨与基本轨、可动心轨与翼轨其他密贴段密贴	间隙>2.0 mm	全面检测	头	16	
密贴	10	短心轨与叉跟尖轨尖端密贴	1.0 mm<间隙≤1.5 mm	全面检测	处	16	
密贴	11	短心轨与叉跟尖轨尖端密贴	间隙>1.5 mm	全面检测	处	41	
密贴	12	尖轨、可动心轨与顶铁密贴	1.5 mm<间隙≤2.0 mm	全面检测	处	2	
密贴	13	尖轨、可动心轨与顶铁密贴	2.0 mm<间隙≤2.5 mm	全面检测	处	4	
密贴	14	尖轨、可动心轨与顶铁密贴	间隙>2.5 mm	全面检测	处	16	
密贴	15	尖轨、可动心轨与滑床台密贴	1.5 mm<间隙≤2.0 mm	全面检测	处	2	
密贴	16	尖轨、可动心轨与滑床台密贴	2.0 mm<间隙≤2.5 mm	全面检测	处	4	
密贴	17	尖轨、可动心轨与滑床台密贴	间隙>2.5 mm	全面检测	处	16	

续表

项目	编号	扣分条件		抽查数量	单位	扣分（分）	说明
钢轨	18	轨件	尖轨相对于基本轨降低值、心轨相对于翼轨降低值偏差超过 1 mm，且对行车平稳性有影响	全面检测、查看	处	41	
	19		1. 尖轨与心轨因扭转或磨耗等原因造成光带异常，且对行车平稳性有影响。 2. 尖轨、心轨、叉跟尖轨肥边大于 1 mm。 3. 基本轨、翼轨、导轨和护轨出现弯折点位置或弯折尺寸不符合要求现象，以及其他伤损达到钢轨轻伤标准时	全面检测、查看	处	16	
	20	钢轨折断未及时永久处理		全面查看	处	41	"未及时"指轨温具备焊接条件未进行永久处理
	21	焊缝不符合钢轨焊接接头标准要求		全面检测	处	8	
	22	钢轨肥边大于 1 mm； 绝缘接头轨端肥边大于 2 mm		全面检测	处	8	
	23	胶接绝缘接头的质量不符合《铁路钢轨胶接绝缘接头技术条件》（TB/T 2975）		全面检测	处	8	
纵向位移	24	位移超过 10 mm		全面检测	组	16	
	25	道岔两尖轨尖端相错量大于 20 mm		全面检测	组	41	
	26	尖轨、可动心轨允许伸缩位移不符合表 7.10 的要求		全面检测	组	41	
	27	位移观测桩缺少或位移观测无记录		全面检测	个	8	
联结零件	28	轨撑离缝大于 2 mm 或损坏、松动		全面查看、检测	个	1	
	29	螺栓	长、短心轨联结螺栓缺少/松动或扭矩不符合规定	全面查看、检测	个	41/16	
	30		限位器、顶铁、间隔铁及护轨螺栓缺少/松动或扭矩不符合规定	全面查看、检测	个	41/4	
	31		接头铁螺栓缺少、松动	全面查看、检测	个	41	
	32		其他各种螺栓缺少/扭矩不符合规定	全面查看，重点检测	个	8/2	

续表

项目	编号	扣分条件		抽查数量	单位	扣分（分）	说明
联结零件	33	辊轮	辊轮缺少或失效	全面查看	处	16	
	34		辊轮位置不符合要求	全面查看、检测	处	4	
	35	扣件	铁垫板缺少或折断	全面查看	块	41	
	36		橡胶垫板缺少/窜出或失效	全面查看	块	8/4	
	37		扣件失效、缺少/连续失效、缺少	全面查看	处	4/41	
	38		预埋套管失效	全面查看	个	2	
	39		弹条中肢前端间隙，岔枕螺栓扭矩不符合规定	连续检测50个	个	1	
	40	防跳限位装置	影响尖轨或心轨转换	全面查看	处	41	
无砟道床	41	岔枕、道床板、支承层（或底座）、道岔板	裂纹伤损达到Ⅱ级标准/达到Ⅲ级标准	全面查看，重点检测	处	1/4	
	42		缺损、掉块	全面查看	处	4	
	43		预埋套管失效/连续失效	全面查看	个	4/16	
	44	底座、找平层	裂纹伤损达到Ⅱ级标准/达到Ⅲ级标准	全面查看，重点检测	处	1/4	路基地段板式轨道
	45		掉块、缺损	全面查看	处	2	
	46		离缝达到Ⅱ级标准/掉块达到Ⅲ级标准	全面查看，重点检测	处	4/8	
	47	水泥乳化沥青砂浆层	裂缝伤损达到Ⅱ级标准/伤损达到Ⅲ级标准	全面查看，重点检测	处	1/4	
	48		掉块、缺损或剥落	全面查看	处	4	
	49		离缝伤损达到Ⅱ级标准/伤损达到Ⅲ级标准	全面查看，重点检测	处	4/8	
	50	底座板、侧向挡块	裂缝伤损达到Ⅱ级标准/伤损达到Ⅲ级标准	全面查看，重点检测	处	1/4	桥梁地段板式轨道
	51		掉块、缺损或剥落	全面查看	处	2	
	52		侧向挡块与底座板黏连	全面查看，重点检测	处	8	
	53	高强度挤塑板	高强度挤塑板损坏	全面查看	块	2	
	54		离缝伤损达到Ⅱ级标准/伤损达到Ⅲ级标准	全面查看，重点检测	块	4/8	
标志标识	55	警冲标	损坏或不清晰	全面查看	组	8	缺少或位置不对，扣41分
	56	标识	缺少、错位、位置不对，字迹不清	全面查看	处	1	

（4）调节器质量评定应以组为单位（评定标准见表 16.33），满分为 100 分，100～85 分为优良，85（不含）～60 分为合格，60 分（不含）以下为失格。

表 16.33　调节器保养质量评定标准

项目	编号	扣分条件		抽查数量	单位	扣分（分）	说明
轨道几何尺寸	1	轨距、水平、轨向、高低、扭曲、轨距变化率超过经常保养容许偏差管理值		轨距、水平全面检测，轨向、高低、扭曲全面查看，重点检测	组	4	
	2	轨距、水平、轨向、高低、扭曲、轨距变化率超过临时补修容许偏差管理值			组	41	
伸缩	3	基本轨伸缩量超过调节器设计伸缩量		重点检测	处	41	
	4	焊缝边缘至扣件或轨撑铁垫板距离	5 mm<间距≤20 mm	重点检测	处	4	
	5		间距≤5 mm	重点检测	处	41	
	6	尖轨伸缩量	0 mm<伸缩量≤10 mm	全面检测	处	4	
	7		10 mm<伸缩量≤30 mm	全面检测	处	16	
	8		伸缩量>30 mm	全面检测	处	41	
	9	位移观测桩缺少或位移观测无记录		全面检测	个	4	
密贴	10	尖轨尖端至 5 mm 断面与基本轨密贴段密贴	0.5 mm<间隙≤1.0 mm	全面检测	处	4	
	11		间隙>1.0 mm	全面检测	处	41	
	12	尖轨其余密贴段与基本轨密贴	0.5 mm<间隙≤1.0 mm	全面检测	处	4	
	13		间隙>1.0 mm	全面检测	处	16	
	14	尖轨轨撑与轨腰密贴	0.2 mm<间隙≤0.5 mm	全面检测	个	4	
	15		间隙>0.5 mm	全面检测	个	8	
	16	尖轨轨撑与轨底上表面密贴	0.5 mm<间隙≤1.0 mm	全面检测	个	4	
	17		间隙>1.0 mm	全面检测	个	16	
	18	尖轨轨底与台板密贴	0.2 mm<间隙≤0.5 mm	全面检测	块	2	
	19		0.5 mm<间隙≤1.5 mm	全面检测	块	4	
	20		间隙>1.5 mm	全面检测	块	8	
	21	基本轨轨撑与轨腰密贴	0.2 mm<间隙≤0.5 mm	全面检测	个	2	
	22		0.5 mm<间隙≤2.0 mm	全面检测	个	4	
	23		间隙>2.0 mm	全面检测	个	8	
	24	基本轨轨底与铁垫板密贴	0.5 mm<间隙≤1.0 mm	全面检测	块	2	
	25		1.0 mm<间隙≤2.0 mm	全面检测	块	4	
	26		间隙>2.0 mm	全面检测	块	8	

续表

项目	编号	扣分条件		抽查数量	单位	扣分（分）	说明
钢轨	27	尖轨相对于基本轨降低值偏差超过1 mm，且对行车平稳性有影响		全面检测、查看	处	16	
	28	尖轨、基本轨轻伤		全面检测、查看	处	16	
	29	钢轨肥边>1 mm		全面检测	处	4	
	30	钢轨折断未及时永久处理		全面查看	处	41	"未及时"指轨温具备焊接条件未进行永久处理
	31	焊缝不符合钢轨焊接接头标准要求		全面检测	处	8	
联结零件	32	轨撑及铁垫板螺栓	缺少	全面查看	个	16	
	33		松动	全面查看，重点检测	个	4	
	34		扭矩不符合规定	全面检测	个	2	
	35		铁垫板缺少或折断	全面查看	块	41	
	36		橡胶垫板缺少/窜出或失效	全面查看	块	8/4	
	37	扣件	扣件（含轨撑）失效、缺少/连续失效、缺少	全面查看	个	8/41	
	38		预埋套管失效	全面查看	个	8	
	39		弹条中肢前端间隙不符合规定	全面查看，重点检测	个	2	
轨枕	40	失效		全面查看，重点检测	根	41	
	41	吊板（枕上离缝大于2 mm）		全面查看，重点检测	头	4	
无砟道床	42	道床板、底座	裂纹伤损达到Ⅱ级标准/达到Ⅲ级标准	全面查看，重点检测	处	1/4	
	43		缺损、掉块	全面查看	处	2	
标识	44	缺少、错误、位置不对，字迹不清		全面查看	处	1	

四、有砟轨道线路设备验收及质量评定

（一）线路设备状态评定

线路设备状态评定，是对正线线路设备质量基本状况的检查评定，是考核线路设备管理工作和线路设备状态改善情况的基本指标，是安排线路维修计划的主要依据，线路设备状态评定原则上每年进行一次。

线路设备状态评定应以千米为单位（评定标准见表16.34），满分为100分，100~85分为优良，85（不含）~60分为合格，60分（不含）以下为失格。

表16.34 线路设备状态评定评分标准

编号	项目	扣分条件	计算单位	扣分（分）	说明
1	慢行	线路设备不良（不含路基、道床）	处	41	
2	道床	翻浆冒泥	每延长10 m	4	道床不洁率指通过边长25 mm（特级道砟地段为22.4 mm）筛孔的颗粒的质量比
		道床不洁率大于25%（在枕盒底边向下100 mm处取样）	每延长100 m	8	
3	轨枕	混凝土枕失效率超过4%	每增1%	8	
4	钢轨	一年内新生轻伤钢轨（不含曲线磨耗）	根	2	长轨中2个焊缝间为1根
		现存曲线磨耗轻伤钢轨	每延长100 m	4	按单股计算
		一年内新生重伤钢轨（不含焊缝）	根	20	长轨中2个焊缝间为1根
		无缝线路现存重伤钢轨（不含焊缝）	根	20	同上
		无缝线路现存重伤焊缝	个	20	

（二）线路设备保养质量评定

（1）线路、道岔、调节器保养质量评定，是考核线路设备维修质量的基本指标，也是安排维修计划的主要依据之一。

线路、道岔、调节器保养质量评定应由工务段组织，采取定期抽样的办法进行。具体办法由铁路公司规定。

（2）线路保养质量评定应以千米为单位（评定标准见表16.35），满分为100分，100~85分为优良，85（不含）~60分为合格，60分（不含）以下为失格。

表16.35 线路保养质量评定标准

项目	编号	扣分条件	抽查数量	单位	扣分（分）	说明
轨道几何尺寸	1	超过经常保养标准容许偏差	轨距、水平、扭曲连续检测100 m；轨向、高低全面查看，重点检测；曲线正矢全面检测	处	4	选择质量较差地段，有曲线时检测一个曲线的正矢
	2	超过临时补修标准容许偏差		处	41	
	3	轨距变化率大于1/1000		处	2	
钢轨	4	钢轨肥边大于1 mm	全面查看，重点检测	处	4	
	5	胶接绝缘接头质量不符合要求或轨端肥边大于2 mm	全面检测	处	4	
	6	钢轨折断未及时进行永久处理	全面查看	处	41	"未及时"指轨温具备焊接条件未进行永久处理

续表

项目	编号	扣分条件	抽查数量	单位	扣分（分）	说明
轨枕	7	失效	全面查看，重点检测	根	41	
	8	每处调高垫板超过2块或总厚度超过10 mm	连续查看，检测100个	个	1	
联结零件	9	零部件缺少、失效	连续查看100头	个	1	一组扣件的零件不全，按缺少一个扣件计算
	10	弹条中肢前端下颚离缝大于0.5 mm或扣件扭矩（扣压力）不符合规定者，超过12%	连续查看100头	每增1%	1	
	11	绝缘轨距块（轨距挡板）前、后离缝大于1 mm者，超过12%	连续检测50个	每增2%	1	
	12	橡胶垫板缺少/窜出或失效	连续查看100头	块	2/1	
	13	预埋套管失效	全面查看	个	2	
纵向位移	14	爬行量超过10 mm	全面检测	km	16	爬行量超过20 mm扣41分
	15	观测桩缺损、失效或位移观测无记录	全面检测	处	8	
道床	16	翻浆冒泥	全面查看	孔	16	
	17	肩宽不足，不饱满，有杂草	全面查看	每10 m	1	
排水设施	18	未疏通	全面查看	每10 m	1	单侧计算
标志标识	19	缺损、歪斜、字迹不清	全面查看	个	1	
	20	各种标识不齐全，位置不对，不清晰或错误	全面查看	处	1	

（3）道岔保养质量评定应以组为单位，评定标准见表16.36，满分为100分，100~85分为优良，85（不含）~60分为合格，60分以下为失格。

表16.36　道岔保养质量评定标准

项目	编号	扣分条件	抽查数量	单位	扣分（分）	说明
轨道几何尺寸	1	轨距、水平、轨向、高低、支距、扭曲、轨距变化率超过经常保养容许偏差管理值	轨距、水平、支距全面检测，轨向、高低、扭曲全面查看，重点检测	处	4	同时检测两线间距小于5.2 m的连接曲线轨向，用10 m弦测量，连续正矢差超过2 mm，每处扣4分
	2	轨距、水平、轨向、高低、支距、扭曲超过临时补修容许偏差管理值		处	41	
	3	查照间隔小于1391 mm	全面检测	组	41	
	4	转辙器最小轮缘槽小于63 mm	全面检测	组	41	

续表

项目	编号	扣分条件		抽查数量	单位	扣分（分）	说明
密贴	5	尖轨尖端与基本轨、可动心轨尖端与翼轨密贴	0.5 mm<间隙≤1 mm	全面检测	处	2	
	6		间隙>1 mm		处	41	
	7	尖轨与基本轨、可动心轨与翼轨其他密贴段密贴	1.0 mm<间隙≤1.5 mm	全面检测	头	2	
	8		1.5 mm<间隙≤2.0 mm	全面检测	头	8	
	9		间隙>2.0 mm	全面检测	头	16	
	10	短心轨与叉跟尖轨尖端密贴	1.0 mm<间隙≤1.5 mm	全面检测	处	16	
	11		间隙>1.5 mm	全面检测	处	41	
	12	尖轨、可动心轨与顶铁密贴	1.5 mm<间隙≤2.0 mm	全面检测	处	2	
	13		2.0 mm<间隙≤2.5 mm	全面检测	处	4	
	14		间隙>2.5 mm	全面检测	处	16	
	15	尖轨、可动心轨与滑床台密贴	1.5 mm<间隙≤2.0 mm	全面检测	处	2	
	16		2.0 mm<间隙≤2.5 mm	全面检测	处	4	
	17		间隙>2.5 mm	全面检测	处	16	
钢轨	18	轨件	尖轨相对于基本轨降低值、心轨相对于翼轨降低值偏差超过1 mm，且对行车平稳性有影响	全面检测、查看	处	41	
	19		1. 尖轨与心轨因扭转或磨耗等原因造成光带异常，且对行车平稳性有影响。2. 尖轨、心轨、叉跟尖轨肥边大于1 mm。3. 基本轨、翼轨、导轨和护轨出现弯折点位置或弯折尺寸不符合要求的现象以及其他伤损达到钢轨轻伤标准时	全面检测、查看	处	16	
	20	钢轨折断未及时进行永久处理		全面查看	处	41	"未及时"指轨温具备焊接条件未进行永久处理
	21	焊缝不符合钢轨焊接接头标准要求		全面检测	处	8	
	22	钢轨肥边大于1 mm；绝缘接头轨端肥边大于2 mm		全面检测	处	8	
	23	胶接绝缘接头的质量不符合《铁路钢轨胶接绝缘接头技术条件》（TB/T 2975）的要求		全面检测	处	8	

续表

项目	编号	扣分条件		抽查数量	单位	扣分(分)	说明
纵向位移	24	位移超过 10 mm		全面检测	组	16	
	25	道岔两尖轨尖端相错量大于 20 mm		全面检测	组	41	
	26	尖轨、可动心轨允许伸缩位移不符合表 7.10 的要求		全面检测	组	41	
	27	位移观测桩缺少或位移观测无记录		全面检测	个	8	
联结零件	28		轨撑离缝大于 2 mm 或损坏、松动	全面查看、检测	个	1	
	29	螺栓	长、短心轨联结螺栓缺少/松动或扭矩不符合规定	全面查看、检测	个	41/16	
	30		限位器、顶铁、间隔铁及护轨螺栓缺少/松动或扭矩不符合规定	全面查看、检测	个	41/4	
	31		接头铁螺栓缺少、松动	全面查看、检测	个	41	
	32		其他各种螺栓缺少/扭矩不符合规定	全面查看，重点检测	个	8/2	
	33	辊轮	辊轮缺少或失效	全面查看	处	16	
	34		辊轮位置不符合要求	全面查看、检测	处	4	
	35	扣件	铁垫板缺少或折断	全面查看	块	41	
	36		橡胶垫板缺少、窜出或失效	全面查看	块	8/4	
	37		扣件失效、缺少/连续失效、缺少	全面查看	处	4/41	
	38		预埋套管失效	全面查看	个	2	
	39		弹条中肢前端间隙，岔枕螺栓扭矩不符合规定	连续检测 50 个	个	1	
岔枕	40	失效	岔枕失效	全面查看	根	41	枕上或枕下离缝大于 2 mm 者为吊板
	41	吊板率	大于 5%	连续检测 50 头	每增 1%	1	
道床	42	外形外观	肩宽不足，不饱满，有杂物	全面查看、检测	孔	2	
	43	清洁度	翻浆冒泥/严重不洁、影响排水	全面查看	孔	16/2	
标志标识	44	警冲标	损坏或不清晰	全面查看	组	8	缺少或位置不对，扣 41 分
	45	标识	缺少、错误、位置不对，字迹不清	全面查看	处	1	

（4）调节器质量评定应以组为单位（评定标准见表16.37），满分为100分，100～85分为优良，85（不含）～60分为合格，60分以下为失格。

表16.37 调节器保养质量评定标准

项目	编号	扣分条件		抽查数量	单位	扣分（分）	说明
轨道几何尺寸	1	轨距、水平、轨向、高低、扭曲、轨距变化率超过经常保养容许偏差管理值		轨距、水平全面检测，轨向、高低、扭曲全面查看，重点检测	组	4	
	2	轨距、水平、轨向、高低、扭曲、轨距变化率超过临时补修容许偏差管理值			组	41	
伸缩	3	基本轨伸缩量超过设计伸缩量		重点检测	处	41	
	4	焊缝边缘至扣件或轨撑铁垫板距离	5 mm<间距≤20 mm	重点检测	处	4	
	5		间距≤5 mm	重点检测	处	41	
	6	尖轨伸缩量	0 mm<伸缩量≤10 mm	全面检测	处	4	
	7		10 mm<伸缩量≤30 mm	全面检测	处	16	
	8		伸缩量>30 mm	全面检测	处	41	
	9	位移观测桩缺少或位移观测无记录		全面检测	个	4	
密贴	10	尖轨尖端至5 mm断面与基本轨密贴段密贴	0.5 mm<间隙≤1.0 mm	全面检测	处	4	
	11		间隙>1.0 mm	全面检测	处	41	
	12	尖轨其余密贴段与基本轨密贴	0.5 mm<间隙≤1.0 mm	全面检测	处	4	
	13		间隙>1.0 mm	全面检测	处	16	
	14	尖轨轨撑与轨腰密贴	0.2 mm<间隙≤0.5 mm	全面检测	个	4	
	15		间隙>0.5 mm	全面检测	个	8	
	16	尖轨轨撑与轨底上表面密贴	0.5 mm<间隙≤1.0 mm	全面检测	个	4	
	17		间隙>1.0 mm	全面检测	个	8	
	18	尖轨轨底与台板密贴	0.2 mm<间隙≤0.5 mm	全面检测	块	2	
	19		0.5 mm<间隙≤1.5 mm	全面检测	块	4	
	20		间隙>1.5 mm	全面检测	块	8	
	21	基本轨轨撑与轨腰密贴	0.2 mm<间隙≤0.5 mm	全面检测	个	2	
	22		0.5 mm<间隙≤2.0 mm	全面检测	个	4	
	23		间隙>2.0 mm	全面检测	个	8	
	24	基本轨轨底与铁垫板密贴	0.5 mm<间隙≤1.0 mm	全面检测	块	2	
	25		1.0 mm<间隙≤2.0 mm	全面检测	块	4	
	26		间隙>2.0 mm	全面检测	块	8	

续表

项目	编号	扣分条件		抽查数量	单位	扣分（分）	说明
钢轨	27	尖轨相对于基本轨降低值偏差超过1 mm，且对行车平稳性有影响		全面检测、查看	处	16	
	28	尖轨、基本轨轻伤		全面检测、查看	处	16	
	29	钢轨肥边>1 mm		全面检测	处	4	
	30	钢轨折断未及时进行永久处理		全面查看	处	41	"未及时"指轨温具备焊接条件未进行永久处理
	31	焊缝不符合钢轨焊接接头标准要求		全面检测	处	8	
联结零件	32	轨撑及铁垫板螺栓	缺少	全面查看	个	16	
	33		松动	全面查看，重点检测	个	4	
	34		扭矩不符合规定	全面检测	个	2	
	35		铁垫板缺少或折断	全面查看	块	41	
	36		橡胶垫板缺少/窜出或失效	全面查看	块	8/4	
	37	扣件	扣件（含轨撑）失效、缺少/连续失效、缺少	全面查看	个	8/41	
	38		预埋套管失效	全面查看	个	8	
	39		弹条中肢前端间隙不符合规定	全面查看，重点检测	个	2	
护轨	40	联结零件缺少或扭矩不符合规定		全面查看	个	2	
	41	护轨与尖轨（基本轨）间净距偏差超过10 mm		全面查看，重点检测	处	2	
	42	护轨高于尖轨（基本轨）5 mm或低于尖轨（基本轨）25 mm		全面查看，重点检测	处	4	
轨枕	43	位置或间距偏差大于40 mm		全面查看，重点检测	处	2	
	44	失效		全面查看，重点检测	根	41	
	45	吊板（枕上或枕下离缝大于2 mm）		全面查看，重点检测	头	4	
道床	46	肩宽不足，不饱满，有杂物		全面查看，重点检测	处	2	
	47	翻浆冒泥/严重不洁、影响排水		全面查看，重点检测	组	16/4	
标识	48	缺少、错误、位置不对，字迹不清		全面查看	处	1	

参考文献

[1] 铁道第三勘察设计院集团有限公司,中铁第四勘察设计院集团有限公司. 高速铁路设计规范: TB 10621—2014. 北京: 中国铁道出版社, 2014.

[2] 铁道部. 高速铁路用钢轨: TB/T 3276—2011. 北京: 中国铁道出版社, 2011.

[3] 铁道部. 高速铁路道岔技术条件: TB/T 3301—2013. 北京: 中国铁道出版社, 2013.

[4] 国家铁路局. 高速铁路扣件: TB/T3395.1~5—2015. 北京: 中国铁道出版社, 2015.

[5] 铁路总公司. 铁路技术管理规程(高速铁路部分): 铁总科技〔2014〕172号.

[6] 铁道部. 高速铁路无砟轨道线路维修规则: 铁运〔2012〕83号.

[7] 铁道部. 高速铁路有砟轨道线路维修规则: 铁运〔2013〕29号.

[8] 铁路总公司. 高速铁路自然灾害及异物侵限监测系统维护试行办法: 铁总运〔2013〕142号.

[9] 铁路总公司. 高速铁路工务安全规则: 铁总运〔2014〕170号.

[10] 铁路总公司. 高速铁路路基修理规则: 铁总运〔2015〕60号.

[11] 铁路总公司. 大型养路机械使用管理规则: 铁总运〔2015〕236号.

[12] 铁道部工程管理中心. 客运专线铁路扣件系统安装技术手册.

[13] 铁道部劳动和卫生司、运输局. 高速铁路线路维修岗位.

[14] 防暑降温措施管理办法: 安监总安健〔2012〕89号.

[15] 朱颖. 客运专线无砟轨道铁路工程测量技术. 北京: 中国铁道出版社, 2008.

[16] 王其昌. 无砟轨道扣件. 成都: 西南交通大学出版社, 2006.

[17] 卢祖文. 客运专线铁路轨道. 北京: 中国铁道出版社, 2005.

[18] 卢祖文. 铁路工务. 北京: 中国铁道出版社, 2008.

[19] 杨荣山,任娟娟,赵坪锐,等. 高速铁路无砟轨道伤损分析与修复技术. 北京: 中国铁道出版社, 2018.

[20] 徐伟昌,许玉德,谭社会,等. 高速铁路无砟轨道线路质量等级管理. 北京: 中国铁道出版社, 2016.